Beatrice Dernbach

Die Vielfalt des Fachjournalismus

Beatrice Dernbach

Die Vielfalt des Fachjournalismus

Eine systematische
Einführung

VS VERLAG FÜR SOZIALWISSENSCHAFTEN

Bibliografische Information der Deutschen Nationalbibliothek
Die Deutsche Nationalbibliothek verzeichnet diese Publikation in der
Deutschen Nationalbibliografie; detaillierte bibliografische Daten sind im Internet über
<http://dnb.d-nb.de> abrufbar.

1. Auflage 2010

Alle Rechte vorbehalten
© VS Verlag für Sozialwissenschaften | GWV Fachverlage GmbH, Wiesbaden 2010

Lektorat: Barbara Emig-Roller

VS Verlag für Sozialwissenschaften ist Teil der Fachverlagsgruppe
Springer Science+Business Media.
www.vs-verlag.de

Umschlaggestaltung: KünkelLopka Medienentwicklung, Heidelberg
Druck und buchbinderische Verarbeitung: Rosch-Buch, Scheßlitz
Gedruckt auf säurefreiem und chlorfrei gebleichtem Papier
Printed in Germany

ISBN 978-3-531-15158-8

Inhalt

Vorwort

Als ich im Oktober 1999 an der Hochschule Bremen meine Tätigkeit als Professorin für „Journalismus in Theorie und Praxis" aufnahm, konnte ich mit der Bezeichnung des „Internationalen Studiengangs Fachjournalismus" wenig anfangen. Statt aber meinem ersten Impuls nachzugeben und das Bestimmungswort Fach- zu streichen, ersetzte ich die Endung -ismus durch -istik. Denn selbst an einer Fachhochschule sollte nicht Journalismus als Praxis pur, sondern als anwendungsorientierte wissenschaftliche Disziplin gelehrt und gelernt werden. Die Überzeugungsarbeit, dass es sich tatsächlich um eine Wissenschaft handelt, dauert bis heute an.

Eine Frage ist bis dato nicht beantwortet: Was bezeichnen die Begriffe ‚Fachjournalistik' und ‚Fachjournalismus'? Damals gegoogelt, gab es eine relativ überschaubare Trefferzahl – vorneweg der Studienschwerpunkt Fachjournalistik Geschichte an der Universität Gießen, es folgten die Fachhochschule Bonn-Sankt Augustin mit dem Studiengang Technikjournalismus und die Hochschule Bremen.

Zehn Jahre später meldet die Internet-Suche nach dem Schlagwort ‚Fachjournalismus' bei Google rund 38900, bei Fireball 3515 und bei Altavista 789 Treffer. Die Hochschule taucht bei Google inzwischen weiter hinten auf, vorne liegen der Deutsche Fachjournalisten Verband (DFJV) und (kommerzielle) Anbieter fachjournalistischer Dienstleistungen. Inzwischen existiert bei Wikipedia ein Eintrag zum Stichwort Fachjournalismus (im Wesentlichen gespeist aus Informationen des DFJV).

Was fehlt, sind zuverlässige (wissenschaftliche) Erklärungen für ein Phänomen, das seit Jahren in der Praxis beobachtet wird, das sogar institutionalisiert ist (wie etwa in Organisationen wie dem DFJV oder der Deutschen Fachpresse). Weder die Bezeichnung der wissenschaftlichen Disziplin *Fachjournalistik* noch die der journalistischen Praxis *Fachjournalismus* findet sich in den aktuellen (gedruckten) Lexika der Journalistik sowie der Kommunikations- und Medienwissenschaft.

Seit mehr als fünf Jahren lehre ich zum Thema Fachjournalismus; immer im siebten Semester lade ich die Fachjournalistik-Studenten ein, mit mir wissenschaftliches Neuland zu betreten. Jedes Jahr stellen wir fest, dass es kaum Publikationen gibt. Aber es tut sich Vieles. Unter anderem meldet sich eine wachsende Zahl von Bremer Absolventen zurück, die im Fachjournalismus Fuß gefasst haben.

Dieses Buchprojekt ist spannend und risikoreich. Es bedeutet vor allem, einigen Anforderungen gerecht zu werden: Die Ansätze und Erkenntnisse aus der Journalistik als wissenschaftlicher Disziplin zu generieren und sinnvoll anzuwenden, um zu validen Ergebnissen für den Untersuchungsgegenstand zu kommen; das empirische Feld – so ungeordnet es auch noch nach langer Beschäftigung mit dem Gegenstand Fachjournalismus erscheint – auf der Basis der theoretischen Vorarbeiten zu analysieren; und schließlich den Erwartungen an die Sachkompetenz gerecht zu werden: Die einzelnen Fachjournalismen sollen nicht nur benannt, sondern auch in Herkunft und Entwicklung beschrieben und in ihrem Potenzial diskutiert werden.

Wie jede Forschungstätigkeit startet auch diese mit vielen Fragen. Was, wenn daraus noch mehr werden? Was, wenn auch nach 300 Seiten keine klaren Antworten stehen? Forschung ist, das Scheitern einzukalkulieren. Immerhin: Das Ziel ist klar und das Vorwort ist geschrieben. In diesem Sinne fällt der Startschuss im März 2007.

Auch in meinem Fall gehören im Vorder- und Hintergrund Menschen dazu, die mich unterstützt und mir geholfen haben, dieses Buch zu schreiben: Die Lektorin des Verlags für Sozialwissenschaften, Barbara Emig-Roller, die mich zwar angespornt hat, das Werk schneller in einen druckreifen Zustand zu bringen, aber Geduld bewiesen hat, als dies nicht gelungen ist. Julia Litschko hat mit viel Engagement die Texte nicht nur gestaltet, sondern sie kritisch gelesen und viele Vorschläge gemacht, um sie inhaltlich und sprachlich zu optimieren; Bastian Nemitz, der die zum Teil selbst gestalteten Grafiken in eine ansprechende Ästhetik umgewandelt hat; die Studierenden, deren Diskussionsbeiträge, Referate und Hausarbeiten mit dazu beigetragen haben, dass ich mir dieses Feld erarbeiten konnte; manch einer der Leidgeprüften hat schließlich selbst im Fachjournalismus ein spannendes Thema für die Abschlussarbeit gefunden; meine Familie, die das Chaos in meinem Arbeitszimmer zwar manchmal kommentiert, aber mich immer wieder angetrieben hat, das Werk zu Ende zu bringen.

Tostedt, im September 2009

1 Einleitung:
Eines oder Vieles – gibt es *den* Fachjournalismus?

Mit dieser Frage soll die Auseinandersetzung beginnen: Singular oder Plural? Gibt es den einen Fachjournalismus – oder sind es viele Fachjournalismen? Ist letztlich nicht alles Fachjournalismus? Ist der Begriff nicht nur ein Etikett, unter dem Vieles stattfindet, was Kommunikation, Public Relations, aber nicht Journalismus ist? Sind nicht Politik-, Wirtschafts-, Sport-, Kulturjournalismus Fachjournalismen? Aber welcher Journalismus wäre dann kein Fachjournalismus? Der Lokal- und Unterhaltungsjournalismus beispielsweise? Was sagt die Beobachterinstanz von Journalismus, also die Journalistik dazu? Bisher so gut wie nichts. Was Jürgen Heinrich und Christoph Moss (2006: 5) für Wirtschaftsjournalismus und Wirtschaftsjournalistik konstatieren, gilt gleichermaßen für Fachjournalismus und Fachjournalistik: Die Lehre vom Fachjournalismus (= Fachjournalistik) ist ein „erstaunlich unbearbeitetes Feld der Wissenschaft", es ist bis dato nicht einmal ein Randthema der Journalistik. Allerdings gibt es Unterschiede zur Wirtschaftsjournalistik, die inhaltlich verknüpft ist mit den Wirtschaftswissenschaften, und zum Wirtschaftsjournalismus, der im weitesten Sinne wirtschaftliche Prozesse beobachtet: Die Fachjournalistik hat nicht nur ein Referenzfeld; Fachjournalismus beobachtet viele Sachgebiete (etwa als Sport-, Mode, Musik- oder auch Wirtschaftsjournalismus).

Ist der Begriff Fachjournalismus Bezeichnungen wie Wirtschafts-, Politik-, Sport-, Medien-, Umwelt-, Wissenschaftsjournalismus und vielen anderen übergeordnet? Ist er als Dachbegriff zu verstehen, unter dem Gemeinsamkeiten festzustellen und festzulegen sind? Ist Fachjournalismus die Summe der Fachjournalismen? Und wie steht es mit der Fachjournalistik? Ist sie – in Anlehnung an die Definition von Heinrich und Moss (2006: 9) zur Wirtschaftsjournalistik[1] –

---

[1] „Wirtschaftsjournalistik ist die Wissenschaft vom Wissenschaftsjournalismus. Eine Abgrenzung der Wirtschaftsjournalistik als Wissenschaft vom Wirtschaftsjournalismus setzt eine Abgrenzung des Gegenstandsbereiches, also eine Abgrenzung des Wirtschaftsjournalismus voraus. Dies ist schwierig, weil sowohl der Journalismus als auch die Wirtschaft nicht abschließend geklärte Disziplinen und Gegenstandsbereiche sind." (2006: 9) Heinrich und Moss beschreiben daraufhin Wirtschaftsjournalismus insbesondere im Hinblick auf seine Strukturen (wie Ausbildung, Recherchequellen, zentrale Begriffe und Felder), analysieren und diskutieren ihn aber nicht aus der Sicht der Journalistik.

als die Wissenschaft des Fachjournalismus oder der Fachjournalismen zu verstehen? Bis dato kann man nur auf ein vom Deutschen Fachjournalisten Verband (DFJV) 2004 herausgegebenes Buch zurückgreifen, in dem Fachjournalismus zum ersten Mal aus theoretischer, empirischer und praktischer Perspektive betrachtet wird. Der Band erscheint 2010 neu und spiegelt mit Sicherheit wider, dass die Diskussion zumindest innerhalb einer überschaubaren Community aus praxisorientiert forschenden Wissenschaftlern und wissenschaftlich interessierten Praktikern auf Symposien aller Art (vor allem im Rahmen des seit 2006 jährlich stattfindenden Fachjournalisten-Kongress des DFJV) fortgesetzt worden ist und weiter lebhaft geführt wird.

Die von Tiberius und Teichmann (2004: 23) vorgenommene Einordnung und Abgrenzung von Fach- zu Wissenschaftsjournalismus und anderen publizistischen Formen (wissenschaftlicher Journalismus und wissenschaftliches Publizieren) bietet einen guten Ansatz, muss aber überprüft und weiter fortgeschrieben werden.

Ungenau aber ausbaufähig ist die Unterscheidung zwischen Fachjournalismus im engeren und weiteren Sinne. Allerdings reichen die Kategorien Fachjournalist (Berufsbild, Kompetenzen), Leser (Rezipient) und Medium nicht aus, um Fachjournalismus adäquat zu erfassen. In den folgenden Ausführungen sind weitere Kategorien wie beispielsweise Funktionen, Organisationen, Programme sowie Stil und Sprache aufgenommen und für Fachjournalismus diskutiert.

In dem vorliegenden Buch werden Methoden und vor allem Erkenntnisse der Journalistik auf den Gegenstandsbereich Fachjournalismus angewendet, um somit eine tragfähige Theorie des Fachjournalismus auszuarbeiten. Grundlegend ist der Ansatz der Systemtheorie: Basierend auf Rühl (1980) und – zeitlich gesehen – nachfolgenden Journalistik-Wissenschaftlern wie Weischenberg, Blöbaum und Görke wird der Journalismus als ein gesellschaftliches Funktionssystem beziehungsweise als publizistisches Teilsystem betrachtet. Die zentrale Funktion ist das Herstellen und Bereitstellen von Themen und Informationen zur öffentlichen Kommunikation. Journalismus beobachtet und reflektiert Gesellschaft und diese beobachtet und reflektiert sich über Journalismus selbst. Es gilt festzustellen, ob Fachjournalismus ein Tochtersystem des Journalismus ist, mit einer spezifischen gesellschaftlichen Funktion und den entsprechenden Strukturen.

Im folgenden Kapitel werden die gesellschaft(swissenschaft)lichen und die von der Journalistik gesetzten Rahmenbedingungen skizziert. Das Leben in einer Wissens- und Informationsgesellschaft, in der sich als eines der zentralen Schlagworte der Begriff des ‚Lebenslangen Lernens' herausgebildet hat, stellt besondere Anforderungen an die Gesellschaft insgesamt aber auch an den Einzelnen. Wie geht Gesellschaft mit den geistigen Wissensbeständen um (siehe

Assmann/Assmann 1994)? Wenn zutreffend ist, dass mit den digitalen Medien hervorragende Speichermedien mit hoher Kapazität zur Verfügung stehen, stellt sich die Frage, unter welchen Kriterien das Gespeicherte abgelegt wird und wieder abrufbar ist? Wie kann sich der Einzelne dieses Wissen zunutze machen? Vor allem in beruflichen Zusammenhängen sind die Gesellschaftsmitglieder gefordert, bestehendes Wissen zu revitalisieren, um es für die eigene (berufliche) Weiterbildung nutzen zu können. Fachmedien unterstützen sie dabei.

Das Kommunikationssystem Journalismus beobachtet und reflektiert gesellschaftliche Prozesse, idealerweise aus einer distanzierten Position. Etablierte, d.h. vor allem rechtliche Rahmenbedingungen, also Werte und Normen wie Pressefreiheit und ähnliche, helfen diesem publizistischen Subsystem, diese besonderen Leistungen zu erbringen. Allerdings bewegt sich Journalismus über die Anbindung an die Medien als dem ökonomischen Träger in einem schwierigen Spannungsfeld: Er muss seiner öffentlichen Aufgabe gerecht werden, aber gleichzeitig ökonomische Aspekte einbeziehen. Er reagiert darauf einerseits mit Anpassung in Form eines stetig steigenden Anteils an gut zu vermarktenden Unterhaltungsangeboten und andererseits mit Verspartung und Spezialisierung, um auch kleine und kleinste Zielgruppen im Markt zu bedienen. Hauptmotiv ist, dadurch nicht (vollständig) seine Alleinstellungsfunktion in einer komplexen Gesellschaft neben anderen Kommunikationssystemen wie vor allem der Public Relations zu verlieren.

Die Medien haben unterschiedliche Gattungen ausgeprägt, um jeweils spezifische Leistungen in spezifischer Art und Weise transportieren zu können. Die am stärksten diversifizierte Gattung sind die Zeitschriften. Sie bietet sich aufgrund der Quantität sowie der Vielfalt in hervorragender Weise an, um die Entstehung des Fachjournalismus nachzuvollziehen und ihn in der Medienlandschaft zu verorten (siehe Kapitel 3). Die Geschichte der Fachzeitschriften im Rahmen der Gattungsentwicklung ist zufrieden stellend, wenn auch nicht erschöpfend, ausgearbeitet (siehe Pürer/Raabe 2007; Wilke 2003). Fest steht, dass das publizistische und damit gesellschaftliche Potenzial der Fachzeitschriften bis heute unterschätzt wird. Seit einigen Jahren bemüht sich der Verband der Deutschen Fachpresse, die Fachmedien zu etablieren. So gibt es beispielsweise auf der Frankfurter Buchmesse im Oktober 2009 ein Zentrum Fachmedien, in dem Fachverlage ihre Produkte ebenso den Endverbrauchern wie professionellen Kommunikatoren präsentieren können (vgl. de.book-fair.com).

Die Herausforderung bei der Analyse des (Fach-)Zeitschriftenmarktes liegt darin, dass er bis dato weder quantitativ erfasst noch qualitativ bewertet ist. Es gibt keine konsentierte, wissenschaftliche Definition oder Kategorisierung, auf Basis derer die Deutsche Fachpresse oder der Zeitschriftenverlegerverband oder die Informationsgemeinschaft zur Feststellung der Verbreitung von Werbeträgern e.V. (IVW) den Markt einheitlich erfassen. So steckt viel Recherchearbeit in den Daten, die – selbstverständlich ohne Gewähr und ohne Anspruch auf Vollständigkeit – aus den verschiedenen Quellen ermittelt worden sind.

Im vierten Abschnitt wird als eine Art Zwischenbilanz eine Arbeitsdefinition formuliert. Anhand dreier Thesen und Fragen wird sie diskutiert. Kritisch hinterfragt wird beispielsweise, ob Fachjournalismus aufgrund seiner starken Fokussierung seiner gesellschaftlichen Aufgabe der Themensetzung gerecht wird. Ein Argument zur Bestätigung dieser Leistung ist der Hinweis auf die Außenpluralität des Fachjournalismus: Aufgrund seiner Angebotsvielfalt erfüllt er die Forderung nach Universalität und Publizität. Bis heute nicht erfasst sind Daten zu beruflichen Nutzungsmotiven klassischer Massenmedien. Aus der einzigen Langzeitstudie Massenkommunikation sind nur marginale Ergebnisse dazu herauszukristallisieren. Dabei ist angesichts der bildungspolitischen Situation und Diskussion in Deutschland zu unterstellen, dass in einer Wissensgesellschaft auch und gerade Medien bei der Erschließung von Wissensbeständen zur Aus- und Fortbildung eine nicht unbedeutende Rolle spielen (können).

Anhand der 1994 von Bernd Blöbaum vorlegten Strukturmerkmale des Journalismus werden im fünften Kapitel die Organisationen, die Programme (Ordnungs-, Informationssammel-, Prüf-, Darstellungsprogramme) und die Rollen (Berufsbild Fachjournalist, das Fachpublikum) des Fachjournalismus vorgestellt. Im Unterkapitel 5.4 wird schließlich daraus folgend Fachjournalismus im engeren und weiteren Sinne definiert.

Auf dieser Basis werden im Folgenden Unterscheidungen und Abgrenzungen vorgenommen, einerseits zwischen Fachjournalismus und Fachkommunikation beziehungsweise Fach-PR, andererseits zwischen Fach- und Wissenschaftsjournalismus. Grundlegend ist die Feststellung, dass Fachjournalismus als publizistisches Subsystem jeweils ein gesellschaftliches Subsystem beobachtet. Zentral ist dabei die so genannte Mehrsystemrelevanz: Die stärkste strukturelle Kopplung existiert zwischen dem jeweiligen Fachjournalismus (also beispielsweise Wirtschaftsjournalismus) und dem jeweiligen Gesellschaftssystem (in diesem Falle Wirtschaft). Fachjournalismus wird nur die Informationen selektieren und bearbeiten, die für die (fach)öffentliche Diskussion relevant sind. Daten und Fakten, Mitteilungen und Ereignisse aus anderen Systemen werden nur wahrgenommen oder kommen für die fachjournalistische Berichterstattung in Betracht, wenn sie relevant für das gesellschaftliche Subsystem sind (also beispielsweise Gesetzesänderungen mit Blick auf die Finanzmärkte im Wirtschaftsjournalismus).

Neben der Analyse unter der sozialwissenschaftlichen Perspektive findet auch eine linguistische Betrachtung statt: Im Kapitel 7 steht eine Analyse der Fachsprache(n) im Mittelpunkt. Auch hier zeigt sich die Herausforderung, dass allein der Begriff schillernd und nicht allgemeingültig festgelegt ist. Zudem ist auch hier die Zahl derer, die sich mit dem Thema beschäftigen, überschaubar. Hans-Rüdiger Fluck (1996) zieht, als einer der Wenigen, den Plural Fachsprachen dem Singular Fachsprache vor, da er starke Sprach-Unterschiede zwischen den Fachbereichen sieht. Generell dienen Fachsprachen der Fixierung und Präzisierung von Beobachtungen und Erkenntnissen, nicht zuletzt unter dem Kriterium der Ökonomie. Fachleute wollen sich mit Hilfe der Fachsprachen schnell, kurz, knapp, eindeutig und präzise verständigen.

In der Forschung werden drei Kommunikationsrichtungen (fachintern, interfachlich und fachextern) sowie je nach Kommunikationsdistanz, -absicht und Adressaten verschiedene fachsprachliche Stile unterschieden: theoretisch-wissenschaftlich, didaktisch, populärwissenschaftlich, direktiv, praktisch und ästhetisch. Wesentlich für die Analyse der Fachsprache sind die Lexik (= Wortschatz), die Semantik (= Wortbedeutung), die Syntax (= Satzbau), die Pragmatik (= Beziehung zwischen Zeichen und Anwendern) sowie der Text (= Textaufbau).

Die zentrale Forschungsfrage dieses Kapitels ist, wie die fachjournalistische Kommunikation so stattfinden kann, dass den Fachleuten und deren Erkenntnissen durch die (sprachliche) Reduktion von Komplexität nicht Unrecht getan wird, aber auch der interessierte Laie das Vermittelte verstehen kann? Tabellarisch werden die Funktionen und Formen der Fach-, der Gemeinsprache und der fachjournalistischen Sprache verglichen. Diese linguistisch unterscheidbaren Sprachbereiche lassen sich unter einer zentralen Prämisse, der Verständlichkeit, letztlich wieder zusammenführen. Fachjournalistisches Schreiben, so die zentrale Erkenntnis, vermittelt zwischen Fachsprachen und Gemeinsprache. Unter professionellen Gesichtspunkten folgt fachjournalistisches Formulieren immer den Standards des journalistischen Schreibens: kurz, knapp, klar und nach dem Prinzip der W-Fragen gegliedert.

Wurde in diesen ersten Abschnitten das journalistische Subsystem Fachjournalismus anhand der Kriterien Funktionen, Medien, Programme und Sprachen identifiziert und analysiert, so wird im achten und umfangreichsten Kapitel die Vielfalt der (empirisch feststellbaren) Fachjournalismen anhand von zehn ausgewählten Bereichen auf der Grundlage der System- sowie der Ressorttheorie (siehe Meier 2002) beschrieben. Im Zentrum steht dabei einerseits die Darstellung der Entwicklung des jeweiligen gesellschaftlichen Subsystems, andererseits das Entstehen des jeweiligen (Fach-)Journalismus sowie die strukturelle Kopplung zwischen Bezugs- und Beobachtersystem.

Eine wichtige Ausgangsthese lautet, dass sich gesellschaftliche Subsysteme wie Medizin und Gesundheit, Tourismus/Reisen und Sport, Essen und Esskultur, Mobilität und Auto, Technik und Wirtschaft, Musik, Medien und Mode funktional ausdifferenziert haben, weil sie spezifische Leistungen erfüllen und dafür jeweils spezifische Strukturen ausgebildet haben, aus den Expertennischen herausgetreten und für die Gesamtgesellschaft relevanter geworden sind und somit vom Beobachtersystem (Fach-)Journalismus stärker als Themenfelder wahrgenommen werden. Es existieren also *sachliche* (Komplexität der sozialen Subsysteme), *soziale* (Kommunikation, Reflexion und Handlungsfähigkeit in den Subsystemen sowie im Gesamtsystem) und *ökonomische* (Anforderungen der Medien-Produzenten und der Rezipienten sowie der Absatz- und Beschäftigungsmärkte) Gründe für (Fach-)Journalismus, sich zu differenzieren.

Die Auswahl der Referenzfelder ist nicht systematisch und repräsentativ, sondern im Wesentlichen aus subjektiver Beobachtung und Erfahrung gesteuert. Es ist aber davon auszugehen, dass die für die Untersuchung interessantesten und wichtigsten Bereiche erfasst worden sind. Jedes Feld würde eine eigenständige Publikation rechtfertigen und füllen.

Die Medienkrise 2001 sowie die aktuellen Entwicklungen gehen auch am Markt des Fachjournalismus nicht spurlos vorüber. Vor allem das Internet erhöht den Druck beispielsweise auf die Fachverlage, ihre Kompetenzen und ihr Wissen in anderen, neuen Strategien und Produkten umzusetzen. Digitale Zeitschriften, Datenbanken und Portale, Archive und Foren, multimediale Darstellungen und Blogs führen die Anbieter in ein neues Zeitalter. Die Fachverlage sehen das elektronische Publizieren laut einer Branchenumfrage nach wie vor als den „Markt der Zukunft" (www.deutsche-fachpresse.de/elektronisches-publizieren). Nadja Fischer, die sich als Studentin mit dem Thema befasst und ihre Abschlussarbeit darüber geschrieben hat, wurde aufgrund ihrer hohen Sachkompetenz eingeladen, als Co-Autorin in die (digitale) Zukunft des Fachjournalismus zu blicken.

Die Analyse des Fachjournalismus (als publizistisches System) und der unterschiedlichen Fachjournalismen zeigt, dass in den gesellschaftlichen Subsystemen noch viel Potenzial für weitere fachjournalistische Themenfelder liegt, das bis dato noch nicht vollständig von den Organisationen (insbesondere Fach- und andere Zeitschriftenverlage) erschlossen worden ist. Das gilt allerdings auch für die wissenschaftliche Beobachterebene. Insofern ist dieser Band auch und vor allem eine Anregung, weiter sozial- und medienwissenschaftlich in diese Richtung zu forschen.

2 Rahmenbedingungen und Verortungen

In diesem Abschnitt soll der Fachjournalismus verortet und erklärt werden. Worüber sprechen wir, wenn wir ‚Fachjournalismus' sagen? Wie lässt er sich gesellschaftlich verankern? Wie ist er aus der Sicht der Journalistik begreifbar? Ziel ist es, eine Arbeitsdefinition für Fachjournalismus zu entwickeln.

Dabei wird gleich zu Beginn die Loslösung von einem Stereotyp notwendig: Das sehr enge Verständnis von Fachpublizistik als Kommunikation unter Experten zum Beispiel über das Medium der Fachzeitschriften (oder Fachbücher) greift nicht, wenn wir auf das Grundwort -journalismus fokussieren: Denn diese Form der öffentlichen Kommunikation beschränkt weder den Zugang noch den Kreis der Rezipienten noch das Medium im Voraus, sondern ist prinzipiell für jeden, am Thema Interessierten, offen. Diese und weitere Kriterien werden im Folgenden diskutiert. Um starten zu können, wird zunächst einmal ein scheinbar triviales Verständnis von Fachjournalismus formuliert, das im Weiteren überprüft, verändert und ergänzt werden soll:

- Fachjournalismus ist Teil des publizistischen Systems Journalismus und ist wahrnehmbar als Ausdifferenzierung journalistischer Angebote in unterscheidbare thematische Bereiche.
- Fachjournalismus ist nicht gleichzusetzen mit Fachpublizistik: Nach Keller (2005: 23) bedeutet dieser Begriff „...das Sammeln (Recherchieren), Aufbereiten und Publizieren von Fachinformationen ausschließlich für die Nutzung in der Berufswelt ...". Das heißt, hier sind Medium (insbesondere Fachbuch, Fachzeitschrift) klar eingegrenzt, nicht nur in Form und Zugang, sondern auch und gerade in Funktion (dient nicht in erster Linie der öffentlichen Information, sondern der beruflichen Qualifizierung) und dem eingeschränkten Nutzerkreis (Experten, aus beruflichem Interesse heraus motivierte Laien).
- Fachjournalismus ist nicht gleichzusetzen mit Fachkommunikation. Diese meint in erster Linie Public Relations, d.h. strategische Kommunikation von Fachleuten an Multiplikatoren (wie Journalisten) und andere Zielgruppen (wie etwa Stakeholder, Partner, Kunden) oder B-to-B-Kommunikation, also die intra-fachliche Experten-Kommunikation.

Die Verortung beginnt mit zwei zentralen Ausgangsthesen:

(1) Das publizistische System Journalismus differenziert sich kontinuierlich aus, um seine Funktionen in einer sich ebenfalls weiter ausdifferen-
zierenden Gesellschaft erfüllen zu können. Deshalb ist Fachjournalismus vielfältig. Es gibt dabei Formen von Fachjournalismus, die zum
Kern des „Muttersystems" Journalismus zählen (wie etwa Politik, Wirtschaft, Kultur) und sich auffächern (beispielsweise in Börsen- und Un-
ternehmensberichterstattung), neben Arten, die sich eher in der Peripherie bilden (etwa IT-Journalismus). Bei dieser zweiten Gruppe muss
beobachtet werden, inwieweit die Bindung an das journalistisches Teilsystem stärker ist als die an andere Systeme wie etwa die an die Wirt-
schaftsbranche oder die Informations- und Kommunikationstechnologie
im Bereich des IT-Journalismus.

(2) Eine weitere zentrale These ist dementsprechend: Fachwissen wird
durch Fachjournalismus aus der Experten- in die Laienwelt populär
vermittelt. Fachjournalistische Angebote sind keine „ … modernen
Festungen, in denen die Fachleute sich verschanzt haben und eine
Sprache pflegen, die sich dem Normalbürger entzieht" (Goede 2003:
3). Vermittlung, Transfer und Übersetzung sind wichtige Schlagworte
in dieser Diskussion.

2.1 Der gesellschaft(swissenschaft)liche Rahmen

Niklas Luhmann geht von der funktionalen Ausdifferenzierung der Gesellschaft
aus. Damit Gesellschaft insgesamt die Herausforderungen der Moderne bewältigen kann, muss sie die Komplexität reduzieren, indem sie Funktions- (Politik,
Recht oder Wirtschaft) und Leistungssysteme (Demokratie, Justiz oder Märkte)
bildet. Die Frage, die sich vor allem Soziologen stellen, lautet: Wie ist Gesellschaft möglich? Was ist das Band, das Gesellschaft bei und trotz all der Ausdifferenzierung zusammenhält?

Ein Grund liegt in der Fähigkeit des gesellschaftlichen Gesamtsystems, Beo-
bachtungsinstanzen auszubilden, um sich zu spiegeln und zu reflektieren. Ein
wesentliches Funktionssystem ist die öffentliche Kommunikation (= Publizistik), die sich wiederum in Leistungssysteme wie Journalismus, Public Relations,
Werbung und Unterhaltung ausdifferenziert hat (vgl. Scholl 2002; Görke 2002).
Die Entwicklung der Gesellschaft in den vergangenen Jahrzehnten wird beschrieben mit Schlagworten wie Postmoderne, Wissens- und Informationsgesellschaft, Life-long-Learning, Informationsflut, Beschleunigung gesellschaftlicher
Prozesse, Risikogesellschaft, Individualisierung und so weiter. Kontinuierlich

wird neues Wissen generiert und vorhandenes Wissen re-aktualisiert. Dieser Prozess wird als rasant wahrgenommen; viele beklagen einen dramatischen Verlust der Halbwertszeit von Wissen. Der Journalist Helmut Klemm (2002) beispielsweise hält allerdings diese Szenarien für „Unsinn": „Solche alarmieren-den Meldungen klingen angesichts der vermuteten Beschleunigung des moder-nen Lebens plausibel, tatsächlich sind sie aber unbegründet, unsinnig oder schlicht falsch. Die ‚Halbwertszeit des Wissens' lässt sich etwa schon deshalb nicht feststellen, weil ‚Wissen' nicht quantifizierbar ist; und auch die sonst noch bemühten Halbwertszeiten sind reine Schimären – nur so dahinphantasiert." Klemm begründet seine Meinung mit Studien zur Zitation wissenschaftlicher Beiträge: Auch in neuen Publikationen werden immer ältere und alte Veröffent-lichungen zitiert, Wissensbestände also kontinuierlich re-aktualisiert. Die Halb-wertszeit von Wissen, so Klemms Schlussfolgerungen aus den zitierten Studien, nehme eher zu als ab. Allein im Internet (besonders bei kommerziellen Angebo-ten) „schlägt ein anderer Zeittakt. Da verschwinden die Dokumente angeblich bereits nach 58 Tagen im Massengrab der Informationsgesellschaft" (ebd.). Wissenschaftliche Inhalte allerdings blieben auch im Cyberspace viel länger gespeichert und abrufbar.

Das Problem für den Einzelnen aber liegt in der subjektiven Wahrnehmung, von Informationen überflutet zu werden; zusätzlich sieht er sich mit den (intel-lektuellen) Anforderungen als Mitglied einer modernen Gesellschaft konfron-tiert, sich diese Informationen zunutze zu machen, nicht zuletzt für die berufli-che Tätigkeit. ‚Lebenslanges Lernen' ist das Zauberwort, das einerseits Weiter-entwicklung im positiven Sinne verheißt (als Gegensatz zu Stillstand), aber andererseits auch die Überforderung in sich trägt, ständig auf dem Laufenden bleiben zu müssen.

Nicht die Erzeugung von Wissen und Informationen ist das Problem, sondern Filterung, Strukturierung und Verarbeitung. Diese Aufgabe haben professionelle Kommunikatoren übernommen: die Nachrichtenagenturen und Massenmedien, der Journalismus und andere professionelle Themensetzer und Informationsan-bieter wie etwa die Public Relations (vgl. Dernbach 2002).

2.2 Anwendbare Erkenntnisse aus der Journalistik[2]

Nahe liegend ist zunächst einmal, als Ausgangsposition der folgenden Diskussion, die Beschreibungen und Erklärungen zu dem heranzuziehen, was wir – funktional-strukturell – als Journalismus bezeichnen: ein gesellschaftliches respektive öffentliches oder publizistisches Teilsystem, das Funktionen, Leistungen und Aufgaben erfüllt. Journalismus beobachtet gesellschaftliche Teilsysteme, sammelt Themen, bereitet sie nach journalistischen Programmen auf und stellt sie in spezifischen Formen der Öffentlichkeit zur Verfügung (vgl. Rühl 1980; Blöbaum 1994; Scholl/Weischenberg 1998; Görke 2002). „Indem Journalismus Aktualität konstruiert, synchronisiert er (Welt-)Gesellschaft: sachlich, sozial, vor allem aber temporal. ... Journalismus operiert ... als autonomer Beobachter von Weltgeschehen, das heißt nach Kriterien, die der Journalismus selbst entwickelt, erhält und fortschreibt." (Görke 2002: 73) Oder mit den Worten Klaus Meiers' (2007: 13): „Journalismus recherchiert, selektiert und präsentiert Themen, die neu, faktisch und relevant sind. Er stellt Öffentlichkeit her, indem er die Gesellschaft beobachtet, diese Beobachtung über periodische Medien einem Massenpublikum zur Verfügung stellt und dadurch eine gemeinsame Wirklichkeit konstruiert. Diese konstruierte Wirklichkeit bietet Orientierung in einer komplexen Welt."

Journalismus hat spezifische Strukturen ausgebildet, um die „übertragenen" Leistungen erbringen zu können: Dazu gehören bestimmte Techniken, Organisationen, Werte, Rollen, Programme. Das heißt die Regeln der Beobachtung, der Themenselektion und -bearbeitung werden nicht täglich neu erfunden, sondern Journalismus agiert auf der Basis der selbst gesetzten Standards und Routinen. Die Komplexität dieser Strukturen wiederum ist abhängig von der Komplexität der zu beobachtenden Gesellschaft: „Je komplexer die Gesellschaft wird, desto komplexer werden die internen Entscheidungsstrukturen ihres Journalismus." (Rühl 1980: 259)

Manfred Rühl (1980: 260ff.) hat in diesem Zusammenhang zentrale Begriffe wie Werte, Rollen, Normen und Technik/Techniken definiert, die helfen, das System Journalismus zu identifizieren: „Werte sind für Journalismus grundlegende Gesichtspunkte, um Weltereignisse auszuwählen. Sie werden vorab als Standards für die Auswahl und Vermittlung gesetzt." Wie diese Werte gesetzt

---

[2] In diesem Abschnitt soll keine umfassende Diskussion der theoretischen Ansätze der Journalistik stattfinden, sondern die Erkenntnisse wurden mit Blick auf ihre Anwendbarkeit und/oder Verwertbarkeit für das Thema Fachjournalismus hin ausgewählt. Die funktional-strukturelle Systemtheorie wird in dieser Hinsicht anderen Ansätzen vorgezogen, weil vor allem mit ihrer Hilfe eine Diskussion auf der Makro- und Mesoebene möglich ist. Einen sehr guten Überblick über die „Theorien des Journalismus" bietet der Band von Martin Löffelholz (2004).

werden und funktionieren, haben grundlegend und wegweisend vor allem die Skandinavier Galtung und Ruge (1965) und der Kommunikationswissenschaftler Winfried Schulz (1979 beziehungsweise 1990) in ihren Ansätzen zur Nachrichtenwerttheorie analysiert und erklärt. Es ist heute unstrittig (auch in der journalistischen Praxis), dass die Themenselektion auf der Basis der Dimensionen Zeit, Nähe, Status, Dynamik, Valenz und Identifikation (vgl. Schulz 1990: 31ff.) stattfindet. Allerdings setzen unterschiedliche Medien unterschiedliche Prioritäten und insgesamt hat sich in den vergangenen Jahren aufgrund von Tendenzen wie der Ökonomisierung der Medien und damit der Kommerzialisierung und Boulevardisierung eine Verschiebung innerhalb der Faktorenliste (auch bei seriösen und öffentlich-rechtlichen Medien) gezeigt[3].

„Von journalistischer Kommunikation wird generell erwartet, daß sie verantwortungsvoll, verlässlich und vergleichbar erbracht wird. Und diese Erwartungszusammenhänge im Kommunikationssystem Journalismus sollen generalisierbar bleiben." (Rühl 1980: 273) Deshalb treten neben die Werte, mit deren Hilfe diese Generalisierung leistbar ist, die Rollen und Positionen – denn sie verhindern, dass „personengebundene(r) Kriterien (z.B. Verwandtschaft, Bekanntschaft mit dem Vater, Religionszugehörigkeit u.ä.)" bei der Auswahl des Personals und dessen Tätigkeiten das größte Gewicht erhalten.

„Mit Hilfe von Rollensätzen und den daran gebundenen Erwartungen können Journalisten die in ihrem Aufgabenbereich auftretenden Probleme lösen. Das wird zumindest von ihnen erwartet. So soll beispielsweise jeder Wirtschaftsredakteur nach den Erwartungen seiner Umwelt gute Kenntnisse über die aktuelle Situation auf den Wertpapiermärkten haben. Diese Erwartung gegenüber diesen Rollen besteht selbst dann, wenn Wirtschaftsredakteur A ihnen noch nicht entsprechen mußte, etwa indem er noch den Börsenteil seiner Zeitung journalistisch zu bearbeiten hatte." (Rühl 1980: 276f.)

Eine weitere Maßnahme des journalistischen Systems, Distanz zu seinen Beobachtungs- und Berichterstattungsgegenständen zu schaffen, ist die Berücksichtigung von Normen. Zunächst einmal gelten die (informalen) gesellschaftlichen Normen wie Respekt, Höflichkeit und andere „zivilisierte Verhaltensregeln" (Rühl 1980: 288), die allerdings nicht (im juristischen Sinne) sanktionierbar sind. Das Medienrecht (etwa die Landespressegesetze, das Zivil- und Strafrecht) jedoch setzt Schranken, deren Berücksichtigung belohnt und deren Bruch bestraft werden können. Dies gilt allerdings nicht nur für die journalistischen Akteure, sondern auch für andere Akteure wie jene aus Politik, Wirtschaft und dem Rechtssystem selbst. Das gesellschaftliche Leistungssystem Journalismus genießt hier – aufgrund seiner normativ definierten Funktion in der und für die

---

[3] Weischenberg bezeichnet dies als ‚McDonaldisierung' der Medien (2002: 330ff.).

Gesellschaft – einen besonderen Status, der grundlegend in Artikel 5 des Grundgesetzes fixiert ist.

Journalismus werden in der demokratisch verfassten Bundesrepublik Deutschland normativ folgende Funktionen zugewiesen (vgl. Ronneberger 1971: 48ff.; Burkart 1995: 350ff.): Zentral sind die Information, Kritik und Kontrolle, der Beitrag zur Meinungsbildung; ergänzend und anders gegliedert und/oder bezeichnet sind *kognitive* (Wissensvermittlung in der modernen Gesellschaft), *politische, soziale* (Orientierungs- und Integrationsfunktion), psychologische (Unterhaltung) und *ökonomische* Funktionen. (Diese normativen Funktionen von Journalismus werden in Bezug auf Fachjournalismus in Kapitel 2.3 ausführlich diskutiert.)

Eine weitere wesentliche Struktur des Systems Journalismus ist „die Technik". Rühl analysiert Ende der 70er Jahre des 20. Jahrhunderts das Verhältnis zwischen Technik und Journalismus als problematisch: Einerseits funktioniert Journalismus ohne Technik nicht, von der Recherchetechnik wie Telefon, Aufnahmegeräte über die Produktionstechnik (Satz, Druck, Schnitt) bis hin zur Distribution analog und digital, über Antenne, Kabel und Satellit. Andererseits ranken sich viele Befürchtungen und Spekulationen um die Auswirkungen neuer Techniken. Wer determiniert wen: Die Technik den Journalismus – oder nutzt der Journalismus Technik „nur"? Diese Fragen sind seit der Einführung der Digitalisierung (als Technologie) und des Internets (als technisches Medium) aktuell und in vielen Aspekten (theoretisch und empirisch) ungeklärt. Fest steht jedenfalls: Mit den neuen Technologien und Techniken haben sich die mediale und die interpersonale Kommunikation sowie das journalistische Arbeiten stark verändert. Das Monopol der (Medien-)Unternehmen, beispielsweise Informations- und Unterhaltungsprogramme exklusiv anzubieten, ist durch den erleichterten Zugang der Einzelnen zur öffentlichen Kommunikationsplattform gebrochen. Welche Auswirkungen Phänomene wie Web 2.0, Podcasting, Bürgerjournalismus und Leserreporter haben, wird von der Journalistik aktuell untersucht (vgl. Quandt/Schweiger 2008; Engels 2002).

Medien und Journalismus lassen sich nicht trennen, müssen aber unterschieden werden (vgl. Altmeppen 2006). Massenmedien transportieren nicht nur journalistische Produkte im oben festgelegten Sinne, sondern auch Angebote aus den publizistischen Systemen Werbung, Public Relations und Unterhaltung. Über den ökonomischen Druck, dem die Medien über diese Beziehungen vor allem in das Teilsystem Wirtschaft ausgesetzt sind, gerät auch der Journalismus zunehmend in die Zwänge der Wirtschaftlichkeit (vgl. ebd.; Simon 2006: 16 ff.). Aufgrund der fehlenden alternativen Vertriebswege muss Journalismus sich den Regeln des Medienmarktes unterwerfen. Er reagiert darauf mit Anpassung (Stichwort Entertainisierung oder auch Infotainment) und mit Differenzierung,

sprich Spezialisierung und Verspartung, d.h. der Entwicklung und Etablierung
neuer Angebote. Die lassen sich im Bereich neuer Formate ebenso beobachten
wie bei den Inhalten; dies gilt vor allem für den großen Markt der Zeitschriften
(siehe Kapitel 3.5). Hier haben sich zwischen die Segmente ,Fachzeitschriften'
(die der klassischen Definition nach ausschließlich im Abonnement etwa über
Fachverbände vertrieben werden) und (auflagenstarke) ,Publikumszeitschriften'
die ,Very-Special-Interest'-Angebote geschoben, die mit einer (fach-)thema-
tischen Spezialisierung versuchen, quantitativ große, in Interesse und Vorwissen
eher homogene Publika anzusprechen.

2.3 Informationsjournalismus und Unterhaltung

Vor dem Hintergrund der skizzierten gesellschaftlichen Veränderungen muss
der Journalismus reagieren; dies tut er zum Beispiel in Form von Entwicklungen, die es ihm und seinen Bezugsgruppen ermöglichen, die Komplexität des
Wissens und der Informationen zu reduzieren. Diese Segmentierung kann auf
der Strukturebene der Medien ebenso erfolgen wie auf der inhaltlichen: Ersteres
meint zum Beispiel die Ausdifferenzierung (Formatierung) in der Hörfunkland-
schaft in Info- und Kultursender (beispielsweise NDR-Info oder Deutschland-
funk), beziehungsweise beim Fernsehen in Voll- und Spartenprogramme, Zweiteres die Auf- und Einteilung der Inhalte in Ressorts, Sparten und Rubriken (vgl.
Meier 2002).
    An dieser Stelle ist eine Zwischenbilanz notwendig: Journalismus differen-
ziert sich aus, um den Anforderungen in einer ökonomisierten, globalisierten,
digitalisierten Wissens- und Informationsgesellschaft gerecht werden zu können. In der Logik der Systemtheorie differenziert ein System sich aus, wenn
eine Funktion nicht mehr optimal wahrgenommen werden kann oder neu hinzu-
kommt. Es ist stark anzunehmen, dass es für Journalismus immer schwieriger
wird, universelle und allgemein relevante Themen zur öffentlichen Kommunikation auszuwählen, zu bearbeiten und das Ergebnis der Öffentlichkeit über die
Programme der Massenmedien zur Verfügung zu stellen. Ein Grund dafür liegt
sicherlich in der Frage der Wahrnehmung und Aufmerksamkeit: Das Monopol
des Journalismus bezüglich der öffentlichen Informationsfunktion ist im Wettbewerb der publizistischen Angebote aufgebrochen; vor allem Public Relations
hat sich als weiterer Informationslieferant in den Aufmerksamkeitsmarkt ge-
drängt, auch unter Nutzung der etablierten Medien als Transporteur der PR-
Botschaften (vgl. Dernbach 2002). Ein weiteres Argument ist die Segmentierung des Publikums in immer kleinere Interessengruppen. Wie also kann das
System Journalismus seine (normativen) Funktionen – Information, Kritik und

Kontrolle, Beitrag zur Meinungsbildung – sichern? Zum Beispiel indem es seine Rolle als Gatekeeper stärkt. Der Schleusenwärter macht sich unentbehrlich, der Informationen auch aus schwer zugänglichen Quellen recherchiert und selektiert, sie ordnet, erklärt, in Zusammenhänge stellt und sie für jeden zugänglich kommuniziert (vgl. Dernbach 1998).

Menschen sind täglich auf der Suche nach Informationen, die in beruflichen und privaten Lebenswelten einen Nutzen für sie haben (vgl. Fasel 2004). Sie haben gleichzeitig die Möglichkeit, mehrere Quellen zu erschließen und die eine durch die andere schnell zu überprüfen. Journalismus verliert so zunehmend sein Alleinstellungsmerkmal, weil es in Medien – vor allem im World Wide Web – weitere Her- und Bereitsteller von Informationen gibt.

Journalismus muss sich deshalb Themengebiete erschließen, die bisher der öffentlichen Kommunikation nicht oder kaum zugänglich waren oder die bisher wenig Resonanz im Anbieter- und Nachfragermarkt erzeugt haben – zum Beispiel Sachinformationen aus der Expertenwelt. Dies bezieht sich nicht nur auf die Welt der Wissenschaft, sondern generell auf alles, was dem Laien aus den „Fachwelten" bisher weitgehend verschlossen geblieben ist.

Hier kreuzen sich in der Wissensgesellschaft die Interessen von mindestens zwei Akteuren: das Interesse der Menschen an Wissen, um es beruflich oder privat zu nutzen und das Interesse des Journalismus, Informationen möglichst exklusiv zu generieren und sie anzubieten. Dieser Aspekt setzt ein anderes als das traditionelle Verständnis der publizistischen Kriterien Aktualität, Publizität, Universalität und Periodizität voraus (vgl. Dovifat 1967). Dienten diese Merkmale bisher der Unterscheidung von Mediengattungen (im intramediären Vergleich zwischen einzelnen Printmedien oder im intermediären Vergleich zwischen Print- und elektronischen Medien), so werden sie im Zeitalter von Digitalisierung und Online-Medien variabel: Aktualität wird zeitlich, sachlich und sozial immer in individuellen Zusammenhängen hergestellt. Haas (1999) unterscheidet beispielsweise zwischen der manifesten Aktualität (Katastrophen, Wahlergebnisse) und der latenten Aktualität (virulente, stets wiederkehrende Themen wie Umweltschutz, die Europäische Einheit). Durch natürliche oder inszenierte Ereignisse wie etwa eine Pressekonferenz zu neuen Forschungsergebnissen können latent aktuelle zu manifest aktuellen Ereignissen werden.

War die Publizität bisher eingeschränkt durch den Zugang zur Medienproduktion oder, im Falle der Fachzeitschriften, durch spezielle Regeln (etwa Mitgliedschaft als Voraussetzung für den Zugang zum Medium), so ist sie durch die Technisierung und Digitalisierung weit weniger reglementiert. Außerdem sind Informationen rund um die Uhr auf der ganzen Welt abrufbar. Aufgrund der hohen (technischen) Speicherkapazität digitaler Trägermedien ist die (thematische) Universalität sehr groß. Aber um die unüberschaubare Fülle zu reduzieren, ist eine Sortierung der Themen und Informationen in überschaubare (Fach-) Abteilungen notwendig.

Vor dem bisher skizzierten Hintergrund festigt sich das Verständnis von Fachjournalismus als einer Ausdifferenzierung des Leistungssystems Journalismus. Trifft dies zu, ist zu fragen: Worin liegt die (exklusive?) Funktionalität des journalistischen Teilsystems Fachjournalismus? Zur Erinnerung: Die Normen, Werte und Rollen, die für das „Muttersystem" Journalismus gelten, sind für dessen Subsystem nicht außer Kraft gesetzt. Sie müssen möglicherweise nur differenzierter angewendet werden, was im Folgenden an den kognitiven, politischen, ökonomischen und sozialen Funktionen gezeigt wird.

Kognitive Funktion: Journalismus vermittelt Gebrauchsverstehen und Alltagswissen aus den Bereichen der politischen, wirtschaftlichen und sozialkulturellen Lebenswelt. Er bezieht sich dabei täglich auf das gestern kommunizierte Wissen. Fachjournalismus konzentriert sich auf einzelne Wissensgebiete und transferiert daraus (Fach-)Wissen als Beitrag zum ‚Lebenslangen Lernen'. Er knüpft dabei unter Umständen an Wissensbestände an, die auch in anderen Sozialisationsinstanzen erworben wurden oder werden können (Schulen, andere Aus- und Weiterbildungseinrichtungen, Museen). Er erklärt Hintergründe und Zusammenhänge und löst dabei den Gegenstand möglicherweise aus seinem fachspezifischen Zusammenhang, um seine existenzielle und generelle Relevanz sichtbar zu machen.

Politische Funktion: Als normative politische Funktion wird den Massenmedien im Allgemeinen und dem Journalismus im Besonderen die Kritik und Kontrolle an/von Organisationen, Institutionen und Akteuren insbesondere des politischen Bereiches zugewiesen. Sie sollen damit einen Beitrag zur (politischen) Meinungsbildung leisten. Diese Funktion ist möglicherweise zu unspezifisch und muss konkretisiert werden. Fachjournalismus kann Akteure in spezifischen Bereichen klarer identifizieren und sie aufgrund dessen auch effektiver kontrollieren und kritisieren. Über die Risiken wie etwa Abhängigkeit und Distanzverlust gegenüber bestimmten Akteuren wird an späterer Stelle diskutiert.

Ökonomische Funktion: Fachjournalismus bietet Handlungsgrundlagen für Entscheider und Multiplikatoren (Vorstände, Einkäufer in Unternehmen, Organisatoren privater Haushalte), aber auch für Bürger und Konsumenten durch gezielte Marktbeobachtung, Marktanalyse, Aufbereitung der Daten und deren verständliche Vermittlung. Dies trifft nicht nur für den Wirschafts(fach)journalismus zu, wie später zu zeigen sein wird.

Soziale Funktion: Fachjournalismus erschließt sich eine andere Informationstiefe in abgegrenzten Gebieten als der General-Interest-Journalismus und er transferiert dieses Fachwissen auch in eine Laienwelt. Über die Entgrenzung des Expertenwissens durch Fachjournalismus kann einerseits eine Integration interessierter Laien in Fachkreise (Aufbrechen der Closed Shops, der Scientific Communities), andererseits eine stärkere Identifikation von Fachleuten mit ihrem Fachgebiet ausgelöst werden.

Im Folgenden soll eine Annäherung über weitere, in der Journalistik beziehungsweise der Medienwissenschaft herausgearbeitete Kriterien erfolgen. Angelehnt sind diese an die klassische Formel von Harold D. Lasswell (1948): Who says what to whom in which channel with what effect? – also der Kommunikator, die Inhalte und Themen, das Publikum, das Medium, die Wirkung.

Der Kommunikator im Fachjournalismus ist der Fachjournalist. Was unterscheidet ihn vom General-Interest- oder Allround-Journalisten?[4] Möglicherweise ist hier die Trias journalistischer Kompetenzen von Weischenberg, Altmeppen und Löffelholz (1994: 48) hilfreich: Der Fachjournalist verfügt in diesem Verständnis über eine höhere Sachkompetenz, d.h. sein Kenntnisstand in einem Sachgebiet (wie Wirtschaft, Sport oder Musik) ist breiter und tiefer als der des Allround-Journalisten. Wie er zu dieser Kompetenz kommt, wird weiter in Kapitel 5.3.1 diskutiert.

Die Themen: Zeichnet Journalismus sich gerade durch die Universalität und Pluralität der bearbeiteten Themen aus, so gilt für den Fachjournalismus das Prinzip der Eingrenzung und Homogenität. Schon 1994 (39 f.) haben Weischenberg, Altmeppen und Löffelholz unter dem Stichwort Segmentierung die Entwicklung hin zu spezialisierten Angeboten skizziert – im Printmedienbereich ebenso wie bei den elektronischen Medien. In diesem Band stehen einige dieser segmentierten Themenfelder im Fokus.

Das Publikum: Die Rezipienten steuern mit ihren Interessen ein Stück weit die Spezialisierung der Angebote – gäbe es keinen Abnehmer für Publikationen über die Feinmechanik in Taschenuhren oder über die neuesten Techniken bei der Produktion von Surfbrettern, so gäbe es sicher auch kein journalistisches Angebot, sei es auch noch so klein. Hinter dem Rezipienten stecken Mediennutzungsinteressen: Will der Eine stetig für den Beruf dazu lernen, so gilt für den Anderen, als Hobbyangler auf dem Laufenden zu bleiben, was Köder und Blinker betrifft.

Der Kanal: Publiziert Journalismus über Massenmedien – also Zeitungen und Zeitschriften, Hörfunk und Fernsehen sowie im Internet – so konzentrieren sich fachjournalistische Angebote auf die Fach- beziehungsweise die Special-Interest-Zeitschriften sowie Spartenprogramme oder Special-Interest-Formate in den Rundfunkmedien. Inzwischen verlagert sich der Markt des Fachjournalismus stark in den Bereich der On- und Offline-Medien (siehe Kapitel 9).

---

[4] Hier gibt es keine klare Begrifflichkeit, vor allem nicht in der Unterscheidung Allround- zum Fach- oder spezialisierten Journalisten.

Die Wirkung: Die Publikation und die Rezeption von Fachwissen zielen in erster Linie auf kognitive Effekte; Wissen und Kenntnisse sollen erweitert und vertieft werden, entweder für die berufliche oder private Lebenswelt. Über fachjournalistische Angebote kann sich der jeweilige Nutzer an einer spezifischen Community beteiligen oder sich in sie integrieren; er kann mitreden und sich gegenüber anderen profilieren oder abgrenzen.

Ergebnis: Fachjournalismus ist ein Subsystem von Journalismus. Es erfüllt dieselben Funktionen und verfügt über die gleichen Strukturen. Nur die Ausprägungen sind unterschiedlich: Fachjournalismus fokussiert stark auf kognitive Funktionen und Effekte; er nutzt stärker spezialisierte Printmedien; Fachjournalisten verfügen idealerweise über eine höhere Sachkompetenz, also Kenntnisse in einem Gebiet/Ressort. Es werden sich im Laufe der Diskussion zwei Aspekte zeigen, die zu berücksichtigen sind:

(1) Die Grenzen zwischen General- und Special-Interest-, zwischen Allround- und Fachjournalismus sind fließend.

(2) Je nachdem, welches Kriterium im Vordergrund der Betrachtung steht (also Funktion, Themen, Macher, Publikum, Medium, Wirkung), umso enger oder umso weiter wird das Verständnis von Fachjournalismus. Dies sei an einem Beispiel erläutert: Sportjournalismus ist General-Interest-Journalismus, denn Sport ist ein Bestandteil der (Nachrichten)-Berichterstattung in den Massenmedien Zeitung, Hörfunk und Fernsehen. Sportjournalismus im engeren Sinne ist Fachjournalismus, wenn das Themenfeld, die Inhalte, die Journalisten, das Medium und das Publikum stark eingegrenzt sind (etwa im Falle einer Fachzeitschrift über das Snowboarden).

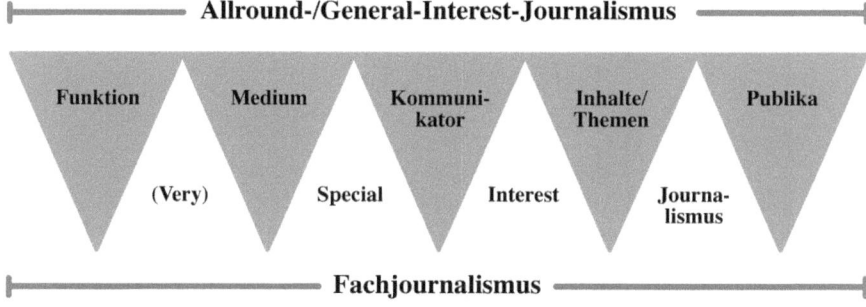

Abb. 1: Übergänge von Allround – über Special-Interest – zu Fachjournalismus

Diese Skizze verweist auf einen zentralen Punkt der aktuellen Debatte in der Journalistik, in der sich Zweifel, Skepsis und Kritik an der ursprünglichen und über die Jahrzehnte weitgehend konsentierten Feststellung darüber spiegelt, was Journalismus ist und was er tut. Aufgrund der aktuellen Entwicklungen, die mit den Stichworten ‚Ausdifferenzierung', ‚Entdifferenzierung', ‚Entgrenzung' vielfach skizziert aber noch lange nicht zuende diskutiert sind (vgl. Görke 2009; Grünenborg 2009; Scholl/Renger/Blöbaum 2007; Loosen 2007; Altmeppen/ Quandt 2002), ist in der Tat fraglich, ob noch klar zu definieren ist, was Journalismus ist: Nachrichten- und Informationsjournalismus? Fakten, Fakten, Fakten? Oder News gemischt mit (viel) Unterhaltung?

Die Frage, ob Journalismus auch eine Unterhaltungsfunktion hat (normativ jedenfalls wurde sie ihm zugeschrieben, beispielsweise von Ronneberger 1971; siehe aktuell Scholl/Renger/Blöbaum 2007; Renger 2000) und falls ja, wie er sie ausfüllt, wurde in der Journalistik lange ignoriert und vor einigen Jahren als einer der zentralen Aspekte entdeckt. Klaus-Dieter Altmeppen und Thorsten Quandt (2002: 56) unternehmen – angelehnt an eine Diskussion, in der Margret Lünenborg und Elisabeth Klaus (2000) viele Impulse gegeben haben – den Versuch, die Ausdifferenzierung von Kommunikationsberufen auch und vor allem an der Fakten- und Unterhaltungsorientierung des publizistischen Angebotes festzumachen. Angelehnt an dieses Modell ist eine ähnliche Betrachtung für Fachjournalismus möglich. Sie konzentriert sich auf die Frage der Funktion: In Abgrenzung zum Allround- oder General-Interest-Journalismus ist der Fachjournalismus klar fakten- und nicht unterhaltungsorientiert – was nicht heißt, dass Fachjournalismus ohne unterhaltende Elemente auskommt, nur erreichen sie nicht den Hauptanteil in Programm, Format und der konkreten Darstellungsform. Diese Form der ‚strukturellen Kopplung' ist im Übrigen für viele publizistische Formate feststellbar – sehr deutlich vor allem im Feld des Wissenschaftsjournalismus, in dem Sendungen wie „Die große Show der Naturwunder" auf der Mischung zwischen Unterhaltung und wissenschaftlichen Fakten basieren (vgl. Hübsch 2007). Zentrales Ziel solcher Konzepte ist die Erregung von Aufmerksamkeit bei wissenschafts- und bildungsfernen Publika.

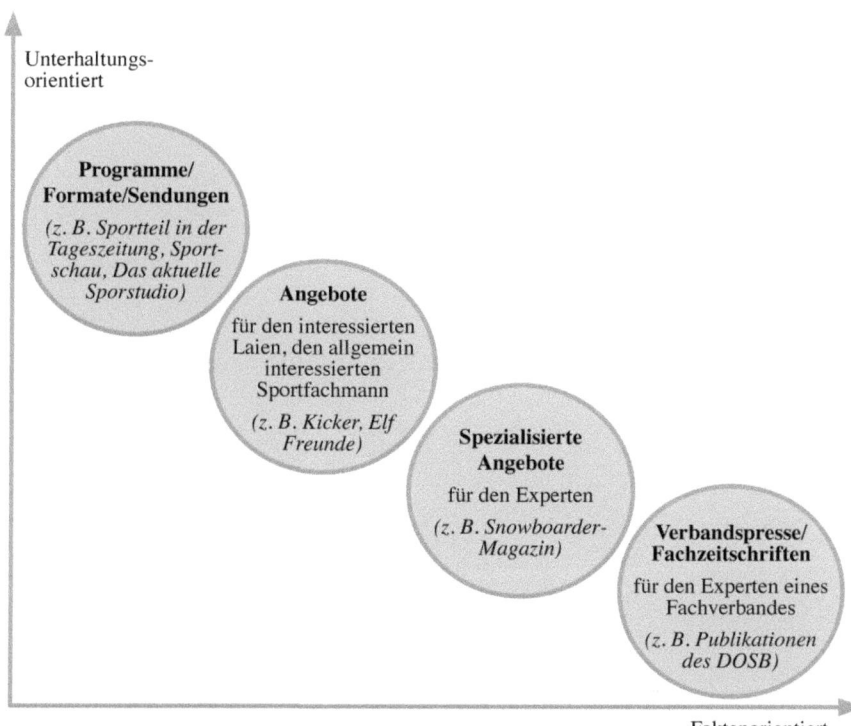

Abb. 2: Fachjournalismus im engeren und weiteren Sinne: Unterhaltungs- und Faktenorientierung, dargestellt am Beispiel Sportjournalismus (angelehnt an Altmeppen/Quandt 2002: 56)

3 Entstehung des Fachjournalismus und der Fachzeitschriften

An dieser Stelle muss darauf hingewiesen werden, dass es bis heute keine medienwissenschaftliche Arbeit gibt, die sich mit der Entstehung von Fachjournalismus beschäftigt. Deshalb wird hier auf das Naheliegende zurückgegriffen: Die Entwicklung der Gattung Fachzeitschriften wird herangezogen, um die Entwicklung von Fachjournalismus in den Anfängen nachzuzeichnen. Dafür gibt es einen zunächst trivial erscheinenden Auslöser: Beide Begriffe eint das Grundwort Fach-. Das wiederum verweist auf eine Begrenzung der Inhalte. Publizistikwissenschaftler wie Dovifat, Groth, Hagemann, Salzmann und Kieslich haben in der frühen Gattungsforschung den Versuch unternommen, Zeitungen und Zeitschriften voneinander abzugrenzen. Vielfach wurde dabei mit den Kriterien, die Otto Groth (1960) formuliert hat, gearbeitet: Aktualität, Universalität, Periodizität und Publizität. Hinsichtlich aller vier Merkmale sind Unterschiede zwischen Druckwerken feststellbar. Karl H. Salzmann (1954: 97f.) definiert Zeitschriften wie folgt:

> „Zu den Zeitschriften zählen – auch wenn sie im Titel als ‚Zeitung', ‚Blatt' oder ‚Archiv' bezeichnet werden – alle periodisch erscheinenden Druckwerke eines meist fachlich oder in der Darbietungsform umgrenzten Inhalts, der nicht durch Nachrichten über das Tagesgeschehen bestimmt wird, sondern – bei aller Verfaservielheit – das Wirken einer selbstgestellten Aufgabe erkennen läßt. Zeitschriften wenden sich oft an weit verstreut wohnende, immer aber durch gemeinsame Interessengebiete gebundene Leserkreise. Durch diese Begrenzung auf Teilbereiche geistigen Schaffens und der Berichterstattung ist ihre schriftlich-bildliche Vermittlungstätigkeit nicht der allgemeinen Tagesaktualität unterworfen. … Das publizistische Wollen der Zeitschriften kann wirtschaftlich durch Anzeigen unterstützt werden, die bei Fachblättern der gezielten Werbung dienen."

Vielleicht ist es gerade dieser letzte zitierte Satz, der bis heute das Bild und die Wahrnehmung von Fachzeitschriften prägt: Dass in ihnen nicht unabhängiger Fach-Journalismus, sondern Werbung und Public Relations stattfinden. Das mag für einen Teil der etwa 3900 aktuell erscheinenden Titel nicht auszuschließen sein; ihrem Selbstverständnis nach allerdings sehen sich auch Redaktionen und Redakteure von Fachzeitschriften als glaubwürdige und kritische Informationslieferanten (siehe unter www.deutsche-fachpresse.de/filmfachredakteur einen Film über den Beruf Fachredakteur).

Im folgenden Kapitel wird zunächst ein Blick in die Geschichte der Fachzeitschrift geworfen, bevor es anschließend um eine Auseinandersetzung mit dem Begriff geht. Das ‚System' Fachzeitschrift wird im Hinblick auf seine Leistungen analysiert und schließlich wird der aktuelle Fachzeitschriftenmarkt vorgestellt. Es bleibt gerade in diesem Kapitel immer zu berücksichtigen, dass die Gattungsbezeichnung Fachzeitschrift und deren Definition(en) möglicherweise das Verständnis von Fachjournalismus erschweren, einengen, vielleicht sogar unmöglich machen. Dennoch wird dieses Kapitel als wesentlich für die Generierung einer Erklärung für Fachjournalismus betrachtet.

3.1 Die Geschichte der Fachzeitschrift

Die Geschichte des Fachjournalismus beginnt als Gattungsgeschichte mit der Ausdifferenzierung der gedruckten Medien im 17. Jahrhundert: Neben den Zeitungen entstehen die Zeitschriften, die sich sehr schnell weiter segmentieren (vgl. Wilke 2003: 460; siehe auch Hagemann 1957). Lange bevor der Begriff 1751 zum ersten Mal nachgewiesen wird (Wilke 2003: 469) werden Magazine, Monatsschriften und Sammlungen publiziert. Mitte des 17. Jahrhunderts ersetzen die Gelehrten-Zeitschriften die Briefwechsel der Gelehrten: „Ab 1665 das heute noch erscheinende *Journal des Savants (Scavans)* in Paris[5], die *Philosophical Transactions* in London, wissenschaftliche Universalorgane mit wenigen großen Aufsätzen, kurzen Referaten und vor allem Buchrezensionen." (ebd.: 469) In Deutschland gibt es 1682 mit der Acta Eruditorum in Leipzig die erste lateinische Gelehrten-Zeitschrift, 1688 die erste deutschsprachige literarisch-kritische Zeitschrift ‚Monats-Gespräche', herausgegeben von dem Rechtsprofessor Christian Thomasius.

Diese Gelehrten-Zeitschriften wiederum wurden zu Beginn des 18. Jahrhunderts von den Fachzeitschriften abgelöst. Auch hier gibt es einen Vorläufer: das Periodikum „Miscellanea curiosa medico-physika", das als Sonderform der medizinischen Fachzeitschrift bereits ab 1651 in Jahresbänden herausgegeben wurde (vgl. Pürer/Raabe 2007: 55). „Die Fachzeitschrift löste infolge der zunehmenden Differenzierung und Spezialisierung der Wissenschaftsbereiche die universalen Gelehrtenzeitschriften ab, wobei zunächst theologische und juristische Fachzeitschriften editiert wurden. Ihnen folgten philosophische, historischgeographische, naturwissenschaftliche und medizinische, volkswirtschaftliche, kulturelle und pädagogische Zeitschriften." (ebd.)

---

[5] In der französischen Ausgabe der Web-Enzyklopädie Wikipedia ist unter fr.wikipedia.org/wiki/Journal_des_savants die Geschichte dieser Zeitschrift nachzulesen.

Der Zeitschriftenforscher Ernst H. Lehmann (1936) bescheinigt Deutschland im 17. und 18. Jahrhundert eine führende Rolle auf dem Gebiet der Zeitschriften, denn hier existierte damals im Vergleich zu anderen Ländern die höchste Anzahl an fachlichen Publikationen. Allerdings war der Markt damals schon durch zwei Merkmale gekennzeichnet: durch die große Titelzahl und durch die gleichzeitige Kurzlebigkeit vieler Titel, da sie mit Auflagen zwischen 500 bis 1000 Exemplaren wirtschaftlich nicht lange überlebensfähig waren (vgl. Pürer/Raabe 2007: 57).

Vor allem im 19. Jahrhundert stieg der Bedarf an spezialisierten Informationen aufgrund des ökonomischen, technischen, politischen und sozialkulturellen Wandels stark an: „Wenn ein Fachgebiet eine gewisse Höhe erreicht hatte, schuf es sich sehr bald auch eine eigene Publizistik, die sich – dem Aufbau des betreffenden Wissenszweiges entsprechend – eigengesetzlich entwickelte." (Lehmann 1936: 30) Die Angebote wollten in erster Linie „... Bedürfnisse nach gruppenspezifischer Information und Kommunikation erfüllen..., die durch die bestehenden Kommunikationsmedien und -kanäle wie Tageszeitungen, allgemeine Lehrbücher, face-to-face-Kommunikation nicht mehr ausreichend abgedeckt wurden" (Schäuble 1977: 81).

3.2 Die unterschätzte Gattung

Wissenschaft und Forschung, aber auch die Herausgeber der Fachzeitschriften selbst unterschätzen offensichtlich seit jeher das Potenzial, das einerseits wissenschaftlich, andererseits gesellschaftspolitisch in dem Thema Fachzeitschriften steckt. Bis heute kann die Wahrnehmung von Peter Stützle (1983: 3) gelten, dass die Rolle der Fachpresse in der Kommunikationswissenschaft zwar gewürdigt worden sei, aber nur selten zum Gegenstand konkreter Forschungsprojekte werde. Hofsähs (1977:132) sieht aber auch die Fachpresse – nicht zuletzt den Verband der Zeitschriftenverleger (VDZ) – als Verursacher dieser Forschungsdefizite, da sie die politische Bedeutung ihrer Publikationen selbst nicht erkannt habe. Erst 1971 wurden im VDZ Initiativen der Fachgruppe Fachzeitschriften angeschoben, um die öffentliche Aufmerksamkeit von Fachzeitschriften zu erhöhen. Die Branche hat heute mit dem Verein Deutsche Fachpresse, getragen vom Börsenverein des deutschen Buchhandels und dem Fachverband Fachpresse im VDZ, eine Plattform, die sich vor allem als Vermarkter und Kommunikator für die Interessen versteht (www.deutsche-fachpresse.de).

3.3 Die Bedeutung des Fach-Begriffs und Definition der Fachzeitschrift

Betrachten wir also die Fachzeitschrift als die Ursprungsgattung des Fachjournalismus, so zeigt sich möglicherweise als viel versprechender Weg die Analyse des Begriffs Fachzeitschrift bzw. des Bestimmungswortes Fach. Allerdings haben Definitionen und Definitionsversuche Vor- und Nachteile: Einerseits kann die Selektion wesentlicher Merkmale Klarheit verschaffen, andererseits kann sie auch zu einer zu starken Abgrenzung und Segmentierung oder zu Oberflächlichkeit führen. Ubbens (1969: 12) formuliert das Dilemma: „Die zahlreichen Definitionsversuche des Begriffs Zeitschrift in der Publizistikwissenschaft orientieren sich in ihrer überwiegenden Zahl an ‚Zeitung' und ‚Buch', d.h. sie suchen in der Weise traditioneller Definitionen die übergeordnete Gattung ... zu bestimmen und innerhalb dieser Zeitschrift gegenüber gleichrangigen Systematikbegriffen abzugrenzen." So sind bis heute in den Lexika der Kommunikations- und Medienwissenschaft sehr allgemein gehaltene Charakterisierungen zu finden, die zum Teil diese Problematik auf der Makroebene ansprechen, wie beispielsweise die Erläuterung des Begriffs Zeitschrift von Raabe (2006: 320f):

„Sammelbezeichnung für Druckschriften der periodischen → Presse mit maximal wöchentlicher und mindestens halb-jährlicher Erscheinungsweise, die sich an die breite Öffentlichkeit, ein (fachlich) begrenztes Publikum oder spezielle Zielgruppen wenden. Damit deckt der eigentlich umgangssprachliche Begriff Z. so unterschiedliche Periodika wie → Illustrierte, → Wochenzeitungen, wissenschaftliche Journale, Parteiblätter, Kirchenzeitungen, Mitgliederorgane, periodische Amtspublizistik und literarische Z.en gleichermaßen ab. Eine umfassende und zugleich präzise positive Bestimmung der Z. ist angesichts der Heterogenität ihrer Erscheinungsformen nicht möglich. In der Regel erfolgt die Definition negativ in Abgrenzung zur → Zeitung (→ Tageszeitung) mit ihren Merkmalen → Aktualität, → Periodizität, → Universalität und → Publizität."

Von Umfang und Inhalt her wesentlich knapper fällt in demselben Lexikon die Definition der Fachzeitschrift von Vogel (2006: 59f.) aus: *„Fachzeitschritt* (auch Fachpresse), eine der Hauptgattungen der Presse. ... Die Fachpresse untergliedert sich in zwei Hauptgruppen: Die berufsfachliche Presse dient der Unterrichtung und dem Austausch unter den Berufsangehörigen. Die wissenschaftliche Fachpresse hingegen dient der fachwissenschaftlichen Reflexion, Erörterung und Weiterentwicklung." In dieser Definition sind die zwei Verständnisse des Bestimmungswortes Fach enthalten: Zum einen bezeichnet es die Wissenschaftsdisziplinen und deren Teilgebiete (etwa das Fach Biologie), zum anderen definiert es bestimmte Fachgebiete aus der praktischen Berufsarbeit heraus (z.B. aus Berufsbildern und -rollen; z.B. „Der Journalist") (vgl. Meidenbauer 1990: 85). Grob wird also unterschieden zwischen den „berufs- und sachbezogenen Fachzeitschriften einerseits, wissenschaftlichen Fachzeitschriften andererseits; Publikationen der Standes- und Verbandspresse hingegen gehören per definitionem nicht dazu" (Pürer/Raabe 2007: 22). Die Typisierung wurde nur von wenigen auf der nächsten Stufe fortgesetzt: So unterscheidet Broich-hausen (1977: 29) die Fachzeitschriften folgendermaßen:

(1) wissenschaftliche und technisch-wissenschaftliche Zeitschriften,
(2) wirtschaftliche und technische Zeitschriften, ausgerichtet auf Industrie, Handel, Handwerk, Verkehr, Wohnungs- und Siedlungswesen,
(3) Zeitschriften für Kommunalwesen, Verwaltung, Politik, Recht, Steuern, Versicherungen und Sozialwesen,
(4) Zeitschriften für Land-, Ernährungs- und Forstwirtschaft, Gartenbau und verwandte Gebiete.

Auf der Mikroebene alle Fächer und Teil-Fächer benennen zu wollen, ist eine unlösbare Herausforderung. Die wissenschaftlichen Disziplinen haben sich bis heute in einer kaum beschreibbaren Vielfalt ausdifferenziert und dieser Prozess schreitet voran. Ebenso ist es mit den berufsständisch definierten Fachgebieten; jährlich kommen neue Berufsbilder hinzu, die entweder alte ablösen oder sie ergänzen, erweitern und verändern.

Auf diesen Wandel der wissenschaftlichen Disziplinen oder Wissensgebiete sowie des Berufs- und Arbeitsmarktes reagieren das Mediensystem und insbesondere die Fachverlage: Eine Reihe von Fachzeitschriften ist so alt wie das Wissens(schafts)gebiet oder der Wirtschaftszweig, den sie publizistisch begleiten und bearbeiten. Andere sind entsprechend jung, wieder andere vom Markt, weil das dazugehörige Fachgebiet an Bedeutung verloren oder bestimmte Technologien und Techniken kaum noch oder nicht mehr angewendet werden (wie etwa die analoge Fotografie). An dieser Stelle seien ergänzend zwei weitere Definitionen zitiert, die auf einer pragmatischen Ebene Fachmedien und Fachzeitschriften beschreiben:

„*Fachmedien* dienen der beruflichen Information und der Fortbildung eindeutig definierbarer, nach fachlichen Kriterien abgrenzbarer B2B-Zielgruppen. Sie bieten darüber hinaus die Plattform für die Generierung qualifizierter Geschäftskontakte. Zu den Fachmedien zählen gedruckte und elektronische Angebote sowie Dienstleistungen." (www.vdz.de)

„Fachzeitschriften sind periodische Druckwerke, die mit der Absicht eines zeitlich unbegrenzten Erscheinens mindestens viermal jährlich herausgegeben werden. Fachzeitschriften berichten im wesentlichen über wissenschaftliche, technische und wirtschaftliche Bereiche. Sie dienen der beruflichen Information und Fortbildung eindeutig definierbarer, nach fachlichen Kriterien abgrenzbarer Zielgruppen. NICHT als Fachzeitschriften gelten konfessionelle Zeitschriften, Kundenzeitschriften, Titel der Wirtschaftspresse, typische „Special Interest"-Zeitschriften (Hobby und Freizeit) sowie Partworks, Loseblattsammlungen von Gesetzen, aus Remittenden aufgebundene Einzelbände und dergleichen." (www.media-info.net)

Aus medienwissenschaftlicher Sicht sind hier zwei wesentliche Aspekte angedeutet, die im Weiteren herauskristallisiert werden sollen:

1. die Definition der Fachzeitschrift auf der Grundlage der Kriterien Aktualität, Periodizität, Publizität und Universalität;
2. die Herstellung zwischen der Funktion der Gattung Fachzeitschrift und ihren Umwelten.

3.4 Die Fachzeitschrift als System

3.4.1 Die objektiven „Wesensmerkmale" der Fachzeitschrift

Otto Groth (1960: 102ff.) hat – bezogen auf die wissenschaftliche Definition der Gattung Zeitung – vier objektive „Wesensmerkmale" herausgestellt, die eingeschränkt auch auf die Zeitschrift anwendbar sind. Sie sollen nacheinander folgend für die Gattung Fachzeitschrift diskutiert werden:

Aktualität: Im Gegensatz zu der Berichterstattung in tagesaktuellen Massenmedien bzw. im Nachrichtenjournalismus, für die Aktualität essenziell ist, „distanziert sich die Zeitschrift weitgehend von den Aktualitäten des Tages" (Haacke 1968: 9) – und die Fachzeitschriften noch stärker. Allerdings sind sie nicht völlig losgelöst von Aktualität, denn auch Fachzeitschriften haben aktuelle Ereignisse in dem jeweiligen Fachgebiet zu thematisieren; Lehmann (1936: 4) bezeichnet dies als „Fachaktualität". Gemeint sind damit also Informationen, die einen zeitnahen Problembezug und/oder eine fachliche Relevanz für die an diesem Thema Interessierten aufweisen. Die Aktualität der Fachzeitschrift ist jedoch eng verknüpft mit der Erscheinungsweise.

Periodizität: In der Regel wird als Zeitung bezeichnet, was mindestens zwei Mal wöchentlich erscheint (vgl. Pürer/Raabe 2007: 13) – wobei die Einordnung einer Publikation als Zeitung nicht nur von diesem Merkmal, sondern auch von der Gestaltung abhängt. Zeitschriften erscheinen also entsprechend seltener. Obligatorisch ist ein regelmäßiges Erscheinen, was für die ersten Zeitschriften im Rückblick betrachtet nicht zutraf: „Während die Journale des achtzehnten Jahrhunderts oft nicht in feststehenden Zeitabschnitten an die Öffentlichkeit kamen, gehört heute das regelmäßige Erscheinen zu den unentbehrlichen Merkmalen einer Zeitschrift." (Lehmann 1936: 55f.) Der Verband der Fachpresse definiert als Fachzeitschrift ein periodisches Druckwerk, das mindestens vier Mal jährlich erscheint; rückgekoppelt mit dem Merkmal Aktualität ergibt sich daraus, dass in einer seltener als vier Mal jährlich publizierten Zeitschrift keine „Fachaktualität" hergestellt werden kann. Ausgeschlossen sind demnach Jahrbücher und andere Publikationen, deren Anspruch nicht in der kontinuierlichen Übernahme der Rolle des Kommunikators für eine Fachgemeinschaft liegt.

Publizität: Potenziell sind Fachzeitschriften jedem zugänglich (mit Ausnahme der Mitglieds- und Verbandszeitschriften, die sich inhaltlich-konzeptionell auch als Fachzeitschriften verstehen, aber dennoch nicht an Nicht-Mitglieder verbreitet werden). Es ist jedoch davon auszugehen, dass sich die Interessenten und Leser aus einem relativ kleinen Kreis rekrutieren, eben jenen, für die Informationen aus dem jeweiligen Fachgebiet relevant sind. Da dementsprechend Fachzeitschriften nicht an jedem Kiosk verkauft, sondern in der Regel durch Abonnements erworben werden, muss der Rezipient einen höheren Aufwand betreiben, um eine Fachzeitschrift zu entdecken, zu bestellen und letztlich zu erhalten.

Publizität hat jedoch nicht nur mit dem Zugang zum Medium zu tun, sondern auch mit der Verständlichkeit der Inhalte, also mit einer gewissen Popularität – die wiederum ist Grundvoraussetzung für den Zugang aller Menschen zu Informationen und damit für die Meinungsbildung in der Demokratie.

> „*Allgemeine Zugänglichkeit* bedeutet, dass im Grunde bei allen Themen niemand von der Entscheidungsfindung ausgeschlossen ist. ... selbstverständlich ist ein Zustand, in dem alle Bürger an allen Entscheidungen teilnehmen und über alle politischen Vorgänge unterrichtet sind, nicht realisierbar. Einmal ... weil den meisten Menschen der Sachverstand zur Beurteilung der Mehrzahl der Probleme fehlt, aber auch v.a. wegen des für den einzelnen mit der Beschaffung von totaler Information verbundenen Zeit- und Kostenaufwandes." (Burkart 1995: 492)

Burkart (ebd.) sieht darin die Legitimation professioneller Kommunikatoren, vor allem der Journalisten. Die Verantwortung, „Verhandlungs- und Entscheidungsvorgänge" in einem bestimmten Sachgebiet öffentlich zugänglich und damit das Mitdenken und Mitreden der Bürger möglich zu machen, ist sicherlich für Fachzeitschriften eine mindestens ebenso große, wenn nicht größere, Herausforderung als für Publikumszeitschriften.

Universalität: Zeitungen bieten einen breiten Überblick über Ereignisse in den politischen, wirtschaftlichen und sozial-kulturellen Sphären; sie vermitteln Gebrauchsverstehen, damit möglichst jedes Gesellschaftsmitglied sich auf dieser Basis orientieren kann oder wenigstens nicht von aktuellen Entwicklungen prinzipiell ausgeschlossen ist. Folgen Zeitungen damit eher einem binnenpluralistischen Modell (jede Ausgabe ist inhaltlich vielfältig), so stellen Fachzeitschriften nicht einzeln, aber in der gesamten Gattung Vielfalt der behandelten Themen her. Der Zeitschriften-Informations-Service (ZIS), ein Kooperationspartner der Deutschen Fachpresse, veröffentlicht jährlich zur Frankfurter Buchmesse einen Katalog, in dem nach 128 Sachgebieten geordnet etwa 2000 Zeitschriftentitel von rund 300 Verlagen im deutschsprachigen Raum erfasst sind

(vgl. ZIS 2009). Die elektronische ZIS-Datenbank beinhaltet sogar 4000 Titel
(vgl. ebd.: 2).

3.4.2 Die Leistungen des Systems Fachzeitschrift

Schon in der vorangegangenen Beschreibung der wesentlichen Merkmale hat
sich gezeigt, dass kein Kriterium isoliert werden kann und dass Bezüge zu den
Umwelten von Fachzeitschriften nicht ignorierbar sind. So spielen die Rezipien-
teninteressen und die Marktbedingungen der Verlage (in ökonomischer und
politischer Hinsicht) eine wesentliche Rolle. Bedeutsam sind das Angebot an
qualifizierten Fachjournalisten im publizistischen Markt und die Strukturen, die
zum Beispiel in Form von Fachredaktionen und Fachressorts herausgebildet
werden können.

Fachzeitschriften sind Teil des publizistischen Systems und sie erfüllen darin
eine bestimmte Funktion. Sie beziehen Leistungen aus dem Muttersystem Zeitschrift (z.B. Standards bei Form und Gestaltung) und bieten Gegenleistungen:
„Fachzeitschriften bilden einen wichtigen Bestandteil des Nachrichtenmarktes,
auf den die Journalisten in der allgemeinen Presse zurückgreifen." (Hintz 1977:
115)

Jana Matzel (2003: 78) formuliert als intramediäre Systemleistungen der
Fachzeitschriften im Reigen aller Mediengattungen: „Die Fachzeitschrift dient
anderen Medien als Recherchegrundlage und Informationsgeber. Sie nimmt
andere Medienleistungen in Anspruch und trägt dadurch zum Erhalt des jeweiligen Systems bei. Sie hilft durch Ausbildung eines eigenen Rollenselbstver-
ständnisses und durch Ausübung ihrer Tätigkeit dabei, die Gesamtleistung der
Medien zu definieren." Matzel formuliert weitere, externe Systemleistungen der
Fachzeitschriften:

- mit Blick insbesondere auf die *Nutzer*: „Nutzer von Fachzeitschriften
  nehmen also die Systemleistung ‚Information' in Anspruch und sind
  damit in der Lage ihre eigenen Systemleistungen, sei es beruflich oder
  privat, zu erfüllen. Hierbei hat die Fachzeitschrift jedoch keinerlei Einfluss darauf, inwieweit sich die angebotene Systemleistung auch tatsächlich im Nutzer-Output widerspiegelt." (ebd.); Studien wie die Wir-
  kungsanalyse Fachmedien 2006 (www.deutsche-fachpresse.de) zeigen,
  dass Entscheider insbesondere Fachmedien nutzen, motiviert durch die
  Suche nach unterstützender Information für die Entscheidungsfindung;
- mit Blick auf die *Experten*: Fachzeitschriften sind die Kommunikationsplattform für Experten schlechthin;

- mit Blick auf *gesellschaftliche Teilsysteme* und das *Gesamtsystem*: Fachzeitschriften orientieren sich an einem Sachgebiet bzw. sind gekoppelt mit einem ausdifferenzierten gesellschaftlichen System und dessen Teilsystemen (wie Wirtschaft – Unternehmen – Börse). Die Entwicklungen in diesen Systemen werden thematisiert, recherchiert, analysiert, reflektiert, kritisch hinterfragt und öffentlich kommuniziert. Durch diese Beobachtung ist es möglich, die Leistungen der Teilsysteme zu kontrollieren und sie letztlich weiter zu fördern. Die Gesamtgesellschaft schließlich hat durch die Vielfalt der Fach-Beobachter die Chance, den technischen, ökonomischen, politischen und sozial-kulturellen Entwicklungsstand nachzuvollziehen.

Matzel fasst in ihrer „fertigen Definition" alle herausgearbeiteten Merkmale der Fachzeitschrift aus der systemtheoretischen Perspektive wie folgt zusammen:

„Fachzeitschriften sind periodische Druckerzeugnisse, die fachaktuell fachbezogene Themen verarbeiten. Sie wenden sich an eine klar umgrenzte Zielgruppe, die das Fachwissen für die berufliche oder private Entscheidungsfindung und Bildung nutzt. Dabei bewegen sie sich inhaltlich auf ihrem eingegrenzten thematischen Gebiet, nutzen die in diesem Bereich zugehörige Fachsprache und zeichnen sich zudem durch eine jeweils individuelle Linie aus. Der Zugang zu dem Medium ist in der Regel frei, erfordert jedoch ein erhöhtes Beschaffungsengagement. Fachzeitschriften erfüllen sowohl für die Rezipienten als auch Produzenten soziale und integrative Funktionen. Durch den intramediären Leistungsaustausch tragen sie zum Erhalt des gesamten Mediensystems bei. Durch die Bereitstellung von Fachinformationen dient die Fachzeitschrift als Kommunikator zwischen Experten. Zudem übernimmt sie für die Bevölkerung eine Bildungsfunktion, unterstützt durch Hintergrundinformationen das Verständnis für politische Entscheidungen und damit die Teilnahme am demokratischen Prozess und fördert die pluralistische Arbeitsgesellschaft. Schlussendlich spiegelt die Fachzeitschrift auch den technischen Entwicklungsstand der Gesellschaft wider. Fachzeitschriften werden von den Experten des jeweiligen Fachgebietes erstellt, die sich bei der Aufbereitung der Themen allgemeiner journalistischer Grundformen bedienen. Oft werden die gedruckten Fachzeitschriften von Online-Publikationen begleitet, die jedoch nur als Sekundärangebote gelten." (ebd.: 92)

3.5 Der aktuelle Fachzeitschriftenmarkt

Von diesem Verständnis ausgehend schließt sich eine Analyse des Marktes an – allerdings werden hier schnell zwei Probleme offenkundig: Märkte halten sich nicht an Definitionen. Wo ist die Grenze zu ziehen zwischen Very-Special-Interest und Fachzeitschriften? Erstere zählen – aufgrund ihrer Herkunft – zu den Publikumszeitschriften. Wo liegt wiederum die Grenze zwischen Fach- und Mitglieder- bzw. Verbandszeitschriften und Publikationen der Public Relations (wie zum Beispiel der Publikation ‚Bayer research', die Fachinformationen aus der pharmazeutisch-medizinischen und medizin-technischen Forschung bietet;

www.research.bayer.de)? Legt man die oben formulierten Kriterien an, lässt sich hier keine eindeutige Differenzierung zwischen den Zeitschriftenformen herausarbeiten. „Eine klare Abgrenzung ist zuweilen allerdings sehr schwierig, auch im Hinblick auf die Unterscheidung zwischen Fachzeitschriften und Special Interest Titeln", erklärt der Brancheninfodienst (www.media-info.net).

Auch der Blick in den Markt, also das empirische Vorgehen hilft nicht: Es gibt keine zuverlässige Übersicht über das Angebot an Fachzeitschriften und eine entsprechend zuverlässige Beschreibung des Marktsegments. „In Deutschland erscheinen ca. 3.500 Fachzeitschriften. Davon sind etwa 1.500 Titel wissenschaftliche Fachzeitschriften und andere Titel mit sehr niedriger Auflage, die keine Werbung aufnehmen. Da diese Zeitschriften in der Fachzeitschriftenplanung praktisch keine Rolle spielen, werden sie nicht in die Planungsdatenbank media-info aufgenommen." (www.media-info.net) Die Werbewirtschaft stellt Datenbanken zur Verfügung, die a) auf der oben zitierten Definition des Vereins Deutsche Fachpresse und b) auf der Selbstzuordnung der jeweiligen Verlage bzw. Publikationen beruhen. Die Anbieter im Einzelnen: Die Deutsche Fachpresse bietet zwar Leistungs-, Wirkungs- und Motivanalysen an, aber keine eigene zugängliche Fachpressestatistik, sondern verlinkt zur Datenbank media-info (erstellt von bauer mediaservice).

Unter www.media-info.net sind 2065 Titel der Fachpresse gelistet, eingeteilt in 17 Fachgruppen und 224 Untergruppen. Der Verband der Deutschen Zeitschriftenverleger (VDZ; www.vdz.de/branchendaten) verweist auf die IVW-Statistik. Unter daten.ivw.eu sind bei der Informationsgemeinschaft zur Feststellung der Verbreitung von Werbeträgern (IVW) 1195 Fachzeitschriften gemeldet und mit Auflagenzahlen abrufbar. Das Online-Portal des Zeitschriftenverlegerverbandes zum Segment der Publikumszeitschriften www.pz-online.de bietet in Branchenreports Daten zu Titeln und Verlagen – die Informationen werden von den Verlagen zur Verfügung gestellt.

Fazit: Die einzelnen Zeitschriftentitel sind in Gruppen zusammengefasst, deren Bezeichnungen an die jeweiligen Bezeichnungen der Wirtschaftsbranchen und Themenfelder angelehnt sind bzw. diesen entsprechen. Diese Einteilung ist allerdings nicht typisch und damit alleinstellend für die Fachzeitschriften. Die Arbeitsgemeinschaft Media-Analyse (ag.ma unter www.agma-mmc.de) untersucht regelmäßig etwa 180 Publikumszeitschriften und 40 konfessionelle Zeitschriften – also keine Fachzeitschriften. Die Publikumszeitschriften (inklusive der Special-Interest-Magazine) werden von der ag.ma nach Interessens- und Themenfeldern kategorisiert (etwa Wohnen-, Ess- und Gesundheitszeitschriften; www.agma-mmc.de/files).

Fasst man die Marktentwicklung der Fachzeitschriften über die vergangenen Jahrzehnte zusammen, so ergibt sich eine durchaus positive Bilanz: Titel- und

Auflagenzahl haben sich ebenso wie die Anzeigenerlöse nach oben bewegt. Allerdings ging die Medienkrise zu Beginn des 21. Jahrhunderts auch an den Fachzeitschriften nicht spurlos vorüber: Ihre Werbeeinnahmen reduzierten sich von 1,27 Milliarden Euro im Jahr 2000 auf 880 Millionen Euro 2003 (vgl. Vogel 2006).

Für das zweite Quartal 2009 berichtet die IVW: Von den 1195 gemeldeten Fachzeitschriften wurden pro Ausgabe insgesamt 13,5 Millionen Exemplare verkauft, davon 11,6 Millionen über Abonnements. Zum Vergleich: Die 873 Titel der Publikumszeitschriften führen die Statistik mit einer verkauften Quartalsauflage von 113,74 Millionen Exemplaren an, davon gehen 51,13 Millionen über Abonnements, 43,62 Millionen aus dem Einzelverkauf, 10,51 Millionen aus sonstigen Verkäufen und die anderen Millionen entfallen auf Lesezirkel und Bordexemplare (www.ivw.eu). Die IVW-Bilanz nach dem ersten Halbjahr 2009: Die Fachzeitschriften stabilisieren ihre Auflage in 2009, die Publikumszeitschriften verlieren hingegen an Auflage (2,8 Prozent). Verglichen mit 2008 oder sogar mit der Entwicklung seit 1999 verzeichnen alle Mediengattungen ein Auflagenminus (Ausnahme: Wochenzeitungen).

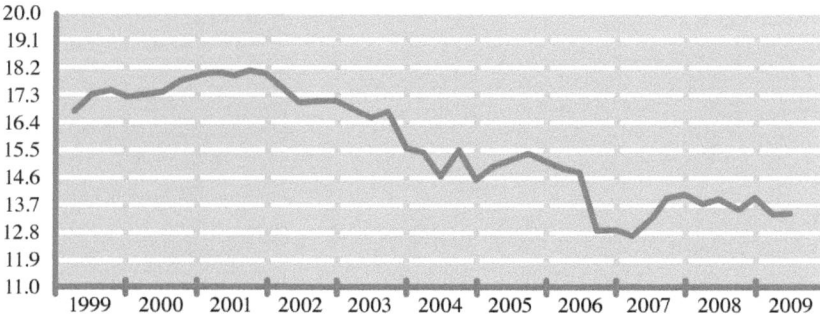

Abb. 3: Entwicklung der Fachzeitschriften 1999-2/2009 (www.ivw.eu)

4 Zwischenergebnis: Fachjournalismus ist...

4.1 Eine Arbeitsdefinition

Aus dem bisher Beschriebenen kann eine erste Arbeitsdefinition ‚Fachjournalismus' generiert werden:

Der Fachjournalismus sammelt Themen und Informationen in einem – meist durch berufliche oder persönliche Interessen der Produzenten wie der Rezipienten – eingegrenzten, homogenen Sachgebiet, bearbeitet diese nach den allgemeinen journalistischen Regeln (wie Recherche, Genres, Nachrichtenwerte und Layout) und auf der Grundlage eines spezifischen, an Wissen und Erfahrungen der Produzenten wie der Rezipienten anknüpfenden Programms. In zeitlicher, sachlicher und sozialer Perspektive ergeben sich dadurch eigene Standards mit Bezug auf die Aktualität, die Periodizität, die Universalität und die Publizität fachjournalistischer Angebote. Das heißt: Ausgewählt werden Themen, die für die Akteure in dem jeweiligen Themenfeld relevant und aktuell sind. Publiziert werden diese Informationen in Formaten, die prinzipiell einem großen interessierten Nutzerkreis zur Verfügung stehen; tatsächlich schränken aber Informationstiefe und Verbreitung den potenziellen Rezipientenkreis ein. Fachjournalismus kommt deshalb vor allem in Fachzeitschriften sowie in Very-Special-Interest Angeboten aller Mediengattungen vor.

Fachjournalismus nutzt verschiedene fachkompetente, v.a. wissenschaftliche Quellen und stellt das Produkt einer eingrenzbaren, relativ homogenen Nutzergruppe zur Verfügung. Er informiert als Teilsystem des Journalismus im öffentlichen Interesse. Seine primären Funktionen sind die Wissensvermittlungs-, die Bildungs- sowie die (berufliche) Sozialisationsfunktion; weitere zentrale Funktionen sind der Beitrag zur Meinungsbildung zu gesellschaftlich relevanten Themen sowie die Ratgeber-, Service- und Orientierungsfunktion in relevanten Wissensgebieten. Fachjournalismus ist unter dieser Voraussetzung eher fakten- als unterhaltungsorientiert.

Fachjournalismus vermittelt Expertenwissen in die Laienwelt, indem er komplexe Informationen in Gebrauchsverstehen transferiert. Auf diesem Wege der journalistischen Vermittlung werden Fachinformationen für ein breiteres Publikum aufbereitet. Insofern erfüllt der Fachjournalismus eine wichtige Agenda-Setting-Funktion, erbringt damit in erster Linie Vermittlungs- aber nicht Übersetzungsleistungen. Fachjournalismus ist abzugrenzen von der Fach-PR sowie von anderen publizistischen Formen, wie Beiträgen in fach- und/oder wissenschaftlichen Zeitschriften und Sach-/Fachbüchern. Die Betonung liegt auf dem Grundwort -journalismus, das Bestimmungswort konkretisiert die Art des Journalismus mit Blick auf spezifische Themenfelder, Rezipientengruppen und Funktionen. Fachjournalismus ist somit klar als Teilsystem des publizistischen Systems Journalismus identifizierbar.

4.2 Prüfverfahren anhand von Thesen und Fragen

Dieser Entwurf einer Definition soll nun – anhand von drei Thesen/Fragen – erläutert und überprüft werden.

4.2.1 Der Auftrag des Fachjournalismus

Journalismus hat die Funktion, öffentlich relevante Themen zu bearbeiten – und damit der Forderung nach Universalität und Publizität oder anders: seinem „Grundversorgungsauftrag" gerecht zu werden. Fachjournalismus hingegen setzt ausgewählte Themen aus den spezifischen gesellschaftlichen Feldern auf seine Agenden. Erfüllt er damit noch den öffentlichen Auftrag des publizistischen ,Muttersystems'?

Zur Argumentation können medienpolitische Begriffe herangezogen werden: Die normative Forderung, die in der Zuweisung der öffentlichen Aufgabe bzw. dem Informationsauftrag steckt, gilt nicht für das einzelne (fach)journalistische Angebot, sondern – basierend auf Artikel 5 Grundgesetz – auf der Vielfalt des Angebots und auf der Möglichkeit für jeden Bürger, diese Vielfalt zu nutzen oder durch ein eigenes publizistisches Angebot zu erweitern. Insofern ist nicht die Binnen- sondern die Außenpluralität sicherzustellen. Und die ist im fachjournalistischen Markt gegeben und vor allem durch die Zahl der Titel zu belegen (siehe Kapitel 3.5).

4.2.2 Wissensbestände in der Life-long-Learning-Gesellschaft

Das Ziel von Journalismus ist Aufklärung; er vermittelt Alltagswissen und Gebrauchsverstehen (politischer, wirtschaftlicher, sozial-kultureller Zusammenhänge) und er kann dabei auf ein allgemeines Interesse in der Gesellschaft und allgemeingesellschaftliche Wissensbestände zurückgreifen.

Der Wissensstand des Durchschnittseuropäers ist der Studie „Europeans, Science and Technology" (vgl. European Commission 2005) zufolge gut. Es zeigen sich allerdings zum Teil erhebliche Unterschiede in den Merkmalen Gender, Alter und Bildungsniveau; vor allem gut ausgebildete junge Männer zeigen stärkeres Interesse für die Themen Wissenschaft, Technologie und Innovationen; das Wissen darüber haben sie sich vermutlich im Zusammenhang beruflicher Sozialisation bzw. beim Weg durch die Bildungsstufen (bis zur höchsten) erworben. Frauen, insbesondere Hausfrauen, junge Menschen unter 15 Jahren und ältere über 55 Jahren sowie Rentner hingegen interessieren sich weniger für diese Themenfelder. Als Hauptgründe werden in der Studie identifiziert: „...the lack of understanding and the lack of concern." (ebd. 11)

Fragen der Aus- und Weiterbildung stehen vor allem nach dem schlechten Abschneiden deutscher Schüler bei den Studien PISA und IGLU sowie nach den negativen Erkenntnissen aus den OECD-Erhebungen kontinuierlich in der öffentlichen Diskussion. Es gibt einige Indikatoren und Berichte, die wesentliche Tendenzen im deutschen Bildungssystem markieren (Quellen: www.bmbf.de; www.bildungsspiegel.de):

> „Mädchen und junge Frauen haben ihren Bildungsstand in den vergangenen zehn Jahren weiter erhöht. In den weiterführenden Schulen waren im Schuljahr 2005/2006 insbesondere Mädchen in den Schularten überdurchschnittlich vertreten, die zu höheren Abschlüssen führen: In Gymnasien stellten sie mit 54% der Schüler die Mehrheit ... 1996 hatten 17% die Fachhochschul- oder Hochschulreife. Rund zehn Jahre später besaßen bereits 25% der Frauen diesen Abschluss." (www.bildungsspiegel.de/aktuelles)

Die EU hat einige Meilensteine bis 2010 formuliert, denen Deutschland in uneinheitlicher Geschwindigkeit entgegensteuert (vgl. www.destatis.de): So sollen laut EU-Benchmark im Jahr 2010 12,5 Prozent der 25- bis 64-Jährigen an Aus- und Weiterbildungsmaßnahmen teilnehmen – im Jahr 2005 lag die Teilnehmerquote an derartigen Maßnahmen in Deutschland noch bei acht Prozent. Die Zahl der 18- bis 24-Jährigen, die weder über einen Schulabschluss noch eine Berufsausbildung verfügen, müsste von 14 auf zehn Prozent gesenkt werden. Dass dies ein ehrgeiziges Ziel vor dem Hintergrund der Bildungssituation in Deutschland ist, sind unter anderem in dem „Gutachten zur Bildung in Deutschland" (2001) sowie in dem Bericht „Bildung in Deutschland" (2006) nachzulesen.

Nicht nur Experten auf internationaler und nationaler Ebene stellen Deutschland ein schlechtes Zeugnis in Sachen Bildungssystem aus: Auch viele Eltern schulpflichtiger Kinder und Lehrer blicken skeptisch darauf und stellen die Durchschnittsnote 3,7 aus. Zu diesem Ergebnis kommt das „Bildungsbarometer", eine Online-Befragung von 1554 an Bildung Interessierten, die das Zentrum für empirische pädagogische Forschung (zepf) an der Universität Koblenz-

Landau viermal jährlich durchführt (www.bildungsspiegel.de/bildungsbarome-
ter). In schulischer und beruflicher Bildung vermitteltes Wissen plus die entsprechende Erfahrung sind der Grundstein für das Interesse an lebenslanger
(außerinstitutioneller) Bildung, zum Beispiel auch über Medien. Allerdings
spielt hier offensichtlich das Angebot der traditionellen Massenmedien keine
Rolle – zumindest wird dies in der einzigen Langzeitmediennutzungsstudie
‚Massenkommunikation' nicht explizit erhoben, analysiert oder herauskristallisiert. Gefragt wird zwar nach dem ‚Zeitaufwand für allgemeine Tätigkeiten'
(MK VII, 108ff.): Hier ist erkennbar, dass die Berufsarbeit zuhause nur in bestimmten Milieus eine Rolle spielt – allerdings bewegt sich dies im Bereich von
etwa fünf bis maximal 32 Minuten pro Tag. In dem Fragenkatalog zu den Moti-
ven der Mediennutzung kommen die Items: ‚Ich suche gezielt nach Informationen zu meinem beruflichen Sachgebiet' und ‚Ich nutze spezialisierte Angebote
in den Medien, um mich weiterzubilden und meine Sachinteressen zu vertiefen'
nicht vor (MK V, VI, VII). Über den Hintergrund der Mediennutzung für die
berufliche, fachliche Information sagen die vorliegenden Studien bis dato nichts
aus. Es kann angenommen werden, dass dafür nicht die (journalistischen) Massenmedien, sondern Fachliteratur, also Fach- und Sachbücher sowie Fachzeitschriften herangezogen und Seminare sowie andere Bildungsangebote wahrgenommen werden. Insofern liegt für den Journalismus ein großes Potenzial an
(spezialisierten) Wissensbeständen zur Erschließung bereit.

4.2.3 Expertentum im Fachjournalismus

Fachjournalismus arbeitet mit höherer Sachkompetenz. Welche Möglichkeiten
hat die Öffentlichkeit, diesen Anspruch zu kontrollieren? Ist der Experte wirklich der Experte, den er über seine fachjournalistischen Beiträge vorgibt zu sein?
     Fachjournalismus nutzt Experten (vgl. Nölleke 2009) noch stärker als Infor-
mationsquellen als der Allround-Journalismus. Sind aber diese Quellen und im
nächsten Schritt wiederum die Darstellungen der Fachjournalisten selbst von
einem informierten und qualifizierten Laien noch nachprüfbar? Politische, wirtschaftliche und sozial-kulturelle Ereignisse bearbeitet Journalismus so, dass sie
mit dem Alltagswissen verstehbar und einzuordnen sind. Spezialisiertes oder
Fachwissen hingegen erfordert grundlegendere Kenntnisse.
     Ist das so? Sind nicht auch die tagesaktuellen Ereignisse mittlerweile so kom-
plex, dass Journalismus nur suggerieren kann, dass die Nachrichten so selektiert
und bearbeitet sind, dass wir glauben sie zu verstehen? Als Beispiel sei der Fall
Zumwinkel genannt: Gegen den Post-Vorstandsvorsitzenden Klaus Zumwinkel
wurde Anfang 2008 wegen Steuerhinterziehung ermittelt. Die Fakten hinter der

Nachricht, also darüber wie der Post-Chef dem deutschen Finanzamt die Steuern vorenthalten hat, sind für einen Laien – der nichts weiß von den Möglichkeiten über Stiftungen in Liechtenstein zu agieren – nicht nachvollziehbar. Muss er deshalb möglichst ein Jura- oder Betriebswirtschaftsstudium abgeschlossen haben? Gefragt sind hier die politischen und Wirtschaftsjournalisten, die auf derartiges Wissen zurückgreifen oder wenigstens wissen müssen, wo sie es recherchieren.

Eine zweite Wahrnehmung ist: In den Medien ist eine Form von Experteritis festzustellen, die für den Zuschauer und Leser nicht mehr überprüfbar ist: Da wird der Politik-Redakteur Elmar Theveßen beim ZDF zum Terrorismus-Experten (siehe auch www.profizuschauer.de/aktuell - telekwatschmagazin), Günter Netzer, ehemaliger Fußballspieler, kommentiert Fußballspiele und Wissenschaftler wie Paul Nolte und andere analysieren in der Zeit und andernorts die Entwicklung unserer Gesellschaft.

5 Was Fachjournalismus zu Journalismus macht

Die zentrale Frage der Journalistik ist die nach der Besonderheit, nach der Auszeichnung, nach der Originalität des Systems Journalismus. Unter anderem Bernd Blöbaum hat sie in seiner Arbeit über „Journalismus als soziales System" (Blöbaum 1994; vgl. auch 2004) umfassend beantwortet: Neben den besonderen Funktionen und Leistungen sind es besondere Organisationen, besondere Programme und besondere Rollen – kurz: besondere Strukturen des journalistischen Systems. Im Folgenden werden diese Merkmale für den Fachjournalismus diskutiert.

5.1 Die Organisationen des Fachjournalismus

„Massenmedien und Redaktionen sind die wichtigsten Organisationstypen des journalistischen Systems." (Blöbaum 1994: 285)

Blöbaum unterscheidet als wesentliche Organisationsformen die Zeitung, die Nachrichtenagenturen und die Redaktionen (ebd.: 20). Verankert sieht er die Organisationen gleichermaßen im Wirtschaftssystem – als Unternehmen, die nach ökonomischen Prinzipien wirtschaften – und im System Journalismus (v.a. über ihre Informationsfunktion bzw. die Her- und Bereitstellung von Nachrichten) (ebd.: 286; siehe auch Altmeppen 2006). In Erweiterung und Ergänzung lässt sich für den Fachjournalismus folgende Organisationsstruktur herausarbeiten:

Fachverlage
- als ökonomische Organisationen

Fachagenturen/-dienste und elektronische Medien sowie Dienstleistungen
- gms-Themendienst (dpa-Tochter)
- vwd (Vereinigte Wirtschaftsdienste)
- sid (Sport-Informationsdienst)
- Jaeckel-Report

Fachredaktionen, *eigenständig*
- in Fachzeitschriften
- in TV-Programmen (Spartenprogrammen)
- in Hörfunk-Programmen (Spartenprogramme)
- in Online-/Internet-Angeboten (monothematisch)

Fachredaktionen, *nicht-eigenständig; als Teilstrukutur = Fachressorts*
- in Zeitungen (z.B. Wirtschaft, Sport, Börse)
- in Zeitschriften (Special Interest)
- in TV-Programmen
- in Hörfunk-Programmen
- in Online-/Internet-Angeboten

Tab. 1: Organisationsstrukturen des Fachjournalismus

Es ist schwierig, diese Struktur im Markt empirisch und quantitativ zu belegen: Die Zahl der im Verband Deutsche Fachpresse (ein Zusammenschluss von Fachverlagen, die im Verband deutscher Zeitschriftenverlage (VDZ) und/oder im Börsenverein des Deutschen Buchhandels Mitglied sind) organisierten Verlage liegt bei etwa 420. Der Gesamtumsatz der Fachverlage mit Fachmedien beläuft sich auf ca. drei Milliarden Euro; allein zwei Milliarden Euro verbucht das Segment der Fachzeitschriften, Fachbücher machen knapp ein Viertel des Umsatzes aus, elektronische Medien und Dienstleistungen folgen mit neun bzw. fünf Prozent des Umsatzes.

Die verbreitete Auflage der Fachzeitschriften erreichte im Jahr 2008 mit 525 Millionen Exemplaren einen Höchststand – allerdings sank die verkaufte Auflage von 53 Prozent im Jahr 2003 kontinuierlich auf 45 Prozent in 2008 (vgl. Deutsche Fachpresse 2009: 170 ff.).

Die Branchenzeitschrift Horizont (unter www.horizont.net) listet die 15 größten deutschen Fachzeitschriftenverlage nach Bruttoanzeigenumsatz: Das Ranking wird vom Deutschen Fachverlag angeführt (hält mit sechs Titeln ca. 20 Prozent des Marktanteils der 50 größten Verlage; etwa die Deutsche Lebensmitteltelzeitung, Horizont), gefolgt vom Deutschen Ärzte-Verlag (Deutsches Ärzteblatt), der Springer Science+Business Media, der WEKA-Gruppe und Vogel Media. Die darunter liegenden Strukturen sind nicht mehr quantitativ nachzuweisen, denn schon allein aus der Diskrepanz zwischen der Zahl der Fachverlage (ca. 450) und der Zahl der Titel (ca. 3800) lässt sich schließen, dass vor allem die großen Verlage weit mehr als einen Titel publizieren, die vermutlich von Fachredaktionen betreut werden, die mehr als einen Titel verantworten. Demgegenüber stehen kleine Verlage, die nur wenige oder gar nur eine Fachzeitschrift herausgeben.

Organisatorisch lässt sich der Fachjournalismus nicht so klar differenzieren wie der Journalismus über die Organisationen Zeitungen, Nachrichtenagenturen oder Redaktionen: Während die letzt genannten Organisationen ausschließlich journalistische Produkte herstellen, bewegen sich vor allem die großen Fachverlage im gesamten Markt der Fach-Kommunikation, v.a. durch die Publikation von Fachbüchern.

Weischenberg, Malik und Scholl (2006: 33ff.) haben für die beiden Untersuchungsphasen 1993 und 2005 der Studie „Journalismus in Deutschland" jeweils vorab eine „Medien-Bestandsaufnahme" durchgeführt[6], die im Vergleich der Daten einen für die vorliegende Arbeit relevanten und sehr bemerkenswerten Aspekt zeigt: In den zwölf Jahren (also zwischen 1992 und 2004) ist die Gesamtzahl der selbstständigen Redaktionen um mehr als 500 gestiegen: von 2366 auf 2890 (vgl. ebd. 34). „Diese Veränderung ist vor allem durch zwei Entwicklungen begründet: erstens durch die Etablierung von Online-Medien, für die fast 350 selbstständige Redaktionen mit journalistischen Inhalten entstanden sind; zweitens hat sich das Segment der Zeitschriften seit Beginn der 90er Jahre deutlich ausdifferenziert." (ebd.) Die Autoren folgern weiter: Durch die technischen Entwicklungen (insbesondere die Digitalisierung) gebe es nicht nur mehr selbstständige Redaktionen, sondern insgesamt auch ein größeres Medienangebot; vor

---

[6] Diese Bestandsaufnahme soll hier nicht detailliert dargestellt werden. Sie war für die genannte Studie notwendig, um die Journalisten verorten und dementsprechend repräsentativ befragen zu können (vgl. Weischenberg/Malik/Scholl 2006).

allem der Zeitschriftenmarkt sei expandiert, nicht zuletzt durch so genannte Line Extensions (weitere Titel unter einer Dachmarke wie etwa von GEO die Titel GEO Saison, GEO Epoche, GEOlino, seit dem 2. September 2009 GEOmini). Letzteres geschehe allerdings nicht immer unter der Voraussetzung der Neu-Einrichtung einer selbstständigen Redaktion bzw. Organisationseinheit (ebd.).

Bis dato gibt es noch keine Studie, die eine Entwicklung im Medienmarkt belegt, die mit der Medienkrise um das Jahr 2002 herum sehr intensiv festzustellen ist: das Outsourcing von Redaktionen bzw. der verstärkte Einkauf journalistischer Leistungen und Produkte im freien Markt. Allerdings ist zu vermuten, dass Fachverlage und Fachredaktionen auch schon vor diesem Zeitpunkt personell in eher kleinen Organisationseinheiten agiert haben, d.h. der Stamm der festen Redakteure bei den Fachpublikationen ist wohl als eher minimal zu bezeichnen, da vornehmlich fachjournalistische Beiträge von externen Fachautoren eingekauft und im Hause dann nur noch redigiert und gestaltet werden. Nur die großen, auflagenstarken Fachzeitschriften – so ist zu vermuten – werden von einem angemessen großen Stab an Redakteuren und Mitarbeitern produziert.

Es ist zu konstatieren, dass die Fragmentierung des Rezipientenmarktes (vgl. Beisch/Engel 2006: 374ff.) mit der Fragmentierung bzw. Verspartung des Medienangebotes einher geht. Dieser zunehmende Wettbewerb bleibt – vor allem ökonomisch betrachtet – nicht ohne Folgen: Es gibt Konzentrationsprozesse, da sich nur wenige der Angebote (in den Rundfunk- ebenso wie in den Printmedien) im Zuschauer- und im Werbemarkt durchsetzen können. Im Fachpressemarkt hat dies zu zahlreichen Übernahmen und Beteiligungen geführt und dieser Trend hält weiter an (vgl. Karle 1999, 2003a und b).

Über die innere Struktur von Fachverlagen und Fachredaktionen (selbstständig und nicht selbstständig) liegen ebenfalls keine Studien vor. Da sie aber (siehe oben) prinzipiell als journalistische Organisationen identifizierbar sind, ist anzunehmen, dass auch hier die beispielsweise von Christoph Moss (1998) ausdifferenzierten Strukturen und Prozessabläufe vorherrschen. Moss überträgt Erkenntnisse aus der betriebswirtschaftlichen Organisationslehre und analysiert die Verlags- bzw. Redaktionsstrukturen unter der Prämisse der betriebswirtschaftlichen Effizienz, da er Redaktionen als wirtschaftliche Produktionsbetriebe betrachtet, deren Aufgabe in der journalistischen Produktion besteht. Er unterscheidet Aufbau- und (verrichtungs- und objektorientierte) Ablauforganisation voneinander und arbeitet das Modell der ‚Redaktionellen Segmentorganisation' heraus, „die am ehesten in der Lage erscheint, die technisch-organisatorischen Anforderungen auf der einen, und die zunehmend ausdifferenzierten Bedürfnisse des Lesermarktes auf der anderen Seite effizient zu bewältigen" (ebd.: 291). Er hat selbst klassische Tageszeitungsredaktionen untersucht und kommt zu dem Ergebnis:

„Die Strategie der Differenzierung wird sich in deutschen Redaktionen durchsetzen. ... Grundsätzlich ist mit einer neuen Form der Arbeitsteilung zu rechnen, die zwischen journalistischer Arbeit im engeren Sinne und journalistisch-technischer Unterstützung vorgenommen wird. Während der Redakteur sich künftig wieder wesentlich um Journalismus im engeren Sinne kümmern muß, entsteht ein neues Berufsbild, das eine Schnittmenge aus Journalismus, Informatik und Drucktechnik darstellt. Diese Ausdifferenzierung der redaktionellen Arbeit muß organisatorisch verankert werden." (ebd.: 293)

Diese Prognose kann ein knappes Jahrzehnt später als (leider) nicht zutreffend bezeichnet werden. Aufgrund der medienökonomischen Strategien der Verlage werden unter finanziellen Gesichtspunkten Redakteure entlassen, Redaktionen und andere Organisationseinheiten (wie z.B. die Anzeigenabteilung bei der Bremer Tageszeitungen AG oder die Sportredaktion beim Schleswig Holsteinischen Zeitungsverlag) outgesourct oder ganz entlassen, journalistische Produkte – vom einzelnen Artikel bis zu ganzen Beilagen – werden von externen Dienstleistern eingekauft (vgl. Lungmus 2008: 51).

Rudimentäre Daten aus einigen Studien bezüglich des Berufs- und Arbeitsmarktes für (Fach-)Journalisten lassen keine weitgehenden Schlussfolgerungen bezüglich der Organisationsstrukturen im Fachjournalismus zu, sondern liefern nur Anhaltspunkte für weitere Untersuchungen: Eine Analyse von Stellenangeboten aus dem Jahr 2001 (Dernbach 2004) – also noch vor der Medienkrise – hat gezeigt, dass in etwas weniger als einem Drittel der Anzeigen explizit ein Fachjournalist/-redakteur oder ein Experte für ein Spezialgebiet gesucht wurde; mit 38,4 Prozent haben vor allem Fachverlage und Fachzeitschriften die meisten Stellen angeboten, vor PR-Agenturen und Unternehmen. Die traditionellen Medienorganisationen wie Printverlage und Rundfunkanstalten hingegen waren kaum auf der Suche nach Fachjournalisten (vgl. ebd.: 33).

Eine aktuelle Arbeitsmarktstudie der Universität München im Auftrag des Fachjournalisten-Verbandes DFJV (vgl. Meyen/Springer 2008) zeigt, dass sich der journalistische Arbeitsmarkt insgesamt erholt hat; vor allem im Bereich Printmedien zwischen 2004 und 2006 und bei den Fernsehsendern sowie im Internet 2007 wurden vermehrt Stellen ausgeschrieben; die Autoren führen dies auf den Ausbau der Online-Redaktionen zurück. Aber noch immer werden wesentlich mehr Stellen im Bereich Public Relations angeboten als im klassischen Journalismus.

Eine Befragung unter Fachjournalisten in der Schweiz (vgl. Keel/Wyss/Poëll 2006) hat gezeigt, dass zwei Drittel der befragten Mitglieder des Verbandes Schweizer Fachjournalisten (SFJ AJS) in ihrem Hauptberuf fachjournalistisch tätig sind, ein Drittel nebenberuflich; 56 Prozent der hauptberuflich tätigen Fachjournalisten wiederum sind fest angestellt, die anderen 44 Prozent als (feste) Freie im Markt. Diese Zahlenrelationen wurden auch in der Umfrage von Dernbach 2003 (2004) und in einer Studie von Anczikowski (2008) ermittelt. Weiter lässt sich aus den zuletzt genannten Studien heraus kristallisieren, dass Fach- und Technikjournalisten für Medien arbeiten, die spezielle Zielgruppen, etwa in Form von Fachmagazinen, bedienen.

Als Fazit lässt sich ziehen: Es gibt im Segment des Fachjournalismus unterschiedlich große Organisationseinheiten – sie reichen von großen Verlagen bis hin zu Ein-Mann-Redaktionen. Stärker noch als im traditionellen Medienmarkt scheint der fachjournalistische Markt vom Angebot und den Dienstleistungen freier (Fach-)Journalisten zu leben (mehr zum Berufsbild unter 5.3). Im Gegensatz zu den Analysen der Strukturveränderungen in den klassischen Medienredaktionen v.a. der Tageszeitungen und Nachrichtenagenturen (Stichworte: Newsrooms, Newsdesks, Projektredaktionen; vgl. Meier 2002) liegen für die Organisationsstrukturen des Fachjournalismus keine befriedigenden Daten und Erkenntnisse vor.

5.2 Die Programme des Fachjournalismus

„Die Standards, Routinen, Formen und Techniken des Journalismus werden als Programme identifiziert, die auf die journalistische Funktion zugeschnitten sind, Informationen aktuell zu vermitteln." (Blöbaum 1994: 220)

Die Einschränkungen vor allem im Hinblick auf die Aktualität des Fachjournalismus wurden bereits diskutiert – dennoch sei an dieser Stelle konstatiert, dass die fünf journalistischen Programme, die Blöbaum unterscheidet, für den Fachjournalismus ebenso gültig sind:

Auch die Organisationen des Fachjournalismus (z.B. Fachredaktionen in Fachzeitschriftenverlagen; siehe 5.2.1 Ordnungsprogramme) sammeln Themen und Informationen; sie recherchieren, interviewen, nutzen etablierte Quellen und Netzwerke (siehe 5.2.2 Informationssammelprogramme). Aus der Menge der recherchierten Informationen werden auf der Basis von Strukturen (Fach- und Themengebiete, Ressorts, Rubriken etc.) und basierend auf den Nachrichtenwerten (im Fachjournalismus v.a. Relevanz, Innovation etc.) die zu publizierenden ausgewählt (siehe 5.2.3 Selektionsprogramme). In Prüfverfahren (Recherche anderer Quellen, Experteninterviews, Gutachten etc.; siehe 5.2.4 Prüfprogramme) wird die Richtigkeit und Zuverlässigkeit der Informationen sichergestellt, bevor sie in journalistischen Genres (wie Nachrichten, Berichte, Reportagen, Interviews, Kommentare usw.) formuliert und veröffentlicht werden (siehe 5.2.5 Darstellungsprogramme) (vgl. Blöbaum 1994: 220 ff. und 277 ff.).

5.2.1 Ordnungsprogramme

Organisationseinheiten wie Redaktionen, Ressorts und Rubriken strukturieren den Ereignisanfall (vgl. Blöbaum 1994: 277). Diese Leistung erbringen diese Einheiten, damit der Journalismus seine Funktion, die Komplexität der Welt als Beobachter und Berichterstatter zu reduzieren, erfüllen kann. Da die populären Massenmedien wie Tageszeitungen, Zeitschriften, Hörfunk- und Fernsehprogramme die Vielfalt der Welt abbilden und kontinuierlich aus möglichst vielen gesellschaftlichen Bereichen reportieren sollen, sind vor allem hier interne Strukturen stark ausgeprägt, damit diese Aufgabe arbeitsteilig zu erbringen ist.

Fachjournalismus als Beobachter ist per se homogener als der Allround-Journalismus, da er auf ein Themen- oder Ereignisgebiet fokussiert. Dennoch zeigen sich auch hier ähnliche Strukturen (denn Fachjournalismus ist ebenfalls die gesellschaftliche Funktion der Themenher- und -bereitstellung zugewiesen): Auch Fachredaktionen sind hierarchisch und arbeitsteilig gegliedert (vgl. Moss 1998); auch in Fachredaktionen und Fachpublikationen haben sich Ressorts und Rubriken herausgebildet (z.B. aktuelle Themen; Service; Test u.ä.), die weniger thematisch voneinander unterschieden sind als stärker hinsichtlich der Rezipientenorientierung. Aus dieser Perspektive heraus wählt die (Fach-)Redaktion Themen aus und entscheidet, in welcher Form sie bearbeitet und unter welcher Rubrik sie publiziert werden. Entsprechend dieser arbeitsteiligen Struktur haben sich auch in Fachredaktionen unterschiedliche Arbeitsrollen ausdifferenziert (siehe Kapitel 5.3).

5.2.2 Informationssammelprogramme

Zunächst ist davon auszugehen, dass sich die Recherchestrategien, -wege und -routinen im Fachjournalismus nicht grundlegend von den klassischen journalistischen Standards unterscheiden (vgl. Haller 2004). Aufgrund der oben skizzierten Entwicklungen ist die Arbeitstechnik Recherche im Journalismus generell unter Druck geraten (Zeitmangel und Einfluss von Public Relations; siehe unten) und hat sich aufgrund der Digitalisierung und hier vor allem des Internets stark verändert.

Weischenberg, Malik und Scholl (2006: 79ff.) haben zum Stichwort Recherche folgendes herausgefunden: Vor dem Hintergrund einer insgesamt stabil gebliebenen bzw. sogar leicht gesunkenen Wochenarbeitszeit ist die weitere Abnahme der klassischen Recherche um 23 Minuten pro Tag im Vergleich der Daten von 1993 und 2004 bemerkenswert. Aufgesogen wird diese Zeit im Wesentlichen „von neuen Tätigkeiten, die ganz wesentlich mit dem Internet zu tun haben" (ebd.: 79f), d.h. vor allem Online-Recherche (66 Minuten pro Tag), E-Mail-Kontakte (44 Min.) und Kommunikation mit dem Publikum (9 Min.).

Schon 1993 hat sich ein Unterschied hinsichtlich des zeitlichen Rechercheaufwandes zwischen Journalisten mit und ohne Leitungsfunktion gezeigt: Erstere verbringen auch 2004 mehr Zeit mit Organisatorischem sowie dem Bearbeiten fremder Texte als Volontäre und Redakteure ohne Funktion (ebd.: 83). Vergleicht man das Zeitbudget für Recherche von fest angestellten und freien Journalisten, zeigt sich, dass Letztere etwa 20 Minuten mehr Zeit mit Recherchieren verbringen – allerdings benötigen sie auch mehr Zeit für technische Belange sowie für die Produktion anderer publizistischer Leistungen für die Existenzsicherung (ebd.).

Die Recherche wird neben der Prüfung der Informationen sowie der Wissensvermittlung als die Haupttätigkeit von Fachjournalisten in der Befragung von Dernbach 2003 (2004) benannt. Aber ähnlich wie die Ergebnisse der JouriD-Studie zeigen, ist zu vermuten, dass gerade die freien Fachjournalisten 1. viel Zeit für die Internet-Recherche aufwenden, 2. zur Existenzsicherung nicht nur für eine Fachpublikation tätig sein können und 3. einem wachsenden Einfluss der Public Relations ausgesetzt sind. Auch hier gibt es keine gesicherten Erkenntnisse, sondern eine Sammlung von Eindrücken, Erfahrungen und Zitaten. Der Chefredakteur im Konradin-Verlag, Werner Götz (2008: 83), beispielsweise stellt (ohne empirischen Beleg) in einem Sammelband über „Technikjournalismus" fest:

> „Im Alltag des Technikjournalisten spielt die Recherche nicht immer die Rolle, die sie eigentlich innehaben müsste – häufig mangels Zeit. Das gilt für viele technische Fachzeitschriften, aber auch für nicht wenige Special-Interest-Titel am Kiosk und das eine oder andere Wissensmagazin. … Gerade in technischen Fachzeitschriften herrscht vielerorts – ohne pauschalisieren zu wollen – immer noch die klassische Arbeit eines Redakteurs vor, der mehr oder weniger gute Fachartikel aus Industrie, Hochschule oder Marketingabteilungen der Unternehmen redigiert und inhaltlich sowie sprachlich aufbereitet. Zudem kommen zuhauf standardisierte Produktberichte, Branchenneuigkeiten, Brauchbares und Unbrauchbares unaufgefordert in die Redaktionen."

Kirsten Sommer (2004) hat in einer Befragung von IT- und Wirtschaftsjournalisten herausgefunden, dass die klassischen Recherchewege (v.a. Telefonate mit Informanten, Archivrecherche – allerdings jetzt digitalisiert) nicht vollständig von den Onlinewegen abgelöst worden sind; vor allem die Kontakte zu Pressesprechern und Analysten bleiben wichtig. Die Mehrzahl der befragten Fachjournalisten beginnt im Netz mit der Basisrecherche; im zweiten Schritt werden Informanten angerufen; dann folgt die Recherche im Archiv. Nur eine Minderheit der Befragten recherchiert offenbar „kalt", d.h. nur vom Schreibtisch aus; 93 Prozent der Befragten führen immer auch persönliche Gespräche vor Ort. Elektronische Datenbanken spielen kaum eine Rolle; vor allem kleinere Redaktionen und freie Journalisten greifen vermutlich aus Kostengründen nicht darauf zurück.

Diese Annahmen lassen sich mit zwei Studien der Universität Münster zum Thema Wissenschaftsberichterstattung vergleichen und bestätigen: In den Untersuchungen über „Wissenschaftsjournalismus bei Regional- und Boulevardzeitungen" (Blöbaum/Görke 2003) und „Quellen der Wissenschaftsberichterstattung" (Blöbaum/Görke/Wied 2004) lassen sich folgende auf Fachjournalismus übertragbare Ergebnisse herausstellen[7]: Die Münsteraner Forscher unterscheiden aus den Ergebnissen heraus wissenschaftliche (Fachveröffentlichungen, d.h. wissenschaftliche und populärwissenschaftliche Fachzeitschriften, Gespräche mit Wissenschaftlern, Kongresse und PR-Informationsdienste) von nichtwissenschaftlichen (aktuelle Medien und Nachrichtenagenturen), Quellen, die auch von allen anderen Journalisten genutzt werden. Die Nutzung und die Wertigkeit dieser Quellen hängen vom Medientyp ab: Wissenschaftsjournalisten, die für Wissenschaftsmagazine oder populärwissenschaftliche Publikationen arbeiten, konzentrieren sich stark auf wissenschaftliche Quellen, die wiederum für diejenigen, die für service- und nutzwertorientierte Medien arbeiten, eine eher untergeordnete Rolle spielen. Im Zusammenhang mit Anspruch und Thema der Berichterstattung steht wiederum die Einstufung einer Reihe von Quellen als gleichwertig. Das Internet wird von Wissenschaftsjournalisten als Quelle für eine primär wissenschaftsspezifische und auf Fachfragen ausgerichtete Recherche genutzt; einen hohen Stellenwert nehmen online verfügbare Informationsdienste und Newsletter sowie Vorab-Meldungen von wissenschaftlichen Fachpublikationen ein.

„Neben der *hervorgehobenen Position* der Verwendung von *wissenschaftlichen Fachzeitschriften* wird besonders der Stellenwert der Nutzung von *Primärquellen* betont. Während Fachzeitschriften überwiegend von Medien mit explizitem Informationsverständnis als relevant beurteilt werden, werden primäre Quellen auch von nutzwertorientierten Medien als wichtig erachtet. Die Bedeutung des Ausdrucks „Primärquelle" variiert dabei: Die erste Gruppe versteht darunter *Forscher* und deren *Studien*, während die zweite damit *praktizierende Ärzte* und *Betroffene* meint." (Blöbaum/Görke/Wied 2004: 104f)

Studierende des Internationalen Studiengangs Fachjournalistik an der Hochschule Bremen (2002/2003) fanden in einer Analyse von 60 Zeitschriften heraus, dass vor allem als Informationsquellen genannt wurden: Fachbücher (44,4%), Forscher und Forschungseinrichtungen (40%), Internetseiten (38,1%) und andere Fachzeitschriften (23,8%).

---

[7] An dieser Stelle kann nicht auf das Verhältnis und die Unterscheidung zwischen Fach- und Wissenschaftsjournalismus eingegangen werden. Dies folgt in Kapitel 6.2.

Schon Studien aus den 90er Jahren haben übrigens diese Ergebnisse hervorgebracht (vgl. z.B. Stamm 1995; Pahl 1997; Göpfert/Kunisch 1999) – wobei durch
den Zutritt des Internets und damit der digitalen Angebote die Rolle gedruckter
Fachpublikationen verändert worden ist.

Experten-Makler-Systeme im World Wide Web – eines der wichtigsten ist der
Informationsdienst Wissenschaft (idw) (vgl. Bierther 2004) – aber auch vor
allem Suchmaschinen und Datenbanken sind für die fachjournalistische Recherche zentral. Allerdings halten vor allem Letztere (wie Google oder Yahoo) unter
qualitativen Aspekten dem Praxistest nicht stand: Werner Götz (2008) beschreibt anschaulich, wie er zum Schlagwort ‚Verbundwerkstoffe' seine Online-
Recherche bei Meyers-Online-Lexikon startet, über Google und Wikipedia geht
und schließlich doch zum Telefonhörer greift, um Experten aus Unternehmen
und Forschungseinrichtungen zu befragen. „Gerade das Internet ist voll von
Fehlinformationen und manipulierten Aussagen. Mehr als eine erste Basis – und
wichtiger noch: Kontakte – bietet die Internet-Recherche nur selten." (ebd.: 88)

Fazit: Für den tagesaktuellen Journalismus in gedruckten und elektronischen
Medien sind die Informationen über Nachrichtenagenturen priortär; für den
Fachjournalismus hingegen sind fachliche Quellen aller Art von größerer Wich-
tigkeit. Hierzu zählen neben den entsprechenden Experten Fachpublikationen
sowie die Informationen aus Institutionen und Organisationen aus dem jeweili-
gen Bereich. Ebenso wie bei der ‚analogen' gilt auch für die digitale Recherche:
Das beste Rechercheinstrument ist das eigene Quellenverzeichnis – seien es
Internetadressen, ein Archiv oder eine Liste der wichtigsten Kontaktpersonen.

Stefan Braun (2008) hat für die (technikjournalistische) Recherche ein Modell
entwickelt, das die deduktive und induktive Methode kombiniert (vgl. ebd.: 100
ff.): Ausgehend von einer eher allgemeinen Fragestellung oder Hauptthese, die
untergliedert ist in Einzelfragen, wird das komplexe Fachthema zerlegt, werden
Untersuchungen, Messungen, Tests, Befragungen und Bewertungen recherchiert
und ausgewertet; die Zusammensetzung der Einzelergebnisse wiederum erfolgt
unter der Prämisse, daraus eine Antwort auf die (umfassendere) Ausgangsfrage
formulieren zu können. Strukturiertes und systematisches Vorgehen sind dabei
unerlässlich. Diese Vorgehensweise führt nach Ansicht des Autors zu hoher
fachlicher Relevanz.

5.2.3 Selektionsprogramme

Relevanz ist der Faktor, der für die journalistische Bearbeitung von Themen und die Publikation in Medien aller Art die höchste Priorität hat. Relevanz ist dabei kein per se den Ereignissen gegebenes Kriterium, ebenso wenig wie Aktualität, sondern ist von der Bewertung der einzelnen Medien, Redaktionen und Journalisten abhängig. Die Nutzung und Bewertung der Informationsquellen aus den oben zitierten Studien deutet bereits an, dass die Sammlung, Auswertung und Auswahl von Daten und Fakten im Fachjournalismus anderen zeitlichen, sachlichen und sozialen Maßstäben und Kriterien gehorcht.

Zentral ist der Begriff des Themas bzw. die Thematisierungsfunktion des Journalismus: Auch im Fachjournalismus werden Themen gesetzt; aber dabei ist, anders als beim General-Interest-Journalismus, der Themenkreis von vornherein eingeschränkt und damit homogener. Das heißt jedoch nicht, dass politische, wirtschaftliche und sozial-kulturelle Aspekte und Perspektiven keine Rolle spielen. Im Gegenteil: Die fachjournalistische Aufarbeitung zum Beispiel von Themen aus dem Feld 'Technik' lässt sich nicht entkoppeln von den politischen, ökonomischen und sozialen Ursachen und Effekten technischer Innovationen und Produkte.

Journalismus wählt aus einer Vielzahl von möglichen Themen aus; im journalistischen Subsystem Fachjournalismus ist diese Entscheidung jeweils getroffen für Thematisierungen aus einem bestimmten Feld. Diese Themenfelder „sind relativ stabile, im gesellschaftlichen Wandel fortentwickelte, strukturierte Wissensbestände, die unter sachlichen, zeitlichen und sozialen Aspekten aktualisiert, d.h. zum Gegenstand (öffentlicher) Kommunikation werden können. Diese Aktualisierung/Thematisierung knüpft immer an Sinnbestände, Erfahrungen, Erinnerungen an, die mehr oder weniger zwischen den einzelnen Kommunikationspartnern übereinstimmen" (Dernbach 2000: 45). Während Ziel und Zweck des Allround-Journalismus die Vermittlung von Gebrauchsverstehen und Allgemein- bzw. Grundlagenwissen ist und die aktuellen Nachrichten immer an die Informationen von gestern anknüpfen, konzentriert sich Fachjournalismus auf die Vertiefung vorhandenen Wissens in einem Referenz- oder Bezugsfeld und vor einem anderen (langsameren) Zeithorizont.

Historisch, strukturell und organisatorisch betrachtet ist die Spezialisierung im Journalismus, also die Entwicklung von Fachjournalismen, eine fast zwangsläufige Reaktion auf die Entwicklung der Gesellschaft: Um 1. die Komplexität der Realität weiter bearbeiten zu können und 2. die selektive Aufmerksamkeit des Publikums zielorientierter binden zu können, haben sich Ressorts ausdifferenziert, die aber insgesamt das Themengefüge nicht verändert, sondern nur die bestehenden Gefäße von Themengruppen (vgl. Compagno 1994: 226) entlastet haben. Dennoch gibt es Themen, die entweder ganz durchs Raster fallen oder im Allround-Journalismus stark reduziert dargestellt werden (vgl. Dernbach 2000: 48). Der Anspruch der Universalität ist von einem Medium allein schon lange nicht mehr zu erfüllen; nur der Medienmarkt insgesamt verspricht Vielfalt.

Ebenso wenig wie alle Themen vollständig bearbeitet werden können, sind sie gleichzeitig darstellbar; wir nehmen Thematisierungen als hintereinander (diachron bzw. chronologisch), nebeneinander oder gar durcheinander ablaufend wahr. „Die zeitliche Dauer von Ereignissen ist nicht identisch mit der zeitlichen Dauer ihrer Wahrnehmung als Themen. Der Prozesscharakter von Entwicklungen wird nicht kontinuierlich, sondern an bestimmten Stationen wahrgenommen und relativ kurzfristig thematisiert." (ebd.: 43) Unter dieser Perspektive relativiert sich der Begriff der Aktualität: Fachjournalismus ist in einem anderen Sinne zeitlich und sachlich aktuell als der General-Interest-Journalismus; er kann (externe) Ereignisse wie Naturkatastrophen als Auslöser von Thematisierung nutzen, muss es aber nicht, da er nicht in dem Maße Chronisten- und Informationspflicht besitzt. Gleichwohl selektiert auch Fachjournalismus Informationen auf der Basis eines binären Codes wie „aktuell – nicht-aktuell", „informativ – nicht-informativ" oder „aktuell – nicht-aktuell" (vgl. Görke/Kohring 1996: 15-31). Neben Relevanz, Aktualität und Dauer gibt es weitere Kriterien, mit deren Hilfe die Selektionsmechanismen im Fachjournalismus von denen des General-Interest- bzw. Nachrichten-Journalismus' unterschieden werden können (vgl. Schulz 1990: 32 ff.):

Status: Wichtige Akteure im Fachjournalismus sind Experten, in der Regel Wissenschaftler, Ingenieure und Fachleute mit langjähriger Berufserfahrung – Menschen also, die sich formal und qualitativ von anderen, Nicht-Fachleuten abheben.

Dynamik: Entwicklungen in einem Fachgebiet benötigen Zeit, ebenso wie Produktinnovationen und neue Techniken. Fachjournalismus spiegelt dies wider, indem er versucht, die Erwartung an ständig Neues zu ‚entschleunigen', indem er stärker auf die Prozesse als nur auf die Ergebnisse eingeht. Zudem erscheinen (gedruckte) fachjournalistische Publikationen in der Regel nicht täglich, sondern wöchentlich oder seltener (Periodizität).

Valenz: In zahlreichen Inhaltsanalysen wird regelmäßig konstatiert, dass Journalismus negative Ereignisse bevorzugt, dass er vor allem über Konflikte und Kriminalität berichtet und eher seltener über positive Ereignisse und Tatsachen. Ist Negativismus gerade im Allround-Journalismus einer der wesentlichen Nachrichtenfaktoren, so trifft dies sicher weniger auf den Fachjournalismus zu, denn hier steht die sachliche Information aus einem Themengebiet im Vordergrund. Daraus resultierend kann Fachjournalismus ein seriöses Image unterstellt werden.

Identifikation: Auch im seriösen Tageszeitungsjournalismus ist zunehmend als ein Faktor der Boulevardisierung die stärkere Personalisierung feststellbar. Vor allem die Wirtschaftsberichterstattung ist hier zu nennen, wo beispielsweise das Unternehmerportrait als ein Genre neuerdings sehr gepflegt wird. Dieses Phänomen ist möglicherweise auf den Fachjournalismus insgesamt – zumindest in Ansätzen – übertragbar.

Fazit: Die Selektion von Informationen unter dem Aspekt der Relevanz ist die Leistung des Journalismus generell. Im Fachjournalismus jedoch folgen die Selektionsprogramme etwas anderen Regeln und Kriterien: Hier spielen Aktualität, Dauer, Negativismus beispielsweise eine andere oder gar geringere Rolle.

5.2.4 Prüfprogramme

Alles, was von Journalismus veröffentlicht wird, muss richtig sein (vgl. Blöbaum 1994: 283). Dies kann sichergestellt werden, indem Daten und Fakten aus als seriös bewerteten Quellen bezogen und diese benannt werden; damit ist juristisch und ethisch betrachtet die Verantwortung für die Richtigkeit der Informationen übertragen[8]. Die Rückführung auf die Quellen und die Überprüfung der Information sind tragende Elemente der Glaubwürdigkeit von und des Vertrauens in Journalismus. Und diese wiederum spielen eine tragende Rolle bei der Suche und der Nutzung von journalistischen Produkten durch die Rezipienten. Bezug nehmend auf die Ergebnisse ihrer Umfrage zu den Recherchemethoden von IT- und Wirtschaftsjournalisten resümiert Kirsten Sommer (2004: 8):

> „Es ist absehbar, dass auch künftig vorwiegend die Kanäle und Informationswege einem Wandel unterliegen, nicht aber die Arbeitsweise von Journalisten. Entscheidend bleiben nach wie vor das Vertrauen in glaubwürdige Quellen und gute persönliche Kontakte. Über welche Kanäle eine Information vom Informanten zum Journalisten gelangt, ist zweitrangig. ... Auch Personalabbau in konjunkturschwachen Zeiten und der wachsende Zeitdruck, der dadurch auf den verbliebenen Journalisten liegt, könnte dazu verleiten, weniger sorgfältig zu recherchieren. Im Augenblick aber geben immerhin achtzig Prozent der befragten Redakteure an, keine ungeprüften Informationen in einen Artikel zu übernehmen. Es bleibt zu hoffen, dass sich jeder Journalist seiner Sorgfaltspflicht bewusst bleibt."

Zur Überprüfung von Informationen nutzen Journalisten verstärkt das Internet. Dies wird als Quelle zwar nicht als neutraler eingeschätzt als andere und es gilt per se nicht als glaubwürdiger, es erleichtert aber den Check von Quellen durch

---

[8] Das heißt allerdings nicht, dass sich der Journalismus und die Medien gänzlich aus der Verantwortung ziehen können. Juristisch betrachtet ist auch die Weitergabe von falschen Informationen aus dritter Quelle zu ahnden.

eine zweite. Trotzdem überprüft die Hälfte der befragten Journalisten die im Internet recherchierten Informationen noch durch eine externe Quelle (z.B. Datenbanken, Expertengespräch) (vgl. ebd.: 6). Der Grad des Aufwandes der Überprüfung wird von der Glaubwürdigkeit der Quelle und das in sie gesteckte Vertrauen bestimmt. Vertrauen kann einzelnen Individuen, Redaktionen und Medien geschenkt werden. Kohring (2001 und 2004) betrachtet Glaubwürdigkeit als einen Teil des komplexen sozialen Mechanismus Vertrauen; er unterscheidet vier Typen von Vertrauen in Journalismus, die an dieser Stelle auf den Fachjournalismus angewendet werden sollen (2001: 85ff; 2004: 170ff.):

Vertrauen in die *Themenselektivität*: Fachjournalismus setzt aus der Beobachtung des Fachgebietes heraus Themen für die öffentliche Kommunikation. Dieses Agenda-setting erfolgt unter zeitlichen, sachlichen und sozialen Aspekten, also zum Beispiel vor dem Hintergrund der Fragen nach der Relevanz und der Aktualität des Themas für das Fachpublikum. Fachjournalismus wird hierbei unterstellt, die richtigen Themen für den fachlichen Diskurs auszuwählen.

Vertrauen in die *Faktenselektivität*: Jedes Fachthema ist für sich komplex; alle Informationen sind gar nicht darstellbar, müssen also ausgewählt werden. Fachjournalismus wird zugetraut, unter Anknüpfung an vorhandenes Wissen die ‚richtigen' Fakten auszuwählen, so dass die Komplexität des Themas zwar reduziert wird, alle notwendigen Informationen zum Verständnis des Themas dennoch gegeben werden.

Vertrauen in die Richtigkeit von *Beschreibungen*: Beschreibungen von Wirklichkeit sind zum Teil stark abhängig vom Beobachter, zum Teil unabhängig. Wird ein technisches Produktionsverfahren beschrieben, so muss der Ablauf als solcher von jedem Beobachter ähnlich dargestellt werden; die Umgebung jedoch, in der die Maschine steht, wird von jedem Betrachter unterschiedlich empfunden und dementsprechend anders rekonstruiert. An Fachjournalismus wird in hohem Maße die entsprechende Kompetenz erwartet, die Daten und Fakten zutreffend zu recherchieren und darzustellen.

Vertrauen in explizite *Bewertungen*: Fachjournalismus wird nicht nur die Selektions- und Darstellungskompetenz zugewiesen, sondern auch die Zuverlässigkeit in die Einordnung und Bewertung der Informationen zu einem Thema. In der Regel werden in bestimmten Fachgebieten Experten zum Beispiel das Innovationspotenzial und den Nutzwert eines Produkts sowie die Wirkungen, Folgen und Konsequenzen bewerten. Hier mischen sich sachliche Darstellungen mit Einstellungen und Meinungen. Vor allem unter dieser Perspektive ist maßgeblich, welche Erwartungen und Erfahrungen an den Fachjournalismus gestellt und mit ihm gemacht worden sind, damit die Rezipienten vertrauen.

Fazit: (Fach-)Journalismus muss die recherchierten Informationen überprüfen und hat dafür entsprechende Verfahren entwickelt. Fachjournalismus setzt dies nicht zuletzt in Form von Expertengesprächen oder gar Gutachten um. Es ist davon auszugehen, dass jede fachjournalistische Redaktion entsprechende Fachleute an der Hand hat, mit deren Hilfe Daten und Fakten überprüft oder Texte gegengecheckt werden. Durch die Auswahl geeigneter Themen, die Selektion der wichtigen und richtigen Informationen und deren angemessener Beschreibung und Bewertung, also gleichzeitig durch die Vermeidung von Fehlern, d.h. der Publikation falscher Tatsachen, entsteht Vertrauen in Fachjournalismus.

5.2.5 Darstellungsprogramme

Der Journalismus hat verschiedene Darstellungsformen entwickelt, mit deren Anwendung die vier genannten Vertrauensmerkmale (positiv) beeinflusst werden können: die faktenorientierten Genres Nachricht, Bericht, Feature, Reportage, Interview sowie die kommentierenden Formen Kommentar, Leitartikel und Glosse (vgl. Haas 2005: 225ff.; Wolff 2006). Über Jahrhunderte hinweg hat Journalismus diese Formen intern ausdifferenziert, um die Komplexität der Welt angemessen bearbeiten zu können (vgl. Blöbaum 1994: 279). Diese Differenzierung ist ein andauernder Prozess und hat beispielsweise im Fachjournalismus weitere und neue Formen hervorgebracht: Fachartikel, Test- und Anwenderbericht, Fallstudie und Firmenportrait (vgl. Weise 2004b: 3) Diese Begriffe fallen im Zusammenhang mit den Schlagworten Nutzwert-, Service-, Ratgeber- und Verbraucherjournalismus (vgl. Fasel 2004; Wolff 2006). Inwieweit diese genannten Darstellungsformen tatsächlich neu sind, inwieweit sie sich voneinander abgrenzen und ob sie tatsächlich als journalistische Genres zu verstehen sind, wird im Folgenden diskutiert. Manfred Weise (vgl. 2004b) bemängelt zu Recht, dass es zwar mittlerweile zahlreiche Veröffentlichungen zu den klassischen journalistischen Genres gibt, die Journalismus- und Textsortenforschung sich aber bislang nicht mit den neuen Gattungen beschäftigt hat. Bis dato hat nur der Fachjournalist Christian Keller (2005) neben Weise einen sehr kurzen Vorschlag für die Definition der Begriffe ‚Fachbeitrag' und ‚Fachartikel' vorgelegt: Ersteres versteht Keller als den wesentlichen Bestandteil von Fachzeitschriften, der auch nur in diesen erscheint, während er den Begriff Fachartikel dem Fachjournalismus zuordnet, „der in allen Printmedien vorkommen kann" (ebd.: 24). Manfred Weise schlägt folgende Begriffe vor: Fachartikel, Anwenderbericht, Sucess Story, Case Study, Testbericht, Produktvorstellung, Firmenportrait (2004b: 3ff.). Er hinterfragt selbst kritisch, „ob Sucess Story und der Firmenporträt überhaupt journalistische Genre sind" (ebd.: 4). Sein Diskussionsvorschlag ist in der Tat kritisch zu würdigen, und deshalb werden aufbauend auf seinem Vorschlag die Textsorten neu sortiert und kommentiert (siehe Tabelle im Anhang).

Im Gegensatz zu Weise wird die Success Story nicht aufgeführt, da sie in keinem Fall eine journalistische Darstellungsform, sondern immer ein Instrument der Public Relations ist (vgl. Weise 2006). Auch Test-/Anwenderbericht, Case Study und Firmenporträt sind nur dann (fach-)journalistische Genres, wenn sie nicht nur Herstellerangaben referieren, sondern eine Eigenleistung vorliegt, d.h. bei der Recherche beginnend bis zum veröffentlichten Text die Angaben objektiv, d.h. möglichst von mehreren Seiten dargestellt und überprüft worden sind. Im Fokus eines solchen Beitrags muss immer die Frage nach der fachöffentlichen Relevanz stehen; dementsprechend groß sind die Anforderungen an Transparenz, Nachvollziehbarkeit und – vor allem bei Testberichten – Wiederholbarkeit der Ergebnisse. Entscheidend sind darüber hinaus die Kompetenz des (Fach-)Journalisten, die Zielgruppe sowie das Medium, in dem der Beitrag veröffentlicht wird.

Bei einer großen Zahl an Inhaltsanalysen über journalistische Berichterstattung – gleich zu welchem Thema – zeigt sich, dass die Bandbreite an Darstellungsformen bei weitem nicht ausgeschöpft wird; dominante Formen sind Nachricht und Bericht, es folgen Features, Reportagen und Kommentare, seltener Interviews und Glossen. Eine nicht-repräsentative, aber dennoch in diesem Aspekt aussagekräftige Studie an der Hochschule Bremen (2002/2003) zeigte, dass die Palette der Darstellungsformen klar dominiert wird vom Bericht (88,9%); weit dahinter folgen das Interview (34,9%), das Feature (28,6%), das Portrait (25,4%), der Kommentar (19%), der Essay (17,5%), die Reportage (11,1%) und als Schlusslicht die Glosse (4,8%).

Zur Frage der Darstellungsformen kann wieder auf Ergebnisse anderer Studien zurückgegriffen werden – zum Beispiel aus den bereits zitierten Untersuchungen der Universität Münster zum Wissenschaftsjournalismus (Blöbaum/Görke 2003 und Blöbaum/Görke/Wied 2004): „Mit Ausnahme der untersuchten Nachrichtenmagazine und Wochenzeitungen sowie der Gruppe der Publikumszeitschriften ist die Life-Science-Berichterstattung in den untersuchten Print- und Rundfunkmedien überwiegend informationsorientierter Nachrichtenjournalismus. Es geht offenbar primär um ereignisgebundene Fakten. Von den eher meinungsorientierten Darstellungsformen wird vor allem die Reportage vergleichsweise häufig eingesetzt. Nachrichtenmagazine, Publikumszeitschriften und überregionale Qualitätszeitungen verwenden diese Darstellungsform überdurchschnittlich häufig. Die Darstellungsformen ‚Interview' und ‚Kommentar' sind dagegen insgesamt eher selten nachweisbar." (ebd.: 82)

5.3 Die Rollen im Fachjournalismus

Diese Entscheidungsprogramme werden nicht täglich neu diskutiert und festgelegt, sondern sie haben sich entwickelt und gelten als (ungeschriebene) Regeln. Ausgeführt werden diese Programme in organisatorischen Zusammenhängen, in denen wiederum verschiedene Rollen besetzt sind: Rollen können nach Rühl (1980: 273) verstanden werden als „Typen zusammenhängender und allgemein erwarteter Verhaltensweisen ..., die je nach Situation und Individuum verschieden ausgeübt werden". Dabei stehen nicht Bedürfnisse und Emotionen des Einzelnen im Vordergrund, sondern Journalisten müssen „unpersönlich sein in dem Sinne, dass sie in ihren Rollen und auf Rollen anderer hin kommunizieren, und zwar nach dem Entscheidungsprogramm bestimmter Redaktionen, nach deren organisatorischen und normativen Erwartungen" (ebd.: 353).

Blöbaum (1994: 289) identifiziert im Journalismus drei Rollenbereiche: die Leistungsrolle Journalist, die Publikumsrolle Rezipient und angekoppelte Rollen wie Verleger, Drucker, Setzer, Anzeigenabteilung, Vertrieb, Verwaltung und Pressebüro. Die journalistische Leistungsrolle ist noch einmal unterschieden nach einer vertikalen und einer horizontalen Ordnung: vom Chefredakteur über Ressortleiter und Redakteur bis zum Volontär (vertikal); neben den Redakteuren in Politik, Wirtschaft, Kultur, Sport etc. die Pressefotografen, Rechercheure, Umbrecher, Korrespondenten und freien Mitarbeiter (horizontal). Ausgehend von diesem Schema sollen die Rollen im Fachjournalismus benannt werden[9]:

---

[9] Es liegen bis dato keine Untersuchungen über die Organisationsstrukturen, die Arbeitsprozesse sowie die Rollenverteilung und Aufgabenteilung in Fachmedien, -verlagen oder -redaktionen vor.

Leistungsrolle	Publikumsrolle: Rezipienten	Angekoppelte Rollen
Fachjournalist Vertikal differenziert: - Chefredakteur - Ressort-/Abteilungs-/- Gruppenleiter - Fachredakteur - Volontär - (fester) freier Mitarbeiter - Nebenberuflicher Fachjournalist (=Experte) Horizontal differenziert: - Editor - Reporter[10] - Archivar/Dokumentar - Serviceredakteur - Test-Redakteur	*Fachpublikum* Interessierte Laien bis hin zu Experten	*Eigentümer oder Geschäftsführer eines Fachverlags* - Technische Produktion - Anzeigen - Marketing - Vertrieb - Verwaltung Informationsquellen: - Fachleute - Fachagenturen/-büros

Tab. 2: Die Rollen im Fachjournalismus

5.3.1 Das Berufsbild Fachjournalist

Journalismus wird von Journalisten gemacht – Fachjournalismus von Fachjournalisten. Ebenso wenig, wie der erste Teilsatz erklärt, was Journalismus ist,
kann dies der zweite Teilsatz leisten. Dennoch wird – zumindest empirisch –
regelmäßig der Versuch unternommen, Journalismus über das Tun der Akteure

---

[10] Diese Begriffe werden in Anlehung an das amerikanische Rollenverständnis verwendet: Der
Editor bearbeitet in der Redaktion die zugelieferten Texte und kommentiert, der Reporter recherchiert vor Ort auf der Grundlage der Dokumente, die im Archiv zum jeweiligen Thema zusammen-
gestellt worden sind.

zu definieren. Nun ist unbestritten, dass Journalisten eine wesentliche Rolle bei der Produktion journalistischer Produkte oder – systemtheoretisch und funktional ausgedrückt – bei der Beobachtung und Reflexion der Gesellschaft spielen. Dass sie dies nicht ohne organisatorischen Kontext und ohne den Einfluss anderer Rollenträger tun, ist selbstverständlich.

Wir wissen empirisch (z.B. vgl. Scholl/Weischenberg 1998 oder Weischenberg/Malik/Scholl 2006) und normativ, was wir von Journalisten erwarten können und was sie tun (sollen). Aus der Forschung heraus gelingt es jedoch auch nach Jahrzehnten nicht, eine gültige Definition für die Rolle ‚Journalist' zu generieren. Also sei auch an dieser Stelle auf die (normativ geprägte und empirisch beeinflusste) Vorstellung eines Berufsverbandes zurückgegriffen:

> „Journalistinnen und Journalisten haben die Aufgabe, Sachverhalte oder Vorgänge öffentlich zu machen, deren Kenntnis für die Gesellschaft von allgemeiner, politischer, wirtschaftlicher oder kultureller Bedeutung ist.
> ...
> Journalistin/Journalist ist, wer ... hauptberuflich an der Erarbeitung bzw. Verbreitung von Informationen, Meinungen und Unterhaltung durch Medien mittels Wort, Bild, Ton oder Kombinationen dieser Darstellungsmittel beteiligt ist." (www.djv.de/berufsbild)

Weiter ist im DJV-Berufsbild festgehalten, dass es für den Beruf zwar keine formalen und berufsständischen Zugangsvoraussetzungen gibt (aufgrund Artikel 5 Grundgesetz), dass es der Verband dennoch unter Professionsgesichtspunkten als notwendig erachtet, gleichermaßen über Sach-, Fach- und Vermittlungskompetenz zu verfügen. Diese Begrifflichkeit ist geprägt von der Semantik des ehemaligen DJV-Vorsitzenden Siegfried Weischenberg, der mit den Kollegen Klaus-Dieter Altmeppen und Martin Löffelholz bereits 1994 (162 ff.) in einer Studie diese Kompetenzen beschrieben hat: Die Fach- und Technikkompetenz meint die instrumentellen Fähigkeiten wie Redigieren, Recherchieren, Selektieren und Formulieren, organisatorische Fähigkeiten sowie Kenntnisse über das Mediensystem, Mediengeschichte, -politik und -ökonomie plus technische Fertigkeiten. Die Sachkompetenz bezeichnet Ressort- oder Spezialwissen (die nach Ansicht des DJV entweder in einem Studium oder in einer beruflichen Ausbildung erworben werden kann) und die Vermittlungskompetenz subsumiert sprachliche Ausdrucksfähigkeit, die Kenntnis journalistischer Darstellungsformen sowie die Fähigkeit zur themen- und rezipientengerechten Präsentation.

Kehren wir für einen Moment auf die organisatorische bzw. verbandspolitische Ebene des Berufsverständnisses zurück. Seit 1997 existiert der Deutsche Fachjournalisten-Verband. Seine Definition des Berufsbildes (Fach-)Journalist (www.dfjv.de/berufsbild) unterscheidet sich nicht von der des Deutschen-Journalisten-Verbandes (DJV) – auf den ersten Blick; auf den zweiten wird ein wesentliches Unterscheidungsmerkmal deutlich: Im Gegensatz zum DJV bindet der DFJV die journalistische Tätigkeit nicht an die Hauptberuflichkeit. Rechtlich ist die Situation eindeutig: Artikel 5 Grundgesetz sieht ein Kriterium wie Haupt- oder Nebenberuflichkeit nicht als Merkmal für die Ausübung der Informations-, Meinungs- und Publizitätsfreiheit vor. Medien- und vor allem verbandspolitisch hat sich eine ernsthafte Diskussion zwischen den Konkurrenten entwickelt, die – zumindest von der Bundesinnenministerkonferenz – auf dem Höhepunkt zwar nicht entschieden ist, aber vorläufig in der Abschaffung des amtlichen Presseausweises mündete und damit allen Journalisten-Organisationen die Möglichkeit bietet, einen eigenen, gleichwertigen (aber nicht amtlich beglaubigten) Presseausweis auszustellen. Die Diskussion, ob die Loslösung vom Kriterium Hauptberuflichkeit eine De-Professionalisierung des Journalismus nach sich zieht, soll hier nur angedeutet und kann nicht zu Ende geführt werden. Weischenberg und Co. (2006: 7) verstehen Journalismus als einen Hauptberuf – auch wenn er den einzelnen vor allem freien Journalisten immer weniger ernähren kann. „Wenn diese dann ihr Geld – auch und vor allem – mit Public Relations verdienen (müssen), ist die Professionalität und Identität des Journalismus berührt; die Folgen betreffen die Kommunikationsverhältnisse in der Gesellschaft." (ebd.)

Die Medienkrisen seit 2001 haben sich auch als Journalistenkrise ausgewirkt: Es gab eine große Zahl arbeitsloser Journalisten, Redakteure verloren ihren Job, ganze Redaktionen wurden dicht gemacht, die Zahl der Aufträge an freie Mitarbeiter sanken – die Honorare ebenfalls (ebd.: 14).

Die Entgrenzung des journalistischen Berufsfeldes hin zu Public Relations, Werbung und Marketing, zur Technik und zur Unterhaltung könnte das gesellschaftliche Beobachtungssystem weiter unter Druck setzen; ökonomische Zwänge tun seit längerem das Ihre dazu. Dieses ist in einer Zeit zu konstatieren, in der sich endlich nach Jahrzehnte langer Diskussion ein Konsens ergeben hat hinsichtlich des Verständnisses von Journalismus als Profession. Dazu gehören:

- die Definition als Hauptberuf durch eine klare Funktionsabgrenzung (siehe oben),
- eine fundierte Ausbildung (siehe Kapitel 5.3.3) und damit ein relativ geregelter Zugang zum Beruf,
- die Bildung von Berufsverbänden,
- die präzise Definition des Tätigkeitsfeldes (empirisch und normativ vorhanden),
- der gesetzliche Schutz der Berufsbezeichnung (diese Bedingung ist nicht erfüllt)
- und der Entwicklung einer Berufsethik (Kodizes wie der Pressekodex, der Medienkodex des Netzwerkes Recherche und weitere).

Fazit: Für die Definition eines Berufsbildes Fachjournalist kann die Bestimmung des Kriteriums Hauptberuflichkeit kein wesentliches sein, zumal und
weil es von den Verbänden politisch eingesetzt wird um zu entscheiden, wer als
(zahlendes) Mitglied aufgenommen wird und wer dadurch in den Genuss der
entsprechenden Privilegien (Presseausweis, Rechtsschutz etc.) kommt. Etwas
Anderes ist die Frage nach der Entgrenzung und der Entprofessionalisierung des
journalistischen Berufsfeldes. Diese geht jedoch eher einher mit der Frage des
beruflichen (Selbst-)Verständnisses, der Kompetenzen und Qualifikationen (die
zum Beispiel in einer qualitativ hochwertigen Ausbildung geschult werden)
(siehe auch Donsbach u.a. 2009).

5.3.1.1 Die Kompetenzen

Das oben genannte Kompetenzraster von Weischenberg, Altmeppen und Löffelholz (1994) wird heute vielfach als Drei-Kompetenz-Modell zitiert: Wichtig
sind die Fach-, Sach- und Vermittlungskompetenz. Die hier zu bearbeitende
These lautet: Der Fachjournalist unterscheidet sich vom Allround-Journalisten
vor allem durch die höhere Sachkompetenz.
  Verwirrend ist, dass der Begriff Sachkompetenz in der Alltagssprache mit
dem der Fachkompetenz gleichgesetzt und synonym verwendet wird. Im Folgenden wird klar auf der Basis der Weischenberg'schen Semantik von Fachkompetenz gesprochen, wenn medientheoretische Kenntnisse und medienprakti-
sche Fertigkeiten gemeint sind. Unter Sachkompetenz wird das Spezialwissen
verstanden; das entsprechende Spezialgebiet wird trotzdem weiterhin als ‚Fachgebiet' bezeichnet, da der Begriff ‚Sachgebiet' unüblich und nicht semantisch
zutreffend ist[11].
  In der Regel werden Sach- und Fachkompetenzen in Aus- und Weiterbil-
dungsphasen und -institutionen erworben und vermittelt – zumal Einigkeit
darüber besteht, dass zwar Talent nicht schaden kann, es aber nicht das maßgeb-
liche Kriterium für eine erfolgreiche journalistische Laufbahn ist.
  Aus der JouriD-Studie liegen zu diesem Aspekt folgende Daten vor: Der Beruf hat sich weiter akademisiert; einschließlich der Studienabbrecher (15 Prozent) sowie der Promovierten (drei Prozent) haben 84 Prozent der Journalisten
in Deutschland eine Hochschule besucht (Weischenberg/Malik/Scholl 2006:
68f.). Das Ranking der Studienfächer wird nach wie vor von den Geistes-,

---

[11] Laut Wahrig Deutsches Wörterbuch (2000) bedeutet Sachgebiet: „Aufgabenbereich; Stoff, den
man zu bewältigen hat." Unter dem Begriff ‚Fachgebiet' ist zu lesen: „Fach, Berufszweig, Wissens-
gebiet".

Sozial- und Wirtschaftswissenschaften angeführt: 78 Prozent haben Literatur-
und Sprachwissenschaften (25%), Journalistik/Kommunikationswissenschaft
(17%), Sozialwissenschaften (15%), Geschichts- oder Wirtschaftswissenschaften (je 8%) oder eine andere Geisteswissenschaft (5%) studiert. Natur-
wissenschaftler (10%) und Juristen (4%) sind weit seltener zu finden (ebd.: 68).
Die (journalistische Praxis-) Fachkompetenz wird immer noch überwiegend
(1993: 61%; 2005: 62%) in einem Volontariat oder inzwischen auch in einem
Praktikum (69%) erworben. Der Weg über sonstige Aus- und Weiterbildungs-
instanzen in den Journalismus hinein ist stark von 47% im Jahr 1993 auf 14%
(2005) zurückgegangen. „Die ehemaligen Journalisten-Schüler stellen ebenso
wie die Absolventen der Journalistik (Haupt- oder Nebenfach) jeweils knapp 14
Prozent der Berufsvertreter; zusammen mit den ehemaligen Studenten der Pub-
lizistik-, Kommunikations- und Medienwissenschaft (Haupt- und Nebenfach)
kommt diese systematisch theoretisch und/oder praktisch auf den Journalismus
vorbereitete Gruppe auf knapp 45 Prozent – fünf Prozent weniger als 1993."
(ebd.: 67) Ein anderes Bild zeigen die Befragungen von Fach- und Technikjournalisten von 2003 (Dernbach 2004) und 2006 (Anczikowski 2008):

Dernbach 2004	(Angaben in den Spalten in %)	Anczikowski 2008
7,4	Volontariat	12,7
39,4	Praktikum/Hospitanz	10
k.A.	Keine journalistische Ausbildung	57
49,1 Wirtschaft 15,3; Technik 7,3	Studium: Fachstudium, Technikstu- dium oder technische Ausbildung	67
k.A.	Doppel-Qualifikation: Studium plus journalistische Ausbildung	18,1

Tab. 3: Ergebnisse der Befragungen von Fach- und Technikjournalisten im
Jahre 2003 (vgl. Dernbach 2004) und 2006 (vgl. Anczikowski 2008)

Zu wiederum anderen Ergebnissen kommt die Studie über Immobilienjournalismus in Europa von Jackob u.a. (2008): Die Forscher haben unter den Fachjournalisten im europäischen Vergleich (Deutschland, Frankreich, Großbritannien, Österreich, Schweiz und Spanien) einen hohen Grad der Akademisierung
bei gleichzeitiger hoher journalistischer Professionalität festgestellt: 89 Prozent
der Befragten haben eine Universität oder Fachhochschule besucht (die Studienfächer stammen weitgehend aus dem geistes-, sozial- und wirtschaftswissen-
schaftlichen Bereich); trotz der sehr heterogenen Ausbildungs- und Berufszu-
gänge ist weiter zu konstatieren, dass auch für die Berufspraxis die Ausbildung
auf einem hohen Niveau und meist in Institutionen stattfindet. Interessant ist:
„Es ist jedoch zu beobachten, dass diese Institutionalisierung mit zunehmender
Spezialisierung der Ausbildung immer weiter abnimmt. Gerade im fachjournalistischen Bereich, also beim Erwerb immobilienwirtschaftlicher Kenntnisse,
scheint die formale, institutionalisierte Wissensvermittlung eine geringe Rolle
zu spielen. Auf dieser hoch spezialisierten journalistischen Ebene verschiebt
sich das Gewicht in Richtung der durch Selbststudium bzw. durch Erfahrung im
Beruf gewonnenen Kenntnisse." (ebd.: 129)

Fach- und hier insbesondere Technikjournalisten verfügen zwar über ein hohes Maß an im Studium oder in beruflicher Ausbildung erworbener Sachkompetenz, aber die journalistische Fachkompetenz ist im Vergleich zu den Allround-
Journalisten eher unterdurchschnittlich ausgebildet. Dies kann an verschiedenen
Faktoren liegen:

- Der Berufszugang ist aufgrund Artikel 5 Grundgesetz nicht reglementiert, d.h. es ist kein Ausbildungsweg vorgeschrieben.
- In Deutschland gibt es viele Wege in den Journalismus: die betriebsge-
  bundene Ausbildung in den Medienorganisationen, Journalistenschu-
  len/-akademien oder die hochschulgebundene Journalistenausbildung.
  Im Gegensatz zu den USA ist der erst genannte Weg noch immer üblich und das Hochschulstudium hat sich bei weitem nicht so durchge-
  setzt wie in Amerika (vgl. Weischenberg u.a. 2006: 65).
- Die Quote der so genannten Quereinsteiger – zum Beispiel Abi-
  turienten, Studienabbrecher oder Personen aus anderen Berufsfeldern –
  lag auch deshalb schon immer sehr hoch.

Grob sind also zwei Wege in den Journalismus zu unterscheiden: über unterschiedliche nicht-journalistische Fachstudiengänge oder über (überbetriebliche)
journalistische Ausbildung innerhalb und außerhalb der Hochschule, jeweils mit
parallel laufender oder angehängter praktischer Ausbildung in Praktika, Hospi-
tanzen, Volontariaten.

Erwartet und gefordert wird von den Organisationen, die Fachjournalisten suchen, genau diese Doppelqualifikation mit klarem Schwerpunkt auf der prak-

tischen Ausbildung (vgl. Dernbach 2004: 34): Eine Analyse von Stellenanzeigen ergab, dass journalistische Praxiserfahrung in über der Hälfte der Anzeigen, ein Volontariat in 27 Prozent der Fälle genannt wird. Ein Fachstudium ist für etwa ein Drittel Voraussetzung, Berufserfahrung von bis zu vier Jahren für 29 Prozent. Häufig stehen an erster Stelle in den Stellenausschreibungen jedoch nicht die formalen Attribute, sondern Basisqualifikationen: „eine gute Schreibe", „zielgruppengerechtes Texten", die Recherche und die Fähigkeit zu organisieren. Als weitere Qualifikationsmerkmale werden genannt: Konzeptionieren und Planen, Redigieren, Ideen/Themen finden sowie Kunden- und Autorenbetreuung und Kontaktpflege. Sehr gute und gute Sprachkenntnisse werden am häufigsten als Zusatzqualifikationen gefordert. … Teamfähigkeit rangiert auf der Liste der erwarteten „Softskills" (sozial-psychologische Fähigkeiten) ganz oben; Belastbarkeit, Selbstständigkeit, Einsatzbereitschaft/Engagement, Flexibilität und Kreativität – diese Schlagworte tauchen auffallend oft in den Anzeigentexten auf." (ebd.)

Ein Klick zur Internet-Plattform newsroom – einem Angebot des Medienfachverlags Oberauer – belegt dieses Ergebnis (www.newsroom.de, 2008): Gesucht wird von der Börsen-Zeitung ein/e Wirtschaftsredakteur/in mit dem Schwerpunkt Kredit- und Versicherungswirtschaft – stilsicher, analytisch denkend, kommentar-, kontaktfreudig und teamfähig, mit guten englischen Sprachkenntnissen; Voraussetzung ist weiter eine solide journalistische Ausbildung, ausgeprägtes Interesse an Banken und Versicherungen, Unternehmen und Finanzmärkten; erwähnt werden im letzten Abschnitt Redigiersicherheit, Recherchestärke und Interesse an Online-Formaten. Diese Formulierung ist typisch für Gesuche nach Fachjournalisten (vgl. Kuhl 2005: 21). Die Begriffe stehen stellvertretend für die Sach-, Fach- und Vermittlungskompetenz sowie die soziale Orientierung (vgl. Weischenberg u.a. 1994).

5.3.1.2 Ausbildungswege in den Berufsmarkt

Wo und wie können diese Kompetenzen erworben werden? Wie bereits mehrfach erwähnt ist das Angebot breit und heterogen – „Journalistenausbildung für eine veränderte Medienwelt" eben (Altmeppen/Hömberg 2002). Insbesondere die Hochschulstudiengänge haben sich in der vergangenen Dekade stark ausdifferenziert. Altmeppen und Hömberg (2002: 10) resümieren:

„Immerhin ist bei allen Curricula erkennbar, dass sich die Vermittlung von Qualifikationen mittlerweile auf ein systematisch erarbeitetes und – mit Nuancen – offensichtlich konsentiertes Raster stützt: Die Studierenden aller Studiengänge sollen Qualifikationen in den Bereichen Sach-, Fach-

und Vermittlungskompetenz und – wenn auch weit weniger ausgeprägt – zur sozialen Orientierung erwerben ...."

Das heißt konkret: In allen Studiengängen gibt es neben der theoretischen Medienausbildung (Mediensystem, -geschichte, -politik und -ökonomie, -rezeption etc.) immer auch eine praktische Ausbildung, wenn auch in quantitativ unterschiedlicher Gewichtung (siehe Nowak 2009). In der Regel werden die praktischen Anteile von Journalisten aus externen Medienorganisationen durchgeführt. Weiteres Merkmal einer Reihe von Studienangeboten (v.a. an Fachhochschulen) ist die Spezialisierung zum Beispiel in Form eines Fachschwerpunktes bzw. einer fachlichen Anbindung an einen nicht-geistes- oder sozialwissenschaftlichen Fachbereich.

Die bildungspolitische Entscheidung, die Hochschul-Abschlüsse innerhalb Europas zu vereinheitlichen und Bachelor- und Masterabschlüsse einzuführen, bedeutet auch für die Journalistik-Studiengänge eine erhebliche Irritation. Seit Jahrzehnten bewährte Konzepte (wie zum Beispiel das seit 1975 bestehende Dortmunder Modell) werden durch die mit der Umstellung notwendig gewordenen Akkreditierungsverfahren kritisch hinterfragt. In diesen zum Teil langwierigen Prozessen wird die Selbstverständlichkeit der Integration von Theorie und Praxis im Hinblick auf ihren Sinn in den Ausbildungskonzepten und vor allem mit Blick auf die zu vermittelnden Kompetenzen und Qualifikationen für die Absolventen durchleuchtet. Lernt ein Journalistik-Student in einem Journalistik-Studium das, was ihn später zur Ausübung des journalistischen Berufs befähigt? Die Diskussion darüber hat inzwischen in allen Studiengängen begonnen. Ein Ergebnis dieses Umstellungsprozesses zeichnet sich schon grob ab: Aufgrund der geringen Ausstattung der Journalistik-Studiengänge (vgl. DGPuK 2001) mit Personal und Geld werden nicht alle Institute gleichzeitig einen Bachelor- und einen Master-Abschluss anbieten können. Diese für die Journalistik-Studiengänge kritische Entwicklung passt jedoch zu der alten Forderung von Praktikern nach einem ersten grundständigen Fachstudium und einem weiterbildenden Journalistik-Studium, in dem im Wesentlichen praktische Skills vermittelt werden. Einige Hochschulen (etwa die Universität Leipzig) haben sich bereits auf diese Bedingungen eingestellt.

Es gibt bis dato keine Daten darüber, ob es Journalistik-Studiengängen gelingt, mit Hilfe des Curriculums und der didaktischen Instrumente ihre Absolventen möglichst optimal für das journalistische Berufs- und Tätigkeitsfeld zu qualifizieren. Eine kontinuierliche Evaluation, Re-Aktualisierung der Curricula sowie Re-Evaluation der Studiengänge wäre dazu notwendig. Zwar untersuchen Einrichtungen wie das Hochschulinformationssystem (HIS) bzw. das Centrum für Hochschulentwicklung (CHE; vgl. www.das-ranking.de) den Verlauf von

Bildungskarrieren; die Daten lassen aber keine Rückschlüsse auf den hochschul- und bildungspolitischen Erfolg zu. Eine Alumni-Befragung im Bereich der Kommunikations- und Medienwissenschaft ist unter Federführung des Münste- raner Wissenschaftler Christoph Neuberger in Kooperation mit dem CHE der- zeit in Vorbereitung.

Auch Beobachtungen und Beschreibungen des Medien- und journalistischen Berufsmarktes geben keine zuverlässige Antwort auf die Frage nach der Kom- patibilität der nachgefragten und angebotenen Qualifikationen (vgl. Medium- Magazin 12/2006; Trechow 2006: 44ff.; Siepmann 2006; Uni 2004; abi 2004: 23ff) – mit einer zuverlässigen Berufsfeldforschung hat das jedenfalls wenig gemein. Hier wäre die Journalistik gefragt, empirische Daten ihres eigenen Beobachtungsgegenstandes zu erheben. Das Fehlen solcher Langzeitstudien ist möglicherweise auf mangelndes Interesse der Medien-Branche und fehlende Ressourcen in der Journalistik zurückzuführen. Die Kommunikatorstudien von Weischenberg u.a. (siehe Scholl/Weischenberg 1998; Weischenberg/Malik/ Scholl 2006) müssten mindestens um eine Langzeitstudie zur Berufsfeldent- wicklung ergänzt werden.

Rückbezogen auf die Anforderungen an die hochschulgebundene Journalis- tenausbildung bedeutet dies: Aus den oben geforderten Daten wären Rück- schlüsse darauf zu ziehen, welche für das Berufsfeld notwendigen bzw. gefor- derten Qualifikationen und Kompetenzen in einem Hochschulstudium umge- setzt werden müssten und könnten. Aber: Wer soll das leisten, respektive finan- zieren?

Die Prognosen des Deutschen Fachjournalisten Verbandes (DFJV) und wei- terer Experten auf eine Expansion des fachjournalistischen Berufsmarktes (vgl. www.dfjv.de; Müller-Heidelberg 2005: 17; Schümchen 2006a) haben sich bis- her nicht bestätigt. Dies hat unmittelbar zu tun mit den Medienkrisen seit 2001, die auch im Markt der Fachzeitschriften und Special-Interest-Magazine die Einnahmen aus dem Anzeigen- (und zum Teil auch aus dem Leser-)Markt ha- ben schrumpfen lassen (vgl. Deutsche Fachpresse 2009); dies wiederum führte dazu, dass – trotz der Notwendigkeit und des Bedarfes – qualifizierte Fachjour- nalisten weniger Aufträge und geringere Honorare bekamen. Miriam Kuhl (2005) beschreibt die Situation einiger Düsseldorfer Fachjournalisten im Jahr 2005: „Vom Fachjournalismus allein kann man nicht mehr leben." (ebd.: 21) „PR- und Öffentlichkeitsarbeit, aber auch Moderation, Vortragsarbeit, Hörspiel, Research und Medientrainings sind beliebte Zusatzgeschäfte des Fachredak- teurs." (ebd.). Inwieweit dieser Aufgabenmix Konflikte vorprogrammiert und produziert, müsste untersucht werden. Aus Sicht der Redaktionen geht die Rechnung auf: Sie kaufen die Leistung extern ein – „wobei man dann sogar die jeweils benötigte Spezialisierung bestimmen und auswählen kann, ohne laufende Kosten für fest angestellte Spezialisten tragen zu müssen" (ebd.: 23). Festanstellungen im Medienmarkt werden immer seltener; die Zahl der hauptberuflich tätigen Journalisten schätzen Weischenberg u.a. auf 48.000 (2006: 11) – wie viele davon fest angestellt oder freiberuflich tätig sind, lässt sich schwer beziffern, ebenso wenig wie die Zahl der freien nebenberuflichen Journalisten. Die Prognosen der Bundesanstalt für Arbeit lauten seit vielen Jahren gleich: Der publizistische Arbeitsmarkt bzw. Dienstleistungssektor wird weiter wachsen (vgl. ZAV 2003, Zentrale Auslands- und Fachvermittlung der Bundesagentur für Arbeit 2003; Bundesagentur für Arbeit 2006).

5.3.1.3 Selbstverständnis der Fachjournalisten

In vielen Publikationen über Journalisten und vor allem in jenen über Fach- oder Wissenschaftsjournalisten ist die Rede vom Vermittler oder gar Übersetzer von komplexen Sachverhalten, dem Erklärer und Berater (vgl. Schümchen 2006a: 3; Anczikowski 2008: 20). Diese normative Zuweisung stimmt mit dem Selbstverständnis bzw. mit dem Selbstbild von Fachjournalisten überein: In der Bremer Studie definierten die befragten Fachjournalisten „Fachjournalismus als fachspezifische Informationsaufbereitung von Experten für ein Expertenpublikum sowie als Vermittlungsinstrument von der Experten- in die Laienwelt. ... Journalistische Laien haben nach dieser Einschätzung (dass Fachjournalismus eine journalistische Aufgabe ist; BD) eher keine Chance in diesem Markt." (Dernbach 2004: 35)

Interessant ist der Blick auf die Kommunikationsabsicht der Fachjournalisten: hochkomplexe Sachverhalte erklären und vermitteln, das Publikum neutral und präzise informieren, Orientierung bieten und Trends aufzeigen – „Entspannung und Unterhaltung gehören dagegen nicht zu den primären Funktionen des Fachjournalisten; ebenfalls eher weniger liegt deren Funktion darin, politische Akteure zu kritisieren" (ebd.: 35 f.; vgl. auch Anczikowski 2008: 20). „Offensichtlich ist der Informationsjournalismus am häufigsten vertreten. Auch interpretativer Journalismus ist ... durchaus erkennbar. Investigativer, anwaltschaftlicher und neuer Journalismus spielen hingegen kaum eine Rolle." (Dernbach 2004: 35 f.)

Als wichtiger denn für den Allround-Journalisten erachten Fachjournalisten deshalb auch ein hohes Maß an Sachwissen sowie an Gewissenhaftigkeit und Selbstständigkeit, Computer- und Sprachkenntnisse; als weniger wichtig hingegen werden Teamfähigkeit, Flexibilität und Mobilität, Belastbarkeit und Kreativität eingestuft (ebd.: 36).

Bei den Befragungen von Dernbach und Anczinkowski gibt es einen weiteren
übereinstimmenden Eindruck: Obgleich die befragten Fach- und Technikjournalisten klar ihre Tätigkeit definieren konnten und sich auch eindeutig mit der
Berufsgruppe der Journalisten identifizieren – die Berufsbezeichnung Fach-
oder Technikjournalist ist nicht sehr geläufig.

5.3.2 Das Fachpublikum

Hier stellt sich wie eingangs die Frage, ob vom Fachpublikum im Singular zu
sprechen ist. Aber auch hier sollen zunächst die gemeinsamen Kriterien des
Umweltsystems Publikum beschrieben werden.

Unzählbar viele Studien beschäftigen sich aus der Sicht der Medienforschung
(international) mit den Nutzern von massenmedialen Angeboten und deren Wirkung[12]. Die Gesamtheit der Rezipienten wird als Publikum bezeichnet (vgl.
Scherer 2006: 232f.). Seit Maletzke (1963) sprechen wir von einem dispersen
Publikum.

> „Das heißt, das P. ist etwa im Gegensatz zu dem von Theaterveranstaltungen räumlich getrennt
> und somit verstreut. Das Medien-P. ist ein sehr flüchtiges und instabiles Gebilde. Es entsteht da-
> durch, dass sich eine Anzahl von Menschen in ganz unterschiedlichen Situationen aus mögli-
> cherweise ganz unterschiedlichen Gründen den Medien zuwendet. Diese Menschen sind in der
> Regel ohne Beziehung zueinander, sie kennen sich nicht, und sie interagieren auch nicht mitein-
> ander." (Scherer 2006: 232)

Dennoch gibt es unter sachlichen und sozialen Aspekten betrachtet Medien-
publika, die relativ homogen sind: Nutzer bestimmter Medienangebote ähneln
sich hinsichtlich soziodemografischer und persönlicher Merkmale sowie in
Bezug auf spezifische Themeninteressen.

> „Die Medien unterstützen dies durch ihre Zielgruppenorientierung. Dieses Phänomen wird durch
> die so genannte Fragmentierung der Publika verstärkt. Durch die Vermehrung der medialen An-
> gebote werden die Publika der einzelnen Angebote in der Tendenz immer kleiner und damit in
> der Regel immer homogener." (ebd.: 233)

Es ist mühselig der Frage nachzugehen, was Ursache und was Reaktion ist:
Segmentiert sich zeitlich betrachtet zuerst das Publikum und wird dann mit
entsprechenden Medienangeboten versorgt? Oder bieten Medienorganisationen

---

[12] Hier soll weder ein Überblick über die Studien und deren Ergebnisse geliefert, noch sollen die
theoretischen Ansätze der Mediennutzungs- und Wirkungsforschung dargestellt werden. Dieses
Kapitel konzentriert sich auf die Frage, ob ein Fachpublikum identifiziert werden kann – dazu
werden Erkenntnisse aus der Medienforschung selektiert, angewendet, überprüft.

spezialisierte Programme an, die in der fragmentierten Gesellschaft auf Resonanz stoßen? Insofern sei hier die Fragmentierung oder Segmentierung auf der Angebots- und der Nutzerseite als empirisch beobachtbares Phänomen gesetzt.

Die Mediennutzungs- und Wirkungs- bzw. Publikumsforschung untersucht seit Jahrzehnten die Frage, aus welchen Gründen Menschen Medien nutzen. Neben dem medien- und sozialwissenschaftlichen Interesse besteht eine besondere ökonomische und medienpolitische Motivation der Medienanbieter, diese Daten zu ermitteln. Deshalb sind die großen öffentlich-rechtlichen Rundfunksender und die großen Verlage Auftraggeber der deutschlandweiten, regelmäßig durchgeführten Untersuchungen wie der täglichen Messung der Fernsehreichweite durch die Gesellschaft für Konsumforschung (GfK) in Nürnberg, der Media-Analyse (MA) und der Allensbacher Werbeträger-Analyse (AWA). Die einzige Langzeitstudie zur Mediennutzung ist die Studie Massenkommunikation, die seit 1964 im Fünf-Jahres-Rhythmus die Mediennutzung und Medienbewertung untersucht; verantwortlich zeichnet die ARD/ZDF-Medienkommission, die die Ergebnisse regelmäßig veröffentlicht.

All diese Quellen geben Antwort auf die Frage, warum Menschen Massenmedien nutzen: Es ist ein Mix aus Erwartungen, informiert und unterhalten zu werden, sich entspannen zu können und Spaß zu haben, Orientierung für den Alltag und Denkanstöße zu bekommen, mitreden zu können (vgl. MK VII 2006: 71). Die ZDF-Medienforschung subsumiert diese Bedarfe unter den „Erlebnisfaktoren" ‚Emotionalität', ‚Orientierung', ‚Zeitvertreib', ‚Ausgleich' und ‚soziales Erleben' (vgl. Dehm 2008: 483ff.). Keiner der Faktoren kommt ausschließlich vor, sondern steht immer im Zusammenhang mit mindestens einem weiteren. Allerdings zeigt die Langzeitstudie Massenkommunikation, dass bestimmte Bedarfe am ehesten bei bestimmten Medien erwartet, nachgefragt und befriedigt werden: So dienen (öffentlich-rechtliches) Fernsehen und Tageszeitung viel stärker als der Hörfunk der Information, das Printmedium Tageszeitung wird aber kaum aus Gründen der Unterhaltung und der Entspannung genutzt (vgl. MK VII 2006: 71ff.).

Im Fokus der Datenerhebung, der Auswertung und der Interpretation stand bei den Initiatoren der Langzeitstudie Massenkommunikation von Beginn an die Frage nach dem Einfluss des politischen Interesses auf die Mediennutzung. Im Laufe der Jahre hat sich dieser Zusammenhang bestätigt. In der letzten Welle 2005 wurden Politikinteresse und Informationsverhalten noch differenzierter untersucht, so dass aus den Ergebnissen heraus zwei sich unterscheidende (Politik-)Typen gebildet werden konnten: „die ‚aktiven Informationssucher' auf der einen und die ‚Informationssucher aus Selbstbetroffenheit' auf der anderen Seite. Während sich die aktiven Informationssucher aus eigenem Antrieb regelmäßig über Politik auf dem Laufenden halten, sind die Informationssucher bei

Selbstbetroffenheit nur dann an politischen Informationen interessiert, wenn sie von einem Thema persönlich betroffen sind. Die beiden ‚Politiktypen' unterscheiden sich in ihrem Medienverhalten und in ihren Medienpräferenzen teilweise sehr deutlich ..." (vgl. ebd.: 195)

Leider bergen die genannten Studien keinerlei Hinweise auf 1. die beruflich motivierte Nutzung von Medien und 2. insbesondere die Nutzung spezieller (Fach-)Medien. Auf der Basis der theoretischen Ansätze sowie der empirischen Erkenntnisse können folgende Thesen aufgestellt werden:

- Thematisch spezialisierte journalistische Angebote werden aktiv gesucht.
- Motiv dieser Suche können berufliche (etwa Erweiterung oder Vertiefung von Wissen und Kenntnissen, die für den Beruf notwendig sind) oder private Interessen sein (z.B. im Zusammenhang mit einem Hobby oder Mitgliedschaft in einer Interessensgemeinschaft oder aus persönlicher Betroffenheit, wie zum Beispiel Krankheit).
- Erwartet werden von den fachjournalistischen Angeboten primär Information und Orientierung.

Zwar gibt es bis dato keine sozialwissenschaftlich intendierten Untersuchungen zur Nutzung bzw. zum Publikum fachjournalistischer Angebote; aber verschiedene Branchen und Fachverlage haben eine Reihe Leseranalysen initiiert (Überblick siehe unter www.media-spectrum.de), um aus Sicht ökonomischer Strategien, also für Marketing und Mediaplanung, entsprechende Daten zu gewinnen. All diese von kommerziellen (Meinungsforschungs-)Instituten durchgeführten Studien konzentrieren sich jedoch zum einen auf Fachmedien im engsten Sinne, d.h. Fachzeitschriften zum Zwecke der Business-to-Business-Kommunikation, und zum anderen auf die so genannten Entscheidungsträger. Der Begriff des „professionellen Entscheiders" wurde bereits 1992 nach Angaben des Verbandes der Deutschen Fachpresse eingeführt und spielt seitdem eine zentrale Rolle in den Untersuchungen zur Nutzung der Fachmedien, allen voran die Leistungsanalyse 2001 (vgl. Deutsche Fachpresse 2001). Hier wird der Typ des „professionellen Entscheiders" wie folgt definiert:

- trifft in der Regel Investitions- und Order-Entscheidungen in beträchtlicher Höhe,
- trägt aufgrund der Einkaufsvolumina ein verschärftes Entscheidungsrisiko,
- trägt mit seiner beruflichen Existenz Verantwortung für seine Entscheidungen,
- muss seine Entscheidungen jederzeit begründen können,
- steht also permanent unter einem erhöhten Legitimationsdruck,
- muss Entscheidungen systematisch planen und vorbereiten,

- hat dadurch einen vergleichsweise hohen Zeitbedarf,
- arbeitet in der Regel in Teams
- professionelle Kaufentscheidungen werden oft also von mehreren Entscheidungsbeteiligten geprägt,
- und: der professionelle Entscheider hat vor diesem Hintergrund – mehr Risiko, Verantwortung, Begründungsdruck und Teamabstimmung – einen zwangsläufig höheren Informationsbedarf.

Ermittelt wurden auf der Basis von 31 Millionen Berufstätigen in Deutschland 7,2 Millionen „Professionelle Entscheider", das entspricht 23% der Berufstätigen (ebd.); 1,9 Millionen werden als so genannte Top-Entscheider, 5,3 Millionen als professionelle Entscheider und 7 Millionen als professionelle Entscheidungsbeteiligte eingestuft, d.h. im weitesten Sinne bezieht die Studie 14,2 Millionen Entscheider ein. Davon nutzen 85 Prozent regelmäßig Fachzeitschriften. Weitere Services der Fachverlage, wie Archive, E-Mail-Funktionen, Datenbanken etc. werden von 40 bis 50 Prozent der Zielgruppe genutzt. Auch hinsichtlich der Nutzungs- und Kontaktintensität liegen die Fachzeitschriften vor den anderen Quellen.

Eine hohe Zahl von Entscheidern (36%) erhält im Monat im Durchschnitt 6,5 Fachzeitschriften – gelesen werden allerdings nur etwa 2,5 (vgl. Zenithmedia 2006). Die Zustellung erfolgt entweder an die persönliche Adresse (45%) oder über den Firmenverteiler (45%) (ebd.: 29). In der Entscheideranalyse Fachmedien von Zenithmedia (ebd.) wurde unter den 1539 Teilnehmern abgefragt, welche Medien sie zur beruflichen Information und Weiterbildung nutzen: Hier führen die Fachzeitschriften (56%) und die Tageszeitungen (54%) das Ranking in den Variablen sehr häufige und häufige Nutzung an; Fernsehen und vor allem kostenpflichtige Internetangebote (69% nie) liegen weit abgeschlagen hinter kostenfreien Internetangeboten sowie Nachrichten- und Wirtschaftsmagazinen (ebd.: 31). Wenn es um Informationen über neue Produkte, Dienstleistungen oder Marktinnovationen geht, führen die kostenlosen Internetangebote vor den Fachzeitschriften (ebd.: 32)[13].

Die wohl größte Untersuchung mit etwa 10.000 Interviews ist die Leseranalyse Entscheidungsträger in Wirtschaft und Verwaltung (www.lae.de). Sie konzentriert sich im Fragenblock der Medien-nutzung aber nicht auf Fachmagazine, sondern fragt im Wesentlichen nach der Nutzung von Nachrichten- und Wirtschaftsmagazinen sowie Tages- und Wochenzeitungen. Entscheider aus den Segmenten leitende Angestellte, Freiberufler, Selbstständige und Beamte lesen

---

[13] Diese Zahlen und vor allem die Nutzung des Internets haben sich mit hoher Wahrscheinlichkeit verändert. Vor allem die Daten aus den Fachverlagen zum Geschäftssegment elektronische Medien (vgl. Deutsche Fachpresse 2009) lassen den Rückschluss zu, dass unentgeltliche und kostenpflichtige digitale Angebote stärker angefragt werden.

vor allen anderen Zeitungen und Zeitschriften DER SPIEGEL, Focus und stern (www.immediate.de).

Darüber hinaus haben sich in den jeweiligen Branchen Arbeitsgemeinschaften aus Fachverlagen gegründet, die jeweils für ihr Segment Leseranalysen durchführen lassen – wie beispielsweise die Arbeitsgemeinschaft LA-MED Kommunikationsforschung im Gesundheitswesen e.V., die jeweils noch einmal einzelne Untersuchungen wie die LA-Dent und LA-Pharm (www.la-med.de) für den medizinisch-pharmazeutischen Bereich veranlasst; weiter sind zu nennen die LA-Pflege (www.vincentz.net) oder die Arbeitsgemeinschaft Leseranalyse Architekten und planende Bauingenieure e.V. (agla a+b; www.agla-ab.de). Für die Computerbranche gibt es mit der LA-C (www.lac.de), für die Agrarwirtschaft mit der agriMA (www.dlv.de; seit 1986 Analyse von 30 landwirtschaftlichen Fachzeitschriften) und für den Elektronikbereich mit der LA-Elfa (www.laelfa.de) Vergleichbares.

Alle Studien zeigen: Für die berufliche Information und Bildung werden Fachzeitschriften gelesen. Und: Professionelle Entscheider nutzen zur beruflichen Information in erster Linie Fachzeitschriften, andere Fachmedien sowie Nachrichten- und Wirtschaftsmagazine und überregionale Tageszeitungen.

5.4 Fachjournalismus im weiten und engen Verständnis

Fachjournalismus ist eine Ausdifferenzierung des publizistischen Systems Journalismus. Die Grenzen sind schwer zu ziehen, weshalb im Folgenden versucht wird, Fachjournalismus in einem engen und einem weiten Verständnis anhand der diskutierten Kriterien zu beschreiben. Fachjournalismus in einem weiten Verständnis ähnelt dem Allround-Journalismus dabei stärker als Fachjournalismus in der engen Definition.

Die Ergebnisse für die bisher diskutierten Kriterien werden in der folgenden Tabelle zusammengefasst; unterschieden wird hier analytisch und idealtypisch zwischen Fachjournalismus in einem weiten und engen Verständnis – wohl berücksichtigend, dass die Unterscheidung oder gar Trennung empirisch nicht immer klar vollzogen werden kann (siehe Kapitel 8).

	Fachjournalismus im weiten Verständnis	Fachjournalismus im engen Verständnis
Funktion *(unter sachlichen, zeitlichen und sozialen Aspekten)*	Ratgeber und Service; Orientierung für Konsumenten und Verbraucher; Vermittlung, Erklärung und Vereinfachung komplexer Sachverhalte; Öffnung der Expertenwelt für interessierte Laien; Erklärung eher kurz- und mittelfristiger Ereignisse und Innovationen	Vertiefung von Fachwissen und Kenntnissen, auch und vor allem zum Zwecke der beruflichen Bildung; Diskussion unter Experten und interessierten Laien anregen (Integrationsfunktion innerhalb einer Community); über Innovationen und Entwicklungen berichten; Marktanalyse und Zukunftsprognosen; langfristige Entwicklungen, Prozesse darstellen und erklären
Organisation	Fachredaktionen (nicht-eigenständig) und Fachressorts, die innerhalb einer Medienorganisation bestimmte Themen betreuen; einzelne Fachjournalisten, die Beiträge an Fachredaktionen und -ressorts liefern	Fachverlage, der ausschließlich Fachmagazine herausgeben; Spezialagenturen, die fokussiert auf bestimmte Themen Informationen sammeln und an Fachredaktionen verbreiten; Fachredaktionen, die eigenständig Spezial-Themen recherchieren, bearbeiten und veröffentlichen; Experten, die nebenberuflich Fachbeiträge anbieten
Mediale Form	Fachartikel in Special-Interest und Beiträge in populären Massenmedien; monothematische Sendungen in Vollprogrammen (Hörfunk und Fernsehen)	Fachzeitschriften und Fachmagazine; Spartenprogramme in Hörfunk und Fernsehen;
Programme	Recherche konzentriert auf Sachinformationen gepaart mit Erfahrungen interessierter Laien; Selektionsprinzipien auf der Basis der Nachrichtenwerte Relevanz, Aktualität, Dynamik, Nähe, Personalisierung; Reduktion der Komplexität (Service- und Orientierungsfunktion	Recherche konzentriert auf Sachinformationen von Experten/Wissenschaftlern; Selektionsprinzipien v.a. auf der Basis des Nachrichtenwertes Relevanz, Aktualität in einem anderen Verständnis als Tagesaktualität im Nachrichtenjournalismus – steht in Abhängigkeit zur Periodizität der Publikation

	Fachjournalismus im weiten Verständnis	**Fachjournalismus im engen Verständnis**
Themen	Breite Palette an Fachthemen, die innerhalb einer Publikation sehr heterogen sein kann (z.B. Gesundheits- neben Börsentipps)	Sehr spezialisierte fokussierte Themen, monothematisch selektiert und publiziert
Darstellungsformen	Test-/Anwender-Erfahrungsbericht, Case Study, Produktvorstellung, Firmenporträt; Tendenzen der Personalisierung, Emotionalisierung; Reportagen und Features	Fachartikel/Fachbeitrag; faktenorientierte Genres; Experteninterviews
Journalistische Rollen	Fachjournalisten mit Sachkompetenz und hoher Fach- und Vermittlungskompetenz, in der Regel Journalisten mit einem abgeschlossenen Studium und einer journalistischen Ausbildung (Hospitanz, Volontariat)	Experten = Fachjournalisten mit hoher Sachkompetenz und Fach- und Vermittlungskompetenz, in der Regel Experten mit abgeschlossenem Fachstudium und seltener einer journalistischen Ausbildung

Tab. 4: Fachjournalismus im weiten und engen Verständnis

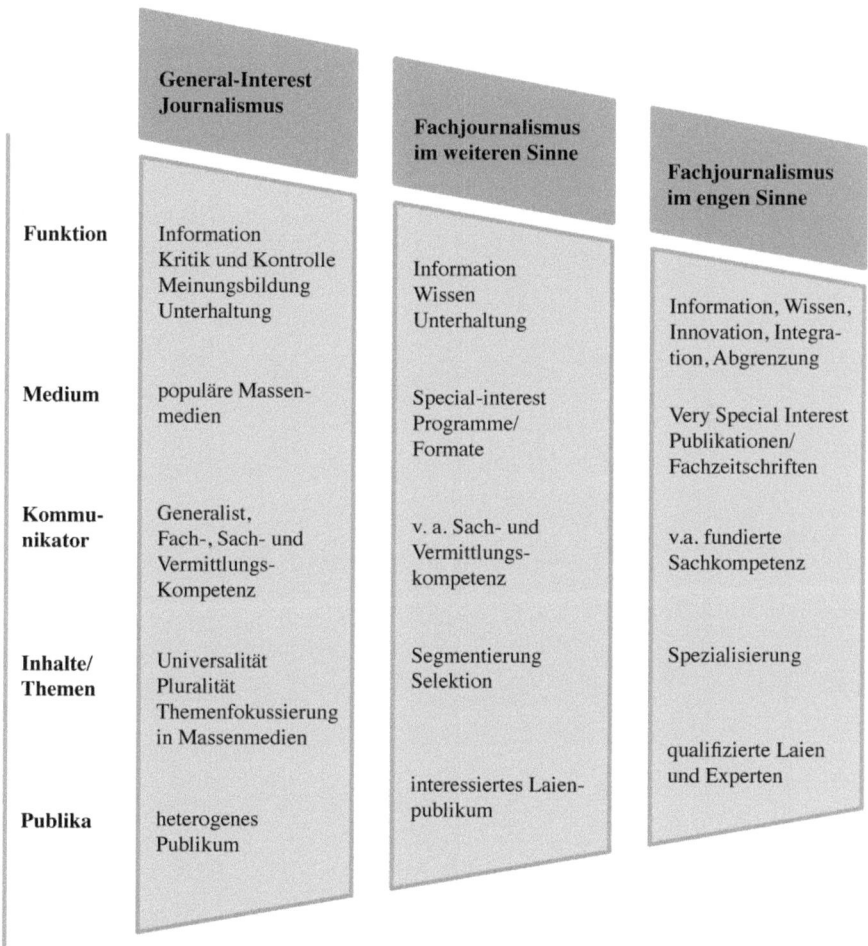

Abb. 4: Fachjournalismus im weiten und engen Verständnis

6   Abgrenzungen und Unterscheidungen

Die – systemtheoretisch fundierte – Journalistik bemüht sich, den Journalismus als autopoietisches (Luhmann 1995; Maturana/Varela 1987) gesellschaftliches Funktions- (Rühl 1980; Blöbaum 1994; Blöbaum 2001) oder Leistungssystem der Öffentlichkeit (Görke 2002) zu beschreiben. Gleichzeitig wird reflektiert und hinterfragt, ob Journalismus tatsächlich ein fest umrissener, identifizierbarer Sinn- und Handlungszusammenhang ist bzw. falls er es jemals war, ob er nicht aktuell an Konturen verliert und als Einheit nicht mehr beschrieben werden kann (vgl. Loosen 2007: 63). Wiebke Loosen diskutiert dieses empirisch sichtbare Phänomen als Entgrenzung zwischen Journalismus und anderen Funktionssystemen wie beispielsweise der Public Relations und unternimmt den Versuch, dies theoretisch zu untermauern. Im Kern der Debatte und schließlich als Ergebnis steht die Frage, ob es sich tatsächlich als Entgrenzungen im Sinne von Auflösung von Grenzen und damit um Bedrohung des Systems handelt – oder ob nicht vielmehr Entgrenzungen einhergehen mit Neu- oder Re-Differenzierungen (ebd.: 76).

Eine zunehmende Spezialisierung im Journalismus mag ein Beleg für diese letztere Annahme sein: Hier entgrenzen sich zunächst in klassischen Medien, vor allem in Zeitschriften und Tageszeitungen, Ressorts aufgrund der thematischen Erweiterung und gleichzeitigen inhaltlichen Vertiefung. Dies sei am Beispiel des Ressorts Wirtschaft kurz erläutert: Verstand sich die Wirtschaftsberichterstattung als Chronist und Dokumentar von Ereignissen aus den Bereichen Volks- und Finanzwirtschaft, Unternehmens- und Steuerpolitik etc. so hat sie sich – nicht zuletzt durch die Fokussierung auf die Funktionen Service, Verbraucherinformation und Ratgeberfunktion – inhaltlich, stilistisch und thematisch (Darstellungsformen) verbreitert und vertieft. Ein aktuelles Beispiel dafür ist der ,neue Wirtschaftsteil' der Süddeutschen Zeitung.

Möglicherweise handelt es sich hier also ‚nur' um strukturelle Veränderungen im System Journalismus, um die Komplexität der Welt angemessen bearbeiten und dementsprechend die eigene Leistungsfähigkeit steigern zu können. Allerdings ist zu fragen, ob der Beobachter Journalismus (vgl. Pörksen 2006) noch die notwendige Distanz zu seinen Gegenständen halten kann, wenn er in dieser Weise auf gesellschaftliche Entwicklungen reagiert und wenn er seinen Gegenständen derart intensiv auf den Grund geht, wie das im Fachjournalismus Wirtschaft beispielsweise der Fall ist.

In den folgenden Unterkapiteln soll diese Frage auf mehreren Ebenen untersucht werden: Auf der gesellschaftlichen Makroebene wird betrachtet, ob und inwieweit das journalistische Subsystem Fachjournalismus mit anderen gesellschaftlichen Teilsystemen – wie Wirtschaft, Wissenschaft oder Sport – gekoppelt ist (Kapitel 6.1). Auf der Mesoebene ist zu analysieren, welches Verhältnis der Fachjournalismus zu anderen publizistischen Teilsystemen, insbesondere dem Wissenschaftsjournalismus (6.2) und der Public Relations hat (6.3). Und auf der Mikroebene wird auf die Akteure fokussiert: Ist aus der Sicht der Handelnden eine vollständige Trennung von Fachjournalismus und anderen publizistischen Subsystemen, allen voran wiederum der Public Relations, überhaupt realisierbar und realistisch (6.4)?

6.1 Fachjournalismus und das Verhältnis zu den gesellschaftlichen Subsystemen

Das grundlegende sozialwissenschaftliche Verständnis basiert auf der Vorstellung Luhmanns (1994), die – ein wenig plakativ verkürzt – das Sozialsystem Gesellschaft ausdifferenziert sieht in Teilsysteme, die jeweils spezifische Funktionen für das Gesamtsystem erfüllen und damit dessen Komplexität reduzieren. Aufgrund dieser Leistung und spezifisch zur Funktionserfüllung entwickelter Strukturen lassen sich Politik und Wirtschaft, Recht und Wissenschaft, Schule und Familie usw. unterscheiden. Luhmann setzt weitere Prämissen:

- Die Systeme sind zum einen autopoietisch, d.h. im Kern geschlossen, aber nach außen zur Umweltwahrnehmung offen. Umwelteinflüsse werden aufgenommen und verarbeitet, führen aber (zumindest kurzfristig) nicht zu einer Veränderung des Systems im Kern.
- Aufgrund dessen sind Systeme Kommunikationssysteme (vgl. Dernbach 1998: 27ff.), die Informationen aus der Umwelt (extern) intern nach einem spezifischen Programm und Code verarbeiten.

- Systeme stehen miteinander in Verbindung: Diese Form der Kopplung kann operativ und strukturell, fest oder lose, temporär oder dauerhaft sein (vgl. Krause 1996: 124).

- Diese (strukturelle) Kopplung kann sogar soweit gehen, dass ein System „die eigene *Komplexität* (und damit: Unbestimmtheit, Kontingenz und Selektionszwang) *zum Aufbau eines anderen Systems zur Verfügung stellt.* ... *Interpenetration* liegt entsprechend dann vor, wenn dieser Sachverhalt wechselseitig gegeben ist, wenn also beide Systeme sich wechselseitig dadurch ermöglichen, dass sie in das jeweils andere ihre vorkonstituierte Eigenkomplexität einbringen" (Luhmann 1994: 290).

Weischenberg (1992: 41) formuliert die Leistungen des Journalismus für andere gesellschaftliche Systeme: „Themen aus den diversen sozialen Systemen (der Umwelt) zu sammeln, auszuwählen, zu bearbeiten und dann diesen sozialen Systemen (der Umwelt) als Medienangebote zur Verfügung zu stellen." Journalismus sucht dafür nach „Anlässen zur aktuellen Wirklichkeitskonstruktion (Recherche)" (Löffelholz 1997: 190). Oder ausführlicher:

„Als Funktionen sind Selbstbeobachtung des Sozialsystems und der Teilsysteme sowie eine Integrationsfunktion zwischen den (auseinanderdriftenden) Subsystemen festzumachen. Als intersystemische Leistung kann folgender Prozeß herausgearbeitet werden: Die Selektion und Wahrnehmung von Themen (oder Informationen) aus einzelnen Teilsystemen (was Kenntnis, aber nicht Adaption der spezifischen Codes voraussetzt), die Transformation in das publizistische System mittels der Codierung öffentlich versus nicht-öffentlich und die entsprechende Vermittlung mit Hilfe technischer Medien (Massenmedien), um in möglichst vielen Teilsystemen und unstrukturierten Systemen wie der Öffentlichkeit Aufmerksamkeit zu erregen und unter Umständen entsprechende Anschlußhandlungen auszulösen." (Dernbach 1998: 49f.)

Von diesen Erkenntnissen ausgehend kann nunmehr Fachjournalismus wie folgt verstanden werden: Fachjournalismus beobachtet ein jeweils autopoietisches gesellschaftliches Subsystem: Wirtschaftsjournalismus die Wirtschaft, Sportjournalismus den Sport. Fachjournalismus ist als journalistisches Subsystem ebenfalls autopoietisch, d.h. es nimmt Informationen aus dieser spezifischen Umwelt, also insbesondere des jeweiligen sozialen Systems auf, und verarbeitet diese auf der Basis des Programms und des Codes zu Informationen. Programm und Code sind dabei sehr stark fokussiert auf das Verhältnis Fachjournalismus – Subsystem: Der Fachjournalismus selektiert die Informationen, die er mit Blick auf die Kopplung mit dem Subsystem als relevant erachtet. Beispielsweise also wird Wirtschafts(fach)journalismus zunächst die Informationen aus dem System Wirtschaft (oder sogar wiederum nur aus einem wirtschaftlichen Subsystem wie Finanzmärkte/Börsen) auswählen, sie mit den journalistischen Routinen und Standards bearbeiten und über Medien wieder zur Diskussion primär im Subsystem Wirtschaft (also z.b. über Wirtschafts(fach)magazine) zur Verfügung stellen. Ereignisse und Aussagen aus anderen gesellschaftlichen Subsystemen werden zwar verfolgt, kommen aber für die Bearbeitung in dem Wirtschafts-(fach)journalismus nur in Betracht, wenn sie relevant für dieses System sind (etwa im Falle von Gesetzesänderungen mit Einfluss auf die Finanzmärkte).

Fachjournalismus ist deshalb im Kern immer ein journalistisches Leistungssystem. Die Eigen-Kommunikation des Systems Wirtschaft muss deshalb schon begrifflich unterschieden werden; geeignet erscheinen dafür die Begriffe ‚Fachkommunikation' und ‚Fachpublizistik'. Fachkommunikation als weiterer Begriff meint jede Form von (mündlicher und schriftlicher) Kommunikation in (intern) und aus einem System heraus (extern); Fachpublizistik[14] ist zu verstehen als Veröffentlichen von (schriftlichen) Informationen in (intern) und aus einem System heraus. Dies geschieht nicht primär unter journalistischen Regeln, d.h. es geht nicht um das Her- und Bereitstellen von verständlichen Informationen zur öffentlichen Kommunikation, sondern um die Versorgung der Mitglieder des jeweiligen Systems, vor dem Hintergrund einer Strategie oder eines Nutzens, wie z.B. der Integration, möglicherweise der Abgrenzung oder gezielten Öffnung gegenüber Anspruchsgruppen und interessierten Publika in der Peripherie. Die entsprechenden publizistischen Medien können denen des Journalismus in Form und Gestalt ähneln, stimmen aber nicht mit ihnen hinsichtlich ihrer Funktion (unabhängige Beobachtung und Information) überein; die Medien der Fachpublizistik sind Medien der Public Relations (wie Broschüren, Mitarbeiter- und Kundenzeitschriften) und andere Formen (v.a. Fachbücher und andere Leistungen wie Datenbanken und Archive).

---

[14] Nur Christian Keller hat sich bis dato in seiner Dissertation (2005) u.a. mit dem Begriff Fachpublizistik auseinandergesetzt. Allerdings bezieht er „das Sammeln (Recherchieren), Aufbereiten und Publizieren von Fachinformationen ausschließlich für die Nutzung in der Berufswelt. ... Die Fachpublizistik bringt Fachmedien im allgemeinen und Fachzeitschriften im speziellen hervor, wobei der Nutzen, den die Rezipienten aus den Inhalten ziehen können, im Zentrum des Publikationsinteresses steht. Fachpublizistik im Sinne dieser Arbeit richtet sich also nicht an ein breites Publikum, sondern in einer angemessenen Fachsprache an die entsprechenden Fachleute." (ebd. 24) Das systemische Verständnis von Fachpublizistik ist also ein anderes und weiteres.

Die strukturelle Kopplung zwischen dem Beobachter Fachjournalismus und
dem beobachteten System ist strukturell und operativ wesentlich fester und
dauerhafter als das Verhältnis zwischen dem Allround-Journalismus und allen
gesellschaftlichen Subsystemen bzw. dem Gesamtsystem. Insofern ist es nicht
unwahrscheinlich, dass sich das Subsystem Fachjournalismus und das soziale
Subsystem gegenseitig so beeinflussen, dass beispielsweise die Selektivität und
Wertigkeit von Informationen in beiden Systemen ähnlich kommuniziert werden. Inwieweit diese Interpenetration kurzfristig ‚nur' zur formalen Anpassung
der Strukturen oder langfristig zu deren Angleichung führt, ist im Einzelfall zu
analysieren.

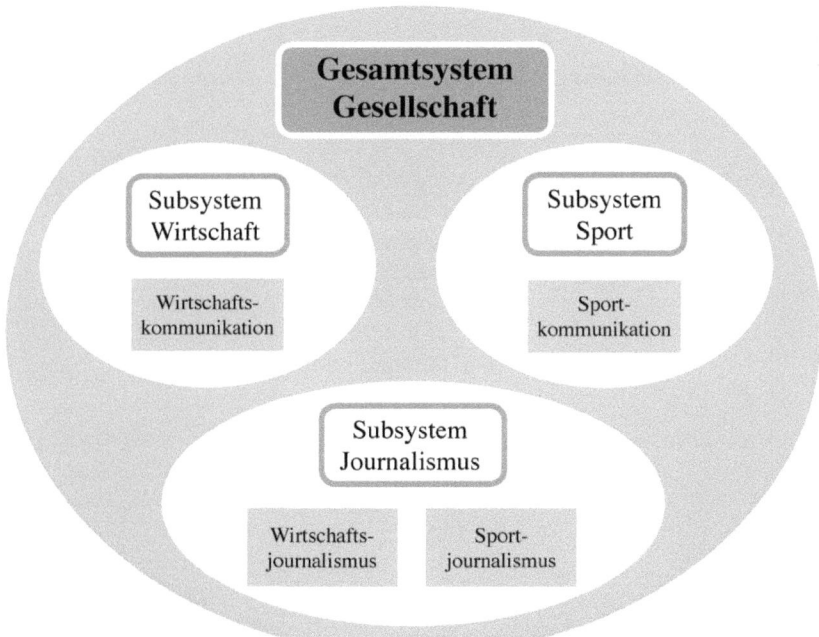

Abb. 5: Kommunikation in den gesellschaftlichen Subsystemen

	Fachjournalismus	**Fachkommunikation**
Zugehörigkeit	Subsystem Journalismus	Soziales Subsystem
Funktion	Beobachtung, Selektion und Bearbeitung von Informationen aus einem Fachgebiet zur (fach)öffentlichen Kommunikation	Jeweils spezifische Funktion für das Gesamtsystem, z.B. Integration und Ausschluss, Strategieentwicklung etc.
Kommunikationsrichtung	extern	intern und extern
Leistung der Kommunikation	Information zur Verbreiterung und Vertiefung spezifischen Wissens, Integration, Beitrag zur Meinungsbildung zu öffentlich relevanten (Fach-) Fragen	Information zur internen Kommunikation, beschränkt auf die Community; externe Kommunikation erfolgt gezielt über spezifische Medien
Kommunikationsmedien	Fachjournalistische Angebote, die öffentlich zugänglich sind (= Publizität)	Fachkommunikative Angebote mit zum Teil eingeschränkter Publizität, wie Fachbücher, Mitglieder-, Mitarbeiter- und Kundenzeitschriften, PR-Medien wie Broschüren, Berichte, Dokumentationen, Flyer etc.

Tab. 6: Unterscheidung Fachjournalismus und Fachkommunikation

6.2 Fachjournalismus und Wissenschaftsjournalismus[15]

Fachjournalismus ist nicht gleich Wissenschaftsjournalismus. Die beiden Begriffe sind weder in einer Gleichung, noch in einer Über- und Unterordnung zu sehen. Damit die Unterscheidung der beiden Journalismen gelingen kann, ist zunächst das Verständnis von Wissenschaftsjournalismus zu klären.

Auch Wissenschaftsjournalismus ist nicht „ein Spiegel, der eins zu eins zurückwirft, was sich in der ‚Welt der Wissenschaft' ereignet" (Lehmkuhl u.a. 2008: 14). „Wissenschaftsjournalismus ist Journalismus! Seine Identität wird deshalb von denselben Faktoren beeinflusst wie der Journalismus insgesamt." (ebd.: 16) Allen voran Mathias Kohring (1997) plädiert für eine Loslösung von der Idee, dass Wissenschaftsjournalismus für die verständliche Vermittlung wissenschaftlicher Themen, Fakten und Zusammenhänge zuständig ist; ebenso wenig sei dem Wissenschaftsjournalismus zuzuschreiben, wenn die Wissenschaft Vermittlungs- und Akzeptanzprobleme habe. Das ist eine Herausforderung, die das Wissenschaftssystem zum Beispiel mit Hilfe der Wissenschaftskommunikation zu lösen hat.

Wissenschaftsjournalismus bezieht sich also – zusammengefasst – auf die Funktionen des Systems Journalismus, auf die Strukturen und auf die Rollenkontexte. Insofern ist er ebenfalls als journalistisches Subsystem zu betrachten, das auf das gesellschaftliche Teilsystem Wissenschaft fokussiert. Allerdings sind auch hier wiederum Entgrenzungsphänomene beobachtbar, die beispielsweise Peter Weingart (2001) als „Verwissenschaftlichung der Gesellschaft" und auch andere Sozial- und Kommunikationswissenschaftler als „Medialisierung" oder „Mediatisierung" der Gesellschaft und damit der Wissenschaft bezeichnen (vgl. Donges 2008; Imhof 2006: 191ff.).

Was also gehört zum Wissenschaftssystem und was kann somit Gegenstand des Wissenschaftsjournalismus werden? Unisono festgestellt wird seit vielen Jahren, dass die Wissenschaftsberichterstattung zunimmt, dass sie in alle Bereiche hineinreicht (vgl. Göpfert 2004) und dass sie – wie Journalismus generell – sich mit Ethik- und Qualitätsfragen auseinandersetzen muss.

„Der Aufschwung des Fachs (gemeint ist das Fach ‚Wissen', wie es sich beispielsweise in den Printmagazinen widerspiegelt; BD) ist mehr als nur eine Mode, wenngleich nicht alle neuen Blätter überleben werden. Aber dass das Thema insgesamt wieder zurückgefahren wird, ist kaum zu erwarten. Die Veränderungen durch die Wissenschaft werden größer – und damit der Bedarf nach fundierter Information. Wissenschaftsjournalismus ist nicht mehr eine Spezialdisziplin, die

---

[15] In diesem Kapitel soll nur skizziert werden, wie Wissenschaftsjournalismus im Verhältnis zu Fachjournalismus zu verstehen ist; es soll keine vertiefte Auseinandersetzung bieten, die andernorts nachzulesen ist, aktuell zum Beispiel in Hettwer/Lehmkuhl/Wormer/Zotta (2008).

Nachrichten aus der Forschung in lesbares Deutsch übersetzt. Wissenschaft wird „Mainstream", und damit müssen sich die Wissenschaftsjournalisten den Qualitätskriterien der gesamten Branche stellen. Insbesondere müssen sie kritisch an ihr Sujet herangehen – so wie es jeder gute Politikjournalist auch tut." (Sentker/Drösser 2006: 63)

Wie viel Distanz auf der einen und wie viel Kooperation auf der anderen Seite zwischen Journalismus und Wissenschaft ist notwendig, wenn der Eine den Anderen beobachtet, aus dessen Themenrepertoire nach eigenen Standards selektiert, die Informationen bearbeitet und sie in Form von journalistischen Beiträgen der öffentlichen Diskussion zur Verfügung stellt? Das gesellschaftliche Subsystem Wissenschaft (vgl. Luhmann 1990) kann untergliedert werden in: Wissenschaftssystem (Institutionen, Organisationen, Disziplinen), Wissenschaftspolitik und Wissenschaftsökonomie; unterscheidbar sind weiter Strukturen wie Forschung, Lehre, Theorien und Methoden, Prozesse, Projekte und Ergebnisse. Informationen können aus allen Wissenschaftsbereichen selektiert, bearbeitet und vermittelt werden. Geschieht dies als Wissenschaftskommunikation, also als strategische Kommunikation des Wissenschaftssystems, so gelten dafür andere Prinzipien – etwa Nachrichtenwerte und Relevanzkriterien – als für den Wissenschaftsjournalismus. Deshalb unterliegt die Vermittlung von einer Seite auf die andere einem hohen Risiko, nämlich dem des Missverständnisses und daraus resultierender (negativer) Folgen, wie der Mitteilung falscher Daten und Fakten. Über dieses schwierige Verhältnis und insbesondere die problematische Kommunikation zwischen Wissenschaftlern und (Wissenschafts)Journalisten machen sich Medienwissenschaftler seit Ende der 80er Jahre Gedanken (unter ihnen etwa Hömberg 1987 und Peters 2008). Michael Haller (1992: 39ff.) hat ein Modell entwickelt, das unterschiedliche Kooperationsebenen von Wissenschaft und Journalismus benennt: Wissenschaft als a) Thema, b) Dienstleistung und c) Methode. Unter a) fasst Haller die von Journalisten recherchierten Themen, die nicht auf einem wesentlichen originären Beitrag von Wissenschaftlern fußen. Unter b) subsumiert er die Experten bzw. Fachwissenschaftler, die als konkrete Informationsquellen in Recherche- oder Wortlautinterviews zur Verfügung stehen. Und Typ c) bezieht sich auf die Kompetenz des Journalisten mit Hilfe wissenschaftlicher Methoden komplexe Themen zu recherchieren, zu analysieren, zu verstehen, zu hinterfragen und unter Umständen zu kritisieren. Haller plädiert für ein aktives Miteinander und vor allem für eine aktive Mitarbeit der Wissenschaftler, damit nicht zuletzt die Qualität von Wissenschaftsjournalismus gesteigert werden kann.

Hervorzuheben ist hier der Aspekt der Balance zwischen professioneller Distanz und Nähe: Ein hohes Maß an Sach-, Fach- und Methodenkompetenz reduziert zwar einerseits das Risiko, Sachverhalte ungenau oder gar falsch wiederzugeben, erhöht aber andererseits die Gefahr, dass der Wissenschaftsjournalist die Agenda und die Aussagen des Wissenschaftssystems übernimmt und nicht auf der Basis journalistischer Nachrichtenfaktoren entscheidet und kritisch hinterfragt. Den gleichen Effekt können allerdings auch mangelnde (!) Sach- und Fachkompetenz auslösen.

Es ist sicher zu kurz gegriffen, mit Göpfert (2004: 207) festzustellen, dass Wissenschaftsjournalisten auch Fachjournalisten sind, und als eine Untergruppe der Fachjournalisten bezeichnet werden können. Göpfert sieht einen entscheidenden Unterschied: „Wissenschaftsjournalisten wenden sich in der Regel an ein breites Publikum, sie schreiben für Laien." Dieser Definitionsversuch bleibt auf der Mikroebene der Tätigkeitsbeschreibung von Wissenschafts- und Fachjournalisten. Etwas darüber hinaus führt die Erklärung von Tiberius/Teichmann (2004: 23): Fach- und Wissenschaftsjournalisten (die Betonung liegt hier auf dem Grundwort -journalisten) benötigen demnach nicht die Sachkompetenz des Fachexperten und Wissenschaftlers, wobei diese nicht ausgeschlossen wird. Wissenschaftlicher Journalismus und wissenschaftliches Publizieren hingegen können nur von Fachwissenschaftlern hergestellt werden, da deren Beiträge für ein interessiertes Laien- oder Fachpublikum in Fach- bzw. wissenschaftlichen Medien veröffentlicht werden. In der folgenden Übersicht werden zusammenfassend Wissenschafts- und Fachjournalismus verglichen und unterschieden:

	Fachjournalismus	Wissenschaftsjournalismus
Starke Beziehung...	...zu jeweils unterschiedlichen gesellschaftlichen Subsystemen	...zum gesellschaftlichen Subsystem Wissenschaft
Themen	Fokussiert auf Themen in dem jeweiligen Fachgebiet	Behandelt Themen aus dem Wissenschaftssystem, z.B. als Wissenschaftspolitik, als Darstellung wissenschaftlicher Forschung in Studien und deren Ergebnisse, als Portraits der Akteure

	Fachjournalismus	Wissenschaftsjournalismus
Medien	Fachartikel in populären Massenmedien; Fachbeiträge in für jeden zugänglichen Fachzeitschriften und Programmen	Beiträge in Wissenschaftsressorts von Massenmedien oder als Querschnittsthemen in allen Ressorts oder als eigenständige wissenschaftsjournalistische Publikation (z.B. Bild der Wissenschaft)
Berufs- und Tätigkeitsbild	Fachjournalist, Fachredakteur	Wissenschaftsjournalist, Wissenschaftsredakteur
Kompetenzen	Sachkompetenz in einem Themengebiet, erworben in einem Fachstudium und/oder beruflicher Ausbildung und Erfahrung	Sachkompetenz in einem wissenschaftlichen Gebiet, erworben in einem (Fach)Studium an einer Hochschule und/oder in langjähriger Berufserfahrung

Tab. 7: Unterscheidung Fach- und Wissenschaftsjournalismus

Das wesentliche Unterscheidungsmerkmal ist das Referenzfeld: Beim Fachjournalismus kann es ein wissenschaftliches Themengebiet, aber ebenso ein durch berufliche Aus- und Weiterbildung definiertes Berufsfeld sein. Im Wissenschaftsjournalismus steht neben den wissenschaftlichen Themen aus der Forschung gleichwertig auch das Wissenschaftssystem mit seinen Kopplungen zur Politik (Wissenschaftspolitik) und zur Wirtschaft (Ökonomisierung, Finanzierung der Wissenschaft). Fachjournalismus greift regelmäßig auf Wissen, Erkenntnisse und Ergebnisse der Wissenschaft zurück, in dem zum Beispiel Wissenschaftler als Experten befragt werden. Wissenschaftsjournalisten beziehen sich in der Regel auf ihre Quellen aus dem jeweiligen Wissenschaftsbereich. Ein Beispiel soll das Dargestellte verdeutlichen: Die Entwicklung einer neuen Zündkerze ist für den Fachjournalisten aus dem Automobilbereich ein Thema. Er wird fragen: Was ist neu an dem Produkt? Wie lange hat die Entwicklung gedauert? Was hat sie gekostet? Ist sie in Langzeitversuchen getestet? Welchen Vorteil hat sie für den Autofahrer? Der Fachjournalist wird Informationen des

Herstellers recherchieren, sie im Zusammenhang des Marktes begutachten, Fachleute um eine Bewertung bitten und versuchen, einen Nutzwert für den Endverbraucher herauszuarbeiten. Der Wissenschaftsjournalist wird sich diesem Thema nur widmen – und dann die neue Zündkerze vielleicht ‚nur' als Aufhänger verwenden – wenn in diesem Zusammenhang eine bahnbrechende Entdeckung oder Entwicklung stattgefunden hat, wie beispielsweise die Entwicklung völlig neuer Materialien, die auch für andere Produkte verwendbarsind. In seinem Fokus stehen dann die Anstrengungen der Forscher und die Frage nach den weiteren wissenschaftlichen Perspektiven.

6.3 Fachjournalismus und sein Verhältnis zur (Fach-)PR[16]

Wie in Kapitel 6.1 dargestellt, muss zwischen den Begriffen Fachjournalismus und Fachkommunikation oder auch Fach-PR klar unterschieden werden. Zweiteres ist eindeutig dem jeweiligen gesellschaftlichen Subsystem zuzuordnen. So ist etwa die Kommunikation des Wissenschaftssystems in Form von Publikationen (Pressemitteilungen, Berichte, Zeitschriften u.ä.) nicht als Wissenschaftsjournalismus zu bezeichnen – wenngleich Anlehnungen und starke Ähnlichkeiten z.B. in den Medien und Darstellungsformen sowie bei der Rekrutierung und Kompetenz des Personals feststellbar sind.

Die Einflüsse vor allem seitens der PR auf den Journalismus sind vielfach erörtert, beispielsweise durch Stephan Ruß-Mohl (2007), der auch für den Wissenschaftsjournalismus die „Fernsteuerung" durch die PR konstatiert. An dieser Stelle soll das Verhältnis nicht empirisch überprüft werden; vielmehr geht es darum, Fachjournalismus und Fach-PR gegeneinander abzugrenzen. Vergleich und Unterscheidung können auf vier Ebenen vorgenommen werden (vgl. Dernbach 2002: 184):

(1) der Ebene der Funktionen, Ziele und Aufgaben
(2) der Ebene der Medien und Darstellungsformen
(3) der Ebene der Organisation und der Ressourcen
(4) sowie im Zugang zum Angebot und dem Zielpublikum.

---

[16] In diesem Kapitel soll nicht die vielfach bearbeitete Problematik des Verhältnisses von Journalismus und Public Relations vertiefend erörtert werden. Die publizistikwissenschaftliche Diskussion – zuletzt dargestellt von Schönhagen (2008) – wird im Wesentlichen vorausgesetzt und die vorliegende Arbeit knüpft daran an. Die bisher einzige umfangreiche Bearbeitung des Themas Fach-PR hat der Deutsche Fachjournalisten Verband in Zusammenarbeit mit dem PR-Wissenschaftler Günter Bentele 2006 vorgelegt.

1.	Fachjournalismus	Fach-PR
Funktion	Beobachtung spezifischer gesellschaftlicher Subsysteme; normativ gesetzte Funktionen wie Information, Beitrag zur Meinungsbildung, Kritik und Kontrolle u.a. unter den Postulaten der Erfüllung einer öffentlichen Aufgabe, der Sorgfaltspflicht und der Objektivität; Her- und Bereitstellung von Fachthemen zur (fach-) öffentlichen Diskussion und nicht zuletzt zur (beruflichen) Aus- und Weiterbildung	Her- und Bereitstellung von Informationen, weniger vor dem Hintergrund einer gesellschaftlich-normativen Legitimierung als aus strategischen und zweckrationalen Motiven heraus
Ziele	Wissenserweiterung und -vertiefung; Erzeugung von Anschlusskommunikation innerhalb eines am Thema interessierten Publikums; Popularisierung im Sinne von Zugänglichmachen von fachspezifischen Informationen für ein möglichst breites Publikum	Durchsetzung von Organisations- und Kommunikationsinteressen; Aufbau und Pflege von Beziehungen zu den Teil-Öffentlichkeiten; Aufbau von Image und Reputation – Vermeidung von Konflikten
Aufgaben	Spezifische Themen setzen, recherchieren, Informationen objektiv vermitteln, Chronistenpflicht, enthüllen, andere gesellschaftliche Akteure kontrollieren	Präsentieren, organisieren, Interessen vertreten, Entscheidungen öffentlich machen, Kontakte zu Zielgruppen (v.a. Fachjournalisten, Kunden, Geschäftspartner) aufbauen

2.	Fachjournalismus	Fach-PR
Medien	Fachzeitschriften, thematisch spezialisierte Hörfunk- und Fernsehprogramme; thematisch homogene Off- und Online-Angebote	Business-to-business-Publikationen, Broschüren, Kunden-, Mitarbeiter-, Mitgliederzeitschriften; Newsletter, Flyer etc.
Darstellungs-formen	Nachricht, Bericht, Reportage, Feature, Interview; Fachartikel, Testbericht	Zusätzlich zu journalistischen Darstellungsformen: Firmen- und Unternehmerportrait, Produktdarstellung; Pressemitteilung, Success Story etc.
Recherche und Quellen	Recherche und Publikation unterliegen den Postulaten Objektivität und Sorgfaltspflicht; Recherchequellen sind v.a. Experten, Fachleute aus dem jeweiligen Gebiet sowie u.U. Anwender und interessierte Laien	Recherche i.d.R. begrenzt auf die eigene Organisation bzw. ein Organisationsnetzwerk, auf Experten aus dem nahen Umfeld.
Organisation	Fachverlage; Fachagenturen und -dienste; Selbstständige und unselbstständige Fachredaktionen; an Redaktionen locker angebundene freie Fachjournalisten	Fach-PR organisiert in Stabsstellen und Abteilungen einer Organisation; PR-Agenturen und Dienstleister; sonstige Mitarbeiter der Organisation; externe Fachjournalisten und freie Mitarbeiter

3.	Fachjournalismus	Fach-PR
Ressourcen... ...**personell**	Journalistische Berufs- und Arbeitsrollen wie Verleger, Chefredakteur, Ressortleiter, Fachredakteur; Akquirierung v.a. aus dem Journalismus, d.h. Nachweis fachlicher und journalistischer Qualifikation (Studium und/oder journalistische Ausbildung und Berufserfahrung)	Organsiationsstrukturen spiegeln sich in PR-Aufgabenteilung: Leiter Kommunikation, Pressesprecher, PR-Redakteure und PR-Journalisten; Akquirierung aus der eigenen Organisation und verstärkt aus dem Fach)Journalismus; Nachweis v.a. der Sachkompetenz durch Studium und/oder Berufserfahrung, zunehmend auch Fachkompetenz durch Nachweis einer journalistischen Ausbildung und/oder Berufserfahrung
...**finanziell**	Finanzierung durch Verlagsetat/Vertriebs- und Anzeigenerlöse bzw. Gebühren und Einnahmen aus dem Verkauf von Werbezeiten	Finanzierung durch Organisationsetat, keine Einnahmen aus Vertrieb und Werbung (Fach-PR-Produkte i.d.R. kostenlos)

4.	Fachjournalismus	Fach-PR
Zugang	Publizität ist vollständig gegeben, d.h. Angebote sind von allen am Thema Interessierten abrufbar; möglicherweise eingeschränkt wird der Zugang durch Kosten (z.B. für ein Zeitschriftenabonnement) und/oder durch technische Voraussetzungen (z.B. Computer und Internetanschluss)	Publizität ist gegeben, da die Fach-PR-Angebote i.d.R. kostenlos an Zielgruppen und die interessierte Öffentlichkeit abgegeben werden; Einschränkungen per organisationsinternen Produkten wie Mitarbeiterzeitschriften, Newslettern bzw. bei anderen auf einen Empfängerkreis beschränkten Angeboten
Zielpublikum	Experten und interessierte Laien; Informationen über die Zielgruppen sind relevant für die Optimierung des Angebotes nach deren Bedürfnissen	Interne (Mitglieder) und externe (Kunden, Partner etc,.) Zielgruppen; Fachöffentlichkeit im Sinne der am Thema interessierten erreichbaren Personen; Medien/Journalisten als Multiplikatoren

Tab.. 8: Fachjournalismus und Fach-PR: Vergleich und Unterscheidungen

6.4 Die Unterscheidung von Fachjournalisten und anderen Publizisten

In Kapitel 5.3.1 wurde die Berufsrolle des Fachjournalisten dargestellt und diskutiert. Daran anknüpfend sollen hier die Unterscheidungen, Abgrenzungen und Herausforderungen thematisiert werden, die sich aus der Gegenüberstellung von Fachjournalisten und anderen Publizisten ergeben. Im Wesentlichen wird hier auf die Fach-PR-Experten fokussiert.

Resultierend aus den Funktionen und Zielen, Aufgaben und Absichten, Tätigkeitsprofilen und Programmen ergeben sich Unterschiede und Gemeinsamkeiten zwischen den beiden genannten Berufsgruppen. Theoretisch-normativ lassen sie sich deshalb auch separieren. Aber ist das empirisch-praktisch umsetz- und haltbar? In Abwandlung des Satzes „Journalisten machen keine PR" aus dem Medienkodex des Netzwerkes Recherche (www.netzwerkrecherche.de/nr-medienkodex) könnte man formulieren: Fachjournalisten machen keine PR. Dieser Satz soll im Folgenden aus verschiedenen Perspektiven hinterfragt werden:

a)   aus der gesellschaftlich-funktionalen
b)   aus der medienökonomischen und
c)   aus der individual-existenziellen.

Zur Perspektive a) erklärt Günter Bentele (2006):

> „Ich halte die zwei Aufgaben (journalistische und PR-Tätigkeiten; BD) für klar unterscheidbar und zwar gemessen an der jeweiligen Funktion: Arbeitet jemand für eine (nicht-mediale) Organisation, sei es als freier Journalist oder als Agenturmensch oder als fest Angestellter oder arbeitet jemand (als freier Journalist oder als fest Angestellter) für ein ökonomisch (relativ) unabhängiges Medium (z.B. für eine Tageszeitung). Die Frage, ob beide Berufsfelder sich als Teile eines publizistischen Systems auffassen lassen, ist zunächst eine theoretische Frage, die ich weitgehend positiv beantworten würde. Genauso aber, wie Verteidiger und Staatsanwälte im Rechtssystem unterschiedliche Rollen spielen müssen, müssen PR-Praktiker und Journalisten im publizistischen System unterschiedliche Rollen spielen.... Wenn ein und dieselbe Person (freie Journalisten) in unterschiedlichen Funktionen arbeiten, dann ist dies so lange kein Problem, so lange es zeitlich und Auftraggeber bezogen getrennt ist und solange es transparent ist (Namensnennung etc.)."

In der Berufspraxis wird diese Trennung allerdings immer wieder zum Problem: Da gibt es die Medizinjournalistin, die für ihren PR-Auftraggeber, einen Pharmakonzern, versucht, Artikel in Zeitschriften zu platzieren. Der Autojournalist, der alle 14 Tage einen Wagen eines anderen Herstellers vor der Tür stehen hat, entwickelt eine Beißhemmung und findet an jedem Auto nur Positives. Redaktionen wie beispielsweise die der Computerzeitschrift c't schließen klare Verträge mit ihren freien Mitarbeitern ab: PR ist untersagt – wer dagegen verstößt, verliert den Auftrag. Zu dem Spiel gehören allerdings mindestens zwei Akteure: die Fachjournalisten, die exklusiv und nahe am Geschehen in einer Branche sind – und die Redaktionen, die immer weniger unterscheiden zwischen PR-Texten und unabhängiger journalistischer Berichterstattung, nicht zuletzt weil die finanziellen und personellen Ressourcen fehlen. Michael Haller beispielsweise hat in einer Studie, die 2000, 2002 und 2004 durchgeführt wurde, untersucht, wie groß der Einfluss der PR in Lokal- und Wirtschaftsteilen und in den Ressorts Reise und Auto in Regionalzeitungen ist. Als PR-basierte Beiträge wurden dabei Artikel definiert, „die aus Sicht der Zeitungsleser von der Redaktion verfasst sind, die jedoch ein Thema, ein Produkt, eine Marke oder eine Dienstleistung einseitig positiv als Tatsache darstellen und keine diese positive Einschätzung überprüfende Recherche erkennen lassen" (Haller 2005a: 16; Haller

2005b: 17; Haller/Hiller 2005: 15). Wenngleich die Studie keine Ergebnisse brachte, die im Sinne der Determinationshypothese eine allumfassende Abhängigkeit des Journalismus von der PR zeigte, so wurde der Trend zu mehr PR klar bestätigt.

Der Fachjournalismus ist auf das Vertrauen in die Richtigkeit seiner Informationen angewiesen, er braucht Glaubwürdigkeit, um im Markt bestehen zu können. Aber auch Fach-PR muss ein Interesse daran haben, dass sich Fachjournalismus diese Reputation bewahrt, denn sonst ist er als Multiplikator nicht mehr von Nutzen. Szyszka (2004: 193f.) resümiert:

> „Marketing- und PR-Arbeit muss also eigentlich daran gelegen sein, dass das System Fachjournalismus als Multiplikator und Meinungsbildner dauerhaft seine Glaubwürdigkeit behält. Nimmt das Image dieses Teils des Mediensystems Schaden, nehmen sie selbst Schaden. Umgekehrt sollten sich Medienbetriebe aus ökonomischen Gründen *nicht*[17] zu sehr anbiedern, denn sie leben letztlich von ihren publizistischen Leistungen. Deren Glaubwürdigkeit aufs Spiel zu setzen, heißt hier letztlich, die eigene ökonomische Basis in Frage zu stellen."

Aus dem b) medienökonomischen Blickwinkel ist zu konstatieren, dass die Medienkrise den Einfluss der PR auf die journalistische Berichterstattung in den klassischen Massenmedien weiter verstärkt hat. Fehlt es an finanziellen, personellen und zeitlichen Ressourcen im Journalismus, so stellt die PR genau diese zur Verfügung. Das führt gerade in spezialisierten Themengebieten dazu, dass PR-Agenturen nicht nur Pressemitteilungen über neue Produkte liefern, sondern auch gleich den journalistischen Artikel, den aufwändig produzierten Hörfunk- und Fernsehbeitrag (vgl. Baetz 2004: 10ff.). Diese Situation bedeutet auf der c) individual-existenziellen Perspektive: Zwar ist die Nachfrage im publizistischen Markt nach Fachinformationen und somit nach ausgewiesenen Experten gestiegen, aber die Auftragslage für den einzelnen Fachjournalisten wird trotzdem immer problematischer: Auf der einen Seite verdrängen professionelle Agenturen den Einzelkämpfer und zum anderen sorgen die Unternehmen selbst durch die Verpflichtung ihrer Mitarbeiter, Fachartikel zu publizieren, für große Konkurrenz (vgl. Huck 2006; Deutscher Fachjournalisten Verband 2006). Es existiert ein Überangebot an fachjournalistischen Produkten, so dass der Fachjournalist vom Fachjournalismus allein nicht (mehr) leben kann (vgl. Kuhl 2005).

Der Weg aus dem Dilemma kann nur über die Umsetzung des zehnten Leitsatzes aus dem Medienkodex des Netzwerkes Recherche führen: „Journalisten erwarten bei der Umsetzung dieses Leitbildes die Unterstützung der in den Medienunternehmen Verantwortlichen. Wichtige Funktionen haben dabei Redakti-

---

[17] Das hier kursiv gesetzte *nicht* steht nicht im Original von Szyszka, sondern wurde von der Autorin eingefügt, da in ihren Augen der Satz ansonsten nicht logisch ist.

ons- und Beschwerdeausschüsse sowie Ombudsstellen und eine kritische Medienberichterstattung." (www.netzwerkrecherche.de/nr-medienkodex) Hinzuzufügen wäre die Forderung nach einer entsprechenden finanziellen und personellen Ausstattung der Fachredaktionen sowie die Sicherstellung der kontinuierlichen Aus- und Weiterbildung der Fachjournalisten. Mit dem Angebot an (fach-) journalistischen Produkten erfüllen die Medienorganisationen ihre in den Landespressegesetzen verankerte öffentliche Aufgabe. Diese darf nicht aufgrund Gewinn maximierender ökonomischer Modelle aufgegeben werden.

Das Gegenteil aber ist beobachtbar: Publikums- und Fachzeitschriftenverlage gleichermaßen erweitern ihre Geschäftsfelder nicht nur in Richtung elektronischer Medien und ins Ausland (siehe Dernbach 2010), sondern sie verstehen sich zunehmend als Kommunikationsdienstleister mit vollem Programm. So werden Events in Form von Kongressen, Podiumsdiskussionen und Workshops organisiert; einige große Häuser steigen auch verstärkt ins Corporate Publishing ein – eindeutig ein PR-Tool. Vom (Fach-)Redakteur wird erwartet, dass er neben seinen (fach-)journalistischen Tätigkeiten Moderationen übernimmt oder Web 2.0-Communities organisiert (siehe Deutsche Fachpresse 2009).

Diese Entwicklungen begründen Zweifel daran, dass es künftig (empirisch) sinnvoll und machbar ist, (Fach-)Journalismus und Fach-PR über die Kriterien Organisation, Mediengattungen und Berufsrollen bzw. -tätigkeiten klar abzugrenzen. Als (normativ) manifestes Kriterium kann dies wohl nur die Abgrenzung der Funktionen (öffentlich versus interessengeleitet) leisten.

7 Fachjournalismus: sein Stil und seine Sprachen

Die Sprache ist das Werkzeug des Journalismus. Neben der inhaltlich-struktu-rierten Bearbeitung von Themen zur Information ist die Formulierung der Inhalte die zentrale Tätigkeit von Journalisten. So selbstverständlich diese beiden ersten Sätze sind, so häufig wird kritisiert, dass Journalismus oftmals sprachlich den Anforderungen nicht gerecht wird. Wolf Schneider, einer der Sprach-Päpste der Branche, kritisierte schon 1982: „Werden die Journalisten ihrer Aufgabe gerecht, die Bürger zu informieren? Sie werden es nicht. Erschreckend viele Redakteure bedienen ihre Leser und Hörer mit schwerverständlichem und dazu schlampigem Deutsch." (Klappentext) In dem Kapitel „Die Sprache ist ein dubioses Handwerkszeug" skizziert Schneider das Dilemma, dass manchmal Wörter nicht das meinen, was wir sagen – und umgekehrt.

Seit Schneiders „Deutsch für Profis" sind unzählbare Bücher und Beiträge in Zeitschriften zum Thema Journalistisches Schreiben erschienen (z.B. Gaßdorf, 1996; Linden 2000; Perrin 2001). Auch in der deutschen Sprachwissenschaft ist das Thema ‚Sprache als Kommunikationsinstrument' gut behandelt. Was fehlt, ist die sprach- und journalistikwissenschaftliche Beschäftigung mit dem Thema Fachjournalismus und Fachsprache. Verbindet diese beiden Begriffe mehr als nur das Bestimmungswort Fach-? Im folgenden Kapitel wird der Sachstand dazu aufgearbeitet. Am Ende soll eine Antwort auf die Frage gegeben sein, wie Fachjournalismus sprachwissenschaftlich zu verorten ist: Gibt es eine fachjour-nalistische Sprache? Oder viele? Ist es Aufgabe des Fachjournalismus aus den Fachsprachen der jeweiligen Fachgebiete zu übersetzen?

7.1 Begriff und Entstehung von Fachsprachen

„Der Terminus Fachsprache ist, so einfach er gebildet und so verständlich er zu sein scheint, bis heute nicht gültig definiert. Diese Schwierigkeit der Festlegung des Begriffes Fachsprache resultiert vorwiegend aus der Tatsache, dass er kontrastierend zu einem ebenso wenig definierten Begriff Gemeinsprache gebraucht wird und so unterschiedliche Bereiche wie handwerkliche, technische und wissenschaftliche Sprache und ihre Übergangsformen abdeckt." (Fluck 1996: 11)

Hans-Rüdiger Fluck – einer der wenigen deutschen Linguisten, die sich mit dem Thema intensiv beschäftigen – plädiert deshalb für die Verwendung des Plurals:

„Über die Zahl der Fachsprachen insgesamt gibt es keine Angaben. Wir dürfen aber annehmen, dass es etwa ebenso viele Fachsprachen wie Fachbereiche gibt. Ihre Zahl wird auf ungefähr 300 geschätzt." (ebd.: 16) Auch Bernd Spillner (1996: 105ff.) ist der Meinung, dass mit dem Begriff ‚Fachsprache' eine „unzulässige Verallgemeinerung" vorgenommen wird. „Die sprachlichen ... Kommunikationsmittel können sich je nach Fach unterscheiden. Es ist auch davon auszugehen, dass innerhalb einer ‚Fachsprache' beträchtliche Binnendifferenzierungen nach unterschiedlichen Fachtextsorten, Kommunikationsverfahren o.ä. bestehen können." (ebd.: 105)

Diachron betrachtet ist eine wesentliche Ursache für die Entwicklung und Etablierung von Fachsprachen auszumachen: die Arbeitsteilung in den modernen Industriegesellschaften. Zwar verwendeten vor allem Bauern und Fischer schon lange vor der Industrialisierung Fachsprachen ebenso wie die handwerklichen Zünfte im Mittelalter; sie wurden aber vor allem gesprochen und nicht geschrieben, hatten eine stark affektive Komponente und waren nicht so differenziert wie die modernen Fachsprachen, die sehr stark verwissenschaftlicht sind und nicht zuletzt der schriftlichen theoretischen Kommunikation dienen (ebd.: 27ff.). In der weiteren Entwicklung der Fachsprachen spielt die Normierung eine wesentliche Rolle: „In den vergangenen Jahrzehnten erwuchs auf vielen Gebieten, bedingt durch die zunehmende Zahl an Arbeitstechniken, Arbeitsmaterialien, industriellen Erzeugnissen und der damit verbundenen Zunahme des fachsprachlichen Zeichenrepertoires, der Wunsch und die ökonomische Notwendigkeit, Normen zu setzen." (ebd.: 110) Gemeint ist damit nicht allein Sprachnormung, sondern die Vereinheitlichung von Sach- und Verfahrensnormen, wie Güte-, Prüf- und Abmessungsnormen.

> „Die – allgemein anerkannte – Aufgabe der Fachsprachen ist die Bereitstellung eines Zeichenvorrats zur Verständigung über bestimmte Gegenstands- und Sachbereiche, die möglichst präzise und ökonomisch erfolgen soll. Fachsprachen können demnach als sprachliche Zeichensysteme mit instrumentalem Charakter betrachtet werden." (ebd. 13)

Deren Besonderheiten liegen in der Lexik (Wortschatz), die viele Fachwörter (Terminologien) aufweist, und in der Syntax (Satzkonstruktion). Da dies bei jeder Fachsprache unterschiedlich ausgeprägt sein kann, ist nicht von einer gemeinsamen Regelhaftigkeit zu sprechen.

7.2 Funktion und Struktur der Fachsprachen

Eindeutig ist das Verständnis der Funktion von Fachsprachen: Sie dienen als Erkenntnisinstrument, sie fixieren Beobachtungen, präzisieren, sind unverzichtbar für die Formulierung von Hypothesen und die Theoriebildung. Fachsprachen stehen immer in Relation zu einer bestimmten Art zu denken. Mit diesen Vorteilen gehen eindeutig die Nachteile ‚Verlust der Allgemeinheit' und ‚Ausgrenzung' einher.

Ebenso wenig wie es die *eine* Gemein- oder Alltagssprache gibt, ebenso wenig existiert die *eine* Fachsprache: Sprache ist abhängig von der jeweiligen Situation und Intention der Kommunikatoren. „Fachsprachen sind das Verständigungsmittel in einem fachlich abgegrenzten Bereich und dienen in erster Linie der Verständigung unter Fachleuten. Sie haben deshalb einen speziellen Wortschatz, weil sie Dinge bezeichnen müssen, die es im Alltag noch nicht gibt." (Ahlke/Hinkel 1999:47) Etabliert hat sich in der Fachsprachenforschung die Untergliederung in die drei Kommunikationsrichtungen fach-intern, interfachlich und fachextern. Bestimmend sind für die Fachkommunikation die Kriterien Kommunikationsdistanz, Handlung (oder Kommunikationsabsicht: Organisation, Information, Instruktion) und Adressaten. Je nach Kombination ergeben sich unterschiedliche fachsprachliche Stile: ein theoretisch-wissenschaftlicher, ein didaktischer, ein populärwissenschaftlicher, ein direktiver, ein praktischer und ein ästhetischer Stil (vgl. ebd.: 196).

Das, was Fachsprachen von der Gemeinsprache und von anderen Fachsprachen unterscheidet, sind der besondere Wortschatz (Lexik) und Besonderheiten im Satzbau und der Textkonstruktion. Die Lexik besteht aus so genannten Fachwörtern oder Fachtermini. Zu finden sind jedoch auch viele Wörter aus der Gemeinsprache, die allerdings im jeweiligen Fachjargon eine besondere Bedeutung haben. Fluck (1996: 65 f.) gibt hier ein Beispiel aus der Fachsprache der Metallverarbeitung: die „semantische Auffächerung" des Verbs schleifen mit Hilfe von Präfixen und Partikeln in die Verben ab-, an-, auf-, aus-, ein- und zuschleifen. Wesentlich für die Analyse der Fachsprachen sind also: Lexik, Semantik, Syntax, Pragmatik und Text.

Lexik

= Wortschatz

Fachterminologien = Gesamtheit der Fachwörter
in einem Fachgebiet;

Wortbildungstypen (vgl. Fluck 1996: 67ff.)*:*

  mit Suffixen
  Verbalisierungen von Substantiven und Adjektiven ohne
  Zuhilfenahme von Partikeln, z.B. härten;

  mit Präfixen:
  erhärten;

  mit Halbpräfixen:
  aushärten;

  Bildungen mit Adjektiven und Adverbien:
  kaltnieten, festschrauben;

  Bildungen mit Substantiven:
  Oberflächenhärten;

  Bildungen mit Verben:
  tauchhärten;

  Wortzusammensetzungen:
  z.B. aus der Verwaltungssprache (sog. Nominalstil),
  z.B. Eheunbedenklichkeitsbescheinigung;

  Entlehnungen aus anderen Fachsprachen oder
  Umgangssprachen;

  Übertragungen und Übersetzungen
  z.B. aus dem Englischen

Metaphorik/Metaphern = bildlicher Ausdruck:
z.B. in der Börsen- (z.B. die Börse hat sich gut erholt) oder
Sportsprache (z.B. der Blitzangriff im Fußballspiel etc.);

Personalisierung:
z.B. Börsensprache „Märkte schlossen lustlos"

Semantik	*= Wortbedeutung* *Charakteristika von Fachwörtern:* In der Regel innerhalb der Fachgemeinschaft selbsterklärend, außerhalb erklärungsbedürftig; exakt, neutral, sachlich, un-emotional; Übertragung von Wortbedeutungen aus der Fach- in die Gemeinsprache und umgekehrt; Bedeutungswandel von Fachbegriffen aufgrund z.B. technischer Entwicklungen
Syntax	*= Satzlänge, Satzbau* *Spezifische Strukturen fachsprachlicher Texte:* exakter, unpersönlicher und ökonomischer Stil; Nominalisierungen, bedeutungsarme Verben, Verwendung von Infinitiv- und Passivkonstruktionen, Verwendung von Attributen zur Komprimierung der Darstellung; Obligatorische und fakultative Satzergänzungen erhöhen u.U. die Komplexität; Tempusgebrauch;
Pragmatik	*= die Beziehung zwischen Zeichen und den Anwendern* Facheigene, situations- und textsortenspezifische Verwendungen lexikalischer und syntaktischer Mittel; Inhalte, Ziele und Absichten von Texten in Abhängigkeit von Kommunikatoren und Rezipienten
Text *Fachtext-Linguistik =* fragt nach Fachtextsorten *Fachtext-Linguistik =* beschreibt sprachliche Erscheinungen in Fachtexten	*= Textaufbau, fachliche Texteinbettung, Unterscheidung und Charakterisierung von Fachtextsorten:* Deklarationsformen (explizite Textbezeichnung), z.B. Informationsblatt, Handbuch, Betriebsanleitung, Richtlinie Ordnung etc. kennzeichnet die fachspezifische Funktion; Textgliederung: Segmentierungsformen wie Kapitel, Abschnitte, Absätze, Überschriften, Ziffernfolgen, Listen, Tabellen, Einrückungen, Spiegelstriche; Nennung des Textproduzenten; Kohärenzsignale: z.B. Verweise auf andere Textstellen, Wortwiederholungen; Typografische und außersprachliche Mittel (Abbildungen, Skizzen, Diagramme u.ä.)

Tab. 9: Linguistische Analyse der Fachsprachen

7.3 Die Sprache des Fachjournalismus: eine linguistisch-vergleichende Betrachtung

Die fachexterne Kommunikation kann in mindestens zwei Formen unterschieden werden: in die direkte, mündliche und schriftliche Kommunikation zwischen Fachleuten und Laien und die massenmediale (mündliche und schriftliche) Kommunikation über fachliche Gegenstände und Sachverhalte. Für die letztgenannte Form sind professionelle Kommunikatoren, also Fachkommunikatoren und Fachjournalisten nötig, um fach- und wissenschaftliche Erkenntnisse aufzubereiten und zugänglich zu machen. Wie kann jedoch das komplexe Fachwissen, kommuniziert in einer komplexen Fachsprache, so vermittelt werden, dass erstens den Fachleuten und deren Erkenntnissen nicht durch die Reduktion von Komplexität Unrecht getan wird, und zweitens der interessierte Laie das Dargestellte nachvollziehen und verstehen kann?

Die Forderung nach Verständlichkeit ist so alt wie der Journalismus selbst; dies bezieht oftmals das Verständnis des Journalismus als Vermittler, Transformator und Übersetzer ein. Aufgrund des steigenden Einflusses (wissenschaftlicher) Fachthemen in die Alltagswelt dringen zunehmend auch die Fachbegriffe in die Alltagssprache. „Für den Journalisten besteht darin eine besondere Aufgabe, weil er als Nicht-Experte oftmals mit Fachleuten kommuniziert und diese fachlichen Inhalte für den Leser anschaulich und verständlich ‚übersetzen' muss." (Ahlke/Hinkel 1999: 48) Die folgende Übersicht soll nun die Forderungen und Erwartungen, Funktionen und Formen der Fachsprache, der Gemeinsprache und der fachjournalistischen Sprache vergleichen:

Lexik und Semantik	
Fachsprache	Fachlich definierte und sanktionierte Bezeichnungen für Gegenstände und Sachverhalte; keine einheitliche Fachsprache – Unterscheidungen nach Fachgebieten; präzise, exakte, sachliche Bezeichnungen = Fachtermini, z. T. aus der Gemeinsprache entlehnt/übertragen oder in diese übergehend, z. T. Kunstwörter (Nominalisierungen, Wortzusammensetzungen)
Gemeinsprache	Umgangs- und Alltagssprache; mehrdeutige Wörter, Metaphern; Wortneuschöpfungen, v.a. Anglizismen u.ä.; Beschreibung von Ereignissen in der Lebenswelt; Jargons (z.B. der Jugendjargon, die Fußballersprache etc.)
Fachjournalistische Sprache	Sachlich und klar; Vermittlung und Übersetzung komplexer und komplizierter Sachverhalte; Erklärung (nicht zwangsläufig Übersetzung) von Fachbegriffen

Syntax	
Fachsprache	Lange und komplexe Sätze mit Attribuierungen; Passivkonstruktionen; Nominalisierungen; wissenschaftlicher Stil, Verwaltungssprache
Gemeinsprache	Kurze, prägnante, oder bisweilen unvollständige Sätze; Verwendung des Präsens und des Perfekt; mit appellativem, emotionalem Charakter; Lautmalereien
Fach-journalistische Sprache	Kurze Sätze; Verwendung des Perfekt und des Präsens; Umschreibungen/Erklärungen von Fachbegriffen in Relativsätzen; distanziert, aber nicht unpersönlich

Text	
Fachsprache	Fachtextsorten: Aufsatz, wissenschaftlicher Bericht, Protokoll etc.
Gemeinsprache	Unterscheidung: mündliche oder schriftliche Kommunikation in Gesprächen, Briefen, u.a.
Fach-journalistische Sprache	Fachjournalistische Textsorten: Nachricht, Bericht, Reportage, Interview etc.

Struktur/Gerüst	
Fachsprache	Von der Systematik des Inhaltes bzw. des (Forschungs-) Prozesses bestimmt
Gemeinsprache	Von der Chronologie der Ereignisse und der individuellen Bearbeitung der Erfahrungen bestimmt
Fach-journalistische Sprache	Von der Frage der Priorität der Informationen bestimmt (W-Fragen); journalistische Standards bzgl. Textaufbau einer Nachricht, einer Reportage etc.

	Pragmatik
Fachsprache	Information, Aufklärung, Beitrag zur fachinternen Diskussion unter Experten
Gemeinsprache	Kommunikation zwischen Einzelnen oder Gruppen, direkt oder indirekt (z.B. über massenmediale Unterhaltungsprogramme)
Fach-journalistische Sprache	Information, Bildung u.ä., Kommunikation zwischen Experten – Fachjournalisten – Fach- und Laienpublikum

Tab. 10: Linguistischer Vergleich zwischen Fach-, Gemein- und fachjournalistischer Sprache

Aus dieser Gegenüberstellung wird deutlich, dass es sich um drei voneinander linguistisch unterscheidbare Sprachbereiche handelt, deren Übergänge allerdings jeweils fließend sind. Diese Ergebnisse, insbesondere jene für den Fachjournalismus, sollen nun verknüpft werden mit dem Aspekt der Qualität, denn als ein journalistisches Qualitätsmerkmal haben Medienwissenschaftler wie Stephan Ruß-Mohl und Vinzenz Wyss die Verständlichkeit identifiziert, die wiederum über die Sprache hergestellt werden kann.

Drei Professoren des Psychologischen Instituts der Universität Hamburg – Inghard Langer, Friedemann Schulz von Thun und Reinhard Tausch – haben 2002 das so genannte Hamburger Modell für Verständlichkeit von Texten entwickelt und publiziert. Es nennt vier wesentliche Merkmale für Verständlichkeit:

(1) Einfachheit: Wortwahl und Satzbau, die sprachliche Formulierung; im Gegensatz zur Kompliziertheit, die z.B. durch das Nicht-Erklären von Fremd- und Fachwörtern entsteht (ebd.: 22),

(2) Gliederung und Ordnung: Sätze dürfen nicht beziehungslos nebeneinander stehen und der Aufbau eines Textes muss für den Rezipienten nachvollziehbar gemacht werden;

(3) Kürze und Prägnanz: Länge des Textes steht im Verhältnis zum Informationsziel; Unwesentliches und Abschweifungen erschweren die Lektüre des Textes;

(4) Anregende Zusätze: Elemente, „mit denen ein Schreiber oder Redner bei seinem Publikum Interesse, Anteilnahme, Lust am Lesen oder Zuhören wecken will" (ebd.: 27).

Dieses Verständlichkeitsmodell kann ohne weiteres als Regelwerk für das Schreiben journalistischer Texte angewendet werden. Steht es damit im Gegensatz oder im Einklang mit der Kommunikation fach- und wissenschaftlicher Erkenntnisse? Können fachlich richtige Tatsachen und Zusammenhänge einfach, kurz, prägnant, nachvollziehbar und anregend präsentiert werden, so dass sie auch ein Laie verstehen kann?

Es gibt bisher keine umfassende, linguistische, vergleichende, empirische Untersuchung der Bearbeitung eines Themas in der Fachkommunikation, dem Fachjournalismus und dem populären Journalismus. Deshalb wird an dieser Stelle auf ein Beispiel zurückgegriffen, das in dem Seminar „Fachpublizistik" an der Hochschule Bremen bearbeitet worden ist: Alice Hossain hat in einer Hausarbeit 2005 unter dem Titel „Fachsprache und Gemeinsprache – Zwillinge oder Stiefgeschwister. Eine linguistische und kommunikationstheoretische Fachsprachenanalyse" die Berichterstattung über eine Studie eines vorzeitlichen Klimaphänomens in vier unterschiedlichen Publikationen untersucht: einem Beitrag in *Nature* vom 13.05.2004 von Wissenschaftlern in englischer Sprache, einem bereits im Dezember 2000 erschienenen Aufsatz in der englischsprachigen Zeitschrift *Paleoceanography* (ebenfalls von Wissenschaftlern verfasst), einer Pressemitteilung des DFG-Forschungszentrums Ozeanränder vom 12.05.2004, verfasst von einem Team aus Wissenschaftlern und der Pressestelle sowie einem Artikel in der Regionalzeitung Weser-Kurier vom 15.05.2004 von einem Redakteur der Wissenschaftsredaktion.

Hossain hat in ihrer Studie deutliche sprachliche, stilistische, semantische und intrastrukturelle Unterschiede zwischen den Texten festgestellt. Als ein wesentliches Kriterium bewertet sie die Sprachverwendungssituation, also den Kontext, in dem die jeweilige Publikation steht. Die Unterschiede werden nach Hossain nicht nur im Text selbst, sondern schon in den Überschriften deutlich:

> „Die semantisch und syntaktisch unterschiedliche Titelgestaltung der vier Texte beispielsweise macht nicht nur die Bedeutung der Wahl der Terminologie, sondern auch die variierenden Grade an Fachsprachlichkeit deutlich. In den beiden Fachtexten waren die Titel eher lang, wertneutral, informativ und eingliedrig. Die Texte zeichneten sich durch straffe Textorganisation aus (besonders im Englischen kommt dieser noch mehr Relevanz zu als im Deutschen)." (ebd.: 15)

Basierend auf den Kriterien Textverständlichkeit und Gestaltungsmerkmale von Fachartikeln hat Christian Keller (2005) eine ganz andere Untersuchung durchgeführt: Er hat den Lesern der Fachzeitschrift „SMM Schweizer Maschinenmarkt" zwei in der Form unterschiedliche Texte zum selben Thema vorgelegt: Die Fassung A war ein Artikel, der 2003 einen zweiten Preis für Technik-Publizistik erhalten hatte; die Fassung B war ein publizistischer Fachbeitrag mit demselben Inhalt, in etwa dergleichen Länge, in derselben Fachsprache, aber in einer anderen Anordnung der Inhalte, einfacheren Sätzen und einer Entpersonifizierung der sachlichen Aussage. Der Großteil der 98 Teilnehmer (88) bevorzugte die Variante B, also den weniger journalistisch geschriebenen Text. Die Begründungen fokussierten v.a. in den strukturellen Merkmalen Textaufbau, Gliederung, „ohne Beigemüse" (ebd.: 193). Generell hat Keller festgestellt, dass die Erwartungen des Publikums an den Text ein maßgebliches Kriterium sind. Allerdings konnte er aufgrund seines Untersuchungsdesigns nicht feststellen, ob zum Beispiel eher marketingorientierte Leser den fachjournalistischen Text A bevorzugen und eher technikorientierte Nutzer den stärker fachlichen Text B (ebd.: 197).

Fazit: Die Sprache des Fachjournalismus ist eine journalistische, d.h. sie bewegt sich – will man sie verorten – zwischen den Fachsprachen und der Gemeinsprache. Die Grenzen sind fließend, weshalb es nur Unterscheidungen, aber keine klaren Trennungen zwischen den Stilen gibt.

Aufgrund dieser Verortung ist logisch, dass alle Anleitungen zum richtigen (fach-)journalistischen Schreiben (vgl. Hooffacker 2004: 57ff.; Gaßdorf 1996) die journalistischen Standards betonen. Die wichtigsten Regeln lauten demnach: Fachtermini werden erklärt, am besten anhand von anschaulichen Beispielen und weniger anhand von Definitionen; Sätze werden kurz und knapp formuliert; Texte werden klar nach dem Prinzip der W-Fragen gegliedert.

8   Die Vielfalt des Fachjournalismus

Als zusammenfassendes Verständnis von Fachjournalismus lässt sich bis an diese Stelle aus der theoretischen Analyse heraus formulieren: Fachjournalismus ist Journalismus. In diesem Sinne ist Fachjournalismus ein Sub- und Leistungssystem des publizistischen Systems Journalismus. Er hat sich in viele Richtungen aus-differenziert aufgrund der Komplexität seiner Beobachtungsobjekte. Ebenso wenig wie es den *einen* Journalismus gibt, existiert nur *ein* Fachjournalismus. Der Singular bezeichnet das System, die Pluralform muss angewendet werden bei der Beschreibung der empirischen Vielfalt. Fachjournalismus lässt sich nicht trennen von Journalismus, aber unterscheiden hinsichtlich wesentlicher Kriterien:

- *Strukturelle Kopplung:* Bezugssystem ist ein jeweils spezifisches gesellschaftliches Subsystem (Wirtschaft, Sport) und darin wiederum ein Sachgebiet. Fachjournalismus beobachtet nicht die Gesamtgesellschaft, nimmt aber Einflüsse aus anderen Subsystemen wahr und berücksichtigt sie (siehe Kohring 2006)[18].
- *Funktion:* Fachjournalismus ist fachexterne Kommunikation und nur in Ausnahmefällen intrafachliche Kommunikation, und zwar nur in den Fällen, in denen der prinzipiell öffentliche Zugang (Publizität) gewährleistet ist. Fachjournalismus fokussiert auf die Bildungsfunktion, fördert also in erster Linie die Wissensaneignung, -verbreitung und -vertiefung in einem Sachgebiet; er dient der Information, Aufklärung und zur Anregung von Diskussionen, weniger der Unterhaltung; er hat eine ausgeprägte Orientierungs-, Ratgeber- und Servicekomponente.
- *Mediale Form:* Fachjournalismus wird in Fach- oder Special-Interest-Zeitschriften oder in thematisch homogenen Programmen im Hörfunk, Fernsehen oder Internet publiziert.
- *Herstellung:* Fachjournalismus findet in journalistischen Organisationen statt, also zum Beispiel (eigenständigen) Fachverlagen und

---

[18] Kohring (2006) ist der Auffassung, dass Journalismus nicht nur jeweils ein gesellschaftliches Subsystem beobachtet, sondern jeweils zwei oder mehrere. Insofern selektiert Journalismus immer Themen, die relevant für mehrere Teilsysteme sind (Mehrsystemrelevanz).

Agenturen, Fachredaktionen. Freie Fachjournalisten arbeiten der jeweiligen Redaktion zu.

- *Themen:* Die Themen werden selektiert aus dem jeweiligen Sachgebiet; dies können Erkenntnisse aus dem Bereich der Wissenschaft ebenso sein wie aus dem Bereich der beruflichen oder sozialen Lebenswelt; Selektionskriterium ist vor allem der Nachrichtenfaktor Relevanz – der Faktor Aktualität ist relativ, da die Aktualität weniger abhängig von der Ereignis- und Nachrichtenlage denn von der Bedeutung eines Themas für das jeweilige Sachgebiet ist.
- *Kompetenzen:* Stärker als der Allround-Journalist verfügt der Fachjournalist über die Sachkompetenz, vor der journalistischen Fach- und der Vermittlungskompetenz; alle Kompetenzen hat er sich in Aus- und Weiterbildung oder durch Berufserfahrung angeeignet.
- *Quellen:* Die Quellen des Fachjournalismus liegen vor allem im Bereich der Experten, der Sachverständigen oder der erfahrenen Laien sowie der Publikationen der Fachkommunikation (wissenschaftliche Veröffentlichungen und/oder PR-Publikationen).
- *Darstellungsformen:* Fachjournalismus greift auf die journalistischen Genres zurück, hat darüber hinaus aber weitere wie den Fachartikel und den Testbericht ausgebildet.
- *Publikum:* Das jeweilige Fachpublikum setzt sich aus interessierten Laien und Experten zusammen; grundlegende Kenntnisse helfen beim Verstehen der fachjournalistischen Angebote; Fachjournalismus hat nicht die Aufgabe, fachjournalistische Gegenstände und Zusammenhänge für ein heterogenes Massen- und Laienpublikum zu übersetzen, gleichwohl aber ist das Kriterium Verständlichkeit auch für Fachjournalismus eine wichtige Prämisse.

Die folgenden Kapitel haben nicht zum Ziel, empirisch die Zuverlässigkeit dieser Unterscheidungskriterien zu prüfen und fachjournalistische Angebote eindeutig einzuordnen und zu bewerten. Vielmehr soll beschrieben werden, wie sich die spezifischen gesellschaftlichen Subsysteme und der jeweils ‚zuständige' Fachjournalismus entwickelt haben und wie die strukturelle Kopplung zwischen Bezugs- und Beobachtersystem gestaltet ist. Dargestellt werden dazu jeweils Beispiele aus dem fachjournalistischen Markt, deren Auswahl aber keinerlei Repräsentativität beansprucht, sondern im besten Falle ‚typisch' für den jeweiligen Fachjournalismus ist. Basis bleibt das systemtheoretische Verständnis von Gesellschaft, also die funktional-strukturelle Systemtheorie von Niklas Luhmann. Vertieft wird dieser Ausgangspunkt durch die Ressorttheorie von Klaus Meier (2002), der ebenfalls aus dieser grundlegenden theoretischen Perspektive heraus arbeitet. Seine Forschungsfrage allerdings wird erweitert: Geht es Meier primär um die Frage, wann und wie sich das Medium Tageszeitung in Ressorts und Sparten ausdifferenziert hat, um die Komplexität und Universalität der Gesellschaft angemessen abbilden zu können, so geht es hier darum zu zeigen, dass sich der Journalismus insgesamt in unterschiedlichen Medien und Themengebieten spezialisiert hat, um universell aber auch vertiefend die Herausforderungen moderner Gesellschaften bearbeiten zu können. Für diese Form der Ausdifferenzierung wird der Begriff Fachjournalismus verwendet. Meier stellt fest, dass sich nicht jedes gesellschaftliche Teilsystem in den medialen Ressortstrukturen wieder findet. Er begründet dies wie folgt:

> „Das Realitätsspektrum der Nachrichtenmedien besteht überwiegend aus Themen derjenigen Sozialsysteme, die ihre Inklusion primär über Massenpublika vollziehen. Weil das Verhältnis zwischen Leistungserbringern und -empfängern distanziert und anonym ist, wird der Kontakt weitgehend massenmedial hergestellt. Sowohl Leistungserbringer als auch Leistungsempfänger erwarten vom Journalismus kognitiven Nutzen und Wissen zur Problemlösung im Kontext des jeweiligen Funktionssystems." (ebd.: 90)

Zu den Systemen, die auf die Vermittlung durch (unabhängigen) Journalismus angewiesen sind, zählt Meier Politik, Wirtschaft, Kultur, Sport und die Medien selbst sowie mit Abstrichen die Wissenschaft. „Alle anderen Sozialsysteme bevorzugen primär Inklusion durch persönliche, professionelle Betreuung einer möglichst kleinen Zahl von Klienten – zum Beispiel das Gesundheitssystem, das Erziehungssystem, Recht und Religion." (ebd.: 89f.) Unter zeitlichen Gesichtspunkten haben es die letzt genannten Systeme schwer, Resonanz im Journalismus-System zu erzeugen, das Nachrichten gemäß des Codes aktuell – nichtaktuell selektiert. Die großen Systeme produzieren selbst ständig Neues, das wiederum gerne vom Beobachter Journalismus aufgegriffen wird – nicht zuletzt deshalb, weil er sich hier der Aufmerksamkeit seitens seiner Rezipienten, seitens der Öffentlichkeit sicher sein kann. Was also geschieht mit den Themen aus den weniger beachteten Subsystemen?

Eine der Ausgangsthesen lautet, dass sich gesellschaftliche Subsysteme wie beispielsweise Gesundheit und Medizin, Essen und Esskultur, Reisen und Freizeit öffnen, dass sie relevanter für die Gesamtgesellschaft werden, dass sie nicht nur Resonanz in ihren ursprünglich eher kleinen Kernzielgruppen erzeugen. Eine weitere These ist, dass Journalismus diese gesellschaftlichen Bereiche als Beobachtungs- und Berichterstattungsfelder entdeckt hat. Journalismus hat erkannt, dass sich neben den großen (wie Politik und Wirtschaft) auch andere gesellschaftliche Subsysteme an ihren Rändern öffnen, externe Kommunikation betreiben, um die interne Informationsverarbeitung zu optimieren und die Strukturen an neue Entwicklungen anzupassen. Und er wird auch gewahr, dass die Berichterstattung über ein System wie Wirtschaft filetiert werden muss, um dessen Komplexität bearbeiten zu können. Journalismus ist bei der Bewältigung dieser Aufgabe auf ein wichtiges System angewiesen: auf die Medien. Sie stellen dem Journalismus vor allem die finanziellen Ressourcen zur Verfügung, ohne die er die Vermittlung von Themen aus gesellschaftlichen Subsystemen in die Öffentlichkeit nicht leisten könnte. Und sie bringen die Organisationsstrukturen mit, um redaktionell fachjournalistische Produkte herzustellen. Inwieweit das Mediensystem diese Leistungen tatsächlich uneingeschränkt erbringt oder inwieweit sie von anderen Systemen übernommen werden – zum Beispiel der PR – und inwieweit der Steuerungsmechanismus ein rein ökonomischer und weniger ein sozialer ist (Wahrnehmung der öffentlichen Aufgabe) wird an entsprechender Stelle (etwa Kapitel 8.4 Medizinjournalismus) diskutiert.

Für die mediale Gattung Tageszeitung hat Meier die Entwicklung der Neustrukturierung festgestellt: „Bei mehr als 90 Prozent der befragten Zeitungen erscheinen Auto- und Reiseteil sowie eine Seite mit dem Radio- und Fernsehprogramm. Geradezu symptomatisch ist, dass die Ratgeber-Seite ‚Gesundheit, Medizin' bei mehr Zeitungen (79 Prozent) und im Schnitt regelmäßiger veröffentlicht wird als die klassische Wissenschaftsseite (bei 70 Prozent)." (ebd.: 425) Meier sieht hier eine Ergänzung des „traditionellen input-orientierten Informationsjournalismus" durch einen „output-orientierten Ratgeber- und Unterhaltungsjournalismus" (ebd.). Gekoppelt sieht er die Neugründung von Ressorts, also die Ausdifferenzierung des Journalismus in weitere Themenfelder, an die sozialen Systeme. Sind hier Zäsuren und Umbrüche feststellbar, so reagiert der Journalismus unmittelbar darauf und fokussiert auf diese Veränderungen.

Neben dieser Spezialisierung gibt es gleichzeitig, scheinbar widersprechende Tendenzen der Entgrenzung des Systems Journalismus (vgl. Lünenborg 2009). Für die vorliegenden Kapitel gilt es auch dies, beispielsweise im Verhältnis Journalismus – Public Relations, zu berücksichtigen. Hat schon das System Journalismus den Einfluss der PR auf die Themen und deren Darstellung zu bearbeiten, so ist der Einfluss der jeweiligen Fachkommunikation auf den jeweiligen Fachjournalismus aufgrund der engeren strukturellen Kopplung möglicherweise noch größer.

Die folgenden Kapitel sind alphabetisch geordnet. Eine andere Systematik, zum Beispiel nach der vermuteten Größe und Relevanz des jeweiligen Feldes, schien nicht geeignet, um die gleichberechtigt nebeneinander existierenden vielfältigen Ausprägungen des Fachjournalismus zu beschreiben.

8.1 Auto- und Motorjournalismus

Der Auto- und Motorjournalismus hat starke Bezüge einerseits zum Technikjournalismus, andererseits zum Sportjournalismus. In den folgenden Kapiteln sollen die Entwicklung des Automobils und der Automobilindustrie, das Verhältnis zwischen Gesellschaft und Mobilität sowie die Her- und Bereitstellung von Autothemen durch das journalistische System dargestellt werden.

8.1.1 Technische Entwicklung von Motoren und Personenkraftwagen

Der Wille des Menschen sich selbst und schwere Lasten fortzubewegen ist offensichtlich so alt wie die Menschheit. Und das Bestreben, dies nicht mit eigener Muskelkraft per pedes bewerkstelligen zu müssen, sondern bequemere Fortbewegungsmittel zu erschaffen, ist ebenfalls Jahrtausende alt. Handel und Verkehr sind von der Antike bis heute tragende Säulen der Gesellschaft. Wesentlich dafür waren zum einen die Entwicklung der Verkehrsmittel und zum anderen der Verkehrswege.

Die Geschichte des Automobils[19] kann über Jahrtausende zurückgeführt werden. Die Erfindung einiger Grundvoraussetzungen waren notwendig, so etwa die des Rades um 4000 vor Christus oder die der Dampfmaschine zu Beginn des 18. Jahrhunderts (vgl. de.wikipedia.org/Automobil). Bis ins 17. Jahrhundert waren Muskelkraft- und Segelwagen die wichtigsten Fortbewegungsmittel. Im Mittelalter dienten zwei- und vierrädrige Karren aus Holz, später versehen mit Metallteilen wie Deichselbeschlägen, Radreifen und Felgenkammern, in erster Linie als Ackerkarren oder zum Transport landwirtschaftlicher Produkte (vgl. Hägermann/Schneider 1997: 461ff.). Der zweite Typ Karren, die Prunk- oder Rennwagen, war im Wesentlichen ähnlich konstruiert, unterschied sich aber in Aufbau und Zweck. Diese Karren jedoch fuhren nicht alleine, sondern es mussten Ochsen davor gespannt oder Sklaven zum Ziehen eingesetzt werden. Später wurden sie vor allem in den höheren Gesellschaftsschichten von den Pferde-

---

[19] Ein Automobil, kurz Auto, auch Kraftwagen, früher Motorwagen, ist ein mehrspuriges Kraftfahrzeug, das von einem Motor angetrieben wird und zur Beförderung von Personen und Frachtgütern dient. Die Bezeichnung ist aus dem griechischen αὐτό~, autó~ – selbst~ und Latein mobilis – beweglich abgeleitet. Diese nominelle Definition würde eigentlich auch motorisierte Zweiräder und Schienenfahrzeuge einschließen. Im allgemeinen Sprachgebrauch jedoch wird unter einem Automobil heute ein mehrspuriges, nicht schienengebundenes Kraftfahrzeug verstanden. Oft ist auch nur der Pkw, nicht aber der per Definition auch zur Gruppe der Automobile gehörende Lkw gemeint (vgl. de.wikipedia.org/Automobil).

kutschen abgelöst. Mit der Entdeckung neuer Materialien (vor allem Metallverarbeitung) und der Konstruktion von Maschinen wurden die Weichen für die
Experimente im 17. Jahrhundert gestellt, die dann im 18. und 19. Jahrhundert
zum Dampf- und schließlich zum Verbrennungsmotor führten. Im ersten Drittel
des 19. Jahrhunderts wurden in England Dampfbusse und Dampfwagen für den
privaten Gebrauch gebaut (vgl. de.wikipedia.org/Automobil). Parallel dazu
tüftelten englische, französische und deutsche Ingenieure an Elektrofahrzeugen
und Gasmotoren. Wesentlich für den Autobau waren neben der Antriebsart der
Ausbau der Karosserie sowie die Innenausstattung. Die Geschichte des modernen Automobils ist eng verknüpft mit bekannten Namen: Carl und Bertha Benz,
Gottlieb Däumler (später Daimler), Nikolaus August Otto, Wilhelm Maybach
und Rudolf Diesel, um nur einige zu nennen.

8.1.2 Die Automobilindustrie vom 20. Jahrhundert bis heute

Carl Benz und Gottfried Daimler waren die ersten Deutschen, die zu Beginn des
20. Jahrhunderts mehrere Fahrzeuge konstruierten und sie in Serie bauen ließen.
In Europa entstanden um 1891 herum die ersten Automobilfabriken (vgl. ebd.).
Der Erste Weltkrieg und die entsprechenden Bedarfe an militärischen Transport-
fahrzeugen kennzeichneten den Beginn der „Massenmotorisierung" (vgl.
Braun/Kaiser 1992: 103ff.). 1913 hatte Henry Ford das Fließband in die Auto-
mobilherstellung in Amerika und 1915 in seinem Werk in Manchester eingeführt. Die europäischen Hersteller wie Citroën, Opel, Morris, Austin und Agnel-
li (Fiat) folgten. Sie unterlagen allerdings ganz anderen Bedingungen als die
amerikanischen Autobauer: Die Kraftstoffpreise in Europa waren höher, das
damalige Steuersystem forderte für größere Motoren höhere Abgaben. Deshalb
bauten die Europäer kleine und mittlere, relativ leichte und im Vergleich zu den
amerikanischen Limousinen wirtschaftliche Autos. Aber auch die besser betuch-
te Oberschicht wurde bedient: Meist wurden in Handarbeit maßgeschneiderte
Karossen gebaut, wie der Austin Seven, der zwischen 1922 und 1939 nur
300.000 Mal gefertigt wurde (vgl. ebd.).
    Die Entwicklung verlief besonders in den USA rasant; die europäischen Län-
der, vor allem Deutschland, konnten hier nicht mithalten. Nach dem Ersten
Weltkrieg war noch bis 1921 ein Fahrverbot für Privatleute gültig. Inflation,
Reparationslasten und ein unzureichendes Straßennetz, hohe Treibstoffkosten
und Kraftfahrzeugsteuern, eine fehlende reichseinheitliche Straßenverkehrsordnung sowie ein gut ausgebautes Eisenbahnnetz drosselten das Interesse in
Deutschland an dem individuellen Fortbewegungsmittel (vgl. ebd.).

	1905	1913	1930	1938
Deutschland	27.000	93.000	679.000	1.816.000
Europa	Keine Daten	Keine Daten	5.182.000	8.381.000
USA	79.000	1.258.000	26.532.000	29.443.000

Tab. 11: Registrierte Kraftfahrzeuge in Deutschland, Europa und den USA (nach Braun/Kaiser 1997: 109)

Hinzu kamen die Produktionsbedingungen und -kosten: Während ein Facharbeiter in Deutschland zwar wesentlich weniger verdiente, konnten in den USA aber aufgrund anderer Maschinen wesentlich höhere Stückzahlen produziert werden: „Auch nach der Einführung des Fließbandes bei Opel 1924 erreichte die dortige Automobilproduktion niemals Fordsche Ausmaße. Produzierte nämlich Opel 1925 täglich 105 Wagen, so stellte Ford in den USA bereits 7.000 Kraftfahrzeuge pro Tag vom Typ T her." (ebd.: 111f.)

Eine wesentliche Zäsur bedeutete das Dritte Reich auch für die Automobilindustrie: Da das Angebot an kleinen, preislich attraktiven Autos nicht ausreichte, forderte Adolf Hitler 1934 den „Reichsverband der Automobilindustrie" auf, „Pläne für einen ‚Volkswagen' auszuarbeiten" (ebd.: 115). Damit hatte die „Motorisierungs-Politik der nationalsozialistischen Regierung seit 1933 in Deutschland die Weichen in Richtung auf den Individualverkehr gestellt" (ebd.: 426). Nach dem Zweiten Weltkrieg stiegen in Deutschland die Produktion und die Beschäftigung in der Automobilindustrie rasant, im Gegensatz zu den Entwicklungen in den USA (mit Ausnahme von General Motors) und Großbritannien (vgl. ebd.: 432). Aber schon ab 1960 „und verstärkt dann seit der Ölkrise 1973/74 kann man von einer Reglementierungs- und Limitierungsphase in der Automobiltechnik sprechen" (ebd.: 433). Die Aspekte Sicherheit und Verbrauch standen ganz oben auf der politischen Agenda (siehe 8.1.4).

Nach wie vor ist die Automobilindustrie eine der wichtigsten Branchen in Deutschland. „Ihr Schwerpunkt liegt im Bereich Personenkraftwagen, auf den stückzahlbezogen rund 90 % der Produktion entfallen. Trotz leichter Rückgänge in der Beschäftigung in den letzten Jahren steht nach Aussage des Verbandes der Automobilindustrie weiterhin rund *jeder siebte Arbeitsplatz in Deutschland direkt oder indirekt mit dem Automobil in Verbindung.*" (www.bmwi.de) Neben den Automobilherstellern selbst tragen auch die Zulieferer aus anderen Bereichen wie elektronische und Textilindustrie sowie Autohändler, Werkstätten, Tankstellen und Dienstleister rund ums Auto zu den Ergebnissen bei. Die positive Entwicklung betrifft seit Jahren allerdings nur den Export: Auch 2007 verzeichnete die deutsche Autoindustrie wieder einen Produktions- und einen Exportrekord mit einem Plus von sechs Prozent gegenüber dem Vorjahr. Die Inlandsnachfrage allerdings geht weiter zurück und ist von 2006 zu 2007 um neun Prozent gesunken (vgl. ebd.).[20] Das zeigt, dass die Krise der Automobilindustrie bereits vor der Ende 2008 einsetzenden weltweiten Wirtschafts- und Finanzkrise begann. Der Leiter der Bamberger Forschungsstelle für die Automobilwirtschaft, Wolfgang Meinig, spricht deshalb auch von einer „hausgemachten" Krise (unter www.finanzen.net 2008). Die Bundesregierung hatte versucht, das Schlimmste mit der Umwelt- bzw. der im Volksmund genannten „Abwrackprämie" zu verhindern. Für das Jahr 2009 führte dieser 2500-Euro-Bonus pro Neufahrzeug (als Ersatz für ein mindestens neun Jahre altes Auto) zwar zu einer enormen Absatzsteigerung: Laut einer Mitteilung des Kraftfahrt-Bundesamtes (KBA 2009/1) stieg die Zahl der Neuzulassungen im August 2009 im Vergleich zum Vorjahresmonat um 28,4 Prozent; die Gesamtbilanz der Pkw-Neuzulassungen im Vergleich zum Jahr 2008 verzeichnet damit ein Plus von 26,8 Prozent. Aber Experten wie Ferdinand Dudenhöffer sehen in den nächsten Jahren eine Pleitewelle auf deutsche Autohäuser zurollen (siehe Hamburger Abendblatt 2009). Auch der Präsident des Verbandes der Automobilindustrie VDA, Mattthias Wissmann, blickt skeptisch in die Zukunft, hofft aber, ein Teil des Verlustes über die Auslandsnachfrage auffangen zu können (siehe www.vda.de 2009).

8.1.3 Das Image des Autos und der Marken

Im August 2009 sind insgesamt 49,6 Millionen Kraftfahrzeuge in Deutschland zugelassen, davon 41,3 Millionen Pkw (vgl. KBA 2009/2). Vor allem Kleinwagen und Autos der Mittelklasse sind auf deutschen Straßen unterwegs.

Am Auto haben aber nie nur Technik und Ausstattung interessiert, sondern der fahrbare Untersatz war immer Symbol für Mobilität und Freiheit, Flexibilität und Individualität, Prestige und Macht. Zweimal im Jahr ermittelt der ADAC eine Image-Liste der Automarken: Unter dem Schlagwort „AutomarxX" werden seit dem Jahre 2001 33 Hersteller von den Lesern der ADAC-Motorwelt und ADAC-Technikern bewertet. Das Ranking im Kriterium ‚Markenimage' (setzt sich aus ‚Imagebefragung' und ‚Restwert' zusammen) im Juni 2009 wird ange-

---

[20] Weitere Informationen über Exportdaten der deutschen Automobilindustrie bietet die Website der Bundesagentur für Außenwirtschaft: www.bfai.de.

führt von Porsche, BMW und Audi; es folgen Mercedes, Mini, Volkswagen und Toyota; die letzten drei Plätze belegen Saab, Lancia und Chrysler (vgl. ADAC 2009). Die Liste ist zwar nicht unumstritten, das Ergebnis aber auch nicht überraschend (vgl. ebd.).

Dass das Markenimage wichtig ist, zeigt unter anderem eine Studie der Essener Firma Marketing Systems: Analysiert wurden die Images von 30 deutschen Automobilmarken in den Kategorien Emotionen und Qualität (vgl. www.spiegel.de/auto). „Hohe Werte auf beiden Skalen erreichen dabei die so genannten Premiummarken Porsche, BMW, Audi und Mercedes. Stark im Bereich Emotion, aber schwach beim Thema Qualität sind die Marken Alfa Romeo, Jaguar und – mit Abstrichen – Honda. Hohe Qualitäts- und nur geringe Emotionswerte erreichen VW, Volvo, Saab, Toyota und Smart." Offensichtlich fallen hier Wunsch und Wirklichkeit stark auseinander, denn am häufigsten rollen die Deutschen in Autos der Marke Volkswagen und Opel durch die Lande. Je nach Bundesland bzw. Produktionsstandort liegen auch Marken wie Mercedes (v.a. Baden-Württemberg), Ford (Saarland) und BMW (Bayern) in der besonderen Gunst des Autofahrers.

Seit einigen Jahren ist der Genderaspekt in den Fokus der Studien zu Auto und Kultur gerückt: Kaufen Frauen andere Autos und treffen sie die Kaufentscheidung für ein Auto anders als Männer? Immerhin liegt der Anteil an weiblichen Fahrzeughalterinnen bei 32 Prozent (vgl. KBA 2009/4). Doris Kortus-Schulte, Professorin an der Hochschule Niederrhein und Leiterin des dortigen Kompetenzzentrums Frau und Auto, hat herausgefunden, dass viele Frauen beim Kauf besonderen Wert auf „Ehrlichkeit, Respekt, Einfühlungsvermögen und Vertrauenswürdigkeit des Verkäufers" (www.uni-protokolle.de) legen.

„Für alle befragten Frauen stellen die Familie, Freunde und Bekannte mit die beste Informationsquelle vor dem Kauf eines Autos dar. Dessen wichtigste Eigenschaften sind günstiger Verbrauch, Sicherheit, rückenfreundlicher Sitz, großzügige Ablageflächen und niedrige Ladekante. Beim Design lieben sie es insgesamt eher klein, schlicht und unauffällig. Garantieleistungen und ein großzügiger Kofferraum sind ihnen wichtiger als die Marke des Autos. Silbermetallic liegt wie bei Männern auch bei ihnen im Trend. Im Inneren bevorzugen sie leicht zu reinigende Sitze. Nach dem Kauf möchten die Frauen durch eine leicht zu verstehende Bedienungsanleitung (in deutscher Sprache) und eine persönliche Einweisung mit dem Fahrzeug vertraut gemacht werden. In der Werkstatt sollte die Reparatur genau erläutert werden. Der Spaßfaktor beim Kauf spielt eine weniger dominante Rolle als von den Interviewern angenommen. Auch mehr weibliches Verkaufspersonal scheint entbehrlich. Zu den angenehmen Erlebnissen, die mit dem Auto verbunden werden, zählen an erster Stelle Reisen und Ausflüge. Immerhin vier gaben aber auch ‚Sex' an." (ebd.)

8.1.4 Das Auto in der Umweltdebatte

Der Individualverkehr gilt als einer der Produzenten des schädlichen Gases CO_2. Die Bundesregierung unter Angela Merkel und insbesondere der bis Oktober 2009 amtierende SPD-Umweltminister Sigmar Gabriel haben innerhalb der Europäischen Union und auch international die Initiative ergriffen, um den CO_2-Ausstoss drastisch zu reduzieren[21]. Nicht alle Aktionen und Kampagnen allerdings waren von Erfolg gekrönt; so ist zum Beispiel die weitere Erhöhung des Anteils an Biokraftstoffen in Benzin und Diesel zunächst gestoppt und die Umrüstung vieler alter Dieselfahrzeuge mit Russpartikelfiltern führte zu starker Verunsicherung der Autofahrer, da sich ein Teil der eingebauten Filter zur Reduzierung des Feinstaubs als wenig wirkungsvoll erwies[22].

Zweifellos sind die Aspekte Verbrauch und Umweltschutz inzwischen stark gekoppelt und spielen eine wesentliche Rolle beim Autokauf. Umfragen zeigen, dass ein Großteil der Deutschen bereit ist, mehr Geld für Autos mit geringerem Kraftstoffverbrauch und geringerem CO_2-Ausstoss auszugeben.

8.1.5 Das Automobil in den Medien

Im Januar 1906 erschien in der Schweiz die erste Ausgabe der „Automobil-Revue", die als die erste Autozeitschrift Europas gilt. Der Herausgeber Otto Richard Wagner und der Chefredakteur Paul Breitschuh, ein Ingenieur, wollten mit ihrer Publikation vor allem gegen den damals aufflammenden Sturm gegen den Automobilismus setzen: „Unsere ‚Automobil Revue' soll nun die Zeitschrift sein, welche mit aller Entschiedenheit die Interessen des schweizerischen Automobilwesens wahrnimmt", schreiben die Gründer (www.automobilrevue.ch).

---

[21] Initiativen des Bundesministeriums für Umwelt, Naturschutz und Reaktorsicherheit zu Verkehr und Kohlenstoffdioxid unter: www.bmu.de/verkehr.
[22] Weitere Informationen zum Thema bietet die Website www.poel-tec.com/russfilter.

Abb. 6: Cover der Schweizer Automobil Revue (www.automobilrevue.ch)

Seit es Autos gibt, sind sie im Alltag der Menschen präsent und polarisieren die Gesellschaft in Befürworter und Gegner. Die spiegelt sich bis heute wider, auch in der journalistischen Berichterstattung. Roger Blum und seine Mitarbeiter Manuela Baumli und Olivier Borer von der Universität Bern haben 2007 im Auftrag des Auto Gewerbe Verbandes Schweiz (AGVS) eine Studie „Zur Darstellung des Autos in der Schweizer Öffentlichkeit" durchgeführt (vgl. Blum/Baumli/Borer 2007). Eine Inhaltsanalyse von elf Schweizer Zeitungen hat ergeben:

- Die Themen Auto und Verkehr sind stets präsent.
- Im Politikressort dominiert die eher negativ bewertende Berichterstattung über das Thema Verkehrspolitik; sie ist gepaart mit den Bereichen Umwelt- und Energiepolitik. Insofern übernehmen die politischen Redaktionen eine Thematisierungs-, Frühwarn-, Kritik- und Kontrollfunktion.
- Das Wirtschaftsressort konzentriert sich auf die Automobilbranche als Industriezweig und stellt das Auto als Produkt der Autoindustrie in den Mittelpunkt. Erklärt und analysiert werden die Strategien sowie die Problemlösungsfähigkeiten des Managements. Die Wirtschaftsredaktionen haben eine Informations- und Interpretationsfunktion.
- Im Kulturressort spielen Autos eine untergeordnete Rolle. Wenn sie in der Berichterstattung vorkommen, dann „als Symbol des postindus-

triellen Materialismus und der Technikgläubigkeit" oder fokussiert auf
Design, Kunst oder Lust am Auto. Das Sportressort widmet sich in erster Linie dem Automobilrennsport und dient mit der Übertragung und
Berichterstattung über Formel 1- Rennen, Rallye und andere Veranstaltungen der Unterhaltung. Im Vermischten wird das Auto meist in eher
„unerfreulichen Zusammenhängen" thematisiert: in Berichten über Un-
fälle oder die kilometerlangen Staus zur Haupturlaubszeit.

▪ Das Autoressort, das es in neun von elf der untersuchten Zeitungen
   gab, übernimmt die Dienstleistungsfunktion für potenzielle Autokäufer
   durch Fahr- und Vergleichsberichte der Automodelle. „Die Studie zeigt
   auf, dass die Medien in ihren Autoressorts dem Auto tendenziell eher
   unkritisch und den politischen Ressorts tendenziell eher kritisch be-
   gegnen. Die Wirtschaftsressorts halten die Mitte." (Blum u.a. 2007)
Autojournalismus übernimmt die unterschiedlichen Funktionen in unterschiedlichen Formen, wobei die kritische Position sich nie konzentriert auf
die Technologien, die Marken und die Klassen, sondern stärker auf einen
verkehrs-, umwelt- und energiepolitischen Aspekt. Gleichwohl das Thema
Auto wie gezeigt im tagesaktuellen Journalismus kontinuierlich bearbeitet
wird, lässt sich der spezialisierte Auto- und Motorjournalismus in drei
Gruppen aufteilen:

(1) Angebote (insbesondere Fachzeitschriften) für Experten, also Fachleute
     aus dem Bereich der Automobilindustrie und deren Zulieferfirmen so-
     wie aus dem Dienstleistungsbereich (Werkstätten, Teilegroßhändler);

(2) Angebote für den Experten und ambitionierten Laien, der ein Auto
     nicht nur fährt, sondern der Fahrzeuge und Motoren als Hobby betrach-
     tet; hierzu zählen auch die Motorsportfans (insbesondere Special-
     Interest- und Fachzeitschriften ebenso wie die Berichterstattung über
     Motorsportveranstaltungen);

(3) Angebote für denjenigen, der ein Auto ausschließlich funktional und
     Medien etwa zur Information vor einer Kaufentscheidung nutzt (v.a.
     Tageszeitungen und Publikumszeitschriften).

8.1.5.1 Der Markt der Auto- und Motorberichterstattung

Alle Nutzertypen finden heute in gedruckter Form und vor allem im Internet alles zum Thema Auto. Über Automarken, Oldtimer, Automobilhersteller von A bis Z (vgl. wikipedia.org/Liste_der_Automobilmarken) gibt es Informationen, Archive, Tauschbörsen und sogar Comicseiten[23].

In der Datenbank der Zeitschriftenverleger sind 108 Titel in der Rubrik Motorpresse gelistet (vgl. www.pz-online.de): Die Bandbreite reicht von der Zeitschrift ACE-Lenkrad (Mitgliedszeitschrift des Auto Club Europa ACE; Auflage: Verbreitung 550.933/Verkauf 542.988) über die drei größten, ADAC motorwelt (13.898.285/13.832.550), Auto-Bild (612.515/609.396) und Auto Motor und Sport (487.888/480.423), bis hin zur Zeitschrift 4 Wheel Fun (26.816/ 26.032). Themenschwerpunkte der Publikumszeitschriften im Segment Auto sind vor allem: Vorstellung und Tests neuer Fahrzeuge, Sicherheit, Kosten rund ums Autofahren, Änderungen der Straßenverkehrsordnung und des Bußgeldkatalogs, Reiseziele und alle Themen rund um den Straßenverkehr. Daneben gibt es die stärker spezialisierten Zeitschriften für die einzelnen Marken, für Oldtimer, Lkw, Freiräder und sonstige Fahrzeuge (etwa Caravans und Wohnmobile) sowie für Modellauto-Liebhaber.

Bei den Fachzeitschriften, die sich in der Fachzeitschriften-Datenbank der Deutschen Fachpresse finden (www.media-info.net) sind die 51 Titel aus dem Segment Fahrzeugbau und -technik unter der Fachgruppe Industrie/Produktion/Technik subsumiert. Die Inhalte dieser Spezialzeitschriften sind stark auf technische Daten und Informationen fokussiert, sprechen also höchstens den ambitionierten und stark interessierten Laien an. Weitere Fachzeitschriften für weitere Zielgruppen finden sich in den beiden Fachgruppen Dienstleistung: Untergruppe Fahrschulen, Tankstellen und Waschstrassen (8 Titel) sowie Fachhandel und Handel: Kraftfahrzeuge, Motorräder, Fahrräder (20 Titel). Darüber hinaus sind in den Sparten Maschinenbau und Automatisierungstechnik ebenfalls einzelne Publikationen zu finden, die im Zusammenhang mit der Automobiltechnik interessant sind.

Auto- und Motorjournalismus findet vor allem in den Printmedien statt: In den Publikums- und Fachzeitschriften ebenso wie in den Wochenzeitungen, Magazinen und Tageszeitungen. Alle überregionalen und regionalen Blätter haben (häufig am Wochenende) einen Extrateil, in dem rund um das Thema Auto Vieles zu finden ist. Bis zur Medienkrise und konkret bis zur Etablierung des Internets als Kauf- und Tauschbörse boten die Tageszeitungen den Markt für gebrauchte und neue Fahrzeuge.

---

[23] Comics von Citroën unter www.geocities.com.

Während Autojournalismus in den gedruckten Medien vor allem eine Informations-, Orientierungs-, Service- und Ratgeberfunktion erfüllt, sind die Angebote in Fernsehen und Hörfunk nahezu ausschließlich auf Unterhaltung ausgerichtet. Allerdings ist bei der Gattung Radio Autojournalismus nahezu Fehlanzeige: „Das Auto als Thema im Radio trifft auf ein enormes Hörerinteresse bei fast völlig fehlenden Angeboten. … Nach einigen betulich moderierten 30-Minuten-Automagazinen in den 60er Jahren verschwand das Auto im Zuge der Entwicklung der Formatradios völlig aus dem Rundfunk." (Kessler 2006: 21)

Während also früher die Themen rund ums Auto feste Sendeplätze zum Beispiel in den Magazinen für die Berufspendler am Vor- und Nachmittag hatten, ist heute die Berichterstattung reduziert auf Verkehrshinweise und Staumeldungen sowie auf die Wiedergabe der verkehrspolitischen Diskussionen. Nur bei großen Ereignissen aus den Bereichen Sport (Formel 1-Rennen) und Events (wie die Internationale Automobilausstellung IAA in Frankfurt alle zwei Jahre) finden Autos und Motoren eine breitere Resonanz. Kessler führt diese Tatsache auf die Umstellung Anfang der 90er-Jahre auf Formatradios sowie die mangelnde Sachkompetenz in den Redaktionen zurück: Programm-Macher betrachten Motorjournalismus „oft als eine Mischung aus Schleichwerbung, Umweltteufel und dumpfem Tuning-Proletariat. … Journalisten sind eben eher Germanisten und Theaterwissenschaftler als Ingenieure und Car-Guys." (ebd.) Andreas Kessler ist Maschinenbau-Ingenieur und moderiert eine eigene Radiosendung beim Mitteldeutschen Rundfunk (mdr). Im Radio, im Internet und alle 14 Tage im Fernsehen beantwortet er Fragen rund um den PKW und gibt Tipps zu Pflege und Reparatur (vgl. www.1.mdr.de).

Ganz so handfest und konkret sehen die weiteren Angebote im Fernsehen nicht aus: Hier gibt es mit „Grip – Das Motormagazin" auf RTL 2 seit Sommer 2007 eine Sendung, in der Autos „Lifestyle, Kult und Sinnlichkeit" sind (vgl. www.dwdl.de). Das Moderatorenteam besteht aus dem Rennfahrer und Motorjournalisten Matthias Malmedie, dem Moderator aus der RTL 2-Sendung „Die Autoschrauber", Helge Thomson, und dem Profi-Rallye-Pilot Niki Schelle. Gedreht wird an wechselnden Orten, gezeigt werden Tests und Experimente und gesendet wird das Magazin sonntags (www.rtl2.de).

8.1.5.2 Probleme und Kritik am Autojournalismus

Die Auto- und Motorjournalisten bewegen sich in einem hochsensiblen Themenbereich und sind mit Problemen und Kritik konfrontiert, die sich auf folgende Punkte konzentrieren lassen: Autojournalisten haben es mit einem Thema zu tun, das auf der Agenda der Politik, der Wirtschaft und des Sports gleichermaßen, aber in unterschiedlichen Konnotationen steht. Der Automarkt hat sich in den vergangenen Jahren unter der umwelt-, verkehrs- und energiepolitischen Diskussion verändert. Die Autohersteller haben Imageverluste erlitten und sie suchen nach weiteren technischen Entwicklungsmöglichkeiten (Stichwort 3-Liter-Auto oder Hybridmotor).

Die Nähe zur Branche und zur PR der Autokonzerne haben den Autojournalisten einen schlechten Ruf innerhalb des Journalismus ver-schafft (Schwerdtmann 2007: 6ff.; Holm 1995: 111). Gemeinsam mit den Reise-journalisten gehören sie zu denjenigen, die sich von der Industrie einladen lassen, die sie eigentlich kritisch beobachten sollen.

Auch der Auto- und Motorjournalismus bleibt nicht von der Medienkrise verschont: Aufgrund der Strategien zur Kosteneinsparung werden Redaktionen ausgegliedert oder die Produktion der Autoseiten werden an andere Akteure vergeben – wie den ADAC, der die Motorseiten der Samstagsausgabe der Münchener „Abendzeitung" herstellt (Kwant 2007: 16f.).

8.1.5.3 Die Zukunft des Auto- und Motorjournalismus

Gerade vor dem Hintergrund der Debatten und Krisen wird das Thema Auto nie aus den Medien verschwinden. Es bleibt als Generalthema in den Nachrichtenmedien, als Ratgeber und Service in den Zeitschriften und als Spezialisierung mit vielen Facetten im Auto- und Motorjournalismus. So gibt es allein im Segment der Lkw- und Fernfahrer-Zeitschriften eine breite Palette an Publikationen. Mit EuroTransportMedia (ETM) existiert ein Verlag, der ein crossmediales Experiment umsetzt: Neben dem Printmagazin ,Fernfahrer' mit den drei Brüdern ,Modelltrucks', ,Supertrucks' und ,Schwertransport' sendet ETM „Das Radio für den Lkw-Fahrer" und die „Fernfahrer-Nightshow" über die Frequenzen privater landesweiter Hörfunk-Sender in Rheinland-Pfalz, dem Saarland und Teilen Nordrhein-Westfalens sowie in Niedersachsen, Bremen und Hamburg. Beim TV-Sender N 24 wird wöchentlich über „Neues aus der Welt der Nutzfahrzeuge" berichtet (vgl. Büh 2007: 20ff.).

Den Weg in die Crossmedialität oder zumindest ins Internet gehen inzwischen viele der Akteure im Bereich Auto und Motor – nicht nur die Verlage, sondern auch die Automobilindustrie sowie die Autofans und -fahrer selbst, die – zum Teil gut organisiert in Clubs und Vereinen – publizistisch aktiv sind.[24]

---

[24] Als ein Angebot unter vielen siehe www.motorsport360.de.

8.2 Foodjournalismus[26]

Der Begriff Foodjournalismus bürgert sich langsam ein für die „Berichterstattung" über Vieles, was mit Essen und Getränken, mit Ernährung und Kochen zu tun hat. Food ist der englische Begriff für Speisen und Essen, und er ist spätestens mit dem Wort ‚Fast-Food', also mit der Eroberung Deutschlands (und der Welt) durch McDonalds[27] und Co., in den deutschen Wortschatz eingezogen. Mittlerweile gibt es mit Slow-Food (vgl. www.slowfood.de) einen das andere Ende der Skala bezeichnenden Begriff inklusive einer dahinter steckenden Bewegung: Hier kochen Genießer stundenlang für sich und ihre Gäste außergewöhnliche Menüs.

Im Deutschen setzen wir für das Nomen Essen andere Substantive synonym, etwa Nahrung(smittel) oder Speisen; wir meinen aber damit nicht nur das zubereitete oder rohe Lebensmittel oder Gericht, sondern auch die Nahrungsaufnahme selbst. Beides kann unter biologischen, technischen, sozial-kulturellen, religiösen, ökonomischen, politischen, international vergleichenden und zuletzt medienwissenschaftlichen Perspektiven betrachtet werden.

8.2.1 Biologisch-evolutionäre und technologische Entwicklungen

In Spanien haben Paläontologen menschliche Kieferknochen gefunden, die sie auf 1,2 Millionen Jahre schätzen (vgl. Zinkant 2008). Der Titel, damit Teile des ältesten Menschen gefunden zu haben (homo antecessor) wird ihnen jedoch nicht ohne weiteres zugestanden. Wie auch immer: Schon die Vorfahren des homo sapiens haben über ähnliche Kauwerkzeuge verfügt; Gebiss und Kaumuskulatur haben sich allerdings im Zuge der Evolution stark verändert: Dominierten sie früher den Schädel, so bildeten sie sich in Größe und Form um, die Zähne wurden kleiner. Das war bedingt durch die Umstellung der Ernährung von rohem auf gebratenes und gekochtes Fleisch – ermöglicht durch die Entdeckung

---

[26] Während die Autorin dieses Kapitel schreibt, isst sie, da sie sich einbildet, Zuckerzufuhr beflügelt die Gedanken. An dieser Stelle sei Jean-Claude Kaufmann (2006: 332) zitiert: „Wenn zu viel Liebe durch den Magen geht, führt das leider zu überzähligen Kilos auf der Waage und schadet der Gesundheit. Bekanntlich sind Leidenschaften gefährlich und können maßlos werden."

[27] Dass der Siegeszug der Fastfood-Kette McDonalds nicht nur Sprach- und Esskultur, sondern auch Gesellschaft insgesamt verändert hat und nach wie vor beeinflusst, analysiert George Ritzer in seinem Buch „Die McDonaldisierung der Gesellschaft" (2006). Dieser Einfluss beschränkt sich nicht nur auf die Gastronomie, sondern die Prinzipien sind weltweit in anderen Branchen und gesellschaftlichen Bereichen zu finden: Verbreitung über die ganze Welt durch Franchise-System, Einheitlichkeit, Kostenkontrolle, Effizienz, Berechen- und Vorhersagbarkeit, Kontrolle durch nichtmenschliche Technologien.

des Feuers. Darin unterscheidet sich der Mensch von anderen Lebewesen, die zum Überleben gleichermaßen auf die Nahrungsaufnahme angewiesen sind, die Nahrungsmittel aber nicht zubereiten können. Der aufrechte Gang ermöglichte dem Jäger ein erweitertes Blick- und Aktionsfeld und füllte den Speiseplan mit größeren Brocken. Die Nutzung des Feuers zog eine Veränderung der Lebensweise nach sich: Der Mensch wurde sesshaft, baute Wohnhöhlen aus und richtete feste Lagerplätze für erlegtes Wild ein: „Nach Auffassung vieler Prähistoriker und Anthropologen war der Mensch gegenüber der Natur bis zu diesem Zeitpunkt sekundär, nun wurde er ökologisch dominant. Im Gegensatz zu allen Tieren lernte der Mensch, das Feuer gezielt zu entfachen und zu kontrollieren. Mit dem Feuer konnte er kochen, braten, sieden, dünsten oder verbrennen." (Prahl/Setzwein 1999: 34)

Ein weiteres Distinktionsmerkmal liegt darin, dass Menschen über Jahrtausende hinweg eine Kultur der Zubereitung von Essbarem entwickelt haben. Schmecken und Geschmack entwickelten sich; Essen wurde nicht mehr nur aus funktionalen Gründen verschlungen. „Der Geschmack als rudimentärer Sinn hat im Wesentlichen eine Schutzfunktion, er ist eine Art Alarmzeichen, das auf eine Gefahr aufmerksam macht, vor allem wenn er auf Bitteres stößt (viele bittere Substanzen sind giftig). Süßes dagegen löst bei den meisten Tierarten diese Schutzfunktion nicht aus." (Kaufmann 2006: 16) Dieser tierische Instinkt ist trotz aller Zivilisation auch beim Menschen noch nicht vollständig verschwunden: „Die Animalität wird bloß auf Distanz gehalten und besser kontrolliert. Etwas von den alten biologischen Regulierungen der Nahrungsaufnahme ist uns also geblieben. So ist es kein Zufall, dass sich die Vorliebe für Zucker in den modernen Gesellschaften so leicht ausbreiten konnte." (ebd.)

Aufgrund der Sesshaftigkeit begannen die Menschen, Felder zu bewirtschaften und Viehzucht zu betreiben; das Nahrungsangebot wurde vielfältiger. Hinzu kamen durch Räuchern und Pökeln erste Konservierungstechniken auf, die eine von den Jahreszeiten und der Witterung unabhängigeren Speiseplan ermöglichten. Aufgrund der Technologisierung und Industrialisierung wurde zum einen die Mobilität der Menschen erweitert: Sie brachten neue, fremde Nahrungsmittel (insbesondere Gewürze), neue Rezepte und Techniken (wie das Garen) aus fernen Ländern mit, die sie als Händler bereisten oder kolonialisierten (von dort kamen die Kartoffeln, Kaffee, Tee und auch der Kakao).

Ab etwa 1830 herum entwickelte sich die Nahrungsmittelindustrie, zunächst mit dem Anbau und der industriellen Verwertung von Zuckerrüben und schließlich – unter Verwendung von Kunstdünger – der Massenproduktion von getreidebasierten Lebensmitteln und Gemüse. Gleichzeitig sind die Erfindungen zur Lebensmittelkonservierung Meilensteine in der maschinellen Verarbeitung und

Haltbarmachung: Ein Franzose füllte Essen unter Luftabschluss in Gläser, die Dehydrierung machte die Pulverisierung von Lebensmitteln möglich, die mit Wasser aufgekocht werden können (wie Bouillonwürfel); vom Tiefkühlen lebt ein großer Teil der Lebensmittelindustrie. An diesen Verfahren hatten alle Staaten und vor allem deren Militärs ein Interesse, da damit das Ernährungsproblem der monatelang an der Front kämpfenden Soldaten gelöst war (vgl. Prahl/Setzwein 1999: 45ff.).

Auf die Technikgeschichte der Haushaltsgeräte, die nicht nur die Lagerung von Lebensmitteln, sondern auch die Ernährung verändert haben, sei nur kurz verwiesen. Kühl- und Gefrierschränke, Backofen, Gas- und elektrische Herde und zuletzt die Mikrowelle hatten bisweilen geradezu revolutionären Einfluss, von den kleinen „Küchenhelfern" ganz zu schweigen (vgl. Braun/Kaiser 1992: 87ff.).

Biologisch betrachtet findet derzeit auch im Lebensmittelbereich eine Art Globalisierung statt: In Deutschland werden zunehmend vegetarische Produkte entdeckt, um die Gesundheit zu erhalten und das Leben zu verlängern. In China hingegen kämpft die Bevölkerung gerade mit dem staatlich verordneten Konsum von Milch: Die Weltmärkte sind leer gekauft – und die Verdauungstrakte der Chinesen leiden unter der ungewohnten Laktose[28].

8.2.2 Historische und religiöse Betrachtungen

Schon in der Antike entwickelten sich erste Formen des ‚Mahls': Die Nahrungsaufnahme erfüllte nicht mehr in erster Linie den Zweck der körperlichen Funktionsfähigkeit, sondern hatte einen starken gesellschaftlichen Akzent: Bei Essen und Unterhaltung wurde im Römischen Reich und im antiken Griechenland verhandelt und paktiert, Freundschaften geschlossen und Feinde aus dem Weg geschafft (durch Beimischung von Gift[29]).

Die Urbanisierung im Mittelalter führte dazu, dass zwar einerseits die Gewerke im Bereich der Nahrungsmittel ihre Blütezeit erlebten (Bäcker, Müller, Fleischer u.a.) und das Bürgertum entstand, andererseits waren Viehhaltung und Ackerbau in der Stadt unmöglich – Getreide, Gemüse und andere Produkte mussten in die Stadt transportiert und auf Märkten verkauft werden. Hungersnöte und Seuchen, Kriege und politische Krisen brachten immer wieder Unheil über die Gesellschaft; trotzdem oder gerade deshalb entstand in oder nach Not-

---

[28] Ein interessanter Beitrag dazu findet sich unter www.swr.de/swr4.
[29] Der Artikel von Wiebke Plambeck in der Pharmazeutischen Zeitung „Kaiser Claudius' letzter Seufzer" unter www.pharmazeutische-zeitung.de beschreibt anschaulich den Einsatz von Gift in der Antike.

zeiten der Brauch der großen Feste. Gefeiert wurde immer dem jeweiligen Stand entsprechend, was letztlich zur Festigung der sozialen Hierarchien und Machtverhältnissen führte (vgl. Prahl/Setzwein 1999: 39ff.).

In der höfischen Gesellschaft entwickelten sich die ‚Tischsitten'. In den Herrschaftshäusern wurde mit Besteck gegessen, Tischtuch und Servietten waren ein Muss, Porzellan und Glas schmückte und auch das Essen wurde dekorativ präsentiert[30]. Bestimmte Nahrungsmittel, Esskulturen und Lebensstile definierten die gesellschaftlichen Schichten (vgl. Kaufmann 2006: 94ff.).

Religionen und die Kirchen hatten und haben einen unüberschätzbaren Einfluss auf alles, was mit Essen und Genuss zu tun hat. In allen großen Weltreligionen – dem Katholizismus bzw. Christentum, dem Hinduismus, dem Islam, dem Judentum – gibt es klare Regeln und Ordnungen zur Verwendung von Nahrungsmitteln.

„Die Bibel kann als der erste große Nahrungsmittelführer gelesen werden, in dem über Seiten hinweg genauestens aufgeführt wird, was gut zu essen ist und was nicht. So sind die ‚Kleintiere mit Flügeln und vier Füßen' verboten, aber dafür jene Kleintiere erlaubt, ‚die Springbeine haben, um damit auf dem Boden zu hüpfen. Von ihnen dürft ihr die verschiedenen Arten der Wanderheuschrecke, der Solam-, der Hargol- und der Hagabheuschrecke essen'." (Kaufmann 2006: 18)

Der Soziologe Jean-Claude Kaufmann sieht die noch heute eklatanten Ernährungs- und Geschmacksunterschiede weltweit in den unterschiedlichen Religionen und Habitualisierungen begründet. Vor allem das Verhältnis zu Genuss und zu Tabus resultiert aus den religiösen Fun-damenten der jeweiligen Kultur. Tragende Regel in allen Religionen ist die Trennung von Reinem und Unreinem. All dies hat aber beispielsweise die Katholiken und insbesondere die Päpste und hohen katholischen Würdenträger nicht davon abgehalten, im Diesseits unter dem Motto „Carpe diem" zu schlemmen und zu völlen. Mit Buße wurde direkt nach der Verfehlung Abbitte geleistet. Calvinismus und Protestantismus hatten eine etwas andere Sicht der Dinge: Gemäß dieser Religionen konnte man sich nicht bereits auf der Erde von den Sünden befreien, um Erlösung im Himmelreich zu finden. Religiöse Rituale im Zusammenhang mit religiöser Tradition haben sich bis heute erhalten und sind zum Beispiel im Segnen von Nahrungsmitteln am Erntedankfest im Herbst zu bestaunen (vgl. de.wikipedia.org/Erntedankfest).

---

[30] In Oberfranken und der Oberpfalz befinden sich noch viele Orte und Stätten, die an die bis ins 20. Jahrhundert florierende Porzellanindustrie erinnern. Im Porzellanikon (www.porzellanikon.org) wird die Geschichte des Porzellans sehr anschaulich aufbereitet.

8.2.3 Sozial-kulturelle Wandlungsprozesse

Einige wenige Soziologen, insbesondere Ernährungs-Soziologen wie Monika Setzwein, beschäftigen sich intensiv mit Essen und Ernährung als einem gesellschaftlichen Phänomen. Über Essen, insbesondere über gemeinsame Mahlzeiten, bauen sich Beziehungen auf – oder werden zerstört. „Essen", so formuliert es Jean-Claude Kaufmann (2006: 11) aus sozialwissenschaftlicher aber auch menschlicher Sicht, „war niemals eine unbedeutende Angelegenheit". Er beschreibt in seinem Buch „Kochende Leidenschaft" wie „Bei Tisch" Familie hergestellt wird (ebd.: 105ff.) und welche Rolle das Kochen im Verhältnis des Kochs zu anderen spielt (etwa zwischen Mutter und Tochter) (vgl. ebd.: 219ff.).

> „Beim gemeinsamen Essen wird das Band geknüpft, das die Familie zusammenhält. Wie zu Zeiten der Urgesellschaften entsteht Verwandtschaft immer noch durch das Essen aus der gemeinsamen Suppenschüssel, dadurch, dass man Tag und Nacht die Nahrung miteinander teilt. ... Diesem schönen Familienprogramm kann jedoch das freie Individuum der Moderne, vor allem in der Jugend, jederzeit seine losgelösten, luftigleichten Vogelpickereien vorziehen. Die Familie muss sich ihren Kopf zerbrechen, wie sie es im Nest halten kann." (ebd.: 329f.)

Das, was Kaufmann hier ein wenig pathetisch beschreibt, lässt sich anhand vieler Daten und Zahlen sachlich-rational nachvollziehen: In 15,4 von insgesamt 39,7 Millionen Haushalten im Jahr 2007 lebte jeweils nur eine Person (www.statistik-portal.de). Bis zum Jahr 2025 soll es 41 Prozent Einpersonen-, 37 Prozent Zweipersonen- und 22 Prozent Mehrpersonenhaushalte geben (www.heute.de). Aber nicht nur in der Frage des Wohnens lässt sich statistisch ein Wandel ablesen, sondern auch mit Blick auf die deutsche Wirklichkeit rund ums Essen.

Alles ist möglich, die ganze Welt deckt unseren Tisch (vgl. Fichtner 2006: 11). Erdbeeren im Winter, saftige Orangen im Sommer, das ganze Jahr über Kiwis aus Neuseeland – allenfalls schwankende Preise lassen erkennen, dass Obst und Gemüse in fernen Regionen geerntet und aufwändig nach Deutschland (und in die ganze Welt) transportiert werden. Zwar sind die Preise für Grundnahrungsmittel ständig gestiegen und werden weiter steigen, aber der Anteil der privaten Ausgaben für Nahrungsmittel sinkt kontinuierlich. Abgesehen von diesen finanziellen Rahmengrößen sind auch viele „konträre Trends in deutschen Essrealitäten" festzustellen, die mehr auf Psychologie denn Ökonomie beruhen (vgl. Mokosch 2008: 8ff.). Andrea Mokosch nennt ein paar wesentliche Aspekte:

Ernährungswissen versus Ernährungshandeln (ebd.: 9f.): Trotz der Akademisierung des ganzen Feldes und der Erkenntnisse der Ernährungsforschung ist Fehlernährung, als Übergewicht und Fettleibigkeit ebenso wie als Magersucht, ein Problem moderner Gesellschaften (siehe Ernährungsberichte des Bundesministeriums für Landwirtschaft, Ernährung und Gesundheit auf www.gbe-bund.de).

Ernährungsaufklärung und Desorientierung (ebd.: 10): „An Informationen über gesunde Ernährung mangelt es nicht...." Aber sie kommen entweder nicht da an, wo sie sollen, oder sie werden nicht verstanden, als widersprüchlich und einseitig wahrgenommen. Die Diskussionen um die Kennzeichnung von Lebensmitteln innerhalb der Europäischen Union tragen nicht gerade zur Aufklärung bei.

Ernährungsmodelle versus Expertenfehlbarkeit (ebd.: 11f.): Mittlerweile existieren viele verschiedene Modelle und Richtlinien zur täglichen Ernährung; aber statt Klarheit und eindeutiger Aussagen stiften die manchmal deutlich voneinander abweichenden Expertenmeinungen Unsicherheit und Verwirrung. Das beschädigt die Glaubwürdigkeit der Experten und der Forschung insgesamt.

Nahrungssicherheit versus Verbraucherverunsicherung (ebd.: 12f.): Lebensmittel werden heutzutage mit höchsten Qualitätsstandards produziert und kontrolliert – dennoch ist ein Großteil der Verbraucher verunsichert und der Ansicht, dass die Nahrungsmittel früher besser waren.

Industriestandards versus Kundenmisstrauen (ebd.: 13f.): Lebensmittel sind Vertrauensgüter, spätestens seit der Verlagerung der heimischen Aufzucht in die industrielle Massenproduktion. „Insbesondere im zeitgenössischen Umfeld von kommerzialisiertem und hochindustrialisiertem Handel sind die Inhaltsstoffe, Qualitätsmerkmale und Produktionskontexte für den Laien jedoch nur bedingt erkennbar." Nahrungsmittel werden bestrahlt, gefärbt, aromatisiert; die Inhaltsstoffe verstecken sich hinter kryptischen Bezeichnungen. In den vergangenen Jahrzehnten gab es zahlreiche Lebensmittelskandale, angefangen bei den Fischwürmern und der BSE-Krise bis zum „Gammelfleischskandal".

Abnehmende Ernährungskompetenzen (ebd.: 14f.): Mokosch zitiert den FAZ- und Kochbuchautor Jürgen Dollase, der es „einfach unverständlich" findet, „wie wenige Zusammenhänge wir im kulinarischen Sektor begreifen". In den verschiedenen Studien der vergangenen Jahrzehnte wird immer wieder eines festgestellt: Die Wissenslücken hinsichtlich Nahrung und Ernährung werden größer, immer weniger Menschen, vor allem die Jüngeren, beherrschen die Grundtechniken der Lebensmittelzubereitung. Viele Menschen greifen deshalb auf Tiefkühl- bzw. so genannte Convinience-Produkte zurück: Speisen, die zubereitet und nur noch in Topf oder Mikrowelle warm zu machen sind.

Auswirkungen der Individualisierung[31] auf Mahlzeitenmuster (Mokosch 2008: 16f.) und auf die Esskultur (ebd.: 18f.): Das bedeutet, dass Mahlzeiten nicht mehr mit anderen, sondern alleine, und nicht mehr zu festen Essenszeiten, sondern beliebig eingenommen werden. Nur am Wochenende oder während der Woche abends wird zusammen gegessen. Die Gründe dafür sind vielfältig: die Flexibilisierung der Tagesabläufe, die Mobilität, die Erwerbstätigkeit der Frau, der Wandel der Haushaltsgemeinschaften und Wohnformen. Die Esskultur ändert sich entsprechend: Gegessen wird schnell unterwegs oder gar nicht, je nach Hunger und Appetit; auf der anderen Seite werden Essen und Kochen zelebriert, definieren einen ganz bestimmten Lebens- und Persönlichkeitsstil. „Marktforscher sprechen vom ‚hybriden Konsumenten', dessen Verzehrverhalten sich nicht länger in ein Raster pressen lässt." (ebd.: 18) Eingekauft wird an einem Tag beim Discounter, am anderen beim Feinkosthändler; gekocht wird unaufwändig und einfach in der Familie (Endo-Küche) und/oder mit hochwertigen Zutaten und stundenlang für Gäste (Exo-Küche) (vgl. ebd.: 19).

Moderne Küchentrends (ebd.: 19f.): Restaurants bestehen nicht mehr einfach aus Tischen und Stühlen, an denen man isst, sondern außer Haus Essen gehen wird als Event verstanden: Angebote wie Varieté-Dinner, Essen im Dunkeln, außergewöhnliche Lokalitäten in außergewöhnlichen architektonischen Umgebungen fördern die Suche nach etwas Besonderem. Aber auch die Küche Zuhause besteht nicht mehr aus einer praktischen Küchenzeile, sondern aus einem modernen Herd (Gasherd oder Induktionsfeld) als Block in der Mitte eines offenen Raumes, um den herum sich die Gäste gruppieren und beim Kochen zusehen können.

Trotz der Veränderung der Frauenrolle in der Gesellschaft – es sind immer noch die Frauen, denen im Wesentlichen die Rolle der häuslichen Ernährerin und der Chefin in der Küche zugewiesen wird – und die sie auch annehmen (müssen) (vgl. Kaufmann 2006). Im Folgenden ein längeres Zitat aus einer Studie der GfK[32]:

---

[31] Zugrunde gelegt ist hier die Definition von Ulrich Beck (1986: 116): „In allen reichen westlichen Industrieländern ... hat sich in der wohlfahrtstaatlichen Modernisierung nach dem Zweiten Weltkrieg ein *gesellschaftlicher Individualisierungsschub* von bislang unerkannter Reichweite und Dynamik vollzogen (und zwar bei weitgehend konstanten Ungleichheitsrelationen). Das heißt: Auf dem Hintergrund eines vergleichsweise hohen materiellen Lebensstandards und weit vorangetriebenen sozialen Sicherheiten wurden die Menschen in einem historischen Kontinuitätsbruch aus traditionalen Klassenbedingungen und Versorgungsbezügen der Familie herausgelöst und verstärkt auf sich selbst und ihr individuelles Arbeitsmarktschicksal mit allen Risiken, Chancen und Widersprüchen verwiesen."

[32] Leider war nicht zu ermitteln, mit wie vielen und vor allem mit welchen Personen die Studie durchgeführt worden ist. Die Darstellung der Ergebnisse lässt vermuten, dass ein hoher Anteil von Frauen befragt wurde.

„Nach 2003 und 2005 hat die GfK Living im August 2007 zum dritten Male die Grund-
lagenstudie „Küche und Kochen in Deutschland 2007" durchgeführt. Ziel dieser Untersuchung ist
es, über längere Zeiträume Veränderungen im Koch und Backverhalten zu messen, sowie Veränderungen der Küchenausstattung als auch der Küchengeräte aufzuzeigen. Ein Schwerpunkt dieser
Untersuchung lag darin, Trends und Tendenzen in Einstellungen und Verhaltensweisen der Deutschen zum Kochen aufzuzeigen. Wichtige Ergebnisse:
1. An der grundsätzlichen Einstellung der Deutschen zum Kochen hat sich in den zurück-
liegenden 4 Jahren nahezu nichts geändert. Rund 70% der deutschen Hausfrauen sagen von sich,
sie können ganz gut (53%) bzw. sehr gut (16%) kochen. Bei der Zielgruppe der Haushalte, die
einen Kochkurs besucht haben, (erstmalig in 2007 erhoben) steigert sich der Wert der „sehr gut"
Kochenden von 16% auf 22%, die gern und mit Begeisterung kochen.
2. Ein Mehr an regionaler deutscher Küche, Zuwachs bei vegetarischen Gerichten und Wachstum
bei Fischgerichten. Gegenüber 2003 stieg der Anteil der Haushalte, die mindestens einmal pro
Woche regionale deutsche Kost auf den Tisch bringen von 39% auf 42%. Der Anteil an „vegetarischen Gerichten" einmal pro Woche stieg von 33% auf 36% während der letzten 4 Jahre.
Fischgerichte, die einmal pro Woche serviert werden, stiegen im Anteil von 28% auf 32%.
3. Die Begeisterung für das Backen lag in 2005 auf einem hohen Niveau von 33 % und hat sich
innerhalb der letzten 2 Jahre leicht abgeschwächt (auf 31%). Allerdings haben die Haushalte, die
von sich aus behaupten „sehr gut" backen zu können, innerhalb der letzten 4 Jahre von 17% auf
19% zugelegt. Die Backfreudigkeit ist groß, allerdings hat die Backhäufigkeit im 4 Jahresver-
gleich leicht abgenommen, weil generell immer weniger Zeit für häusliche Tätigkeiten aufge-
wendet wird." (www.gfk.com/kueche_und_kochen)

8.2.4 Politische und ökonomische Bedingungen

Essen und Kochen sind nicht nur eine Frage des Lebensstils, der psychologisch-
sozialen Konstellationen, sondern auch und vor allem des Geldes. Wie oben
bereits erwähnt, steigen zwar die Lebenshaltungskosten (hier vor allem die Ausgaben für Energie, aber auch für Lebensmittel), die Ausgaben der Haushalte für
Nahrungsmittel allerdings sinken in Relation zu den Gesamtausgaben kontinuierlich[33]. In dem Consumer-Index der Gesellschaft für Konsumforschung
(GfK) wird beschrieben:

„So haben die Konsumenten ihre Mengennachfrage nach Gütern des täglichen Bedarfs im ersten
Halbjahr 2008 gegenüber dem entsprechenden Vorjahreszeitraum spürbar reduziert. Die Ein-
schränkung betrifft dabei nicht nur die Nahrungsmittelsortimente, in denen die Preise spürbar gestiegen sind, sondern auch andere Bereiche wie beispielsweise Wasch-, Putz- und Reinigungsmit-
tel. Steigende Preise zwingen generell zu sparsamerem und sorgfältigerem Umgang mit den ein-
gekauften Gütern. Die Einkaufsmengen bei Lebensmitteln lassen sich zum Beispiel auch dadurch
reduzieren, indem man nicht so vieles schlecht werden lässt. Im Restmüll eines durchschnittli-

---

[33] Daten dazu werden alle fünf Jahre vom Bundesamt für Statistik erfasst. Aktuell läuft der Aufruf
zur freiwilligen Teilnahme für das Jahr 2008; die Daten der letzten Erhebung 2003 sind abrufbar
unter www.evs2008.de.

chen Haushalts fanden sich nach Untersuchungen der Uni Wien rund zehn Prozent originalver-packte Lebensmittel. Dieser Anteil dürfte angesichts der steigenden Preise zurückgehen. Eine Rolle spielt auch der höhere Außer-Haus-Konsum (vornehmlich in Kantinen) durch die immer noch steigende Beschäftigung". (www.gfk.com/consumerindex).

Geht es Wirtschaft und Menschen (finanziell) besser, „profitieren zunächst die ‚kleinen Freuden', also die höherwertigen Produkte aus den Bereichen Essen und Trinken". Allerdings belohnen sich die Verbraucher immer seltener mit Süßwaren: Neben den Temperaturen spielt „die Debatte über Fettleibigkeit [eine große Rolle; BD], die neuerdings auch in Deutschland mit Vehemenz geführt wird. Dies erzeugt ein schlechtes Gewissen auch bei den Verbrauchern, die es eigentlich nicht betrifft, und das ist keine gute Konstellation für die Süßware." (www.gfk.com/studien_und_publikationen)

Die Politik hat diese Diskussion nicht unwesentlich angeheizt; vor allem der damalige Verbraucherschutzminister Horst Seehofer (CSU) und Gesundheits-ministerin Ulla Schmidt (SPD) wollten mit einem Aktionsplan unter dem Titel „In Form" und zusätzlichen zehn Millionen Euro jährlich Sportprogramme und besseres Schulessen fördern. Auf EU-Ebene diskutiert wird immer noch über die so genannte „Ampelkennzeichnung" von Lebensmitteln: Die Farbe rot soll Zucker- und Fettbomben kennzeichnen, grün steht für unbedenklich (vgl. wissen.spiegel.de/wissen/dokument).

8.2.5 Essen in den Medien

„Kinder, Essen ist fertig! Das Fernsehen kocht." (Holst 2008). Kochen im Fern-sehen boomt: Egal ob öffentlich-rechtlich oder privat – geschnibbelt und ge-rührt, gedünstet und gebraten wird auf allen Kanälen, allein bei ARD, ZDF und den Dritten summiert sich die Sendezeit auf 50 Stunden pro Woche (vgl. Holst 2008; Bonder 2007: 19ff.). Kochen und Essen sind weder im Fernsehen noch in den Printmedien ein neues Thema: „In den 50er-Jahren bereicherte Clemens Wilmenrod die deutsche Küche via TV um Exotisches wie den Toast Hawaii. In den 70ern lehrte Max Inzinger ... die Hausfrau, wie man Kohlrouladen etwas mehr Pfiff verleiht (Estragon!). Dann kam Alfred Biolek: Mit „alfredissimo!" wurde Kochen 1994 zu einem Genre der Unterhaltungssparte – die gute alte Kochsendung zur modernen Koch-*Show*." (ebd.) Sterne-Köche wie Johann Lafer sind sich nicht zu schade fürs TV-Kochstudio, andere wie Tim Mälzer werden darüber erst richtig berühmt, verkaufen Kochbücher, eigene Produkte.

Auch in den Printmedien gehören Themen rund um Kochen und Ernährung zum Repertoire: Vor allem in den Frauenzeitschriften finden sich von Beginn an Tipps und Rezepte, um der Hausfrau das Leben zu erleichtern. Eva Koball

(2008) hat in einer Analyse von Ausgaben der Zeitschrift „Brigitte" aus den Jahren 1958 und 2008 festgestellt (ebd.: 44):

> „Die Ess-Rubrik der „Brigitte" 1958 richtet sich an einen völlig anderen Typ Frau als die der ‚Brigitte' 2008. Im Jahr 1958 fand die Leserin in den Heften schnörkellose Rezepte ohne Foto-grafien, die ihr Anreize für das nächste Mittagessen gaben. Die Werbung auf den Seiten zeigte Unverzichtbares für jede ‚gute' Hausfrau – Bodenpflegemaschinen, Arznei für den Säugling oder die neueste Nähmaschine. Unter der Rubrik *‚Brigitte hat Gäste'* konnte die Hausfrau und moder-ne Gastgeberin nachlesen, wie sie bei ihrer nächsten Party punkten kann – mit einer internationa-len Käseplatte, einem fruchtigen Cocktail und vor allem der richtigen Aussprache der fremden Zutaten. Heute richtet sich das Heft an eine Frau, die nicht aus Pflicht kocht, sondern aus Lust und Leidenschaft. Alle Rezepte sind wenig alltagstauglich, sie bieten sich eher für das nächste Sommerfest oder die Grillparty an. Die farbigen Fotos versuchen geradezu um die Wette zu über-zeugen, eins sieht leckerer aus als das andere. Nicht die Rezepte selbst regen zum Nachkochen an, sondern die Aufmachung der Bilder. Die Rezepte dienen heute mehr der Ideenfindung und Inspiration, als dass sie regelmäßig in den Alltag integriert werden können."

Koball führte diese Unterschiede vor allem auf die jeweiligen sozial-kulturellen und ökonomischen Rahmenbedingungen zurück: 1958 war Fleisch eines der Hauptnahrungsmittel in den Rezepten, während Fisch und vor allem vegeta-rische Gerichte keine Rolle spielten. Dementsprechend fetthaltig waren die Gerichte. Dies war noch ein Effekt der Nachkriegszeit. Heute werden bei allen Kochvorschlägen die genauen Nährwerte angegeben und vor allem der Verweis auf ‚gesunde' pflanzliche Fette ist unverzichtbar.

Menschen nutzen Medien als Informationsquelle zu Ernährungsfragen: Laut Lücke (2006: 45) sprechen 75,7 Prozent der Befragten mit Familie, Freunden und Bekannten über das Thema; einen ähnlich hohen Wert erreichen (Koch-) Bücher und Broschüren (75,6%); es folgen Zeitschriften (64,7%), Zeitungen (61,9%), Fernsehen (49,3%), Arzt/Apotheker (42,8%), Radio (38,8%), Internet (32,8%); genannt werden dann die Lebensmittelhersteller, Krankenkassen, Verbraucherberatungsstellen, die Werbung, die Deutsche Gesellschaft für Er-nährung (DGE) sowie die Volkshochschulen.

Die Datenbank des Verbandes der Zeitschriftenverleger listet in der Kategorie Publikumszeitschriften für das Jahr 2008 (nach IVW-Angaben) 29 Titel in der Rubrik Esszeitschriften (www.pz-online.de).

Titel	Verbreitung	Verkauf
A la carte – Das Restaurant-Magazin	31.515	26.907
ARD Buffet	212.794	211.728
Bild der Frau Gut kochen & backen	117.416	117.037
Bild der Frau Schlank & fit	165.989	165.989
DER FEINSCHMECKER	98.025	92.988
ESSEN & TRINKEN	184.514	177.640
ESSEN & TRINKEN FÜR JEDEN TAG	175.185	173.318
Kochen & Genießen	276.370	274.318
kreative küche	126.276	125.160
LA CUCINA ITALIANA	22.195	21.875
LECKER	118.872	116.871
Lisa Kochen & Backen	148.808	116.871
Meine Familie & ich	353.144	352.009
Rezepte mit Pfiff	28.425	27.094
REZEPTE pur	146.452	146.368
Selection mit Weinspektrum	41.460	29.306
Tina Koch & Back-Ideen	140.821	140.432
Vinum	38.329	34.416
VIVA!	64.432	62.725
WEIN GOURMET	42.447	39.746

Tab. 12: Auflage der Esszeitschriften 2008 (www.pz-online.de)

Herausgeber sind große und kleine Verlage; die großen Publikumszeitschriftenverleger haben ihr Angebot im Bereich der Special-Interest und hier der Esszeitschriften in so genannten Line-Extensions diversifiziert (etwa ‚Bild der Frau' vom Springer-Verlag oder ‚Essen & Trinken' von Gruner & Jahr). In der IVW-Auflagenstatistik sind wiederum in der Rubrik Fachzeitschriften, Gruppe Konsumgüter 302 Titel aufgeführt (daten.ivw.eu/konsumgüter). Die Datenbank der Deutschen Fachpresse (www.media-info.net) listet im Bereich der Gruppen Nahrungs- und Genussmittel 52 und unter dem Stichwort Getränkeherstellung 17 Fachzeitschriften. Die Themen reichen vom Backen und Brauen über Eier und Geflügel bis hin zu „Welt der Milch" und Zuckerindustrie. Betrachtet man die Entwicklung seit den 90er Jahren, so ist ein starker Anstieg sowohl bei der Zahl der Titel als auch der Auflage festzustellen.

Für den praktischen Journalismus sind Essen, Kochen, Ernährung und Trinken zu einem wichtigen Themenfeld geworden. Die Medienwissenschaft allerdings hat dieses Feld bisher kaum (oder primär) unter dem Aspekt der Gesundheitskommunikation (vgl. Rössler 2006; Rössler/Lücke/Wilhöft 2003) behandelt. Für die Konsumforschung ist es jedoch regelmäßige Analysen wert. Aus einer GfK-Studie ist zu entnehmen:

> „Der Ratgebermarkt Essen und Trinken erholt sich langsam von der Talfahrt der letzten Jahre. Im Vergleich zum 1. Halbjahr 2006 wuchs der Markt im 1. Halbjahr 2007 um 7 Prozent, wenn gleich das Niveau von 2005 nicht erreichbar scheint. Insbesondere Themen- und Länderküchen-Kochbücher verkauften sich stärker als noch im Vorjahreszeitraum.
> Fast Zweidrittel aller Ratgeber Essen und Trinken werden von Frauen gekauft. Innerhalb dieser Kernzielgruppe für Koch- und Backbücher unterscheidet sich das Kaufverhalten. So kaufen z.B. Frauen im Alter von 30 bis 49 Jahren überproportional häufig Kochbücher, die die gesunde und schlanke Küche zum Inhalt haben. Backen ist eher ein Thema bis 49 Jahre, während dessen Frauen über 50 gern Themenkochbücher nachfragen." (www.gfk.com/chart_der_woche)

8.2.6 Foodjournalismus als Fachjournalismus

Foodjournalismus ist nicht nur definiert durch das Abdrucken und Bebildern von Rezepten. Innerhalb dieser Sparte gibt es viele Verzweigungen, auch stark hinein in den Fachjournalismus. Andrea Mokosch (2005) hat dies am Beispiel der drei auflagenstärksten Wein-Zeitschriften untersucht. Ihr Fazit: Alle drei Publikationen legen großen Wert auf die Visualisierung ihrer service- und auch tatsachenbetonten Texte, durch Fotos, Grafiken und Zeichnungen, Tabellen und Infokästen mit Adressen (vgl. ebd.: 8f.). Als besondere journalistische Darstellungs-form sind so genannte Verkostungstests und -berichte zu finden (vgl. ebd.: 10): Den Beschreibungen der Anbau-Region folgen tabellarische Rankings der gekosteten Weine. Mokosch fiel auf, dass es keine negativen Noten gibt, sondern in der Regel gute Bewertungen mit entsprechenden Kaufempfehlungen. In ihrer Sprachanalyse hat die Autorin herausgearbeitet, dass viele Fachausdrücke in den Texten verwendet werden, zum einen Begriffe aus der Sprache der Winzer und Önologen[34], zum anderen Wörter, mit denen Verkoster ihre sensorischen Eindrücke beschreiben. Begriffe wie ‚Minze' und ‚Himbeere', ‚kraftvoll'

---

[34] Rebbau-Ingenieure mit abgeschlossenem Studium; Önologie = Weinwirtschaft; Studium z.B. an der Universität Gießen/Fachhochschule Wiesbaden/Forschungsanstalt Geisenheim.

und ,fruchtig' stammen aus der Alltagssprache, dienen in der Fach-Weinsprache jedoch dazu, Assoziationen zu bekannten Geschmacks- und Duftrichtungen zu wecken (vgl. ebd.: 11ff.). Diese fachjournalistischen Wein-Zeitschriften sind also nur etwas für Interessierte und Kenner.

In den vorangegangenen Kapiteln wurde aufgezeigt, wie sich gesellschaftliche Esskultur entwickelt hat und wie Journalismus dieses Feld beobachtet und bearbeitet. Es lässt sich an diesem Thema gut zeigen, dass es eine starke Auffächerung gibt: Da Essen und Ernährung zum Alltag der Menschen gehören, ist es per se ein Thema für Journalismus. Nützliche Tipps und Rezepte für den Alltag sind vor allem in Frauenzeitschriften und den so genannten Lifestyle-Magazinen zu finden; unterhaltsame Formate, bei denen fraglich ist, ob das Vorgeführte umgesetzt wird, bietet das Fernsehen. Die fachjournalistischen Angebote haben sich aber auch spezifische Nischen erschlossen: Es gibt für alle Trends in Küche und Esskultur eine Widerspiegelung im Journalismus – die verschiedenen Wein-Zeitschriften seien nur als ein Beispiel genannt.

8.3 Medienjournalismus

Medienjournalismus als Spezialisierung des Journalismus ist verbunden mit der Kommunikation moderner Gesellschaften über Massenmedien. Deshalb setzt das Verständnis von Medienjournalismus nicht an bei der Geschichte des Publizierens als öffentlicher Kommunikation (vgl. Rühl 1999). Sie beginnt auch nicht bei der Medienkritik „als Formen des kritischen Diskurses über die Medien der öffentlichen Kommunikation, die von ihnen verbreiteten Aussagen sowie deren Voraussetzungen und Folgen" – damit müsste man schon bis Platon zurück gehen, der die Lektüre von Homer missbilligte, „weil sie ein schädliches Bild der Götterwelt" förderte oder bis ins Mittelalter, als die Kirche dem Buchdruck misstraute, „weil sie ihr Ideenmonopol gefährdet sah" (Roß 2005: 243). Sondern Medienjournalismus beginnt mit der Entstehung der Mediengesellschaft.

> „‚Mediengesellschaft' ist ein geläufiges Etikett für die Epoche, die wir zu Beginn des 21. Jahrhunderts miterleben. Es signalisiert, dass die Massenmedien in das Zentrum von Staat und Gesellschaft gerückt sind, dass sie alle gesellschaftlichen Bereiche durchdringen und die Voraussetzung bieten für eine Beteiligung von jedermann an der öffentlichen Kommunikation, und das sogar weltweit. Die Medien sind allgegenwärtig in Politik und Wirtschaft, Arbeit und Freizeit, Bildung und Kunst, in der öffentlichen wie in den privaten Sphäre. Menschen in der Mediengesellschaft verbringen die meiste Zeit in ihrem Leben – neben Schlafen und Arbeiten – mit der Nutzung von Massenkommunikation." (Noelle-Neumann u.a. 2003: 4)

Diese Entwicklung begann selbstverständlich nicht mit einem Urknall oder einem Wunder, sondern sie fand über die Jahrhunderte hinweg betrachtet statt. Allerdings konzentriert sich die wissenschaftliche Aufarbeitung dieser Epochen im Wesentlichen auf die technische Entwicklung sowie die Gattungsgeschichte der Presse, des Hörfunks und des Fernsehens. Eine sozio-historische Untersuchung, „wie sich die gesellschaftlichen Kommunikations- und Medienstrukturen entwickelt haben" (Jarren/Meier: 2002: 126), fehlt bisher. Denn nicht nur die technischen Innovationen sind wesentlich für diesen Prozess, sondern auch die Frage nach dem Verhältnis der gesellschaftlichen Akteure zu den Medien und die Zugänglichkeit des Systems für alle Bevölkerungsgruppen. „Erst in der zweiten Hälfte des 19. Jahrhunderts waren alle gesellschaftlichen Klassen und Schichten in das Printmediensystem integriert." (ebd.) Spätestens damit wird die Epoche eingeläutet, in der die Menschen nicht nur aufgrund gestiegener Mobilität mehr Primärerfahrungen sammeln können als vor der Erfindung schneller Transportmittel – sie erleben jetzt auch indirekt Ereignisse in der Ferne über die Berichterstattung in (gedruckten) Massenmedien. Diese medienvermittelten Sekundärerfahrungen konstruieren eine neue, andere, parallel zur realen Lebenswelt existierende Wirklichkeit (vgl. Merten/Schmidt/Weischenberg 1994).

Zweifellos stehen Nutzung und Wirkung der Medien sowie die technischen Fortschritte in unmittelbarer Wechselwirkung: Die Evolution bewirkt „eine Beschleunigung der Kommunikationsentwicklung. In immer kürzerer Zeit entstehen *immer mehr Medien* und umgekehrt: Je mehr Medien entstehen, umso schneller entstehen *noch mehr Medien*" (Merten 1994: 153). Nicht zuletzt durch die Digitalisierung hat sich die Medienkommunikation nochmals rasant beschleunigt. In den folgenden Kapiteln wird die Rolle der Massenmedien in modernen Gesellschaften dargestellt und die Rolle des Beobachters Medienjournalismus diskutiert.

8.3.1 Die Rolle der Medien in der modernen Gesellschaft

Allein Quantitäten sagen nichts aus über die Wertigkeit von Medien in der Gesellschaft, aber sie geben wichtige Hinweise darauf. Seit 1964 beobachten Medienforscher im Auftrag der öffentlich-rechtlichen Rundfunkanstalten die Mediennutzung und -bewertung in Deutschland. Aus dieser einzigen Langzeitstudie – alle fünf Jahre unter dem Titel „Massenkommunikation" veröffentlicht – seien einige Daten zitiert:

BRD gesamt in % (bis 1990 nur alte Bundesländer); von 100 Personen verfügen in ihren Haushalten über	1970	1980	1990	2000	2005
Mind. 1 TV-Gerät	85	97	98	98	98
- *Davon 2 und mehr*		27	31	49	45
Mit TV-Digitaldecoder				5	21
Mind. 1 Hörfunkgerät	95	98	98	98	97
- *Davon 2 und mehr*	30	63	71	82	75
CD-Spieler				84	87
Videorecorder		1	41	77	75
PC				54	71
- *Davon Internetzugang mit Modem/ISDN*				51	70

Tab. 13: Ausstattung der Haushalte mit Medien 1970 bis 2005 (nach MK VII 2006: 24; Abb. 3.1)

Bei den klassischen elektronischen Medien Fernsehen und Hörfunk und analogen Geräten wie Videorecorder ist der Sättigungsgrad schon vor Jahren erreicht worden. Wachstumsimpulse gab es vor allem im Bereich der digitalen Geräte: „Die Digitalisierung hat unsere Gesellschaft in den letzten Jahrzehnten so dramatisch verändert wie kaum eine andere Entwicklung." (ebd.: 23) Gemeint ist damit nicht nur der Wandel der Technik, sondern diese wiederum hat die Inhalte und die Nutzung verändert: Hunderte von Voll- und Spartenprogrammen sind rund um die Uhr Zuhause und unterwegs, jetzt oder später, live oder aus dem Speicher abrufbar.

Bei der Reichweitenentwicklung der tagesaktuellen Medien (vgl. ebd.: 32) zeigt sich ganz klar, dass die gedruckten gegenüber den elektronischen Medien verloren haben: Lagen Fernsehen (72%), Hörfunk (67%) und Zeitung (70%) bei der täglichen Nutzung 1970 noch dicht zusammen, so gilt dies 2005 nur noch für Fernsehen (89%) und Hörfunk (84%); täglich zur Zeitung greifen nur noch 51%, im Internet surfen hingegen schon 28%. Medienangebote zu lesen, zu hören und zu sehen war und ist eine der liebsten Freizeitbeschäftigungen. Täglich oder mindestens mehrmals die Woche blättert der Deutsche in einem gedruckten Medium, schaltet Radio, Fernsehen oder Computer ein, hört Musik auf Platte, CD oder im MP3-Format. Nur noch die sportliche Betätigung kann da beim zeitlichen Aufwand mithalten; bei jüngeren Menschen stehen auch noch Kneipenbesuche an höherer Stelle auf der Aktivitätsliste.

Die Nutzung des Internets geht mehr und mehr auf Kosten des Fernsehens; vor allem Jüngere sind inzwischen lieber online als sich vor den Fernseher zu setzen – oder verbinden beides miteinander. Allerdings scheint die große Euphorie erst einmal vorüber zu sein, denn die Nutzungsdauer steigt nicht mehr so rasant an wie noch um die Jahrtausendwende – im Gegenteil: Die durchschnittliche Verweildauer ist zwischen den Jahren 2003 und 2009 leicht gesunken (vgl. von Eimeren/Freis 2009: 346).

Über die vergangenen Jahre hinweg hat sich eine Unterscheidung der Medien im Hinblick auf die Nutzungsmotive bestätigt: Während vor allem die Zeitung gelesen wird, um sich zu informieren, mitreden zu können und Denkanstöße zu bekommen, dominieren bei den elektronischen Medien Unterhaltungs- und Eskapismus-Motive. Beim Internet halten sich die Befriedigung des Informationsbedürfnisses und der Suche nach Entspannung noch die Waage (vgl. MK VII 2006: 71). Die Langzeitstudie zeigt, dass es nicht ein typisches Mediennutzungsverhalten gibt, sondern dass soziodemografische Merkmale, politisches Interesse, die Zugehörigkeit zu einer Generation oder die Präferenz für das öffentlich-rechtliche oder privat-kommerzielle Mediensystem eine große Rolle spielen. „In der Kohortenanalyse wird besonders deutlich, wie der zeitgeschichtliche Trend zur Mediengesellschaft von den jüngeren Geburtskohorten bestimmt wird." (ebd.: 195)

Die Mediennutzung ist selbstverständlich eng an das Medienangebot gekoppelt: Rund um die Uhr verfügbar über Antenne, Kabel und Satellit sind spätestens seit der Expansion des elektronischen Marktes in den 90er Jahren durch den Zutritt der privaten Hörfunk- und Rundfunkanbieter Programme von A bis Z und entsprechend vielfältige Inhalte. Der Zeitschriftenmarkt, insbesondere die Segmente Special-Interest und Fachzeitschriften, ist bis ins Jahr 2008 expandiert. Medieninhalte sind mittlerweile in einer unüberschaubaren Zahl von Studien untersucht worden: getrennt oder unterschieden nach Mediengattungen (Print und elektronische Medien), nach Themengebieten (etwa Politikberichterstattung) und Ereignissen (wie Kriege und Terroranschläge), nach Kriterien wie Nachrichtenfaktoren und Qualität, unter Aspekten wie der Frage nach dem Einfluss von PR und Werbung (vgl. Maurer/Reinemann 2006).

Maurer und Reinemann (ebd.) strukturieren in ihrer Metaanalyse das Medienangebot in Deutschland in aktuelle Berichterstattung, Unterhaltung und Werbung; den aktuellen Informationsjournalismus unterteilen sie wiederum in Politik (inklusive Wahlen, Skandale, Ausländer- und Auslandsthemen), Wirtschaft, die Berichterstattung über Gewalt, Kriege und Kriminalität, die Berichterstattung über Risiken (Umwelt, Technik, Gesundheit) und Sport.

Kurz: Es gibt kein Themenfeld, kein Ereignis, keinen Aspekt, der nicht irgendwann in irgendeinem Medium thematisiert worden wäre oder werden würde (vgl. Dernbach 2000). Medien sind darüber hinaus nicht nur Themenlieferanten und Beobachter von Gesellschaft, sondern selbst politische, ökonomische und sozial-kulturelle Akteure:

Der Einfluss der Medien auf politisches Handeln ist zwar nicht wirklich in seinen Effekten quantifizierbar, aber zweifellos vorhanden (siehe Hachmeister 2007; Bruns 2007). Politik und Medien, hier insbesondere Politikjournalismus als Beobachterinstanz von Politik, sind autopoietische, strukturell gekoppelte Systeme. Sie beeinflussen sich gegenseitig nicht in ihren grundlegenden Strukturen, nehmen sich aber in höchstem Maße gegenseitig wahr, erzeugen Resonanz beim jeweils Anderen, bis hin zur Irritation und Störung[35].

Medien, die neben Journalismus auch Unterhaltung und Werbung gegen Bezahlung anbieten, sind Wirtschaftsunternehmen. Allerdings haben sie, anders als zum Beispiel die Hersteller von Fahrzeugen oder Küchengeräten, einen besonderen Auftrag: Sie garantieren die Informations- und Meinungsäußerungsfreiheit und damit sind sie selbst durch Artikel 5 Grundgesetz geschützt. Sie haben

---

[35] Mehr und Grundlegendes dazu siehe Münch, Richard (1991): Dialektik der Kommunikationsgesellschaft. Frankfurt am Main.

Privilegien, wie beispielsweise ein exklusives Zugangsrecht zu Informationen, aber auch Pflichten wie die Wahrung der Sorgfalt und die Pflicht zur Gegendarstellung falscher Tatsachen. Diese Sonderstellung setzt Wirtschaftsunternehmen normativ betrachtet unter Druck: Aufgrund der Verpflichtung, eine Grundversorgung an Informationen und Beiträgen zur Meinungsbildung sicherzustellen und aufgrund der Funktionszuweisung der Kritik und Kontrolle können sie sich nicht ohne weiteres den Marktbedingungen einer ökonomisierten Gesellschaft anpassen und ausschließlich das anbieten, was die Konsumenten am stärksten nachfragen.

Ohne Medienkampagnen wäre der Schließung manch kleiner Theater keine Aufmerksamkeit zugekommen. Ohne die Feuilletons und Kulturprogramme in gedruckten und elektronischen Medien wäre die Gesellschaft um eine wesentliche Facette ärmer. Allerdings setzt gerade hier die Medienkritik am stärksten an: Tragen nicht die Medien selbst zu einer McDonaldisierung, zu einer Banalisierung und Verdummung der Gesellschaft bei (siehe Jürgs 2009)? Diese Kritik ist so alt wie die Medien selbst und wiederholt die Angriffe von der „Sprachverhunzung" (Arthur Schopenhauer) über den Vorwurf an die „Zeitungsschreiber" (Friedrich Nietzsche), sie hätten weder Bildung noch Sachkompetenz, bis hin zum Vorwurf, ein rein „kapitalistisches Geschäft" (Ferdinand von Lassalle) zu betreiben (Roß 2006).

8.3.2 Der Journalismus-Beobachter Medienjournalismus

An all diesen Punkten setzt Medienjournalismus an: Er beobachtet Medien. Das leistet er zum Beispiel in Form der Medienkritik, die allerdings auch von anderen gesellschaftlichen Akteuren kommuniziert wird – meist in den Medien. Medienjournalismus ist also Beobachter des Systems Medien. Das ist heikel, denn im Gegensatz zu den anderen Feldern gehört Medienjournalismus diesem System selbst an. Ein Dilemma, das es zu analysieren gilt, um etwas über die Zukunft des Medienjournalismus aussagen zu können.

8.3.2.1 Die Geschichte der Medienkritik

Anknüpfend an das unter 8.3 Gesagte lassen wir nochmals kurz die Geschichte der Medienkritik Revue passieren. Nach Roß (2005: 242ff) ist der Begriff der Medienkritik der ältere: Während sich Medienjournalismus erst um die 1960er Jahre durch die Etablierung des Fernsehens, die entsprechende Wahrnehmung als Themen- und Problemfeld in Fach-Pressediensten und die Professionalisierung der Medienjournalisten durchsetzte, begann die Zeit der modernen Medienkritik in der frühen Phase des 19. Jahrhunderts, also im Zuge der Französischen Revolution und Aufklärung. Es regierte „Fortschrittsoptimismus" und im Sinne der Zeit wurden „Öffentlichkeit" und „Preßfreiheit" gefordert (Roß 2006): „Zeitungen und Zeitschriften, die immer zahlreicher, wenngleich oft kurzlebig und mit geringer Auflage erschienen, galten als vorzügliche Instrumente der auf bürgerliche Emanzipation und Partizipation gerichteten liberalen und republikanischen Bestrebungen." (ebd.) Allen voran Publizisten wie Joseph Görres oder Heinrich Heine begründeten Notwendigkeit und Aufgaben der Publizistik in einem Tenor, der „auch heute noch in Urteilsbegründungen des Bundesverfassungsgerichts Platz finden könnte[n]" (ebd.). „Insgesamt aber ist die Frühzeit dessen, was man den frühen Medienjournalismus nennen kann, geprägt von einer optimistischen Selbstlegitimation der Presse als konstitutives öffentliches Korrektiv gegenüber den herrschenden Strukturen." (ebd.)

Die Phase ab der zweiten Hälfte des 19. Jahrhunderts ist bestimmt durch zwei wesentliche, einander steuernde und gleichzeitig behindernde Entwicklungen: den technischen Innovationen in Druck und Vertrieb und gleichzeitig den Repressionen seitens der Politik. Zeitungen und Zeitschriften konnten nunmehr ein Massenpublikum erreichen, aber die publizistisch-inhaltlichen Spielräume waren aufgrund politischer Restriktionen eingeengt. Die Medien boten aufgrund dessen weniger kontroverse denn unterhaltsame Inhalte an – was ihnen vor allem seitens des Bildungsbürgertums herbe Kritik einbrachte (vgl. ebd.). Damals zeichnete sich schon die Anfälligkeit der Medien für kommerzielle Interessen ab: „Ihre politisch-gesellschaftlichen Ambitionen traten in den Hintergrund, ihre von den realen Problemen ablenkenden, bloß unterhaltenden Potenziale wurden dominant." (ebd.)

Im Ersten Weltkrieg deutete sich bereits die „manipulative Macht der Massenmedien" an, die sich in der „hemmungslosen Medienpropaganda der totalitären kommunistischen und nationalsozialistischen Systeme bestätigt". (ebd.) Die Kritik am Mediensystem blieb bis heute und wurde zu einer komplexen Kritik der Mediengesellschaft ausgeweitet[36].

Mit der Einführung und Ausbreitung der elektronischen Medien erhielt der Medienjournalismus einen enormen Schub; gleichwohl konzentrierte er sich damals fast ausschließlich auf die Publikation von Hörfunk- und Fernsehpro-

---

[36] Neben den Vertretern der Frankfurter Schule wie Theodor W. Adorno und Herbert Marcuse sei hier der Amerikaner Neil Postman genannt, dessen Bücher „Wir amüsieren uns zu Tode" (1985) und „Das Verschwinden der Kindheit" (1987) in den 80er Jahren große Aufmerksamkeit erregten.

grammen[37]. Erst mit der Etablierung des Dualen Systems ab Mitte der 80er Jahre kommen medienpolitische und -ökonomische Fragen hinzu (ebd.).

Die Verlage und ein kleiner Teil der Rundfunksender begannen schon in den 1970er Jahren mit einem Ausbau der Medienredaktionen: Große regionale und überregionale Blätter, allen voran die Süddeutsche Zeitung, verhalfen einer reflektierenden und kritischen Medienberichterstattung zur Selbstständigkeit (vgl. Krüger/Müller-Sachse 1998: 208). Aber mit der Kommerzialisierung des Hörfunk- und Fernsehmarktes, bei dem auch die Verlage mitmischten, hatte die Hochzeit der meisten Medienredaktionen schon bald wieder ein Ende. Und die Medienkrise in den Jahren 2001 und 2002 ließ als erstes die Sparmaßnahmen bei den Medienfachredaktionen greifen.

8.3.2.2 Die Funktionen und Formen des Medienjournalismus

Bevor auf dieses Dilemma des Medienjournalismus weiter eingegangen wird, soll zunächst einmal erläutert werden, was sich hinter dem Begriff verbirgt. Krüger und Müller-Sachse (1998: 16) unterscheiden drei Funktionsbereiche von Medienjournalismus (vgl. auch Brückerhoff 2008).

(1) die spezialisierte Medienpublizistik, die sich an Teilöffentlichkeiten innerhalb des Mediensystems selbst wendet; dazu gehören Pressedienste (wie Jaeckel-Report) und Fachzeitschriften (wie Medium Magazin), Verbandspublikationen (etwa Journalist) und Branchenblätter (wie Horizont), wissenschaftliche Publikationen (z.B. Publizistik) und PR-Veröffentlichungen der Programmanbieter (z.B. arte Magazin) selbst. Dies ist Medienjournalismus als Fachjournalismus im engen Sinne, da die Informationen zunächst im Kreis der Insider und Informierten bleiben.

(2) die Medienberichterstattung in aktuellen Massemedien für das heterogene Publikum. Hierzu zählen die Informationen auf den Medienseiten der Tagespresse, die Berichterstattung in Nachrichtenmagazinen sowie die Formate in Hörfunk und Fernsehen (z.B. DLF „Markt und Medien" und Zapp im NDR[38]). Allerdings gibt es hier große quantitative und qualitative Unterschiede: In vielen Tageszeitungen bietet die Medienseite neben dem aktuellen Fernsehprogramm nur einige Hintergrundnachrichten, häufig Klatsch und Tratsch aus dem Bereich des Fernse-

---

[37] Seegers (2001) bietet auch einen Rückblick auf die Geschichte der ersten deutschen Programmzeitschrift „Hörzu", die seit 1946 im Springer Verlag veröffentlicht wird.
[38] Claudia Brunst (2002) beschreibt den schwierigen Start der NDR-Mediensendung, vor allem weil die Zielgruppendefinition sowie die Exklusivität der Themen als ausschließliche Medienthemen problematisch waren.

hens. Medienpolitische und -ökonomische Fragen werden nur in wenigen Leitmedien wie der Süddeutschen Zeitung und den Nachrichtenmagazinen Spiegel und Focus regelmäßig thematisiert. Sie „bilden so etwas wie einen schmalen publizistischen Verbindungskorridor zwischen der spezialisierten Fachöffentlichkeit und der allgemeinen Öffentlichkeit" (Krüger/Müller-Sachse 1998: 19). Brückerhoff (2008) bezeichnet dies als „General-Interest-Medienjournalismus".

(3) die Programmpresse, die das Publikum in seiner Rolle als Medien-, insbesondere als Fernsehkonsument anspricht. Die Informationsgemeinschaft zur Feststellung der Verbreitung von Werbeträgern (IVW) listet 38 Programmzeitschriften mit einer Gesamtauflage von über 15 Millionen verbreiteter Auflage; die beiden Spitzenreiter TV Spielfilm plus und TV digital haben jeweils eine verbreitete Auflage von über zwei Millionen Exemplaren (www.pz-online.de).

Während dieses Modell die Formen und Zielgruppen der Medienberichterstattung differenziert, zeigt Maja Malik (2004: 185) in ihrem Buch über Journalismusjournalismus, den sie als Teil des Medienjournalismus definiert, vier Themenkategorien der Medienberichterstattung[39]: Medienjournalismus thematisiert auf einer Metaebene die Bedingungen für die Entwicklung des Mediensystems insgesamt, die Strukturen der Medienorganisationen, die Her- und Bereitstellung sowie die Rezeption der Medienberichterstattung sowie die Akteure selbst.

---

[39] Maja Malik greift hier das so genannte Zwiebelmodell von Siegfried Weischenberg (1992: 68) auf, der diese vier Kontexte wie Zwiebelschalen ineinander gelegt hat: Von außen nach innen liegen der Normen- (Mediensysteme), der Struktur- (Medieninstitutionen), der Funktions- (Medienaussagen) und der Rollenkontext (Medienakteure). Die Abbildung von Malik ist hier in einigen Punkten verändert, etwa in der Reihenfolge der Begriffe und deren Umbenennung.

Normenkontext *(Mediensystem)*	Strukturkontext *(Medienorganisationen)*
Kommunikations- und Medienpolitik Medienökonomie Medientechnik Medienrecht Medienethik Mediengeschichte Medienforschung Medienausbildung	Medienorganisationen Medienentwicklung Unternehmensstrategien Produktions- und Distributionstechnik Public Relations Werbung
Funktionskontext *(Medienaussagen)*	Rollenkontext *(Medienakteure)*
Medienkritik Programminformationen Medienrezeption Medienwirkungen Gattungen und Darstellungsformen Recherche Produktionsbedingungen	Medienjournalisten Redakteure Moderatoren (Medien-)Politiker Medienkritiker Fachpublikum Schriftsteller und Autoren Regisseure und Schauspieler Musiker

Tab. 14: Themenkategorien des Medienjournalismus (nach Malik 2004: 185)

So breit theoretisch die Palette des Medienjournalismus ist, so begrenzt wird sie im medienjournalistischen Alltag. Gleichwohl es einen Konsens hinsichtlich der normativen Anforderungen an den Medienjournalismus in einer Mediengesellschaft gibt, dazu gehören etwa Aufklärung, Förderung der Medienkompetenz, Selbstkritik und -kontrolle, Qualitätssicherung und das Transparentmachen medialer Verflechtungen (vgl. Beuthner/Weichert 2005), so viel größer ist die Kritik an ihm wegen der Nicht-Erfüllung dieser Funktionen als das Lob für seine Verdienste, wie im Falle der Aufklärung über den Schleichwerbungsskandal bei der ARD-Serie „Marienhof". Vor allem die Beobachter des Medienjournalismus, die Medienwissenschaftler, suchen nach Maja Maliks Einschätzung geradezu „nach Beispielen für einseitige und interessengeleitete Medienberichterstattung, um den Generalverdacht gegen den Medienjournalismus immer wieder zu bestätigen" (Malik 2008).

8.3.2.3 Das Dilemma des Medienjournalismus

Medienjournalismus ist auch und gerade entstanden vor dem Hintergrund medienpolitischer und -ökonomischer Veränderungen. Aufgrund der Diversifizierung und Expansion im Medienmarkt, aufgrund der vielfältigen Verflechtungen der Medienunternehmen zu Crossownerships (vgl. von Garmissen 2003) „verändern sich die Optionen der Unternehmensstrategien. Sind Zeitungsverlage an kapitalintensiven elektronischen Medien beteiligt, entstehen neben den traditionellen Öffentlichkeitsfunktionen wettbewerbsorientierte publizistische Funktionen, die dazu führen können, dass publizistische Macht zur Sicherung und Verstärkung eigener Marktinteressen eingesetzt wird" (Krüger/Müller-Sachse 1998: 11). Ein Medienjournalismus, der diese Strategien stört (vgl. hierzu auch www.medienpiraten.tv), wird in seiner Notwendigkeit in Frage gestellt. Wie ist es unter diesen Umständen möglich, „Sittenwächter der eigenen Branche" und selbstreflexiv zu sein, politische Diskurse anzuregen und dadurch glaubwürdig zu sein (vgl. Weichert 2004)? Das ist schwierig bis unlösbar, urteilen die wissenschaftlichen und auch einige der Beobachter aus der Praxis (vgl. Beuthner/Weichert 2005; Hallenberger/Nieland 2005; Brückerhoff 2008). Weichert (2006) konkretisiert die Probleme des Medienjournalismus:

- Der Medienjournalismus hat ein *Definitions- und Institutionalisierungsproblem*: Was gehört dazu, was nicht? Wo sind die Grenzen zwischen den Informationen für die Insider und die Allgemeinheit? Wie kann sich die Medienredaktion aus dem Nischendasein des „Nebenbei-Ressorts" lösen? Wie können Medienjournalisten in Aus- und Weiterbildung die nötige Fach- und Sachkompetenz erwerben?
- Die Empirie zeigt, „dass Programmvorschau und Eigenkritik immer seltener und Gesellschaftsanalysen mit Medienbezug so gut wie gar nicht stattfinden" (ebd.: 5). Medienthemen weisen immer Bezüge zu anderen Feldern wie Politik und Wirtschaft auf. Deshalb werden sie von den entsprechenden Ressorts als Querschnittsthema bearbeitet, was wiederum eine Profilierung des Medienjournalismus erschwert. Fraglich ist allerdings, ob die Bearbeitung der Medienthemen in einem eigenen Medienressort tatsächlich produktiv ist, denn damit würden sich wieder Reichweite und Wahrnehmung auf das Publikum reduzieren, das ein großes Interesse an diesem Feld hat.

- Die *Orientierung an Kollegen* spielt laut Weichert unter Medienjournalisten offenbar eine größere Rolle als in anderen Gruppen. Klatsch und
Tratsch, der Vorwurf der Netzbeschmutzung und Furcht vor Kollegen-
schelte, Eitelkeit und Geltungsdrang sind die Zutaten in diesem Spiel.
Diese Selbstreferenzialität ist allerdings nicht nur ein Problem von Medienjournalisten. Das „wirtschaftliche(s) Branchengeflüster" (von
Streit 2005) dreht sich im Kreis, die Beobachter bleiben oft unter sich.
Innerhalb dieses inneren Kreises ist es verpönt, den Kollegen allzu sehr
auf die Finger zu klopfen. Die amerikanische Kultur, für die interne
Medienkritik Ombudsleute als Vertrauenspersonen der Rezipienten
einzuschalten (vgl. Fengler 2006 und 2002), hat sich in Deutschland
nicht etabliert.
- Medienjournalisten sitzen im *Glashaus* (vgl. Kaiser 2001). Sie „befinden sich nicht nur in einem kollegialen, sondern auch in einem ökonomischen Interessenskonflikt" (Weichert 2004), denn sie sind immer
abhängig von einem Medienkonzern als zahlenden Auftraggeber. Einen Weg zwischen ausreichender Distanz und Loyalität gleichermaßen
zu finden, ist eine besonders große Herausforderung für Medienjournalisten. Er wäre zu finden, so analysiert Malik (2008), wenn ausreichend
Personal und Platz vorhanden wären, die Redaktionen nicht selbst vom
Thema betroffen sind und „wenn die innere Pressefreiheit im Medienunternehmen und von der Chefredaktion ernst genommen werden".
- Diese idealen Bedingungen sind in der Phase der Medienkrise 2001 in
weite Ferne gerückt. Galt früher die Medienkritik im eigenen Blatt als
„Sahnehäubchen" (medienpiraten.tv/texte), so wird sie heute mehr
denn je als image- und geschäftsschädigend betrachtet. Die Ressourcen
werden zurückgefahren oder ganz gestrichen, die Journalisten gehen
weniger risikobereit und kritisch mit der Branche, einzelnen Unternehmen und vor allem ihrem eigenen Auftraggeber um. Eine Untersuchung von Nicola Pointner (2006) weist im Detail nach, dass Verlage
unter dem Druck der Medienkrise die positive Selbstdarstellung und
gleichzeitig die „Konkurrenzbeschimpfung" forciert haben. Pointner
hat unterschieden in die direkte und indirekte Selbstbeobachtung (Berichterstattung über das eigene Blatt/den eigenen Verlag und Thematisierung der gesamten Zeitungsbranche oder eines Segments wie die
überregionalen Zeitungen) sowie die direkte und indirekte Konkurrenzbeobachtung (Berichterstattung über einzelne Unternehmen und
die Berichterstattung über andere Printmediengattungen und Zeitungen
aus dem Ausland) (ebd.: 7). „Die Befunde lassen den Schluss zu, dass
eine gewisse Loyalitätshaltung der journalistischen Autorinnen und

Autoren gegenüber dem eigenen Unternehmen wirkt: Bei *gleicher* ökonomischer Krisenlage wird das eigene Unternehmen deutlich positiver dargestellt als konkrete Konkurrenzzeitungen und auch positiver als die gesamte Branche und andere Zeitungsgattungen. Bei der *direkten* Konkurrenzbeobachtung fällt die Bewertung am negativsten aus." (ebd.: 9)

8.3.2.4 Die Zukunft des Medienjournalismus

Bleibt die Berichterstattung über die eigene Branche heikel und „ein journalistischer Spezialfall" (Malik 2008)? Der Gegenstand des Medienjournalismus jedenfalls wird nicht verschwinden – im Gegenteil: Aufgrund des Einflusses der Medien auf die gesellschaftliche Lebenswelt und der zunehmenden weltweiten Verflechtungen von Medienunternehmen wäre eine publizistische Beobachtung, Kritik und Kontrolle notwendiger denn je (vgl. von Garmissen 2007), und zwar nicht nur für Experten, sondern für jeden Bürger. Dass die Ressourcen je wieder im notwendigen Umfang zur Verfügung gestellt und die nach wenigen Jahren eingestellten Modelle der Selbstreflexion und der Medienkritik in den Zeitungsredaktionen wiederbelebt werden, scheint unwahrscheinlich. Dass die öffentlich-rechtlichen Fernsehanstalten hier ihrer öffentlichen Aufgabe verstärkt nachkommen, bleibt angesichts der Konkurrenzsituation mit den privaten Anbietern und den daraus resultierenden medienpolitischen Diskussionen und Verfahren zum Beispiel im die Internetauftritte ebenfalls eine normative Forderung.

Aber wer kontrolliert die Medien? Und wer erfüllt die Aufgaben der Medienjournalisten? Und wer wiederum wirft ein kritisches Auge auf deren Tun? Medienexperten sehen im Internet eine gute Chance der Ausweitung von Medienbeobachtung – gleichzeitig aber auch das Risiko der Deprofessionalisierung (vgl. von Streit 2005). Vor allem in die Blogs (Weblogs, Medienlogs und Watchblogs, wie ‚jonet'[40] oder Bildblog[41] von Stefan Niggemeier) werden große Hoffnungen gesetzt, unter größerer öffentlicher Resonanz als bisher die Medienakteure ebenso wie deren Politiken, ökonomische und sozial-kulturelle Strategien zu kritisieren: „Vielleicht liegt die Zukunft der Medienbeobachtung ja wirklich irgendwo im Netz." (ebd.: 5)

---

[40] www.jonet.org
[41] www.bildblog.de

8.4 Medizin- und Gesundheitsjournalismus

Die Beschäftigung mit Körper und Geist des Menschen ist so alt wie der Homo sapiens selbst. Und auch die Kommunikation darüber, was den Menschen krank macht und was ihn heilt, ist keine Erfindung der Moderne. Die Mediziner selbst notieren, skizzieren und dokumentieren seit Jahrhunderten, welche Erkenntnisse sie gefunden und welche Verfahren sie entwickelt haben, um präventiv und curativ einen „subjektiv oder intersubjektiv als nicht gesund empfundenen Körperzustand" (Eckart/Jütte 2007: 9) zu vermeiden oder wieder herzustellen. Medizin als Heilkunde und Heilpraxis (vgl. ebd.) steht im Fokus der vor allem im 20. Jahrhundert bedeutungsvollen Medizingeschichte, deren Erkenntnisinteressen vielfältig und mit vielen anderen wissenschaftlichen Bereichen verknüpft sind, d.h. allen voran mit den Geistes-, Sozial- und Kulturwissenschaften, aber auch mit Nachbardisziplinen wie Pharmazie und Technikgeschichte.

Im 17. und 18. Jahrhundert erscheinen erste Vorläufer der Medizinpublizistik: Der französische Arzt Théophraste Renaudot gilt als Pionier auf diesem Gebiet (vgl. Rühl 1999; Buchholz 1990). Bis heute haben sich Gesundheitskommunikation und Medizinjournalismus nicht nur etabliert, sondern sie erfahren nicht zuletzt durch das Internet einen unglaublichen Aufschwung – Gesundheit hat als Wert im Zusammenhang mit Lebensqualität gewonnen und Gesundheitsfragen werden zunehmend medialisiert (vgl. Bleicher/Lampert 2003).

Im folgenden Kapitel soll die Geschichte der Medizin und der Heilkunst skizziert werden, um die gesellschaftliche Relevanz des Themas zu verdeutlichen. Im nächsten Abschnitt wird die Gesundheitskommunikation thematisiert, bevor im darauf folgenden Kapitel auf den Medizinjournalismus, insbesondere auf seine Herausforderungen, fokussiert wird. Ein Überblick über den heutigen Markt des Medizinjournalismus sowie ein Blick in die Zukunft schließen das Kapitel ab.

8.4.1 Eine kleine Geschichte der Medizin: von Hippokrates zur Gentechnologie

Viele der heutigen so genannten Zivilisationskrankheiten gab es vermutlich in der Steinzeit noch nicht, aber es konnten Krankheiten und Verletzungen nachgewiesen werden, die, wie beispielsweise die Tuberkulose, von Tieren übertragen wurden oder die sich vor allem die Männer bei der Jagd zugezogen hatten (wie etwa Knochenbrüche)[42]. Geholfen wurde mit Schienen und Kräutern aus der Natur. Schamanen und Medizinmänner nahmen sich der Kranken an; der Arztberuf im heutigen Verständnis entwickelte sich erst mit der Sesshaftigkeit der Menschen. Heilung und Genesung waren eng verknüpft mit religiösen Ritualen oder gar Magie. Im antiken Ägypten wurden kranke Menschen in Tempeln von ungeschulten Ärzten behandelt. Pflanzen dienten als Heilmittel; mit Granatapfel beispielsweise wurden Bandwürmer bekämpft (siehe WDR 2007/2008: Folge 1). Die Medizingeschichte unterteilt in Altertum, Mittelalter, Renaissance und Neuzeit (vgl. de.wikibooks.org/wiki/Geschichte_der_Medizin), die erste Epoche wiederum unterscheidet „in Ägyptische Medizin, Medizin des Zweistromlandes, die Medizin des jüdischen Volkes und die Medizin im Antiken Griechenland und im Römischen Reich. Die Medizin des Antiken Griechenlandes kann als Wiege der europäischen Medizin angesehen werden" (ebd.).

Vor allem Hippokrates gilt in mehrfacher Hinsicht als wegweisend: Er entwickelte die heute so bezeichnete ‚rationale Medizin', die auf die Selbstheilung des Körpers setzt, die wiederum mit entsprechender Beobachtung und dem Einsatz bestimmter Heilmittel unterstützt werden kann. Seine Lehre basierte auf den vier Säften des Körpers: Blut und Schleim, gelbe und schwarze Galle. Dementsprechend galten Aderlass, Abführmittel, Diät und Gymnastik als die wichtigsten Heilmittel (vgl. WDR 2007/2008: Folge 2). Der griechische Arzt formulierte erstmals auch ein Selbstverständnis für den Beruf des Arztes: Er ist Begleiter, Vertrauter und Wegweiser des Patienten und sollte umfassend gebildet sein (vgl. ebd.).

Neben der griechischen (und eher weniger der römischen) haben auch die chinesische und indische Medizin einen großen Einfluss auf die Entwicklung. Vor allem die Einheit von Körper und Seele, Hygiene und Naturheilmittel spielen eine zentrale Rolle. In Indien wird die Chirurgie als ein wesentliches Feld entdeckt und nach diesem Vorbild beginnen arabische Mediziner mit chirurgischen Eingriffen im 10. und 11. Jahrhundert: Sie amputieren, legen künstliche Darmausgänge und operieren an den Augen. Ärzte und Medizinstudenten arbeiten in Krankenhäusern – oft Paläste, in denen gleichermaßen Arme und Reiche in medizinischen Fachabteilungen behandelt und in Bädern gewaschen und gepflegt werden. Diese beeindruckenden Verhältnisse, die erst viel später auch in Europa zu finden sind, verarbeitet beispielsweise Noah Gordon in seinem Weltbestseller „Der Medicus". Der Held Robert Jeremy Cole („Rob") reist nach

---

[42] Mit der Aufarbeitung dieser Zeit beschäftigt sich weniger die Medizingeschichte, sondern stärker die so genannte „Paläopathologie (von griechisch παλαιός, *palaios* „alt" und πάθος, *páthos* „Leiden(schaft), die Sucht, die Krankheit" sowie λόγος, *logos* „Wort, Erklärung, Lehre"; beschäftigt sich mit Krankheiten und degenerativen Veränderungen in geschichtlichen und vorgeschichtlichen Epochen) (vgl. wikipedia.org/A4opathologie).

Isfahan in Persien, um im Kreise des berühmten Mediziners Ibn Sinas zu lernen und zu praktizieren. Einer der Assistenten Sinas weist ihn an, die Krankengeschichten eines jeden Kranken aufzuzeichnen und sie mit einem älteren Arzt zu besprechen:

> „So wurde also jeder Kranke nach seiner Beschäftigung, seinen Gewohnheiten, nach ansteckenden Krankheiten, an denen er gelitten hatte, sowie nach Atem-, Magen- und Harnbeschwerden gefragt. Der Patient musste die gesamte Kleidung ablegen, und die körperliche Untersuchung umfasste auch eine gehörige Prüfung von Speichel, Erbrochenem, Urin und Exkrementen; auch der Puls wurde gemessen, und man versuchte, anhand der Wärme der Haut festzustellen, ob der Patient Fieber hatte." (Gordon 1987: 325f)

Der Untergang des Römischen Reiches führt in Europa zunächst zu Rückschritten in der medizinischen Kultur; die antike Medizin gerät für fast 400 Jahre in Vergessenheit. In den Hospitälern und Klöstern wird „weniger geheilt als gebetet" (WDR 2007/2008: Folge 5). Der Einfluss insbesondere der katholischen Kirche ist maßgebend. Als zentraler Leitgedanke gilt: „Gedenke der Schmerzen, die der Heiland für Deine Sünden auf sich nahm." (ebd.) Die große Pestwelle zwischen 1350 und 1650 bringt die damalige Medizin, die sich wesentlich auf die Entgiftung des Körpers durch Aderlass und Schwitzen beschränkte, an ihre Grenzen; die akademische Medizin, die sich an den Universitäten ab dem 11. Jahrhundert entwickelt hatte, blieb den Wohlhabenden vorbehalten. Bis ins 17. Jahrhundert hinein wussten die europäischen Ärzte nichts über den Blutkreislauf, wie er schon im Chinesischen Reich (200 v. Chr.) entdeckt worden war. Durch die steigende Verwendung von Schusswaffen litten die Menschen fortan nicht nur unter natürlichen Verletzungen, sondern auch unter unvorstellbaren Wunden, die sie sich bei der Jagd oder in Kämpfen und kriegerischen Auseinandersetzungen zufügten. Trotzdem gab es medizinische Fortschritte: Durch Anatomie und Autopsie lernten die Mediziner den Bau des Körpers kennen. Gegen die Syphilis half Quecksilber, und Paracelsus suchte nach spezifischen Arzneimitteln vor allem gegen die von ihm entdeckten Stoffwechselkrankheiten.

Mit dem Aufkommen des Humanismus verlor die theologisch basierte Medizin des Mittelalters spätestens in der Renaissance an Bedeutung und wich einer zunehmend naturwissenschaftlich fundierten und orientierten Medizin. Dies äußerte sich Jahrhunderte später in der Aufklärung (18. und 19. Jhd.) als Verwissenschaftlichung und Akademisierung der Medizin. Forschung stand von nun an auf der Agenda und der medizinische Fortschritt begann sich zu beschleunigen. Ignaz Semmelweiß desinfizierte mit Chlor die Kreißsäle und bekämpfte so erfolgreich das Kindbettfieber; die Narkose mit Äther ist ein Meilenstein in der Geschichte der Chirurgie; Mikroorganismen und Impfstoffe werden entdeckt; Medikamente aus dem Labor wie Aspirin, Insulin und Penicillin läuten das Zeitalter der pharmazeutisch-organischen Medizin ein. Gleichzeitig ziehen Technik und technische Apparaturen in die medizinische Diagnostik und Therapie ein (vgl. WDR 2007/2008: Folge 8 und 9; Braun/Kaiser 1997). Die erste Hälfte des 20. Jahrhunderts ist allerdings nicht nur geprägt durch diese Erfolge, sondern auch durch den dunkelsten Teil der Medizingeschichte: der Instrumentalisierung von Medizinwissenschaftlern und Ärzten durch technisierte Kriegsführung im Ersten und Zweiten Weltkrieg sowie deren Mitwirkung im Dritten Reich bei Eugenik und Euthanasie, Zwangssterilisation und Experimenten an Kindern. Dies zeigt in radikaler Weise, dass die Medizin nicht nur Gutes vollbracht hat, sondern dass sie auch geholfen hat, Menschen als Versuchskaninchen zu missbrauchen, sie zu foltern und mit Hilfe ihrer Erfindungen wie der Guillotine, des elektrischen Stuhls und der Giftspritze ums Leben zu bringen (vgl. WDR 2007/2008: Folge 10).

Seitdem bewegt sich die medizinische Forschung auf dem Grat zwischen positiven und negativen Aspekten ihrer Erfindungen: Medikamente wie die Pille haben positive (Verhütung ungewollter Schwangerschaften) und negative Wirkungen (Erhöhung des Tromboserisikos). Die Intensivmedizin kann Leben verlängern, aber sie ist unter ethischen Gesichtspunkten nicht unumstritten. Die Gentechnologie ist bahnbrechend bei der Erforschung des menschlichen Erbguts, aber sie macht Angst im Hinblick auf die Frage nach der Macht über die Menschheit, die damit Einzelnen in die Hände gelegt wird. Die Medizin hat im Laufe der Jahrhunderte viele Verfahren und Mittel entdeckt, um kranken Körpern zu helfen oder Menschen ihr Wohlbefinden zu sichern. Sie hat allerdings noch ebenso viele Felder, auf denen die Herausforderungen der nächsten Jahrhunderte warten: der Kampf gegen Krebs und Aids oder gegen Cholera und andere Epidemien vor allem in den ärmsten Ländern der Welt.

Die Weltgesundheitsorganisation WHO hat in ihrer Verfassung deklariert: „Health is a state of complete physical, mental and social well-being and not merely the absence of disease or infirmity" (WHO unter www.searo.who.int). Das heißt, nicht nur die Abwesenheit von Krankheit definiert Gesundheit, sondern das körperliche, seelische und soziale Wohlbefinden. Das erinnert stark an die Vorstellungen des französischen Arztes Théophraste Renaudot, der im 17. Jahrhundert den engen Zusammenhang zwischen den Variablen Einkommen, Lebensstandard und Qualität der medizinischen Versorgung gesehen und gezeigt hat, dass Aufklärung und Kommunikation notwendig sind, um diese Zusammenhänge zu verdeutlichen und gegen ihre negativen Auswirkungen angehen zu können.

8.4.2 Beginn und Funktionen der Gesundheitskommunikation

Von Hippokrates sind 60 Bücher überliefert (vgl. WDR 2007/2008: Folge 2) und auch von allen anderen frühen Heilkundlern liegen Aufzeichnungen vor. Sie dienten in erster Linie der Dokumentation und nicht der Kommunikation. Diese Art der Veröffentlichungen findet sich heute in der medizinischen Scientific Community wieder, die in erster Linie dem Austausch im Feld der ausdifferenzierten medizinischen Forschung dient.

Mit der Erfindung der Druckerpresse begann die massenhafte Verbreitung des medizinischen Wissens in Blättern und Büchern (vgl. de.wikibooks.org/wiki/ Geschichte_der_Medizin). Théophraste Renaudot (1586-1653), ein Arzt, der vor allem als Wirtschafts- und Sozialpolitiker und als Publizist wirkte, entwickelte als Armenkommissar unter König Ludwig XIII. (ab 1618) eine neue Form der Sozialpolitik (vgl. Rühl 1999: 85ff.). Sie basierte auf der zentralen Idee, dass es bei Gesundheitsfragen in erster Linie auf Kommunikation, Information und Aufklärung ankommt: Renaudot eröffnete 1628 in Paris ein *Bureau d'adresse et de recontre*, das „eine Mischung aus Tausch-, Diagnose-, Beratungs-, Therapie-, Geld- und Kreditvermittlungszentrale" mit dem Schwerpunkt Arbeitsvermittlung sowie Poliklinik und Apotheke war (ebd.: 86). Gleichzeitig nutzte er die Chancen, die ihm Paris als Buchdruckzentrum bot und veröffentlichte ab 1631 die Wochenzeitung Gazette, in der „die ‚faktische' Hofberichterstattung" (ebd.: 87) dominierte. Ab 1635 kamen weitere Publikationen hinzu, unter anderem das *Feuille du Bureau d'Adresse*, in denen der Sozialpolitiker Renaudot aktuelle wirtschafts-, sozial- und gesundheitspolitische Maßnahmen des Staates kommunizierte (vgl. ebd.) – allerdings im Sinne des absolutistischen Staates und nicht einmal ansatzweise im kritisch-distanzierten Verständnis heutiger Pressemedien.

An dieser Stelle ist ein Zeitsprung notwendig, denn die professionelle Gesundheitskommunikation im heutigen Verständnis hat sich als eigenständiges Teilgebiet der Gesundheitswissenschaften (Public Health) und ausgehend von den USA erst seit den 70er Jahren des 20. Jahrhunderts herausgebildet und etabliert. Dietmar Jazbinsek (2000) unterteilt die Karriere des Begriffs in zwei Phasen: „In den 80er Jahren war ‚health communication' nicht viel mehr als ein neues Label für altbekannte Forschungsthemen." (ebd.: 11) Im Fokus stand die Arzt-Patienten-Interaktion. Außerdem wurde in dieser Zeit Gesundheitskommunikation mit Gesundheitserziehung gleichgesetzt; sie sollte Konsumenten mit Informationen versorgen, „die sie für die Entscheidung zu einem gesünderen Lebensstil benötigen" (ebd.: 12).

Ende der 80er Jahre rücken die Kommunikationskampagnen in den Hintergrund und die Frage nach dem Einfluss der täglichen Nutzung der Massenmedien in den Vordergrund. Damit einher ging ein starker Trend zur Politisierung und Professionalisierung der Gesundheitskommunikation: „Mit Politisierung ist gemeint, dass es nun nicht mehr nur um den Einfluß von Presse, Funk und Fernsehen auf gesundheitsfördernde oder gesundheitsschädigende Verhaltensweisen in der Bevölkerung geht, sondern auch um ihren Einfluß auf die Prioritäten der Gesundheitspolitik. Die zunehmende Professionalisierung ist ablesbar an der Gründung eigenständiger Institute wie dem ‚Center for Health Communication' an der Harvard School of Public Health und der Herausgabe spezieller Fachzeitschriften (*Health Communication*, erscheint seit 1989; *Journal of Health Communication*, erscheint seit 1996)." (ebd.: 13)

Heute interessieren vor allem die Fragen nach dem Einfluss der elektronischen Medien auf das Verständnis von Medizin und Gesundheit: Auf der einen Seite stehen die Klinik- und Arztserien im Fernsehen, die das Bild des Mediziners und des Gesundheitswesens prägen (siehe etwa Rossmann 2003). Auf der anderen Seite wird dem Internet ein großes Potenzial unterstellt, die Gesundheitskommunikation grundlegend zu verändern. Es zeichnet sich bereits ab, dass eine wachsende Zahl von Menschen entsprechende Portale und Seiten im Internet besucht, um sich selbst medizinischen Rat zu suchen (siehe etwa Neuhauser/Kreps 2003).

In der modernen Gesundheitskommunikation prallen also die Interessen mindestens dreier Akteure aufeinander: Die der Ärzte und Mediziner, deren Aufgabe es ist, das objektive und subjektive Befinden einer Person zu verbessern, so dass diese sich „in ihrer physischen, psychischen und sozialen Entwicklung in Einklang mit den äußeren Lebensbedingungen befindet" (Hurrelmann/Leppin 2001: 10); die der Menschen, deren Bestreben es ist, gesund zu sein und sich wohl zu fühlen; und die Interessen der gesundheitspolitischen Akteure (wie Politiker, Krankenkassen, Ärzteverbände), deren Verpflichtung es vor allem in Wohlfahrtsstaaten ist, die gesellschaftliche Gesundheit sicherzustellen, zum Beispiel durch eine entsprechende Finanzierung. Linda Neuhauser und Gary L. Kreps (2003: 551) fordern neue Kommunikationsstrategien für eine effektivere Gesundheitskommunikation:

> „We suggest that to maximize the effectiveness of health communication interventions, interpersonal, mass media, and new media channels should be carefully coordinated so they support and reinforce important health promotion messages. E-health communication ... has the potential to extend and amplify the impact of traditional health promotion media by linking, personalizing, and expanding the coverage of health promotion messages."

Die Frage allerdings ist, wer diese Koordinationsaufgabe leisten soll und kann. Der Medizinjournalismus?

8.4.3 Die besonderen Herausforderungen des Medizinjournalismus

Medizin- und Gesundheitsjournalismus ist – zunächst wie jede andere journalistische Sparte auch – mit besonderen Herausforderungen konfrontiert: Welches Wirkungspotenzial haben über Medien vermittelte Gesundheitsthemen? Und wo liegen mögliche Defizite? Welche Systeme und Akteure sind in diesem Feld zu identifizieren? Welchen Einfluss haben sie und welche Abhängigkeiten entstehen in diesen Konstellationen? Welche Kompetenzen muss ein Medizinjournalist haben und wie erwirbt er sie?

8.4.3.1 Wirkungspotenzial der medienvermittelten Gesundheitskommunikation

Massenmedien erreichen ein großes heterogenes Publikum. Insofern besteht die große Chance, dass Informationen über Medizin und Gesundheit viele Empfänger erreichen. Aber was bewirken sie? In der Medienwirkungs- und Publikumsforschung wird von der Wirkung auf unterschiedlichen Ebenen ausgegangen: der Wirkung auf Wissen (Kognition), der Effekte auf Einstellungen und Meinungen sowie des Einflusses auf Verhalten. Jeder Mensch muss sich prinzipiell mit medizinischen und Gesundheitsfragen auseinandersetzen. Insofern wird jeder Mensch über Medien verbreitete Informationen wahrnehmen und somit kann sich insgesamt das Wissen über diese Themen verbreitern und vertiefen. Dieses Wissen allerdings bedeutet noch nicht automatisch, dass eine Einstellung zu einem Sachverhalt oder gar das Verhalten geändert werden. Als das klassische Beispiel wird in der Literatur regelmäßig auf das Thema Rauchen und dessen Gesundheitsgefährdung hingewiesen: Auch unter den Medizinern ist rauchen verbreitet, obwohl es diese Gesundheitsexperten besser wissen müssten – hier stehen sich also das Wissen um die Gefahr sowie die Frage des eigenen Verhaltens diametral gegenüber.

Winfried Göpfert (2001) betont, dass die Menschen gesundheitsschädigendes Verhalten ausüben, obwohl sie informiert sind; denn das Wissen um etwas und die Informationsaufnahme sind nur ein Faktor von vielen und steuern nicht allein Grundeinstellungen und Verhaltensweisen (vgl. ebd.: 131). Ein wesentlicher Faktor ist die Selektion von Informationen: Schon die Wahl des Mediums und im zweiten Schritt die Wahl der Programme und Inhalte steuern Wahrnehmung und Wirkung. Menschlich ist, Informationen, die irritieren oder die eigene Entscheidung in Frage stellen, zu vermeiden, um auf diese Weise Dissonanz zu reduzieren[43]. Oder andersherum: Es werden gezielt Informationen gesucht und genutzt, um die persönlichen Bedürfnisse zu befriedigen – und entsprechende Mitteilungen haben dann die Chance, bestimmte Einstellungen, Meinungen und Verhaltensweisen zu bestätigen und zu verstärken. „Verhaltensänderungen über Massenmedien zu erzielen ist vor allem dann schwierig, wenn es sich um suchtmäßig verankertes Verhalten handelt." (Göpfert 2001: 136)

Insofern ist die Vorstellung von einer positiven, linearen und eindimensionalen Reiz-Reaktions-Gesundheitskommunikation naiv und unrealistisch. Was jedoch nicht heißen soll, dass jede Art der Gesundheitsaufklärung über Massenmedien sinnlos ist. Da Gesundheit einen hohen Wert im Leben der Menschen hat und die Grundeinstellungen positiv sind, können gerade in der vorbeugenden Phase entsprechende aufklärende Informationen ein neues Verhalten stimulieren (vgl. ebd.). Massenmedien können also gerade bei der Primärprävention eine wichtige Rolle spielen; allerdings ist die Hürde hoch gesetzt, da die Menschen zwar generelles Interesse an Gesundheitsthemen bekunden, ohne besondere Betroffenheit allerdings die emotionale Hürde der Aufmerksamkeit nicht überwinden und insbesondere der Umsetzung bestimmter Maßnahmen nicht in Erwägung ziehen. Dies gilt verschärft für die so genannte Sekundärprävention. Um beim Beispiel des Rauchens zu bleiben bedeutet dies: Raucher von einer Entwöhnungs-Therapie zu überzeugen ist weit schwieriger als ihnen die folgenlose Zustimmung zu der Erkenntnis abzuringen, dass Rauchen generell schädlich ist. Bei ehemaligen Rauchern sind zur Vermeidung des Rückfalls als so genannter Tertiärprävention möglichst drastische Darstellungen notwendig (vgl. ebd.: 140).

---

[43] Grundlegend zur Frage des Einstellungswandels durch Kommunikation wurde bereits in den 50er und 60er Jahren des 20. Jahrhunderts unter dem Begriff der Konsistenz geforscht (vgl. Schenk 2002: 137ff.). Leon Festinger (1957) beispielsweise bearbeitete in vielen empirischen Studien den Effekt der Dissonanz.

8.4.3.2 Die Darstellung von Medizin und Ärzten in den Medien

Medizin- und Gesundheitsjournalismus bewegt sich in einem komplexen Feld, in dem vier wesentliche Bereiche und dementsprechend zahlreiche und unterschiedliche Akteure auszumachen sind:

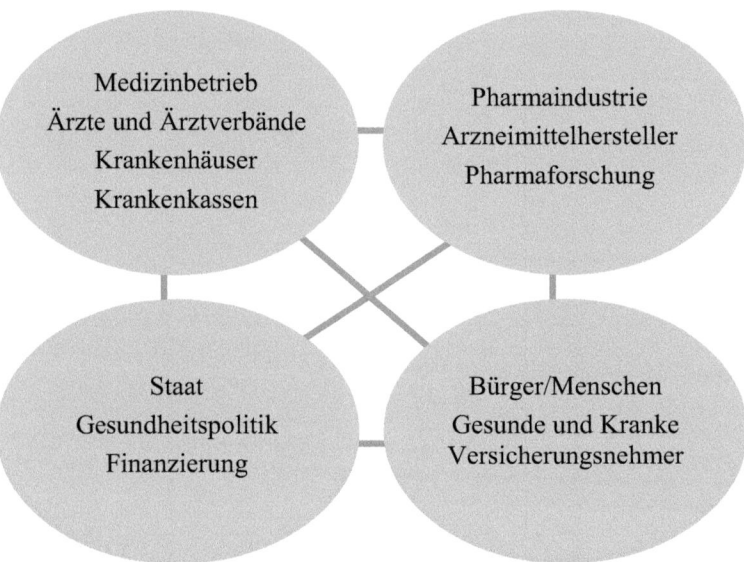

Abb 7: Systeme und Akteure im Feld der Medizin (angelehnt an Göpfert 2001: 137; Abb. 4)

Die besondere Herausforderung für den Medizinjournalismus ist es, kompetent die Teilsysteme zu beobachten, relevante Informationen daraus zu recherchieren, sie mit journalistischen Mitteln zu bearbeiten und sie der Öffentlichkeit (und damit den jeweils anderen Systemen) zur Verfügung zu stellen. Medizin und Gesundheit sind aber nicht nur ein Thema für Journalismus, sondern auch und gerade für die fiktionalen und non-fiktionalen (Unterhaltungs-)Angebote im Fernsehen. Viele Studien der vergangenen Jahre zeigen die Defizite in dieser Form der medialen Aufbereitung:

- Viele mediale Angebote, insbesondere die zahlreichen Fernsehserien aus amerikanischer und deutscher Produktion, referieren die Sichtweise des Medizinbetriebes und der darin aktiven Mediziner (vgl. Appel 2000).
- Die für den Laien wichtige Ratgeberfunktion im Sinne einer verständlichen Darstellung kommt zu kurz. Oder sie findet sich nur wieder in den boomenden Talkshows, in denen Menschen tränenreich ihr Befinden zu Markte tragen und zu ‚Mitleidswesen' degradiert werden (vgl. Franke 2000).
- Die Figur des Mediziners wird häufig zu positiv oder zu negativ dargestellt. Constanze Rossmann (2003) hat eine stark idealisierte und stereotype Darstellung der Fernsehärzte nachgewiesen, die wiederum zu einer problematischen Sicht auf die Wirklichkeit führt: „Die Wunderheiler wecken zu hohe Erwartungen an die reale Medizin und stiften aufgrund divergierender Realitätserfahrung Unzufriedenheit und Frustration, während eine negative Darstellung der Ärzteschaft das Vertrauen in die Medizin von vornherein untergräbt." (ebd.: 498)

8.4.3.3 Verantwortung und Ethik im Medizinjournalismus

Wie aber können Medizin und Mediziner angemessen und wirklichkeitsnah dargestellt werden? Und wie kann das nach den Systemregeln der Medien funktionieren? Medien konstruieren Stereotype und Images. Mediziner gelten noch immer als die ‚Götter in Weiß', die ein Stück weit über Leben und Tod entscheiden. Die mediale Darstellung der Ärzte hat wesentlich das Verhältnis zwischen Ärzten und Patienten beeinflusst. Und es prägt das Verhältnis zwischen Medizinern und Medien, das sich wenig unterscheidet von dem anderer Wissenschaftler zu Journalisten. Nach wie vor herrschen auf beiden Seiten Unkenntnis, Skepsis und bisweilen Misstrauen. In dem ‚Handbuch der Medizinkommunikation', erstellt von dem Kollegium der Medizinjournalisten (www.kollegium-der-medizinjournalisten.de), wird nach den Ursachen gesucht: Die Gründung des Kollegiums im Februar 1965 fällt in „ein Jahrzehnt, in dem sich die Wechselbeziehungen zwischen Wissenschaft und Öffentlichkeit zu verwandeln begannen und sich das Verhältnis zwischen Ärzten und Patienten veränderte". Innovationen zum Beispiel im Bereich der Herzchirurgie, der Transplantationen und der Orthopädie hatten öffentliche Aufmerksamkeit erregt und Schlagzeilen gemacht; wachsendes Gesundheitsbewusstsein und neue Therapien steigerten das Bedürfnis nach Informationen aus Medizin und Medizinbetrieb. „Plötzlich waren Fach-Journalisten gefragt, die zwischen der medizinischen Wissenschaft und dem

Mann auf der Straße eine Mittlerrolle zu übernehmen in der Lage waren. Doch die wenigen WissenschaftsJournalisten jener Tage standen oft vor verschlossenen Türen: Verkrustetes Standesdenken und die berechtigte Furcht vieler Ärzte, mit einem Interview gegen das strenge ärztliche Werbeverbot zu verstoßen, brachten selbst gutwillige Informanten in Gewissensnot." (ebd.) Noch 1969 befand die Bundesärztekammer, Medizin gehöre nicht in die Öffentlichkeit; aber noch im selben Jahr lud ein Mediziner Journalisten an die Universitätsklinik Erlangen ein, damit diese einen Klinikbetrieb aus eigener Anschauung kennen lernen konnten (vgl. ebd.).

Die Fragen nach einer besonderen Verantwortung und einer besonderen Ethik des Medizinjournalismus sind nach wie vor aktuell: Wo endet die ärztliche Schweigepflicht? Wo beginnt das öffentliche Interesse? Birgt die medizinische Aufklärung über Medizinjournalismus mehr Chancen oder größere Gefahren? Das Kollegium der Medizinjournalisten hatte 1975 Leitsätze formuliert, „die für jeden Publizisten bindend sein sollten, der über Kranke und Krankheiten, Ärzte und Behandlungen schreibt. Sie lauten:

Medizinpublizistische Veröffentlichungen stehen wegen ihrer Rückwirkungen auf gefährdete, betroffene und kranke Leser, Hörer und Zuschauer unter einer besonderen Verantwortung. Gefragt werden sollte deshalb stets: Kann eine Veröffentlichung unter diesem Gesichtspunkt vor allem in der gewählten Art und Form und Aufmachung verantwortet werden?

Berichte aus Medizin und Gesundheitspolitik sollten keine unnötige Angst und keine falschen Hoffnungen auslösen. Sie sollten ganz klar zeigen, was nach dem aktuellen Stand wissenschaftlicher Erkenntnis als gesichert und was als ungeklärt oder umstritten gilt.

Vor- und Nachteile sollten stets sorgfältig abgewogen werden. Gefragt werden muß: Ist die Quelle der Information bekannt? Ist die Information zuverlässig, überprüft und verständlich? Werden Ängste abgebaut oder aufgebaut? Werden berechtigte oder falsche Hoffnungen geweckt? Könnte der Schaden größer sein als der Nutzen?

Der MedizinJournalist erfüllt seine Aufgabe in Freiheit gegenüber Firmen und Branchen, Institutionen und Verbänden.

Auf Medizin nicht spezialisierte Journalisten können die Problematik und Gefährlichkeit medizinischer Berichterstattung oft nicht abschätzen. Chefredaktionen sollten deshalb dafür sorgen, daß bei medizinischen und gesundheitspolitischen Themen fachkundiger Rat eingeholt wird. Auch in der journalistischen Ausbildung sollte die besondere Verantwortung medizinpublizistischer Tätigkeit bewußt gemacht werden." (ebd.)

Diese Grundsätze finden sich auch im Pressekodex des Deutschen Presserates; insbesondere in Ziffer 14 wird zur Medizinberichterstattung formuliert: „Bei Berichten über medizinische Themen ist eine unangemessen sensationelle Darstellung zu vermeiden, die unbegründete Befürchtungen oder Hoffnungen beim Leser erwecken könnte. Forschungsergebnisse, die sich in einem frühen Stadium befinden, sollten nicht als abgeschlossen oder nahezu abgeschlossen dargestellt werden." (www.presserat.de/Pressekodex)

8.4.3.4 Abhängigkeit oder Unabhängigkeit vom Medizinbetrieb

Zuletzt hat der Fall des Gesundheitsexperten Hademar Bankhofer in Deutschland Aufsehen erregt: Der 67-Jährige Österreicher wurde vom Westdeutschen Rundfunk wegen des Verdachts der Schleichwerbung suspendiert. Der für das ARD-Morgenmagazin tätige Journalist hatte einen Beratervertrag mit einem im Feld der Selbstmedikation aktiven Pharmaunternehmen abgeschlossen (vgl. www.netzeitung.de). Bankhofer war kein promovierter Mediziner, sondern er hatte Psychologie und Publizistik in Österreich studiert, wo ihm der Professorentitel ehrenhalber verliehen worden war. Am Beispiel dieses aktuellen Falles wurde wieder einmal diskutiert, wie abhängig oder unabhängig Medizinjournalismus insbesondere von der Pharmaindustrie ist. Der Medizinjournalismus „bewegt sich oft in einer Grauzone aus Abhängigkeiten und Begehrlichkeiten" (Baetz 2004: 11). Das Interesse der Menschen an Gesundheitsthemen ist groß, die Produktion von medizinischen Beiträgen vor allem für das Fernsehen aufwändig und teuer.

> „Medizinthemen zielen mitten ins Leben und sind schon von daher besonders attraktiv. ... Mit Gesundheitsaufklärung wird viel Geld verdient. Gerade der Medizinbereich ist daher auch für die Einflussnahme von Unternehmen extrem anfällig. Anzeigenkunden aus dem Bereich der Pharmaindustrie versuchen verstärkt, Einfluss auf die Themenauswahl zu nehmen. Sie schalten nicht nur eine Anzeige, sondern kaufen gleichzeitig eine oft große Anzahl von Zeitungsexemplaren mit dem entsprechenden Artikel ab." (Fischer 2003: 457f.)

Da helfen auch die Beteuerungen der Pharmaindustrie wenig, dass gute Journalisten nicht käuflich und käufliche Journalisten auch für die Pharmaindustrie wertlos seien (vgl. Lange-Ernst 2007). Denn sie stehen im Gegensatz zu der Tatsache, dass viele der Fachzeitschriften für Mediziner ebenso wie Gesundheitsportale für den Laien von der Pharmaindustrie finanziert werden und diese Millionen-Beträge in Marketing und Public Relations steckt – Summen, die in den USA mittlerweile die Kosten für die Entwicklung neuer Medikamente übersteigen (vgl. Baetz 2004: 11).

8.4.3.5 Der Boom der Wellnessindustrie

Diese Entwicklung wird nicht nur vor dem Hintergrund des steigenden Interes-
ses der Menschen an Medizin- und Gesundheitsthemen interessant, sondern
damit einhergehend mit dem Boom an Einrichtungen und Angeboten im Bereich
Gesundheit und Wellness sowie mit einem steigenden Medienangebot. Im Sinne
des ganzheitlichen Verständnisses von Körper und Seele, Gesundheit und
Wohlbefinden verzeichnet der „Wohlfühlsektor" mittlerweile ein höheres
Wachstum als der gesamte private Konsum (vgl. Gutmann-Heger 2007: 7).
„Traut man der Statistik aus den vergangenen Jahren, dann stehen Heilbäder und
Kurorte nach der Autoindustrie und dem reinen Tourismus an dritter Stelle beim
bundesdeutschen Bruttoinlandsprodukt." (ebd.: 5; vgl. auch www.wellness-
bund.de). Diesen Boom spiegeln jedoch die Titel und Auflagendaten der Special-Interest-Magazine nicht wider (vgl. Hoffmann 2003). Zum einen haben alle
(Publikums-)Zeitschriften das Thema für sich entdeckt und integriert, zum anderen macht sich gerade im Bereich der Markt-Neuzugänge die ökonomische Krise der Medienunternehmen bemerkbar.

Dennoch bleibt der Befund: Hochkomplexe medizinische Themen werden
vereinfacht, reduziert und bisweilen trivialisiert, indem sie von Medien aufgegriffen werden. Menschen sind für einfache Botschaften empfänglich, da es bei
den Themen rund um Medizin und Gesundheit um sie selbst geht. Rössler, Lücke und Willhöft (2003) haben zum gesundheitlichen Teilaspekt Ernährung aus
amerikanischen und deutschen Studien Erkenntnisse gesammelt und sie auf
folgenden Nenner gebracht: Vor allem in Deutschland verfügt die Bevölkerung
über ein fundiertes Wissen im Bereich Ernährung. Allerdings klaffen auch hier
Wissen und Verhalten bisweilen auseinander; das kann soweit führen, dass insbesondere bei Frauen durch massenmediale Botschaften ein gestörtes Körper-
bewusstsein, gepaart mit abnormem Essverhalten bis hin zu Essstörungen verstärkt werden kann (vgl. ebd.: 423).

8.4.3.6 Die Kompetenzen des Medizin- und Gesundheitsjournalisten

„Glaubwürdigkeit, Kompetenz und Verständlichkeit – diese Begriffe werden am
häufigsten genannt, wenn Journalisten nach ihrem Selbstverständnis gefragt
werden. … Allerdings gelten Medizinjournalisten sowohl in ihrer Selbstein-
schätzung als auch in der Bewertung seitens der Redaktionsleitungen der Publikumsmedien als ‚Fachjournalisten'." (Fischer 2003: 455) Der Bild-Medizin-
journalist Christoph Fischer (ebd.: 456ff.) benennt vier wesentliche Kriterien für
die Selbst- und Fremddefinition von Medizinjournalisten: *Übersetzungsleistung*,

insbesondere von fachspezifischen Texten; *Expertise*, vor allem dann, wenn der Medizinjournalist auch Arzt ist; *Wächterfunktion*, über wahre und falsche Tatsachen; *Aufdecken/Recherchieren*: Nur selten werden Medizinskandale von Medizinjournalisten aufgedeckt, sondern häufig von General-Interest-Nachrichtenjournalisten (vgl. ebd.: 457).

Spätestens im Zusammenhang mit Skandalen wie dem Rauswurf von Hademar Bankhofer wird über die Frage der Kompetenz der Medizinjournalisten diskutiert: Sind besondere medizinische Fachkenntnisse wichtiger als die journalistische Vermittlungskompetenz? Kann sich auch ein medizinischer Laie soweit in die Materie einarbeiten, dass er einem informierten Laienpublikum wesentliche Informationen mitteilen kann?

In der Literatur besteht Konsens, dass eine medizinische Sachkompetenz mindestens so wichtig wie die journalistische Fachkompetenz ist. Fischer (1990: 80) resümiert: „Die sozusagen ideale Konstellation für das Vermitteln medizinbezogener Aussagen in populären Massenmedien wäre somit jener als Rarissimum zu typisierende Fall des Doppelt-Ausgebildeten in Medizin und Publizistik. Da eine solche Doppelausbildung für Tätigkeiten im Bereich der Medizinpublizistik vermutlich zu zeit- und kostenaufwendig sein dürfte, erscheint es illusorisch, entsprechende ‚Voll'-Curricula bei medizinischen oder kommunikationswissenschaftlichen Lehrstuhlbereichen zu etablieren." Ein solches Curriculum ist bis heute nicht entwickelt. Stattdessen gibt es eine Reihe von journalistischen Aufbaustudiengängen oder Schulungsangeboten, in denen Mediziner das kommunikative Handwerkszeug erlernen können. Medizinjournalismus gilt seit einigen Jahren als eine attraktive Berufsalternative zum praktizierenden Arzt (vgl. www.thieme.de).

Die Antworten auf die Frage nach den Kompetenzen werden regelmäßig in Abhängigkeit von zwei zusammenhängenden Kriterien gegeben: der Mediengattung und der Zielgruppe. Handelt es sich um eine Fachpublikation, die in erster Linie für die Arzt-Arzt-Kommunikation gedacht ist? Oder um eine Special-Interest-Zeitschrift? Oder um ein Magazin im Fernsehen, das sich an ein heterogenes Publikum richtet? Im Feld des Medizin- und Gesundheitsjournalismus ist eine große Breite an Publikationen und Formaten feststellbar, von der Fachzeitschrift für Mediziner über die fachlich fundierte Veröffentlichung für den interessierten und informierten Laien sowie die Bearbeitung von Medizin- und Gesundheitsthemen in populären Massenmedien.

8.4.4 Der Markt des Medizin- und Gesundheitsjournalismus

Das 17. und 18. Jahrhundert zeichnen sich durch die Entstehung des Pressewesens und dessen frühe Ausdifferenzierung in wissenschaftliche und unterhaltende sowie (medizinische) Fachzeitschriften aus (vgl. Pürer/Raabe 2007: 53ff.). Und damit beginnt auch die Auseinandersetzung mit der Medizin und der Medizinischen Publizistik (vgl. Buchholz 1990: 17).

> „Seit dieser Zeit besteht das Spannungsverhältnis Presse und Medizin, welches sich in seinem Pro und Contra ständig aufs Neue reproduziert. … Verstärkt wird die Tendenz der Medizinberichterstattung in der Laienpresse durch die in der Aufklärungszeit als Vorläufer der Unterhaltungs- und Familienzeitschriften aufkommenden moralischen Wochenschriften, deren Ziel es ist, Belehrung und Unterhaltung in einer ein breites Lesepublikum ansprechenden Form zu vermitteln … .“ (ebd.: 18)

Es entwickeln sich seit dieser Zeit zwei große Bereiche der Medizinpublizistik: die Expertenpublizistik in Form von Standes-, Vereins-, Berufs- und wissenschaftlichen Zeitschriften, die dem wissenschaftlichen Austausch dienen, sowie der Medizinjournalismus, der sich in erster Linie an interessierte Laien richtet. Ein prominentes Beispiel für die erste Form ist das ‚Deutsche Ärzteblatt‘, das ab 1872 erscheint (vgl. Deneke/Sperber 1973). Der Mediziner Hermann Eberhard Richter gab am 2. September 1872 die erste Nummer des ‚Ärztlichen Vereinsblattes für Deutschland‘ heraus; in diesem Organ sollten „die spezifischen Probleme des ärztlichen Berufes“ erörtert und die Interessen des Berufsstandes in der Öffentlichkeit vertreten werden (ebd.: 7). Ab 1907 erschien die Vereinszeitschrift wöchentlich und veröffentlichte vor allem auch fachmedizinische Aufsätze mit Fortbildungscharakter. 1929 erfolgte die Umbenennung in ‚Deutsches Ärzteblatt‘; unter diesem Namen wird sie noch heute als Standesorgan der Bundesärztekammer und der Kassenärztlichen Bundesvereinigung herausgegeben (siehe www.aerzteblatt.de). Als ein prominentes Beispiel für die zweite Gattung soll die ‚Apothekenumschau‘ vorgestellt werden (siehe 8.4.4.2).

8.4.4.1 Die Entstehung des Medizin- und Gesundheitsjournalismus

Wilmont Haacke (1990) skizziert die Entwicklung des Medizinjournalismus wie folgt:

> „Die Vorformen der seit Gutenberg gedruckten Nachrichtenträger, die gesprochenen und geschriebenen Zeitungen, enthalten seit den mittelalterlichen Greuelberichten über die Geburt vierköpfiger Mißgeschöpfe Ansätze zu einer pseudomedizinischen Sensationsmache. ... Was die Wochenzeitungen des 17. Jahrhunderts an medizinischen Meldungen brachten, besaß nur selten Sinn und Wert. Besserung kam zuerst durch die Zeitschriften des 18. Jahrhunderts. ... Im Verlaufe des 18. Jahrhunderts nahmen auch die medizinischen Fachzeitschriften – sie waren zunächst als Ersatz für den Briefwechsel der Gelehrten gedacht – ihren heilsamen Aufschwung. Aus der Tradition dieser Periodika, die bis heute von Fachmedizinern geschrieben werden, ist die einzig authentische medizinische Fachpresse entstanden. ... Von den Fachzeitschriften des 18. Jahrhunderts bis zu den Fachorganen der Gegenwart führt eine klare Linie verantwortungsbewussten Publizierens neuer Ergebnisse." (ebd.: 37f.)

Haacke grenzt davon die Entwicklung in der populären Presse ab, die sich im 19. Jahrhundert sehr „zurückhaltend" mit medizinischen Themen beschäftigt. Zu Beginn des 20. Jahrhunderts (mit Unterbrechung während des 1. Weltkrieges und bis 1933) „haben Blätter von Weltrang wie das ‚Berliner Tageblatt' neben ihrer juristischen Beilage eine zumeist einmal wöchentlich erscheinende medizinische Sonderseite geführt" (ebd.: 39). Die Autoren waren promovierte Mediziner.

Bis in die 70er Jahre des 20. Jahrhunderts wird primär von Medizinjournalismus gesprochen; erst danach erweitert sich das Feld um Gesundheitsthemen. Ein zentraler Grund dafür ist, neben dem wachsenden Interesse der Bevölkerung, dass die Printmedien versuchten, sich von Zeitschriften- und Fernsehformaten abzugrenzen und ihre Leserschaft quantitativ zu erweitern (vgl. Glik 2001). Die New York Times begann 1978 damit, spezialisierte Wissenschafts und Gesundheitsreporter einzusetzen. Jahre später schwappte dieser Trend auch nach Europa über (vgl. ebd.: 170). Heute sind Medizin- und Gesundheitsthemen aus allen populären Massenmedien nicht mehr wegzudenken.

8.4.4.2 Medizin- und Gesundheitsjournalismus heute

Die Fachzeitschriften-Datenbank media-info (www.media-info.net) listet unter ‚Medizin und Gesundheitswesen' insgesamt 701 Titel in 32 Unterkategorien; die davon titelreichste ist die Kategorie Allgemeinmedizin mit 118 Publikationen, darunter das Deutsche Ärzteblatt und die Arzneimittel Zeitung. In der Statistik der Informationsgemeinschaft zur Feststellung der Verbreitung von Wer beträgern (IVW) sind relevante Titel unter den Rubriken ,Fachzeitschriften für Medizin und Gesundheitswesen', ,Veterinärmedizin' und ,Pharmazie' zugeordnet. Und unter dem Dach der wissenschaftlichen Zeitschriften finden sich weitere Titel aus dem Bereich Medizin und Gesundheit (vgl. daten.ivw.eu/Titel).

Unter der Gattung Publikumszeitschriften sind Gesundheitsmagazine eingetragen (vgl. daten.ivw.eu/Publikumszeitschriften) und in der Gattung Kundenzeitschriften für die Branche Apotheken/Medizin/Gesundheit Titel. Die folgende Tabelle bietet einen Überblick über die IVW-Daten mit einigen zufällig ausgewählten Titeln und Daten:

Gattung	Unterkategorie	Beispiele	Auflage
Fachzeitschriften	Medizin und Gesundheitswesen	Der Allgemeinarzt	48.949
		Ärzte Zeitung	62.788
		ZWR - Das deutsche Zahnärzteblatt	16.564
Fachzeitschriften	Veterinärmedizin	Deutsches Tierärzteblatt	36.282
		Der praktische Tierarzt	7.835
Fachzeitschriften	Pharmazie	Apotheken-Magazin	21.810
		Pharmazeutische Zeitung	37.472
Fachzeitschriften	Wissenschaftliche Zeitschriften	Onkologie heute	14.180
Publikumzeitschriften	Gesundheits-Magazine	stern Gesund leben, healthy living	
Kundenzeitschriften	*Branche:* Apotheken/ Medizin/Gesundheit	Fit + 50	74.256
		HausArzt, Patientenmagazin	1.850.559

Tab. 15: Ausgewählte Titel IVW-Datenbank zu Apotheken, Medizin und Gesundheit

In der Publikumszeitschriften-Datenbank des Zeitschriftenverlegerverbandes (www.pz-online.de) bilden die Gesundheitsmagazine mit 21 Titeln[44] ein vergleichsweise kleines Segment. Verwirrend ist, dass hier neben den kostenpflichtigen Publikationen großer Zeitschriftenverlage auch die Verbandsorgane caritativer Organisationen (wie Arbeiter Samariter Bund, Johanniter und Deutsches Rotes Kreuz) gelistet werden.

Titel *(Gesundheitsmagazine)*	Verbreitung	Verkauf
Anbiss	35.656	11.895
ASB Magazin	1.049.881	1.043.205
Befund Diabetes	49.760	0
Befund Krebs	29.744	0
Diabetes-Journal	64.615	57.109
ELTERN-Ratgeber DAS GESUNDE KIND	298.550	0
Fliege - Die Zeitschrift	17.940	15.144
Gesunde Medizin	112.973	110.971
healthy living	164.357	162.502
Johanniter, Die	1.312.682	1.311.568
Kneipp-Blätter	107.683	104.251
Leben? Leben!	29.799	0
NATUR & HEILEN	72.510	70.240
rotkreuzmagazin für Mitglieder, Freunde	567.806	566.248
stern GESUND LEBEN	98.857	97.626

Tab. 16: Gesundheitsmagazine

---

[44] In der Jahresauflagen-Statistik 2008 finden sich nur 15 Titel mit den entsprechenden Daten.

Weitere Medizin- und Gesundheitstitel finden sich in der Rubrik Kundenzeitschriften, wie zum Beispiel die mittlerweile auflagenstärkste: die ,Apotheken Umschau'. Sie erscheint seit 1956 zwei Mal monatlich im Wort & Bild Verlag[45]; die Auflage stieg von 50.000 Exemplaren auf monatlich insgesamt 9,6 (2/2009) Millionen Exemplaren und erreicht damit knapp 20 Millionen Leser (vgl. www3.ndr.de/sendungen/zapp/archiv).

Die Zeitschrift wird über Apotheken an den Endverbraucher vertrieben; die Apotheken zahlen pro Exemplar an den Verlag. Durch die Radio- und Fernsehwerbung werden die Kunden über das Erscheinen der neuesten Ausgabe informiert, was zweifellos einen gewissen Wettbewerbsdruck auf die Apotheken ausübt. So ist die Auflage allein in den vergangenen fünf Jahren um drei Millionen Exemplare gestiegen (siehe www.abendblatt.de). In der Selbstdarstellung des Verlages heißt es:

> „Das durchschnittlich 100 Seiten starke Magazin steht für fundierten Medizin- und Wissenschaftsjournalismus, der neben großen Reports über Volkskrankheiten wie Diabetes oder Krebs auch alltägliche und saisonal wiederkehrende Gesundheits- und Ratgeberthemen aufgreift. So informiert die *Apotheken Umschau* seine Leserinnen und Leser zu allen wichtigen Themen rund um die Gesundheit, gibt wertvolle Ratschläge und vermittelt aktuelles medizinisches Wissen auf seriöse, fachlich kompetente und allgemein verständliche Weise. Sie zeigt damit immer wieder neue Wege auf, gesünder zu leben." (www.wortundbildverlag.de)

Zu den Prinzipien der Redaktion, in der neben Ärzten auch Apotheker sitzen, gehört, weder Namen von Herstellern noch von Produkten zu nennen. Zwei Journalisten des ZDF-Politmagazins Frontal 21 haben versucht nachzuweisen, dass die Apotheken Umschau eben gegen diese selbst auferlegte Maxime verstößt (vgl. www3.ndr.de/sendungen/zapp/printmedien). Die TV-Reporter gründeten eine Scheinfirma und versuchten, ihr verschreibungspflichtiges aber noch nicht zugelassenes Medikament zu vermarkten. Die Anzeigenberater großer Verlage haben kein Problem damit, das Medikament in Anzeigen zu bewerben – die Apotheken Umschau bietet angeblich sogar die Kopplung zwischen Anzeige und Positiv-Berichterstattung an (vgl. ebd.).

Der Wort & Bild Verlag geht mittlerweile juristisch gegen das ZDF und die Frontal-Redaktion vor (www.wortundbildverlag.de/Nachrichten). Hauptvorwurf des Verlags allerdings ist, dass die Frontal-Reporter einen Zusammenhang herstellen zwischen dem Selbstmord einer „möglicherweise depressiven Frau" vom April 2005 und einem Bericht über ein Antidepressivum in der Zeitschrift vom November 2004.

---

[45] Der Wort & Bild Verlag ist mit mehr als einem halben Dutzend Publikationen einer der reichweitenstärksten Herausgeber im Segment Apotheken, Medizin und Gesundheit.

8.4.5 Der Medizin- und Gesundheitsjournalismus von morgen

Das Themenfeld Medizin und Gesundheit boomt seit einigen Jahren, vor allem im Printbereich. Stärker als der Hörfunk bietet auch das Fernsehen spezielle Programme und Formate (siehe www.infoquelle.de). Das ZDF und die Dritten Programme widmen sich seit Jahren diesem Bereich und auch private Sender, wie zum Beispiel Kabeleins, strahlen entsprechende Sendungen aus. Das Nachrichtenmagazin Focus und der Fernsehsender Premiere haben 2005 einen Kanal rund um das Thema Gesundheit gegründet (www.focusgesundheit.tv).

Aufgrund des demografischen Wandels einerseits und des sich verändernden Mediennutzungsverhaltens andererseits wird die Nachfrage nach Informationen aus dem Bereich Medizin und Gesundheit weiter steigen und sie werden zunehmend im Internet gesucht werden. Schon jetzt zeigen Studien, dass vor allem junge Menschen im WorldWideWeb nach Informationen surfen, bevor sie einen Arzt aufsuchen[46]. Orthopäden der Universitätskliniken Bonn und Düsseldorf haben im Jahr 2005 insgesamt 402 Fragebögen von Patienten ausgewertet, die sich zum ersten Mal in einer der Orthopädischen Kliniken vorgestellt hatten. Das zentrale Erkenntnisinteresse lag in der Bewertung des Stellenwertes des Internets als Informationsquelle. 54 Prozent der Befragten verfügten über einen Internetzugang; die Nutzung zur Recherche orthopädischer Informationen lag bei den 10-40-Jährigen bei 72, bei den über 40-Jährigen bei 49 Prozent. Somit erwies sich das Internet vor allem für jüngere, männliche und gut gebildete Personen als ein wesentliches Rechercheinstrument (vgl. Pennekamp/Diedrich/ Schmitt/Kraft 2006).

Irene Neverla (2007) hat mit einem Forscherteam in Zusammenarbeit mit Medizinern des Universitätsklinikums Eppendorf eine Untersuchung zum Informationsverhalten von Akromegalie-Patienten[47] durchgeführt. Ihr Hauptergebnis: „Wer krank ist, geht ins Netz" – vor allem vor und ergänzend zum Gespräch mit dem Arzt recherchieren Betroffene nach Kliniken, Verbänden, Initiativen, Pharmaunternehmen und Therapiemethoden.

---

[46] Einen Überblick über einige Studien bietet die Seite www.find-health-articles.com.

[47] Wird nach Abschluss des normalen physiologischen Wachstums vermehrt und chronisch Wachstumshormon ausgeschüttet, so entwickelt sich das Krankheitsbild der Akromegalie. Die Krankheit hat ihren Namen, weil die sichtbaren körperlichen Veränderungen sich vorwiegend im Bereich der Akren abspielen. Akren ist der medizinische Begriff für alle vom Rumpf abstehenden Körperteile wie Hände und Finger, Füße und Zehen und im Gesicht Nase, Kinn, Augenbrauen und Jochbögen (www.medizinfo.de).

Die Zeitschrift „Tomorrow – Internet/Technik/Menschen" (erschien bis Februar 2009 im Burda Verlag) hat für ihre Mai-Ausgabe 2008 sechs Gesundheitsexperten gebeten, Internet-Portale zu testen (vgl. Röseler 2008). Unter den Favoriten sind folgende Angebote:

Portal	Anbieter
www.gesundheit.de	Andreae-Noris Zahn AG (ANZAG)
www.onmeda.de	goFeminin.de GmbH mit Sitz in Köln (Tochter der Axel Springer AG); Gründung 1997 durch Wissenschaftler der Charité Berlin und des Berliner Max-Planck-Instituts
www.netdoktor.de	Redaktion aus Medizinern, Biologen und Fachjournalisten; Finanzierung über Anzeigen und Lizenzierung von Artikeln
www.medizin.de	Galileo Marketing GmbH
www.wissen-gesundheit.de	GmbH; Gründung von Fachärzten, Kooperation mit Kassenärztlicher Vereinigung
www.lifeline.de	bsmo GmbH
www.iqwig.de	Institut für Qualität und Wirtschaftlichkeit im Gesundheitswesen (IQWIG; unabhängig)
www.aok.de	Bundesverband der Allgemeinen Ortskrankenkassen
www.pkv.de	Verband der privaten Krankenversicherung

Portal	Anbieter
www.gesundheitsinformation.de	Institut für Qualität und Wirtschaftlichkeit im Gesundheitswesen (IQWIG; unabhängig)
www.richtigfit.de	Deutscher Olympischer Sportbund (DOSB)
www.bvpraevention.de	Bundesvereinigung Prävention und Gesundheitsförderung e.V.
www.dgk.de	Deutsches Grünes Kreuz
www.hamburger-krankenhausspiegel.de	26 Hamburger Kliniken in Kooperation mit Ärztekammer, Krankenkassen, Verbraucherzentrale (ähnliche Seiten auch in anderen Städten)
www.patienten-information.de	Ärztliches Zentrum für Qualität in der Medizin (ÄZQ), Berlin; Bundesärztekammer und Kassenärztliche Bundesvereinigung
www.qualimedic.de	Qualimedic.com AG, 1999 von Fachärzten und Unternehmen gegründet (weitere Portale mit unterschiedlichen Schwerpunkten)
www.gesundheit.de	Andreae-Noris Zahn AG (ANZAG)

Tab. 15: Gesundheitsportale

8.5 Modejournalismus

„Vor vielen Jahren lebte einmal ein Kaiser, der so ungeheuer viel auf hübsche neue Kleider hielt, dass er all sein Geld dafür ausgab, um recht geputzt zu sein. Er kümmerte sich nicht um seine Soldaten, kümmerte sich nicht um das Theater und liebte es nicht, in den Wald zu fahren, außer um seine neuen Kleider zu zeigen. Er hatte einen Rock für jede Stunde des Tages, und – wie man von einem König sagt, er ist im Rate – so sagte man hier immer: „Der Kaiser ist in der Garderobe!" (Andersen 1994)

Der dänische Schriftsteller Hans Christian Andersen hatte die Vorlage für sein 1837 erstmals veröffentlichtes Märchen in einer spanischen Erzählsammlung aus dem ersten Drittel des 14. Jahrhunderts gefunden. Der Kaiser sitzt Betrügern auf, die vorgeben, ihm neue Kleider aus Gold und Seide zu nähen, die nur von Menschen gesehen werden könnten, die nicht dumm und ihres Amtes würdig seien. Die Handlung nimmt ihren Lauf, alle spielen mit und nur ein Kind ruft beim Festzug aus, was alle sehen, aber nicht auszusprechen wagen: Der Kaiser ist nackt!

Nicht nur Literatur und die schönen Künste wurden von Moden geprägt und haben sich mit Moden auseinandergesetzt. Auch und vor allem die Soziologie des 20. Jahrhunderts spürte dem Phänomen Mode nach: Wissenschaftler wie Georg Simmel (1905), Werner Sombart (1902), Pierre Bourdieu (1982) und René König (1985) haben sich in deren Zusammenhang mit Aspekten wie Macht und Ansehen beschäftigt.

In diesem Kapitel wird im Wesentlichen auf Kleidermode fokussiert. Denn hier lässt sich noch am besten das untersuchen, was – unter sozialwissenschaftlicher Perspektive – als Modejournalismus definiert werden kann. Als Dachbegriff wäre möglicherweise der des Lifestyle-Journalismus sinnvoll, allerdings weitet sich dann das Feld in nicht mehr beobachtbare Dimensionen.

Ausgehend von einer soziologischen Verortung des Mode-Begriffs und einem Abriss der Modegeschichte führen die folgenden Abschnitte über den Beginn und die Entwicklung des Modejournalismus hin zu einer Betrachtung des heutigen modejournalistischen Marktes, und hier vor allem vor dem Hintergrund der Qualifizierung und Rekrutierung von Modejournalisten.

8.5.1 Eine soziologische Verortung

Kleidung ist ein Kulturgut und somit eng mit der menschlichen und gesellschaftlichen Entwicklung verknüpft. Kleidung unterliegt Moden – aber Mode ist nicht nur Kleidung.

„M. (Mode; BD) bezeichnet den ständigen Wechsel des Geschmacks, der nicht nur die Kleidung und den Körper, sondern auch sämtliche Lebensäußerungen des Menschen – Kunst, Sprache, Freizeit- und Konsumverhalten usw. – erfasst. Sie ist irrational, abstrakt und paradox, d.h. auf schrankenlose Verbreitung angelegt und doch dem Prinzip des ewig Neuen unterworfen: sobald sie ihr Ziel erreicht hat und allgemein geworden ist, hört sie auf, M. zu sein." (Pfister 1989: 451)

Mode muss also unter verschiedenen Perspektiven betrachtet werden: aus sachlicher, zeitlicher und sozialer Perspektive.

- Aus *sachlicher Sicht* ist Mode nicht auf Kleidung reduzierbar, sondern betrifft alle Lebensbereiche des Menschen: von dem, was er auf dem Leib trägt, über das, was er isst, bis hin zu dem, was er liest, diskutiert und denkt. Bei der Kleidermode werden zwei Grundpositionen unterschieden: Die Haute Couture (franz.; ‚gehobene Schneiderei') bezeichnet die maßgeschneiderten und exklusiven Kreationen der großen Designer und Modehäuser, die auf den großen Schauen in Paris, Mailand und London präsentiert werden. Diese Modelle dienen zum einen als Werbung für das jeweilige Haus, zum anderen werden sie weniger im Alltag getragen, sondern sind als Kunstwerke in Ausstellungen und Museen ausgestellt (vgl. Kinzel 1990). Die zweite Linie wird mit Prêt-à-porter oder ready-to-wear bezeichnet (franz. bzw. engl.; ‚bereit zum Tragen' oder ‚von der Stange'). Das sind Kollektionen, die in Standardgrößen produziert und über Kauf- und Modehäuser verkauft werden. Zum Teil ist sie inspiriert von den Designer-Kreationen, aber sie wird weniger aus Image- und künstlerischen Gründen entworfen, sondern um Menschen ‚anzuziehen' (vgl. Loschek 2005).

- In *zeitlicher Hinsicht* ist Mode relativ begrenzt. Sie ist nur über einen bestimmten Zeitraum aktuell und unterliegt einem zyklischen Wandel. So wechseln sich Moden ab und wiederholen sich scheinbar, aber in leicht veränderter Form. Es gibt allerdings auch die so genannten Klassiker, die sich aus modischen Trends heraus entwickeln, aber sich über die Flauten hinweg etablieren können (z.B. das ‚kleine Schwarze'). In der Regel wird den jungen Bevölkerungsschichten zugewiesen, Moden zu entwickeln. Die Bewertung und Beurteilung von modischen Trends sind von der Kohortenzugehörigkeit und dem individuellen Lebensalter abhängig. Allerdings verschwimmen diese Grenzen zunehmend aufgrund der Ausweitung der Jugend und der „Juvenalisierung" der Erwachsenen (siehe Shell-Jugendstudie 2006). Die Lebensstile zwischen Jung und Alt haben sich in den vergangenen Jahrhunderten immer stärker aneinander angeglichen, nicht zuletzt ablesbar an einem gemeinsamen oder ähnlichen Lebensstil, insbesondere Musikgeschmack, Einrichtung und Kleidung. Die Jeans beispielsweise ist eine Art Klassiker der Moderne – die heute in Form, Schnitt und Farbe Moden unterliegt, aber grundsätzlich nicht in Frage gestellt wird oder gar verschwindet.

- Unter *sozialer Perspektive* signalisiert Mode die Zugehörigkeit zu einer sozialen Schicht, zu einem sozialen Milieu und ist Ausdruck des persönlichen Lebensstils. Wie jemand lebt und was jemand trägt lässt Rückschlüsse darauf zu, welches Verhältnis er zu seinem Körper und zu seiner Umwelt hat und aufbauen möchte. Über Mode werden Aufmerksamkeit, Anerkennung und Ablehnung provoziert; es wird nachgeahmt und inszeniert; über Mode findet Persönlichkeitsentwicklung statt und es werden über sie auch sexuelle Signale ausgesendet.

8.5.2 Ein kurzer Streifzug durch die Modegeschichte

In der Steinzeit nutzten die Menschen in erster Linie Felle, um sich vor Wind und Kälte, aber auch vor Verletzungen zu schützen. Diese Schutzkleidung entwickelte sich weiter, bis sie schließlich aufgrund der Formen, Farben und Muster zu einer Art Statussymbol wurde. So mussten Bauern nicht nur strapazierfähige, sondern unauffällige und dunkle Kleidung tragen, damit sofort die Zugehörigkeit zur sozialen Schicht erkennbar war (vgl. Simmel 1995).

„Griechenland und Rom übernahmen mehr als ein Jahrtausend lang die Führung auf dem Gebiet der Mode. Handwerk und Handel waren hier weiter entwickelt als im übrigen Europa. Aus dem Orient und aus Asien wurden Baumwolle, Seide und viele andere Luxuswaren importiert, so dass die antiken Gewänder aus unterschiedlichen und qualitativ hochwertigen Stoffen gemacht werden konnten. Allerdings konnten sich nur die reichen Leute die kostbaren Stoffe kaufen, und die Art der Bekleidung ließ deutlich erkennen, zu welcher Schicht der Träger oder die Trägerin gehörte." (Rehbein 2008)

Die Grundform der Bekleidung bestand aus einer Art Hemdkleid aus Leinen oder Wolle, dem so genannten Chiton. Im Römischen Reich galt die Toga als die Hauptoberbekleidung der Bürger (vgl. ebd.). Bis zum Ende der römischen Weltherrschaft wurden die äußeren Einflüsse stärker und die Kleidung veränderte sich in Stoffen, Stil, Formen und Farben.

Im Übergang von der Antike zum Mittelalter veränderten sich Gesellschaft und Mode – vor allem unter dem Einfluss der Kirche:

„Zur christlichen Forderung nach Verhüllung des Körpers passten die antiken Gewänder nicht recht. Die Herstellung von Kleidern wurde immer mehr Aufgabe der Klöster, sie übernahmen das

Erbe der antiken Tuchmacher und Schneider. Röcke, Beine und Ärmel an den Kleidern wurden länger, um möglichst überall die Haut zu bedecken, lange Untergewänder und Hemden wurden üblich. Germanische und antike Trachten vermischten sich. Zunehmend verbargen Frauen ihr Haar unter Tüchern und Schleiern, ein Brauch, der anfangs vor allem in der Kirche gefordert wurde, sich dann aber auch auf das Alltagsleben ausdehnte. Gleichzeitig liebte der Adel kostbare Gewänder, Schmuck und andere Luxuswaren, trotz der Mahnungen der Kirche zur Mäßigung. Männer wie Frauen statteten sich mit teuren Stoffen und kostbarem Geschmeide aus, der Körperschmuck diente der Schönheit und signalisierte Erfolg. Die Fürsten verteilten als Zeichen der Anerkennung goldene Armreifen an verdiente Krieger, aber auch an Sänger und Dichter. Auch die Vertreter der Kirche waren von Luxusgelüsten und Eitelkeiten nicht frei." (ebd.)

Spätestens seit dem Mittelalter spielte Kleidermode in der Gesellschaft eine große Rolle: Sie symbolisierte die Standeszugehörigkeit und sagte damit viel aus über den sozialen Status inklusive Bildung und Vermögen. Vor allem Klerus und Adel schmückten sich mit neuen Stoffen und Accessoires. Die wesentlichen Strömungen gingen von Frankreich aus: Im vorrevolutionären Frankreich, im Ancien Régime (ab 1589 bis 1789, dem Beginn der Französischen Revolution), gab es eine klare Kleiderordnung: „Die dominierende höfische Mode trennte streng zwischen formeller und informeller Kleidung, und auch die bürgerliche Mode differenzierte sich nach bestimmten Anlässen. Dabei unterschied sich in der männlichen wie in der weiblichen Kleidung generell der volle Anzug vom Negligé." (Ackermann 2005: 126)

Der englische Einfluss und die beginnende Aufklärung sowie schließlich die industrielle Produktion führten dazu, dass Kleidung schlichter und funktionaler wurde, Reifröcke und Schleppen, aber auch aufwändige Perücken spielten eine geringer werdende Rolle (vgl. ebd.: 126ff.; vgl. auch Ackermann 2006; Rehbein 2008). Das Sich-Herausputzen ist ein überall auf der Welt beobachtbares Phänomen. Es stand gleichermaßen für die Kultivierung und Kultiviertheit einer Gesellschaft, für Wohlstand, Attraktivität und Geschmack. Mode hatte und hat eine sowohl individuelle als auch gesellschaftliche Komponente.

In der weiteren Geschichte wurde Mode immer enger verknüpft mit dem weiblichen Geschlecht. So werden Frauen einerseits zur treibenden Kraft, andererseits auch zum Opfer des jeweiligen Zeitgeistes: „Viele Frauen folgten blind allem Neuen, ohne darauf zu achten, ob dieses ihnen entspreche, und entstellten sich damit. ... Die Frau von Geschmack wusste, dass die Mode mit der Person harmonisieren musste, dass sie an die Figur, Physiognomie, Teint und Hautfarbe wie ihr Alter und ihren Charakter anzupassen war." (Ackermann 2005: 150)

Das 20. Jahrhundert gilt als das Zeitalter der Mode, da es stark geprägt ist von einem rasanten Wandel in politischer, ökonomischer, technischer und sozialer Hinsicht. Die beiden Weltkriege hinterließen ebenso ihre Spuren wie die neue Emanzipations- oder die Flower-Power-Bewegung (vgl. Loschek 1988; Rolzhäuser 2006).

Bis heute nehmen Frankreich beziehungsweise dessen Hauptstadt Paris stilbildende Funktionen ein. Daneben treten abwechselnd andere Länder und Metropolen auf – wie Tokio und New York – in denen aktuelle Trends gesetzt werden. Die berühmten Laufstege und die prominentesten Modelabels existieren aber immer noch an der Seine. Namen wie Dior und Chanel prägen die Modegeschichte, aber auch italienische Designer wie Armani, Dolce & Gabbana ebenso wie die Deutschen Karl Lagerfeld, Jil Sander und Joop (im Überblick: www.leben.ch).

Kleidermode teilt sich heute mindestens in die beiden Richtungen Haute Couture und Prêt-à-porter – wobei auch hier Aktivitäten wie beispielsweise die Tätigkeit von Karl Lagerfeld für den Konzern H & M die Grenzen verschwimmen lassen. Innerhalb dieser beiden Welten (oder auch zwischen ihnen) sind heute viele Stilrichtungen möglich (vgl. Limmer/Armbruster 2009). Mit Mode werden im Wesentlichen folgende Kriterien verknüpft:

- *Weiblichkeit*: Zwar kreieren viele berühmte Designer auch Herrenmode, aber die größte Aufmerksamkeit generieren immer noch die Abendgarderoben für Frauen.
- *Prominenz:* Nicht nur, dass Prominente Geld, Aussehen und Gelegenheit haben, Designer-Mode zu tragen und damit Aufmerksamkeit zu erregen; viele Prominente (oder solche, die sich dafür halten) geben ihren Namen für große Modelabels.
- *Integration* gesellschaftlicher Strömungen: Seit vielen Jahren ist Öko-Mode in; hier geht es nicht nur um die Frage des ökologischen Anbaus der Stoffe und deren ökologischer Verarbeitung, sondern auch um schickes Design abseits des Jutesacks. Mit dem internationalen Label DOPAMIN wollen junge Designer, die auch selbst als Models ihre Kreationen präsentieren, so genannte ready-to-wear-Produkte wie Hemden, T-Shirts und Pullover auf dem Markt etablieren (siehe www.monstersandcritics.de).
- *Abhängigkeit* des Modemarktes von der wirtschaftlichen Lage: Mode setzt einerseits Trends, greift aber andererseits auch Entwicklungen auf oder reagiert darauf. Es zeigt sich über die Jahrhunderte die gegenseitige Abhängigkeit von Mode und Wirtschaft. So ist aktuell die Rede von der „Rezessions-Couture" oder „Depressions-Couture"[48] (Altrock 2008: 3).

---

[48] Altrock (2008) zitiert in ihrem Artikel u.a. Modeexpertin Melanie Rollwage vom Trendbüro Hamburg: „Die aktuellen Entwürfe können als Antwort auf die Finanzkrise interpretiert werden. … Parallelen zwischen Mode und Konjunkturlage sind nicht von der Hand zu weisen. Auch wenn nicht mehr unbedingt die Länge des Rocks der wirtschaftlichen Situation Ausdruck verleiht." Altrock führt zum Beispiel den „Nonnenlook" von Prada an, der „streng und spaßfeindlich" wirke.

Mode ist direkt und indirekt Thema in vielen künstlerischen Darstellungen, insbesondere der Malerei, des Theaters und im Film. Streifen wie „Prêt-à-porter" von Robert Altman (1994) oder „Der Teufel trägt Prada" von David Frankel (2006) haben wie viele andere die abgedrehte Mode-Welt auf die Leinwand gebannt und zum Thema gemacht.

8.5.3 Die Anfänge des Modejournalismus

In Frankreich gründete der Schriftsteller Jean Donneau de Visé 1672 mit der *Mercure galant* die erste Zeitschrift, in der neben Artikeln über Literatur und Dichtung, Theater und bildende Kunst auch Texte über Mode zu finden waren (vgl. en.wikipedia.org/wiki/Mercure_de_France). Mit *Le Cabinet des Modes* erschien von 1785 bis 1792 die erste eigenständige französische Modezeitschrift (siehe auch www.empirepicknick.ch); ihr folgte 1797 *Le Journal des Dames et des Modes* (bis 1839). Die älteste und berühmteste deutsche Modezeitschrift war das *Journal des Luxus und der Moden* (1786-1827) (vgl. Lerch 2009). Es galt als erste Form des „populäraufklärerischen Periodikums. ... Noch bevor sich Gartenjournale und Kunstzeitschriften um 1800 als Organe von ähnlich weitreichender öffentlicher Wirkung etablierten, erörterten – wenngleich häufig anonym oder unter Pseudonym arbeitende – Autoren aktuelle kunst- und literaturtheoretische Positionen, zeitgenössische Ereignisse und soziale Formationen in überaus textlastigen Modemagazinen ...." (Zika 2006: 11) Das in Weimar erscheinende Blatt hatte viele Korrespondenten und berühmte Autoren wie Goethe, Herder und Wieland und „stellte gerade in den ersten Jahrzehnten eine Instanz in Fragen von Geschmack und Lebensstil dar". (Ackermann 2006: 29)

Publikum fanden die Modejournale vor allem im Bürgertum, aber auch im Adel; vor allem Frauen lasen die Magazine, von denen sie sich ernst genommen fühlten und die für sie nicht zuletzt wegen der vielen, zum Teil handkolorierten, Bilder von Tages- und Abendgarderoben attraktiv waren. Dabei priesen die Journale nicht alles Neue an, sondern sie kritisierten und karikierten bisweilen „wenn übergroße Hüte die modebewusste Frau zum ‚wandernden Pilz' werden ließ" (ebd.).

Im 18. und 19. Jahrhundert schossen Modezeitschriften aus dem Boden, nicht zuletzt beflügelt durch die Entwicklungen in der Drucktechnik sowie der Bebilderung beziehungsweise Fotografie. Manche erschienen nur wenige Male, was jedoch typisch war für den sich rasant entwickelnden Medienmarkt. Allein im deutschsprachigen Raum erschienen zwischen 1770 und 1830 35 Modemagazine; aber auch in Frankreich und Großbritannien, in Italien und den Niederlanden boomte dieser neue Markt (vgl. ebd.).

8.5.4 Ist Modeberichterstattung Journalismus?

Modeberichterstattung findet sich heute im Wesentlichen in Frauen-, Mode- und Lifestyle-Zeitschriften – und für die gilt, was Harald Ulze bereits in den 70er Jahren (1979) in einer Inhaltsanalyse von vier Frauenzeitmagazinen festgestellt hat: Sie gleichen einem „Warenkatalog" (ebd. 206); aneinander gereihte Bilder mit wenig aussagekräftigen Bildunterzeilen oder ganz ohne Text. Sind sie insofern nicht als Medien mit journalistischen Inhalten zu identifizieren?

Für die großen Magazine wie Vogue, Elle, Madame und andere mag diese Feststellung zutreffen. Sie standen schon immer unter dem Druck, die großen Labels nicht nur vorstellen, sondern sie auch positiv darstellen zu müssen, da sonst die Gefahr drohte, dass die Anzeigen ausblieben. Dieser Druck seitens der Public Relations ist in der ökonomischen Krise der Verlage sicher nicht geringer geworden. Die Unabhängigkeit ist auch aufgrund der Tatsache schwierig zu wahren, da prominente Modefotografen nicht nur im Auftrag der großen Magazine neue Mode ablichten, sondern auch für Prada, Boss, Chanel und andere Anzeigenstrecken fotografieren. Da diese häufig im Layout angepasst sind, kann die Leserin beim Durchblättern nicht mehr zwischen Anzeigen- und redaktionellen Seiten unterscheiden (vgl. Kaiser 2006).

Schon manch großer Designer hat versucht, Redaktionen zu erpressen: So auch Giorgio Armani, der im Jahr 2005 in einem Bericht über die sieben wichtigsten Modeschöpfer in der Vogue (verfasst von der Chefredakteurin Anna Wintour) nicht vorkam, und daraufhin drohte, sein Anzeigenbudget zu kürzen (vgl. ebd.: 31). Auch mit der New York Times, die mit ihrer kritischen Beobachtung von Trends und Themen unter der Rubrik Fashion & Style zu einer Art Trendsetter und Instanz geworden ist und Armanis Herrenmodenschau verrissen hatte, wollte sich der Italiener schon anlegen. Allerdings erfolglos, denn der Verlag stand hinter seinem Autor Guy Trebay, der Tage nach Armanis Anzeigenstorno auf der Titelseite darüber philosophieren durfte, „warum viele Männer das Hemd über der Hose tragen." (ebd.)

Die New York Times ist hier Trendsetter für große Zeitungen weltweit, die Mode als kulturelles oder gesellschaftspolitisches Thema entdeckt haben. In England liegen den Sonntagsausgaben der Zeitungen häufig spezielle Modeseiten bei, in Frankreich sind diese oft sogar täglich integriert; bei den großen überregionalen Tageszeitungen wie dem Figaro arbeiten drei Redakteurinnen in einer eigenen Moderedaktion (vgl. Petersen 2003). In Deutschland findet professioneller und kontinuierlicher Modejournalismus so gut wie nicht statt: Nur große Blätter wie die Süddeutsche Zeitung, die Welt am Sonntag und die Frankfurter Allgemeine Sonntagszeitung sowie die Financial Times Deutschland in ihrer Beilage „how to spend it" haben ihr einen festen Platz vorbehalten. Andere

Zeitungen und Magazine, wie Die Zeit (etwa die Ausgaben des Zeitmagazins vom 25.09.2008 und 26.02.2009), stern, Spiegel, aber auch Regionalzeitungen wie das Hamburger Abendblatt, greifen das Thema Mode aus wechselnden Blickwinkeln auf, mal als künstlerisch-ästhetische Fotostrecke, mal als kritisch-reflektierenden Beitrag zu aktuellen Trends (vgl. Altrock 2008).

Begreifen Medien Mode als Teil der kulturellen Entwicklung einer Gesellschaft, in der sich Vieles an Stimmen und Stimmungen niederschlägt, und begleiten dies kritisch, so kann Modeberichterstattung zweifellos (guter) Journalismus sein. Experten bescheinigen den Medien in Deutschland, dieses Potenzial bis dato nicht erkannt zu haben. Die Hürden dafür liegen einerseits im Image: Mode und Modejournalismus werden Oberflächlichkeit und Niveaulosigkeit vorgeworfen; andererseits in der eigenen „Sprache": die eine Sprachebene ist die visuelle, fotografische, die sich bisweilen von der verbalen unterscheidet (vgl. Barthes 1985); erstere lebt von Ästhetik, von künstlerischen Strukturen, zweitere von Fremdwörtern aus der internationalen Modewelt und der Fachsprache der Designer und Schneider.

8.5.5 Der Modemedienmarkt heute

Mode ist Kunst, Kultur und Unterhaltung, Massenkonsum- und damit Wirtschaftsgut. Es gibt eine enge Verknüpfung zwischen Medien, Werbung, Prominenz und Mode. Hollywood-SchauspielerInnen sind eine Art Seismografen der Modebranche: Wer trägt was? Zu sehen ist dies dann tagelang in den Publikationen über die Oscar-Verleihung, auf den Covern und im Inneren der führenden Blätter sowie in den Klatsch-Magazinen der elektronischen Medien. In Filmen werden Kleider präsentiert, und Filme inspirieren zu neuen Kollektionen. Die jungen und schönen Schauspieler sind gleichzeitig Models und verdienen mit Werbekampagnen für Designer-Labels zusätzliche Millionen (vgl. Omir 2006).

Mode braucht Bilder, bewegte und unbewegte. Vermutlich aus diesem Grund ist Mode kein Thema für Hörfunk. Umso stärker steht es auf der Agenda der Printmedien und zunehmend des Internets, weniger auf der des Fernsehens. Hier liegt der Fokus vor allem auf Boulevard, Unterhaltung oder Geschäft. Die ehemalige Miss World Germany Sandra Ahrabian startete im März 2007 auf dem Auktionssender 1-2-3.tv eine Modesendung mit Produktpräsentationen, Mode- und Stylingtipps (www.1-2-3.tv). Das Model Heidi Klum sucht „Germanys next Top Model" und auf den Musiksendern wird präsentiert, was hipp ist. Eine Expertin wie die Hamburger Modejournalistin Antonia Hilke, die über 20 Jahre lang die neuesten Modetrends nachspürte und sie in der Sendung „Neues vom Kleidermarkt" regelmäßig präsentierte, fehlt im deutschen (öffentlich-rechtlichen) Fernsehprogramm seit Anfang der 90er Jahre. 3sat, arte und einige dritte Programme setzen das Thema unregelmäßig auf die Agenda. Umso stärker wächst das Angebot im Internet: Das Magazin stern beispielsweise bietet das Web-TV-Stylemagazin ‚Look' alle 14 Tage seit April 2008 an; weltweit boomen usergenerierte Plattformen (wie etwa die Website StilinBerlin unter stilinberlin.blogspot.com). Die Anbieter nutzen die hybriden Formen, d.h. mit Video, Audio und Foto lässt sich Mode wie auf dem Laufsteg visualisieren und präsentieren. Der Modemedienmarkt lässt sich wie folgt kategorisieren[49]:

Gattung	Titel	Zielgruppen
Modemagazine	etwa 20 Monatstitel, *z.B. Vogue (Quelle: Omir 2006: 32)*	v.a. Frauen, höhere Einkommensgruppen
Lifestylemagazine	IVW: 88 Titel pz-online: 91 Titel *z.B. FHM, GQ oder Men's Health*	Frauen und Männer; jüngere Alters- und höhere Einkommensgruppen
Frauenzeitschriften	IVW: wöchentlich.: 39 Titel *(z.B. Bella)* 14-täglich.: 11 Titel *(z.B. Brigitte)* monatlich.: 72 Titel *(z.B. Cosmopolitan)*	v.a. Frauen; je nach Titel alle Alters-, Einkommens- und Bildungsgruppen
Modeberichterstattung in überregionalen Tageszeitungen und Magazinen	*z.B. stern, Spiegel, Focus, Die Zeit, Süddeutsche Zeitung, Frankfurter Allgemeine Sonntagszeitung, Welt am Sonntag, Tagesspiegel, Abendblatt*	breite Bevölkerungsgruppen
Modeberichterstattung im Fernsehen	*z.B. als Bestandteil von Boulevard- und Lifestyle-Magazinen wie taff (Pro7);Chic (arte)*	breite Bevölkerungsgruppen; v.a. an Unterhaltung Interessierte

[49] Für diese Tabelle wurden alle verfügbaren Quellen ausgewertet, v.a. IVW, media-info.net und pz-online.de. Das Schlagwort Mode kommt in keiner der Statistiken vor, sondern verbirgt sich bei den Publikumsmedien hinter den Gattungen Frauen- und Lifestyle-Zeitschriften und bei den Fachmedien hinter Branchenbezeichnungen wie Textilien, Bekleidung, Accessoires sowie Leder & Schuhe und Uhren & Schmuck.

Gattung	Titel	Zielgruppen
Modeberichterstattung im Internet	z.B. stern.de/lifestyle/mode Weblogs von Künstlern, Designern u.a.; z.B. stilinberlin.blogspot.com	an Mode Interessierte; junge Menschen; Designer und Mode-Experten
Fachmagazine	Media-info.net: Fachgruppe Konsumgüter > Fachunter-gruppe Textilien, Bekleidung, Accessoires mit 14 Titeln z.B. Textilwirtschaft	Modeindustrie, weitere Wirt-schaftsbranchen (z.B. Sport, Musik), Groß- und Einzelhan-del
Mode-Fachjournalismus im Internet	z.B. www.modabot.de (Nachrichtenagentur für Avantgarde-Mode) www.style.com (Website der amerikanischen Vogue)	Moderedakteure, Künstler, Agenturen, Mode-experten; Laien mit großem Fachwissen

*Tab. 18: Ka*tegorisierung des Modemedienmarktes

8.5.6 Die Rekrutierung von Modeexperten für Medien und Journalismus

Gleichwohl Mode als Thema in der Praxis und auch in der medien- und sozial-wissenschaftlichen Forschung weiter steigendes Interesse bescheinigt wird, so hat sich der Beruf des Modejournalisten offenbar noch immer nicht etabliert – weder im Hinblick auf das Image noch auf die Ausbildung. „Die wachsende Bedeutung steht allerdings noch immer im Gegensatz zum Ruf, den Moderedak-teure genießen – ihr Thema gilt nach wie vor als leicht und seicht." (Köhler 2006: 22)

Aber auch hier sind sich alle Experten einig: Für professionellen Modejourna-lismus sind Sachkompetenz (als Wissen und Kenntnisse über Mode, d.h. Texti-lien, Schnitte, Design, aber auch generell über Kultur), journalistische Fach- und Vermittlungskompetenz notwendig. Darüber hinaus werden von ihnen die übli-chen Skills gefordert: Themen aufspüren, Teamfähigkeit sowie Organisations-talent (vgl. ebd.). Aber wo können sich Interessierte diese Qualifikationen an-eignen? Und wie kommen sie in den Berufsmarkt? Expertinnen wie die Produ-zentin der Frauenzeitschrift Brigitte, Astrid von Roeder (2006) empfehlen kei-nen Königsweg, fordern aber klar eine journalistische Grundausbildung wie in einem Volontariat und meinen, eine Ausbildung im Bereich Modedesign oder eine Schneiderlehre könne nicht schaden, da man alle nötigen Grundbegriffe kennen lerne und ein Urteilsvermögen für Schnitttechniken entwickle. Auch ein geisteswissenschaftliches Studium, zum Beispiel der Kunstgeschichte, sei sinnvoll.

An staatlichen Hochschulen gibt es bis dato keine grundständigen Studiengänge Modejournalismus, sondern entsprechende Inhalte sind integriert in Studiengänge wie Modedesign oder Kulturjournalismus an der Hochschule der Künste in Berlin, an der die britische Mode-Designern Vivienne Westwood bis 2005 lehrte (kulturjournalismus.exozet.com).

Die seit 1996 existierende und seit 2005 vom Hamburger Senat zertifizierte private Akademie Mode & Design (www.hs-amdnet.de) ist die einzige Institution, die ein Studium Modejournalismus anbietet (www.amdnet.de). Das knapp dreieinhalbjährige Studium ist gebührenpflichtig und bildet in Modedesign und -zeichnen, in Marketing und Public Relations ebenso aus wie Tageszeitungs- und Onlinejournalismus. Hinzu kommen Seminare in EDV und Englisch.

8.6 Musikjournalismus

Musik ist wie Kleidermode ein Kultur-, aber auch gleichzeitig ein Wirtschaftsgut. Sie ist zum einen eine gesellschaftliche und künstlerische Ausdrucksform, zum anderen wird mit der professionellen Produktion und dem Vertrieb von Musik aller Richtungen Geld verdient. Das größte Problem der heutigen Musikwirtschaft ist die Frage nach dem Urheberrecht und dessen Konsequenzen für die Vermarktung von Musik: Jeder kann Musik machen, Werke und damit geistiges Eigentum schaffen. Jeder kann diese Werke der Gesellschaft zur Verfügung stellen. Oder andersherum: Die Gesellschaft muss für die Nutzung der Werke an den Künstler Geld bezahlen, wenn dieser dieses Recht in Anspruch nimmt. Aber seit jeher war dies die Gretchenfrage aller geistigen Schöpfungen: Ist alles Eigenkreation oder aus anderen Werken entnommen? Grober formuliert: Wo endet das geistige Eigentum und wo beginnt der Diebstahl?

In der Musikindustrie spiegelt sich seit Jahren eine Entwicklung, die die Kulturindustrie insgesamt, also auch die Produktion und Distribution vor allem von Filmen und Büchern, in den kommenden Jahren noch stärker betreffen und verändern wird: Die digitale Verbreitung und Nutzung von Musik über das Internet. Dieter Gorny, Gründer des Musiksenders Viva und seit 2007 Vorstandsvorsitzender des Bundesverbandes der Musikindustrie „warnt vor Europas Untergang" und mahnt eine ernsthaftere Debatte um das Urheberrecht im digitalen Zeitalter an (www.welt.de/kultur).

Auch dieses ist ein Aspekt, mit dem sich Musikjournalismus beschäftigen könnte. Ob er es tut, wird im Folgenden diskutiert. Dies erfolgt vor dem Hintergrund der Reflexion über die Notwendigkeit und Funktionalität von Musikjournalismus im digitalen Zeitalter, in dem Jeder Musik hören und bewerten und darüber seine Meinung (im Internet) publizieren kann.

8.6.1 Ein kurzer Exkurs in die Musikgeschichte

Musik liegt in der Luft. Mit Musik geht alles leichter. Böse Menschen haben keine Lieder: Die Liste der Zitate, Sprichwörter, Phrasen, Titel und Texte ließe sich lange fortsetzen. Gemeinsam ist allen, dass sie die abstrakte sozialpsychologische, emotionale Funktion von Musik konkretisieren. Sie steht neben, oder besser vor einer naturwissenschaftlich-technischen Definition: Musik besteht aus „periodischen Luftdruckänderungen, Schwingungen mit einer Dauer, einer Frequenz, einer Amplitude und einem Timbre, erzeugt von einem Gegenstand der geschlagen, gerieben, gestrichen, in den geblasen oder durch den Luft gepumpt wird, von einer Stimme oder einem elektronischen Instrument" (Holtz

2006: 11). Holtz definiert gleich im nächsten Satz weiter: „Doch Musik ist mehr. Von Menschen erzeugt, mit einer Mimik, einer Gestik, einem Aussehen und Empfindungen. Erzeugt an einem konkreten Ort in einem bestimmten zeitlichen Rahmen, gehört von Hörern mit einer Mimik, einer Gestik, einem Aussehen und Empfindungen. Ebenso wie die Musiker sind sie aufgewachsen mit Musik, verbinden Erlebnisse mit Musikstücken, bestimmte Gefühle, Erinnerungen, Träume und Gedanken." (ebd.)

Der Blick in die Musikgeschichte von der Antike bis heute zeigt: Musik spielt in allen Phasen eine wichtige gesellschaftliche Rolle. Musik entwickelt sich in Abhängigkeit von einer bestimmten politischen, ökonomischen und sozialen Kultur – und sie beeinflusst wiederum Sozial- und Kulturpolitik, Kunst und Ökonomie. Musik spiegelt einerseits gesellschaftliche Strömungen, andererseits steht sie für den Geschmack Einzelner, Weniger oder der Massen, setzt also einerseits Trends und nimmt sie andererseits auf in ihre Weiterentwicklung.

Musik ist heute Gegenstand unterschiedlicher Forschungsrichtungen – der Musikgeschichte ebenso wie der Musikpsychologie und anderer. Wesentliche Kriterien für die musikgeschichtliche Betrachtung sind die Art der Komposition, die Instrumente und die Musiktheorie; differenziert wird zwischen der Vokal- und Instrumental-, der Volks- und Kirchenmusik, der klassischen, ‚ernsten' und der Populärmusik. Aus den Jahrtausenden sollen in großen zeitlichen Sprüngen nur einige wenige Punkte herausgegriffen werden:

In der Antike wird Musik immer im Zusammenhang mit Göttern gesehen; sie sind Schöpfer der Musik und Erfinder musikalischer Instrumente (etwa Pan = griechisch Hirtengott), und zu ihren Ehren werden musikalische Wettkämpfe veranstaltet. Musik wird eine große Kraft zugewiesen, bis hin zum Wunder. Sie dient in allen Kulturen der Bildung und Erziehung der Menschen.

Schon in der Antike werden Schlag-, Saiten- und Blas-Instrumente gebaut, die man heute noch hört (darunter die Harfe und Flöte). Schon im fünften Jahrhundert vor Christus suchte sich die Musik von der Poesie – mit der sie bis dahin eng verknüpft war – zu emanzipieren. Bei den Römern diente sie weniger zur sittlichen Bildung des Einzelnen wie im antiken Griechenland, sondern wurde stärker im Zusammenhang mit Festlichkeiten und kriegerischen Auseinandersetzungen gepflegt (vgl. de.wikipedia.org/Musik_der_Antike).

Parallel zur Praxis des Musizierens entwickelte sich im Antiken Griechenland die Theorie der Musik: Man bemühte sich um eine Ausformulierung des Tonsystems und verwendete eine differenzierte Notierung der Tonhöhen. Als einer der ersten Musiktheoretiker gilt der Mathematiker, Mystiker und Philosoph Pythagoras: „Vermutlich von der ägyptischen Mathematik angeregt, fand er ganzzahlige Proportionsverhältnisse, die er als bestmögliche Klang-Intervalle interpretierte." (ebd.) Auch andere Philosophen wie Plutarch und vor allem der

Aristoteles-Schüler Aristoxenus von Tarent (um 350 v. Chr.) haben über Musik aus mathematischer, physikalischer und akustischer Sicht geforscht (vgl. de.wikipedia.org/Musik_der_griechischen_Antike). In der Renaissance (15. und 16. Jahrhundert) hat man sich vor allem in Mitteleuropa auf die Antike zurückbesonnen, was sich nicht nur in einem entsprechenden Welt- und Menschenbild niederschlug, sondern auch in der Komposition und Harmonik der Musik. In diese Epoche fallen zum einen die „erste große Instrumentalentwicklungswelle im neuzeitlichen Europa" (de.wikipedia.org/Musik_des_16._Jahrhunderts) sowie die gleichzeitige Herausbildung der mehrstimmigen Vokalmusik; zum anderen etablierte sich die Orgel in der Kirchenmusik. Hinzu kam ein weiterer Meilenstein: Die Erfindung des Notendrucks durch Ottaviano Petrucci (vgl. ebd.). Die Loslösung der Instrumental- von der Vokalmusik setzte sich in der Zeit des Barock (Beginn des 17. bis Mitte des 18. Jahrhunderts) fort und es bildeten sich neue, konzertante Formen aus. Das Musikleben des Hochbarock wurde durch den Absolutismus und insbesondere durch das prunkvolle Leben am Hofe des französischen Königs Louis XIV geprägt (vgl. de.wikipedia.org/Barockmusik). Nach dem Tod des „Sonnenkönigs" sank die Bedeutung dieser Stilrichtung, bis sie im 19. Jahrhundert wieder entdeckt und aufgegriffen wurde, so zum Beispiel Johann Sebastian Bachs Matthäuspassion in der Fassung von Felix Mendelssohn Bartholdy (vgl. ebd.).

In der Zeit der Wiener Klassik (ca. 1780 bis 1827) erfährt die Instrumentalmusik endgültig ihre Aufwertung zur autonomen Kunst, umgesetzt vor allem in der Orchestermusik, den Sinfonien, Opern und auch den geistlichen Musikwerken (vgl. de.wikipedia.org/Wiener_Klassik). Wien erlangte durch Mozart und Beethoven eine Art Vormachtstellung in Europa und löste die bis dahin tonangebenden Metropolen Paris (Oper) und London (öffentliche Konzerte) ab (vgl. ebd.). Die Zeit ist geprägt durch die Säkularisation. „An die Stelle der höf(ischen; BD) Kultur mit den Zentren Kirche und Schloss auch als Stätten der Musik tritt mehr und mehr die bügerl. Kultur mit privatem Haus, Salon, Café, Saal." (Michels 2008: 333)

Die Romantik – als Zeitabschnitt zwischen 1830 und 1850 erstaunlich kurz – gilt als eine der prägenden Phasen in der Musikgeschichte, nicht zuletzt wegen ihrer angestrebten Gegenposition zur Wiener Klassik von Joseph Haydn, Wolfgang Amadeus Mozart und Ludwig van Beethoven und des Strebens nach einem ‚Gesamtkunstwerk' aus allen Künsten. Für die Poetisierung der Musik standen vor allem Robert Schumann, Franz Schubert und Frédéric Chopin (vgl. de.wikipedia.org/Musik_der_Romantik; Michels 2008: 401ff.)

Der letzte Zeitsprung führt in die Welt des 20. Jahrhunderts: Unter dem Begriff „Neue Musik" werden die unterschiedlichen Stilrichtungen der ‚ernsten' Musik zusammengefasst. Gemeinsam ist diesen Richtungen der Bruch mit den

Traditionen und die vollkommene Erneuerung der Harmonik, Melodik, Rhythmik und Orchestration. „Das 20. Jahrhundert erscheint somit als ein Jahrhundert der Polystilistik und des ‚Stilpluralismus'" (vgl. de.wikipedia.org/Neue_Musik; Michels 2008: 485). Komponisten wie Arnold Schönberg und Béla Bartók werden als die Klassiker der Moderne tituliert; ihre Werke haben die Tonalität in der freien Atonalität oder Zwölftontechnik aufgelöst. Der Trend zur Individualisierung setzt sich weiter fort und findet sich in den Kompositionen zeitgenössischer Komponisten in aller Welt.

Nach einem relativen Stillstand in den 30er und 40er Jahren des 20. Jahrhunderts „erfolgte nach dem 2. Weltkrieg um 1950 ein starker Aufbruch zu Neuem, einschließlich einer ungewohnten Erweiterung des Musikbegriffs"; hinzu kommt eine unglaublich rasante Verbreitung vor allem der so genannten U-Musik – Jazz-, Pop- und Rockmusik – durch Elektronik und Medien (vgl. Michels 2008: 485).

Gleichzeitig wächst das Interesse der Menschen an den Liedern und Tänzen ihrer Vorfahren; der „Folklorismus" blüht (ebd.). „Volksmusik bezeichnet zum einen die traditionelle, häufig schriftlich überlieferte Musik verschiedener Völker und Regionen. Sie ist für bestimmte Regionalkulturen charakteristisch oder wird dafür gehalten. Sie umfasst Volkslieder, instrumentale Stücke und Musik für Volkstanz. Im allgemeinen Sprachgebrauch umfasst Volksmusik davon abweichend auch volkstümliche Schlager, also moderne Unterhaltungsmusik mit Elementen der traditionellen Volksmusik." (wikipedia.org/Volksmusik)

Während die ‚klassische' Musik eher den höheren Gesellschaftsschichten überlassen blieb, identifizierten sich die ‚einfachen' Leute mit ihren Volksliedern, die sie mit speziellen Volksmusikinstrumenten (wie der Zither) zum Besten gaben. Wir unterscheiden heute beispielsweise die alpenländische Volksmusik (Süddeutschland, Österreich, Schweiz und Südtirol) von der bretonischen und dem Folk, wie er in England, Irland, Schottland, Skandinavien und Teilen Nordamerikas Tradition hat (vgl. ebd.).

Die Verbreitung der Musik beschleunigte sich innerhalb von Regionen und geografisch über diese hinaus durch zwei Tatsachen: der zunehmenden Mobilität, d.h. Völkerwanderung und Immigration von Menschen sowie der Erfindung der Lithographie. Mussten bis zum Ende des 18. Jahrhunderts Notenblätter mit der Hand abgeschrieben werden, so ermöglichten das Verfahren des Drucks mit einer Steinplatte auf Spezialpapier und schließlich weitere technische Erfindungen in der Druckindustrie die tausendfache Verbreitung von Kompositionen, Partituren und Texten. „Durch die Industrialisierung des Notenblattdruckes ergaben sich bedeutende Konsequenzen für die Entwicklung der populären Musik: die Musik des ‚einfachen' Volkes konnte nun erstmals günstig in Massen reproduziert werden, was für eine Vereinheitlichung der Versionen klassischer Volkslieder in Bezug auf Text und Tonfolge zur Folge hatte." (wikipedia.org/Populäre_Musik)

Elemente der Folkmusik finden sich, neben Rock'n'Roll und Beat, in der Popmusik wieder, die ab 1955 vom angloamerikanischen Raum aus die Welt eroberte und die nach wie vor den kommerziell erfolgreichsten Zweig der Musikindustrie darstellt. Im Gegensatz zur rhythmisch, harmonisch und melodisch weit komplexeren klassischen Musik gilt die Popmusik als „einfach" und „wohl klingend". (ebd.)

Die Musikgeschichte der USA wird ab der zweiten Hälfte des 19. Jahrhunderts bedeutend für die gesamte Welt: Hier entstehen aus den europäischen und afrikanischen Wurzeln Stilrichtungen wie Ragtime, Swing und Jazz, Blues und Rock'n'Roll (siehe Michels 2008: 505ff.). Und hier startet auch die Kommerzialisierung der Musik. Anfang des 20. Jahrhunderts beginnt die Ära der Aufzeichnungs- und Reproduktionstechnik, die das Live-Medium Theater in den Hintergrund und das Geschäft mit Notenblättern und zunehmend den Tonträgern in den Vordergrund drängte (vgl. wikipedia.org/Populäre_Musik). Die Verschmelzung der Film- und Musikindustrie in der zweiten Hälfte des 20. Jahrhunderts – symbolisiert beispielsweise durch den Einstieg des Filmproduzenten Warner Brothers in das Musikgeschäft – bedeutete einen ersten großen Höhepunkt. Seitdem wird (Pop-)Musik nicht nur aus künstlerischen, sondern vor allem aus ökonomischen Gründen und zwar von den USA aus vermarktet.

Heute gibt es eine Vielzahl unterschiedlicher Strömungen, die nicht nur dem Mainstream zuzuordnen sind (etwa die Discomusik der 70er und 80er Jahre), sondern auch Meilensteine setzen (wie Hip Hop und Rap als Ausdruck einer neuen Jugendkultur). Aber ein Trend lässt sich nicht mehr zurückdrehen: Während es im großen Segment der U-Musik keine generationenspezifischen Altersunterschiede (mehr) gibt, zeigt sich mit Blick auf die E-Musik deutlich: „Schulischer Musikunterricht wird zurückgefahren oder fällt aus. Eine Sozialisation mit klassischer Musik durch das Elternhaus findet heutzutage nicht mehr zwangsläufig statt. Konzert- und Opernbesuche, ebenso Instrumentalunterricht, sind nicht mehr unbedingt Bestandteil der elterlichen Erziehung. Ein sinkendes Interesse an klassischer Musik ist zu konstatieren", schreibt der Musikwissenschaftler und -redakteur Peter Overbeck (2005: 20).

8.6.2 Die Produktion, Distribution und Rezeption von Musik

Musik ist ständige Begleiterin des Alltags, sie klingt und dröhnt aus Lautsprechern und Kopfhörern, wird live, auditiv über Radio, Platte und CD oder auf DVD mit bewegten Bildern genutzt. Sie will in erster Linie Aufmerksamkeit erregen und unterhalten. Nicht zuletzt deshalb wird sie in Events umgesetzt oder in der Werbung eingesetzt. Musik hören, in welcher Form auch immer, ist eine wichtige, beliebte und zeitintensive Beschäftigung der Menschen. Wie die Langzeitstudie Massenkommunikation (MK VII 2006) zeigt, bleibt der Zeitaufwand für den Besuch von Konzerten (egal welcher Musikrichtung), für das Hören von Tonträgern und Radio seit Jahren konstant[50]. Allerdings haben sich Art und Ort des Musikhörens durch die Erfindung mobiler Geräte und neuer Technologien gewandelt. Bisher gibt es noch keine verlässlichen Nutzungsdaten, aber die „Absatz- und Umsatzrückgänge im klassischen Tonträgersegment sowie die steigenden Zahlen bezüglich des Besitzes von MP3-Playern weisen jedoch in eine deutliche Richtung" (Schramm 2008: 136).

Musik ist für die klassischen Massenmedien (auch für die Tageszeitungen und deren Kulturteile) wichtig – und umgekehrt. Für den Hörfunk ist Musik sogar der zentrale Inhalt (vgl. Weinacht/Scherer 2008: 7). Die Radiosender (vor allem die öffentlich-rechtlichen) reagierten und reagieren mit verschiedenen Maßnahmen und Strategien: In den 90er Jahren wurden die Hörfunkwellen umgebaut, d.h. hinsichtlich bestimmter Musikformate zugleich gemainstreamt und profiliert (siehe Wolling/Füting 2007). Neben den Pop- und Rockwellen gibt es die Schlagerprogramme und Klassiksender. Inzwischen zieht die Musik weiter ins Internet, wo sie in Form von Live-Konzerten und vielen Zusatzinformationen versucht, alte Hörerschichten zu halten und neue hinzuzugewinnen[51].

„Der weitaus größte Teil der Musikrezeption ist medienvermittelt. Die Medien haben deshalb auch eine überragende ökonomische Bedeutung für den Musikmarkt. Zum einen dienen die Medien als zentrale Marketing-Plattform für Musik, zum anderen stellen sie selbst einen wichtigen Bestandteil der Wertschöpfungskette dar." (ebd.) Die größte Herausforderung für die Musikindustrie besteht in der Tatsache, dass sie ihre Produkte in der Regel nicht selbst verkauft, sondern die Produktionen über „Händler" an die Kunden vertrieben werden (vgl. Friedrichsen 2008: 20). Über das Internet tauchen mittlerweile auch Di-

---

[50] Allerdings sinkt der Anteil der über 14-Jährigen, die selbst musizieren, seit Jahren kontinuierlich (siehe Reitze/Ridder 2006: 62).
[51] Die neueste ‚Erfindung' ist die weltweite Vermarktung der Konzerte der Berliner Philharmoniker über dch.berliner-philharmoniker.de: In der digitalen Konzerthalle sind Konzerte im kostenpflichtigen Abonnement live zu verfolgen.

rektvermarktungsformen auf, die im Wesentlichen aber von jungen, unabhängigen Musikern genutzt werden.

Die Musikwirtschaft umfasst alles, was mit Musik zu tun hat, also angefangen bei den Künstlern über Konzertagenturen bis hin zu Musikinstrumente- und Tonträgerherstellern (= Musikindustrie). Einer der wichtigsten Bereiche ist die Musikindustrie. Ihre Geschichte beginnt bei der Erfindung des Phonographen und des Grammophons und reicht bis zur heutigen Produktion von DVDs, CDs und MP3-Technologien. Große Konzerne wie Sony BMG, EMI Group und Warner Music Group bestimmen den Markt; aber auch unabhängige, kleinere Firmen, die so genannten Independents, sind wichtig für Marktnischen und Trends (vgl. Friedrichsen 2008: 20ff.).

Friedrichsen (ebd.: 20 und 27ff.) identifiziert vier zentrale Faktoren, die den Weltmusikmarkt beeinflussen: Wettbewerb, Technologie, Handel und Konsumenten. Der Markt ist gekennzeichnet durch Konzentrationsprozesse und eine Steuerung durch Global Player mit Sitz in den USA. Technologien wie die Digitalisierung, MP3, Blu-ray, Podcasting und die Konvergenz der Geräte haben Produktion, Distribution und Rezeption im vergangenen Jahrzehnt revolutioniert (siehe Coridaß/Lantzsch 2007; Berg/Hepp 2007). Der klassische Handel über Fachgeschäfte, Kaufhäuser etc. ist durch den Internethandel und die Tauschbörsen (siehe Quiring/von Walter/Atterer 2007) stark unter Druck geraten. Der Konsument bestimmt mit seinem Geschmack über Erfolg und Misserfolg – in Bezug auf einzelne Künstler ebenso wie in finanzieller Hinsicht über den ganzen Markt. Gesetzliche Schranken werden immer häufiger durchbrochen (Urheberrecht) und jeder Kunde bestimmt am liebsten selbst, wie viel Geld er für bestimmte Musiktitel ausgeben will. Die Wertigkeit des Kunst- und Kulturguts Musik tritt hinter die des Wirtschaftsgutes zurück.

All diese Aspekte spiegeln sich im Musikmarkt wider: Wie der Bundesverband der (deutschen) Musikindustrie meldet, ist der Verkauf von CDs stabil und mit 81 Prozent Anteil größter Umsatzträger geblieben. Downloads sind stark gestiegen (fast 40 Prozent), die Internetpiraterie ist gleichzeitig gesunken und deutsche Musik steht hoch im Kurs (www.musikindustrie.de). Im internationalen Vergleich entwickelt sich der deutsche Tonträgermarkt überdurchschnittlich:

„Während der weltweite Umsatz mit CDs, Singles, Downloads und Musikvideos von 2005 mit 33,3 Milliarden Dollar auf 31,8 Milliarden Dollar um 4,6% zurückgegangen ist, lag der Rückgang in Deutschland nur bei 2,9%. Diese Entwicklung spiegelt sich auch in der Betrachtung der Absätze wider. So war im Vergleich der Jahre 2005 und 2006 der Absatz von Alben weltweit weiter stark rückläufig, während in Deutschland sogar ein minimales Plus bei den CD-Alben zu verzeichnen war (Abb. 26)." (www.musikindustrie.de/jahreswirtschaftsbericht_2007)

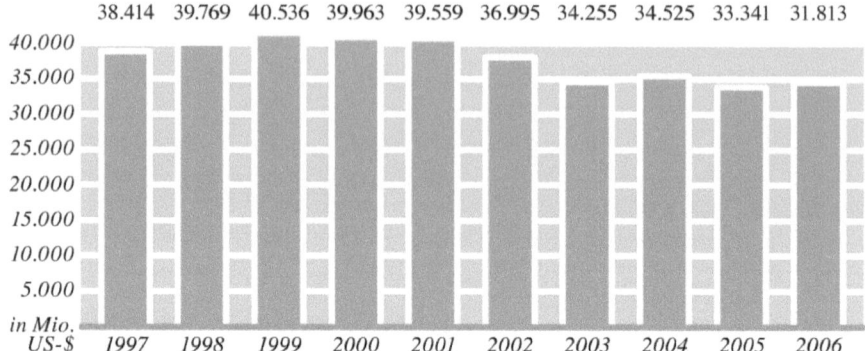

Abb. 8: Weltweiter Umsatz mit Tonträgern 1997-2006. Preise in US-Dollar (Quelle: IFPI unter: www.musikindustrie.de/index)

8.6.3 Die Funktion des Musikjournalismus

Musikjournalismus kann definiert werden als „jede beschreibende, analysierende und bewertende Berichterstattung über musikalisches Geschehen und seine Zusammenhänge in Massenmedien" (Reus 2008: 86). Er rückt erst in den letzten Jahren auf die Agenda der Medien- und Kommunikationswissenschaft (vgl. Weinacht/Scherer 2008). Gunter Reus (2008) hat in einer Inhaltsanalyse von 270 Monografien und Aufsätzen zum Thema Musikjournalismus festgestellt, dass sich der überwiegende Teil der Autoren „mit der Rezension/der Kritik so genannter E-Musik in Printmedien, zum großen Teil in historischer Perspektive" beschäftigt (ebd.: 89).

Die Musikkritik ist eine der ältesten journalistischen Stilformen, die zunächst in den Kulturteilen der Zeitungen, später dann auch im Hörfunk zu finden ist. Ihre „frühe Blüte" erlebte sie „in der ersten Hälfte des 19. Jahrhunderts, als Persönlichkeiten wie E.T.A. Hoffmann, Robert Schumann ... sich mit den musikalischen Erscheinungen ihrer Zeit befassten" (Richter 2005: 24). Während früher die Werkkritik im Vordergrund der bisweilen in einer ganz eigenen literarischen Qualität verfassten Texte stand, so ist es heute die Aufführung, die Interpretation des Werkes (vgl. ebd.).

Musikkritik muss sich einer großen Herausforderung stellen: „Da Musikkritik so gut wie nie etwas anderes ist als ein in wohlgesetzte Worte gegossenes Geschmacksurteil, trifft sie naturgemäß in Konkurrenz zu demjenigen des Lesers." (ebd.: 25) Der Kritiker ist nichts anderes als ein „privilegierter Hörer", der eine höchst subjektive Form des Kommentars abgibt. Genau das führt zu einer Infragestellung der Funktion von Musikjournalismus oder andersherum: zur empirischen Tatsache, dass jeder Hörer ein Musikkritiker sein kann und ist.

Was also nutzt das musikwissenschaftliche Wissen? Was das musikjournalistische Fachvokabular, wenn Besucher eines Konzerts am nächsten Tag aus der Zeitung vor allem wissen wollen, wer sonst noch zugegen war? Oder die neue CD einer Rockband ohnehin nur aus dem Bauch heraus beurteilen?

Die Aufgaben des Musikjournalismus sind vielfältig; zum einen umfassen sie alles, was direkt mit der Produktion, der Verbreitung und der Rezeption von Musik zu tun hat, also: Ankündigung von musikalischen Veranstaltungen, Wettbewerben, Neuerscheinungen, Interviews mit Künstlern und anderen im Musikgeschäft Aktiven sowie Musikkritiken und Rezensionen. Darüber hinaus gehört es ebenso zu seinen Aufgaben, den Musikbereich insgesamt zu beobachten, zu bewerten und zu kommentieren, also zum Beispiel: Nachrufe auf bedeutende Künstler verfassen, alte und neue musikalische Stilrichtungen und ihre wichtigsten Vertreter zu beschreiben, auch in Form von Büchern, aktuelle Diskussionen im Bereich Musikmarkt und Musikmanagement verfolgen und analysieren sowie die Thematisierung von aktuellen Entwicklungen und Entscheidungen in kulturpolitisch relevanten Institutionen und Bewertung ihrer Auswirkungen auf den Musikmarkt (vgl. wikipedia.org/Musikjournalismus). In der Peripherie des Musikjournalismus sind spezialisierte Themenbereiche wie die Berichterstattung über den Musikmarkt und Musikinstrumente im weiteren Sinne (d.h. auch Stereo-/HiFi-Anlagen u.a.) zu verorten.

Wie die einzelnen Anforderungen umgesetzt und profiliert werden, hängt vom Medium und damit von der jeweiligen Zielgruppe und Musiksparte ab. Der Musikjournalismus wird dominiert von der Popmusik und insbesondere hier ist eine Art von Boulevardisierung gang und gäbe, d.h. die Fokussierung auf Stars und Sternchen. Zum anderen gilt die „Gatekeeper-Funktion der Musikjournalisten … als ähnlich korrumpierbar wie jene der Automobil-, Reise- oder Medizinjournalisten" (Weinacht/Scherer 2008: 9f.). Der ökonomische Druck wächst. Außerdem ist Musik, d.h. in erster Linie die Popmusik, zunehmend zum Instrument für Politiker und politische Botschaften geworden: *Live Aid* für die Probleme der Dritten Welt, *Rock gegen Rechts* und Al Gores *Live Earth* für das Umweltbewusstsein sind Beispiele für die politische Kommunikation via Musik und Medien." (ebd.: 12)

Musikjournalismus in Form von Musikkritik findet heute so gut wie nicht mehr in den Massenmedien Zeitung und Zeitschrift sowie Hörfunk statt, auch nicht mehr in den so genannten Kulturwellen – und das hat er zum großen Teil selbst verschuldet: In der Hochzeit von Kultur und Kulturkritik nach dem Zweiten Weltkrieg wurde übersehen, „wie sehr sich die sachgenaue, kenntnisreiche und diskursive Debatte vom allgemeinen Bewusstsein abhob .... Es war ein glücklicher, zugleich aber aseptischer Zustand, in dem sich Kunst und Kritik tummelten." (Schulz 2005: 49) Dieser „Elitarismus" (ebd.: 51) führte zur Marginalisierung der Musikkritik und es ist bis heute nicht gelungen, „eine musikalische Debatte aus dem Kreis eines erweiterten Fachgremiums wieder in die gesamtgesellschaftliche Auseinandersetzung einzunisten" (ebd.).

Musikjournalismus findet deshalb heute vor allem in Fachjournalen statt; damit bestätigen sie zum einen die Isolierung „und treiben zugleich den Insiderjargon noch weiter voran" (ebd.). Gunter Reus (2008) stellt in einer Zusammenfassung von Untersuchungen zur Sprache der Musikberichterstattung fest: „Fachbegriffe (dazu lassen sich auch die Namen und Titel zählen), superlativische Wendungen (z.B. ‚fulminant', ‚brillant', ‚glanzvoll', ‚messerscharfe Riffs') und eine ausgeprägte Metaphorik (z.B. ‚Koloraturgirlanden', ‚Streicherteppich', ‚vollmundiger Klang') können als Kennzeichen der Musikberichterstattung gelten." (ebd.: 97)

Es gibt einige wenige Initiativen, die diese Entwicklung stoppen oder umkehren wollen, vor allem im Bereich der klassischen (Neuen) Musik. Beim Deutschen Musikrat wurde eine Arbeitsgruppe zum Thema „Musikjournalismus & Neue Musik" eingerichtet, die sich folgende Ziele gesetzt hat:

- Zeitgenössische Musik soll stärker in den Medien präsent sein als „selbstverständlicher Bestandteil von Informationskultur".
- Der bestehende fachliche Diskurs soll über die Fachmagazine hinaus erhalten bleiben und ausgebaut werden.
- Die Rahmenbedingungen für Musikjournalisten – insbesondere die Bezahlung – sollen wesentlich verbessert werden (vgl. www.musikrat.de).

Eine zentrale Frage nicht nur dieser Arbeitsgruppe ist: Sind neue Formen der Musikberichterstattung möglich? Und müssen sie nicht sogar mit Blick auf die trimediale Mediennutzung vor allem der Jüngeren entwickelt werden? Den Weg gewiesen hat dafür nicht zuletzt das Musikfernsehen Ende der 90er Jahre (allen voran MTV und VIVA). Aber auch das reine Abspielen von zu PR-Zwecken produzierten Musicclips bringt keine Aufmerksamkeit und Quoten mehr.

Der Bayerische Rundfunk hat all diese Fragen aufgegriffen und vor allem im Bereich Klassik ein Modellprojekt gestartet: Unter www.br-online.de/br-klassik finden sich Nachrichten neben Konzertkritiken, vielen Audiodateien und Materialien für Schüler und Lehrer. Mit Blick auf jüngere Zielgruppen bietet der BR auf seiner Homepage (www.br-online.de) ein ähnliches Portal zum Bereich Rock und Pop an.

Ein derartiges Verständnis von Musikjournalismus führt möglicherweise wieder zu einem höheren Bedarf an sachlich und fachlich kompetenten Musikredakteuren, die mehr tun müssen, als computergestützt Musikprogramme im

Radio zu bestücken. Musikexpress-Chefredakteur Christian Stolberg geht davon aus, dass es weiterhin des fachkundigen, reflektierenden Journalisten bedürfe, um im Ozean der Angebote Qualität auszumachen (www.laut.de). Mit ByteFM (www.byte.fm) hat sich mittlerweile eine Initiative von Musikjournalisten und - experten im Internet etabliert, die genau diese Ansprüche erfüllen wollen. In der Selbstbeschreibung heißt es: „... bringt ByteFM Alles, was in der modernen Pop-Musik wichtig ist – gestaltet und moderiert von Journalisten, Musikern & Kennern der Szene. Keine ‚HitHits', keine Computerrotation, dafür neue und alte Platten, Interviews und Hintergrund- Informationen über Szenen, Bands, Entwicklungen und Zusammenhänge." (www.byte.fm/index)

Zur Nutzung und Wirkung von Musikjournalismus liegen „nur fragmentari-sche Befunde" vor: „Als gesichert kann gelten: Wer sich auf Wortbeiträge über Musikgeschehen überhaupt einlässt, erwartet in erster Linie Information, Be-schreibung und Einordnungshilfen. Das trifft alters- und genreübergreifend sowohl auf Klassikhörer im Radio zu ... wie auf die jugendlichen Hörer von Spartenangeboten ... und die Nutzer von (Online-)Musikzeitschriften." (Reus 2008: 98)

8.6.4 Der Medienmarkt des Musikjournalismus

Es ist schwierig, sich einen Überblick über den Musikmedienmarkt zu verschaf-fen, da keine der vorhandenen Statistiken beispielsweise Musikzeitschriften als eigenständige Kategorie führt. Bei den Publikumsmedien verteilen sie sich unter anderem auf die Gattungen Jugend-, Lifestyle und Sonstige, bei den Fachzeit-schriften verbergen sich einige wenige in der ‚Fachgruppe: Fachhandel + Han-del' und der ‚Fachuntergruppe: Bücher, Zeitungen/-schriften, Musikalien, Sammlerbedarf' (www.media-info.net). Eine der IVW-geprüften, auflagen-stärksten Publikationen ist das vierteljährlich erscheinende Heft „Konzertnews" des Konzertveranstalters MünchenMusik GmbH (www.virtuopolis.de). Die gedruckte Ausgabe wird in 166.938 Exemplaren verbreitet. Die monatlich er-scheinende Zeitschrift „Musix" hat sogar eine verbreitete Auflage von 284.756 Exemplaren. Eine der ältesten Zeitschriften – die deutsche Ausgabe der Musik-zeitschrift „Rolling Stone" – wird rund 56.000 Mal gedruckt.

Die Palette der Musikzeitschriften reicht inhaltlich von Rock bis Volksmusik, von Konzertevents bis zu CD-Vorstellungen, von ‚Guitar' über ‚Keyboards' und zu weiteren auf die Beschreibung von Musikinstrumenten und Musikanlagen und deren Technik spezialisierten Blättern. Sie dienen der Information über Events, Neu-Erscheinungen und manchmal auch als Orientierungshilfe und Kaufberatung. Unter wikipedia.org/Liste_von_Musikzeitschriften ist eine Über-

sicht zu finden, die 74 Titel für den deutschsprachigen Raum ausweist. Für die
folgende Tabelle sind einige der IVW-geprüften Titel (in alphabetischer Reihenfolge) ausgewählt worden:

Titel	verbreitete Auflage *(IVW)*	Zweck/Zielgruppe
Audio	40.581	Magazin für HiFi und Musik mit Kauf-beratung, Neues vom Musikmarkt
Audiovision	26.692	Magazin für Kino, DVD, Surround-Sound
Gitarre & Bass	32.968	Musiker-Fachmagazin
Groove	41.688	Magazin für elektronische Musik und Clubkultur
Guitar	27.091	Fachzeitschrift für Bassisten und Gita-risten, mit Notenmaterial und Testbe-richten
Juice	20.341	HipHop Magazin
Keyboards	10.316	Zeitschrift für Tasteninstrumente
Metal Hammer	47.110	für Hard-Rock und Heavy-Metal-Fans
Musikexpress	53.955	Popkultur
Rock Hard	39.934	Heavy Metal und Hard-Rock
Spex	21.218	Magazin für Popkultur
Spot on	41.258	Jugendmagazin (eng.) über Musik u.a.
Stereo	41.869	HiFi-Fachmagazin
Stereoplay	34.017	für HiFi- und Musikliebhaber
Visions	39.110	Berichte aus allen Bereichen der Musik

Tab. 19: IVW-geprüfte Musikzeitschriften

Nicht nur Musik selbst wird zunehmend über das Internet verbreitet und gehört, sondern auch musikjournalistische Angebote werden hier präsentiert, wie beispielsweise das Online Musik Magazin (www.omm.de), 1995 gegründet und damit nach eigener Darstellung das „erste deutschsprachige Musikmagazin im Internet". Inzwischen sind weitere Internet-Musikmagazine wie das Musikheadquarter.de (www.musicheadquarter.de) oder andere dazu gekommen (siehe Übersicht unter www.kunstfinder.de/musik).

8.7 Reisejournalismus

Reisen. In Gedanken. Im Traum. Mit dem Flugzeug. Zum Verwandtschaftsbesuch in den Harz. Gen Süden. Über den großen Teich. Als Pilger auf dem Jakobsweg. Klettern im Gebirge. Sonnenbaden an der Copacabana. Entspannen. Ferien. Weiterkommen. Ankommen. Zurückkommen.

Kaum etwas anderes inspiriert die Menschheit so sehr wie die Fortbewegung von einem Punkt zum nächsten. Reisen ist keine Erfindung der Neuzeit. Aber die Ausprägung als (Massen)Tourismus kennen wir erst seit dem 19. und 20. Jahrhundert. Reisen globalisiert und steht für Globalisierung. Tourismus ist weltweit gesehen ein großer Wirtschaftsfaktor. Reisen gilt gleichzeitig als Kulturelement und Bildung.

Diejenigen, die verreisen, schreiben Postkarten, Artikel, Bücher; sie fotografieren und filmen. Parallel zur Expansion der Reisetätigkeit im 19. und 20. Jahrhundert entwickelt sich die professionelle und schöngeistige Reiseliteratur. Diejenigen, die aus beruflichen Gründen reisen, schreiben als Reisejournalisten für die „Ohrensessel-Reisenden" (Kleinsteuber/Thimm 2008: 17) oder diejenigen, die Geheimtipps für den nächsten Trip haben wollen. Im 20. Jahrhundert hat sich das Reiseressort von der Mutter Feuilleton abgenabelt und erlebt seitdem einen Boom.

Im folgenden Kapitel soll die Geschichte des Reisens und die Entstehung der Reiseliteratur ebenso dargestellt werden wie Zahlen und Daten aus dem Reise- und dem reisejournalistischen Markt.

8.7.1 Der Mensch reiste und reist

„ ... Reisen um des Reisens willen gab es schon vor Jahrtausenden. So funktionierten im Ägypten der Pharaonen Staatsbeamte dienstliche Reisen in Vergnügungsfahrten mit Besichtigungen von Sehenswürdigkeiten um. Vielfach vergessen ist heute auch der *cursus publicus*, der in der Antike monatelange Reisen mit Schlafwagenunterkunft ermöglichte. Und wem ist noch bewusst, dass im antiken Rom bereits Hotelverzeichnisse darüber Auskunft gaben, ob das ausgewählte Hotel ein Schwimmbad besaß? Auch dass die Griechen vor zweitausend Jahren mit Wagen auf Gleise ähnlichen Straßen fuhren, ist im Laufe der Zeit verloren gegangen. Die Folge des Vergessens ist, dass im modernen Tourismus immer wieder Dinge neu erfunden werden, die es schon längst gibt." (Krempien 2000: 9f.)

Menschen wanderten in den Jahrtausenden vor Christus von einem Ort zum anderen, um schlechter Witterung zu entfliehen oder um sich neue Nahrungsquellen zu erschließen. Erst um 9000 vor Christus wurde der Homo sapiens sesshaft, baute Häuser, betrieb Ackerbau und Viehzucht. Aber auch danach reiste er, zeitlich beschränkt, um zu erobern und zu handeln, um sich zu bilden und zu entdecken. Das Schiff war vor allem für die Ägypter, die Phönizier, die Griechen und die Römer das Transportmittel schlechthin, nicht nur für Waren und Händler sondern auch für Soldaten und Krieger (vgl. Krempien 2000: 15ff.). So waren kaufmännische, kämpferische, abenteuerlustige und religiöse Motive[52] die wichtigsten, um sich auf den Weg zu machen, allein, in Gruppen, mit vielen. Der Ausbau der Straßennetze, der Binnenschifffahrtswege und später der Schienennetze sowie die Erfindung von Transportmitteln wie Pferdewagen und Eisenbahn führten zu einer Beschleunigung des Reisens.

> „Im Verlauf des 19. Jahrhunderts brachte die Eisenbahn eine völlige Umstrukturierung der Verkehrsnetze. Sie ermöglichte einen preiswerten Massentransport. Als Konsequenz änderten sich die Reisegewohnheiten und die Wahrnehmungsformen breiter Schichten der europäischen Bevölkerung. Es war die Eisenbahn, die seit der zweiten Hälfte des 19. Jahrhunderts im Zuge der Hochindustrialisierung Reisen als ‚Massenphänomen' ermöglichte und damit den modernen Tourismus herbeiführte." (Bauerkämper/Bödeker/Struck 2004: 12) (vgl. auch Krempien 2000: 105f.)

Einzelne Personen und bedeutende Persönlichkeiten wie Alexander der Große (365-323 v. Chr.), Marco Polo (1254 bis 1324) und Johann Wolfgang von Goethe (1749-1832) stehen ebenso für die besonderen Motive und Formen des Reisens wie viele andere. Für die Bedeutung des Reisens jedoch hat Thomas Cook eine kaum zu überbietende Bedeutung. Der 1808 im britischen Melbourne (Derby-shire) geborene Cook erlebte in seiner Kindheit, in welcher Trostlosigkeit die Arbeiter im Zeitalter der Industriellen Revolution lebten. Alkoholismus und die damit verbundene Trost- und Mutlosigkeit waren das Problem, das er durch attraktive Unterhaltungsangebote bekämpfen wollte. So organisierte er am 5. Juli 1841 für 570 Arbeiter einen Ausflug mit der Bahn (25 Kilometer), inklusive *„food and entertainment"* (Krempien 2000: 108). Dies gilt als die erste Reise, die prinzipiell allen offen stand und die sich viele – und nicht nur die Privilegierten – leisten konnten. Die nächsten Etappen auf dem Weg zur Gründung eines professionellen Reisebüros waren die Organisation einer mehrtägigen Gesellschaftsreise im Jahr 1845 ins 250 Kilometer entfernte Liverpool sowie die Fahrt von 165.000 Menschen zur Weltausstellung in London 1851 (vgl. ebd.).

Stetig erweiterte sich der Radius der von Cook angebotenen Reisen; außerdem verfasste er Reisehandbücher und publizierte Informationen in Form einer Zeitung mit dem Titel *The Travellers Gazette* (ebd.). 1864 gründete Thomas

---

[52] Eine Auswahlbibliographie zur „Geschichte des Reisens im 19. und 20. Jahrhundert" ist zu finden unter www.ruhr-uni-bochum.de. Swetlana Beloschnitschenko (2004) beschäftigt sich in ihrem Band über „Deutschsprachige Pilger- und Reiseberichte des 15. und 16. Jahrhunderts" (Osnabrück) mit den Berichten über Reisen ins Heilige Land, die aus religiösen Gründen, zu wirtschaftlichen Zwecken und aus naturwissenschaftlichen sowie ethnographischen Interessen heraus unternommen wurden.

Cook mit seinem Sohn John Mason die Firma Thomas Cook & Son, ein Jahr später eröffnete er in London sein erstes Büro.

Neben vielen weiteren Meilensteinen des Massentourismus ist noch die Geschichte der touristischen Kreuzfahrt beziehungsweise die Geschichte der Hapag-Lloyd erwähnenswert (vgl. ebd.: 115ff.). Sie beginnt mit der Gründung der *Hamburg-Amerikanische-Packetfahrt-Actien-Gesellschaft* (Hapag) 1847 in Hamburg. Die Schiffe fuhren von Hamburg nach Amerika und transportierten neben Gütern auch Passagiere, vor allem Auswanderer. Mit dem *Norddeutschen Lloyd* (gegründet in Bremen) trat 1857 ein Konkurrent auf den Plan. 1861 vereinbarten die Wettbewerber einen gemeinsamen Fahrplan und glichen die Tarife an. 1970 schließlich fusionierten die beiden Gesellschaften. Da im Winter nur reiste, wer unbedingt musste, waren die Dampfschiffe der Reeder nicht ausgelastet. Bei Hapag entstand im Winter 1890/91 die Idee, Schiffsexkursionen anzubieten. Die erste Kreuzfahrt in den Orient dauerte 58 Tage und führte vom Ausgangspunkt Cuxhaven über London, Gibraltar und Genua nach Kairo, Jerusalem, Damaskus und wieder zurück über Malta, Neapel und Lissabon. Die Landausflüge hatte die Reiseagentur Thomas Cook & Son ausgearbeitet und separat verkauft (vgl. ebd.: 122).

Da der Auftakt sehr erfolgreich war, folgten weitere Kreuzfahrten. Im Jahr 1900 ließ Hapag ein Kreuzfahrtschiff bauen; die „Victoria Luise" startete 1901 zu ihrer ersten Fahrt. Dieses Interesse an Kreuzfahrten ist – mit Unterbrechungen in den Weltkriegen – bis heute nicht kleiner geworden. Im Gegenteil: Kreuzfahrten spielen nach Einschätzung des Statistischen Bundesamtes „eine kleine, aber wachsende Rolle" im Seeverkehr (www.destatis.de/portal). Insgesamt wurden 2007 im Seeverkehr 29,7 Millionen Fahrgäste auf Schiffen und Fähren gezählt, 483.000 davon haben in einem der deutschen Seehäfen eine Kreuzfahrt begonnen oder beendet; das ist gegenüber 2006 ein Zuwachs von zwölf Prozent oder ein Plus von 51.000 Personen. Der Anteil der Kreuzfahrten am gesamten Schiffsverkehr liegt bei 1,5 Prozent. Allerdings ist laut des Trendreports der Tourismusindustrie (www1.messe-berlin.de/itb-berlin) im Jahr 2008 der Anteil des Reisetransportmittels Schiff um fünf Prozent zurückgegangen; im gleichen Maße ist der Anteil am Auto gestiegen.

Reisen, Fremdenverkehr, Urlaub, Tourismus. Pilger- und Handelsreisen, Bildungs-, Erholungs- und Geschäftsreisen: Die Vielfalt der Begriffe steht für die Vielfalt der Bedürfnisse und Motive des Reisens.[53]

---

[53] Allein in Wahrig: Deutsches Wörterbuch (2001; Bertelsmann Lexikon Verlag. Gütersloh. S. 1040f.) sind fast zwei Dutzend Wortzusammensetzungen mit dem Bestimmungswort Reise- zu finden, beginnend bei der Reiseapotheke bis zu Reiseziel. Das Nomen ‚Reise' wird definiert als „*längeres Entfernen vom Heimatort, großer Ausflug, Fahrt*". (ebd.)

Der Begriff Tourismus stammt vermutlich vom „französische(n) Substantiv *le tour* (= Reise, auch Rundgang, Spaziergang), ist aber erstmals um 1800 im Englischen belegt; im Französischen taucht er 1816 auf und im Deutschen um 1830" (de.wikipedia.org/Tourismus). Der Begriff ‚Fremdenverkehr' wurde im Wesentlichen nur im deutschsprachigen Raum verwendet, ist aber mittlerweile durch den Begriff Tourismus abgelöst.

Tourismus wird aus zwei zentralen Perspektiven heraus erforscht: der sozial-kulturellen (einschließlich der ökologischen) und der ökonomischen. In der Menschenrechtsdeklaration der Vereinten Nationen findet sich in Paragraph 24 das Recht auf Freizeit und Erholung: „Everyone has the right to rest and leisure, including reasonable limitation of working hours and periodic holidays with pay." (www.unhchr.ch)

In der Bundesrepublik Deutschland ist dieser Anspruch im seit 1963 geltenden Mindesturlaubsgesetz für Arbeitnehmer (Bundesurlaubsgesetz) fixiert (siehe bundesrecht.juris.de). Waren Urlaub und damit der Tourismus in zentralistischen oder diktatorischen Staaten (wie im Nationalsozialismus, der DDR, der UdSSR und anderen Ostblock-Staaten) staatlich verordnet und organisiert, so war und ist er in den demokratisch verfassten Staaten in (rechtlicher) Hinsicht frei. Jeder kann sich von seinem Wohnort jederzeit in jede Richtung fortbewegen. Eingeschränkt ist die Reisefreiheit jeweils individuell durch finanzielle, zeitliche, gesundheitliche und soziale Bedingungen. Die Wahl des Zielortes und die Frage der Einreiseerlaubnis hängen wiederum von Bedingungen des Ziellandes ab. Zwar gibt es internationale Vereinbarungen, die jedem Menschen Freizügigkeit gewähren (siehe Charta der Vereinten Nationen und die Erklärung der Menschenrechte, etwa unter www.unric.org), aber viele Länder erteilen den Zugang für Reisende nur auf der Basis von Visa und Akkreditierungen.

8.7.2 Der internationale und deutsche Reisemarkt

Nicht zuletzt aufgrund der politisch-rechtlichen, ökonomischen und sozial-kulturellen Bedingungen haben sich unterschiedliche Formen des Reisens und damit unterschiedliche Segmente der Reiseindustrie (Pauschalreisen und Kreuzfahrten, Individual- und Studienreisen etc.) herausgebildet. Der Tourismus zählt mittlerweile weltweit zu den umsatzstärksten Wirtschaftszweigen. Die Welttourismusorganisation (World Tourism Organization UNWTO) zieht Bilanz über die vergangenen Jahrzehnte:

„Over the past six decades, tourism has experienced continued growth and diversification to become one of the largest and fastest growing economic sectors in the world. Over time, more and more destinations have opened up and invested in tourism development, turning modern tourism

into a key driver for socioeconomic progress. Tourism has become one of the major international trade categories. Today, the export income generated by international tourism ranks fourth after fuels, chemicals and automotive products. For many developing countries, it is one of the main income sources and the number one export category, creating much needed employment and opportunities for development. Key figures:
− From 1950 to 2007, international tourist arrivals grew from 25 million to 903 million.
− The overall export income generated by these arrivals (international tourism receipts and passengers transport) grew at a similar pace, outgrowing the world economy, exceeding US$ 1 trillion in 2007, or almost US$ 3 billion a day.
− While, in 1950, the top 15 destinations absorbed 98% of all international tourist arrivals, in 1970 the proportion was 75%, and this fell to 57% in 2007, reflecting the emergence of new destinations, many of them in developing countries." (unwto.org/facts)

Zwischen den Jahren 1995 und 2007 ist nach Analysen der UNWTO der Tourismusmarkt jährlich um durchschnittlich vier Prozent gewachsen – mit Ausnahme der Jahre 2001 und 2003, in der terroristische Anschläge, der Virus SARS und ökonomischer Abschwung zu einer zeitlich begrenzten Stagnation geführt haben (vgl. ebd.). Die Weltwirtschaftslage und Finanzkrise haben in der zweiten Hälfte des Jahres 2008 auch auf den internationalen touristischen Markt durchgeschlagen. Mit einer Prognose für 2009 ist die UNWTO nur zurückhaltend pessimistisch, da zum einen keine zuverlässigen Aussagen über die wirtschaftliche Entwicklung gegeben werden können und zum anderen die Entwicklungen des Reisens Trends unterliegt, die nicht wirklich einschätzbar sind: So sind die Zahlen für Europa und Asien im zweiten Halbjahr 2008 tatsächlich (für Asien sogar signifikant nach einem Boom) zurück gegangen – für Amerika, Afrika und vor allem den Mittleren Osten jedoch sind die Jahres- und Halbjahresbilanzen nicht so schlecht (vgl. unwto.org/barometer). Die Attraktivität Europas im Ausland stagniert oder hat sogar abgenommen, im Gegensatz zu den Destinationen Asien, Amerika und vor allem dem Mittleren Osten. Betrachtet man jedoch den deutschen Reisemarkt, so verstärkt die Wirtschaftskrise offenbar einen Effekt, der schon in den vergangenen Jahren beobachtbar war: Der deutsche Tourist bevorzugt mehr und mehr den Urlaub in der Heimat (vgl. www.deutschertourismusverband.de/content; www.deutschland-tourismus.de). Rund 62 Prozent aller Urlaubsreisen fanden 2007 im Inland statt. Der Deutsche Tourismusverband bilanziert für das Reisejahr 2008 und prognostiziert für 2009: „Der Deutsche liebt Ferien in der Nähe. Kein anderes Land hat im Jahr 2008 so oft im Urlaubskalender des Reiseweltmeisters gestanden wie die eigene Heimat. Trotz aller Skepsis erwartet der DTV aufgrund der Urlaubsvorlieben der Deutschen für das Jahr 2009 eine weitgehend stabile Entwicklung des Deutschlandtourismus." (www.deutschertourismusverband.de/index) Dieser Trend wird von einer aktuellen Umfrage des BAT Freizeitforschungsinstitutes bestätigt (siehe unter www.stiftungfuerzukunftsfragen.de): Vor allem Familien bleiben zwischen der (Ost-)See und den Alpen. Bayern ist am beliebtesten, dicht gefolgt von der Ostseeküste. Die Auslandsreiseziele zeigen Beständigkeit: Spanien, Italien, die Türkei und Österreich liegen vorne in der Gunst. Der Trend zum Inlandsurlaub lässt sich in der Devise „Reiselust – preisbewusst!" zusammenfassen: Das Budget fürs Reisen schrumpft; Preisvergleiche und Schnäppchenmentalität sind auch beim Thema Urlaub angesagt. Nicht zuletzt deshalb erlebt das Auto als Reiseverkehrsmittel eine Art Renaissance (vgl. ebd.).

Die Wirtschaftskrise verschont auch die Touristikbranche nicht. Aber die Experten um den Freizeitforscher Horst W. Opaschowski beim BAT-Institut erklären: „Doch Erfahrungswerte der letzten Jahrzehnte weisen nach: Wenn die Gesamtwirtschaft zu schrumpfen beginnt, läuft die Touristik oft noch auf vollen Touren, weil sie mit Zeitverzögerung reagiert. Bei kleineren Konjunkturdellen kommt die Krise in der Touristik manchmal gar nicht erst an." (ebd.) Mittlerweile schlägt sich in der „erfolgsverwöhnten Branche" die schlechte Stimmung nieder: Das Beratungsunternehmen IPK International hat im Auftrag der Internationalen Touristikbörse in Berlin den aktuellen ITB World Travel Trends Report (www1.messe-berlin.de) erstellen lassen. Dieser Bericht bestätigt und verstärkt die Prognosen: Im Jahr 2009 werde mit einem Einbruch von ein bis zwei Prozent gerechnet und auch für 2010 seien die Perspektiven „nicht ermutigend". (www.touristikpresse.net/news) Die Krise trifft mit dem Gastgewerbe keinen unbedeutenden Wirtschaftssektor. Eine Analyse des Statistischen Bundesamtes zeigt: Alles, was mit Reisen und Tourismus zu tun hat, schlägt mit einem Anteil in Höhe von zwei Prozent am Bruttoinlandsprodukt zu Buche (www.destatis.de).

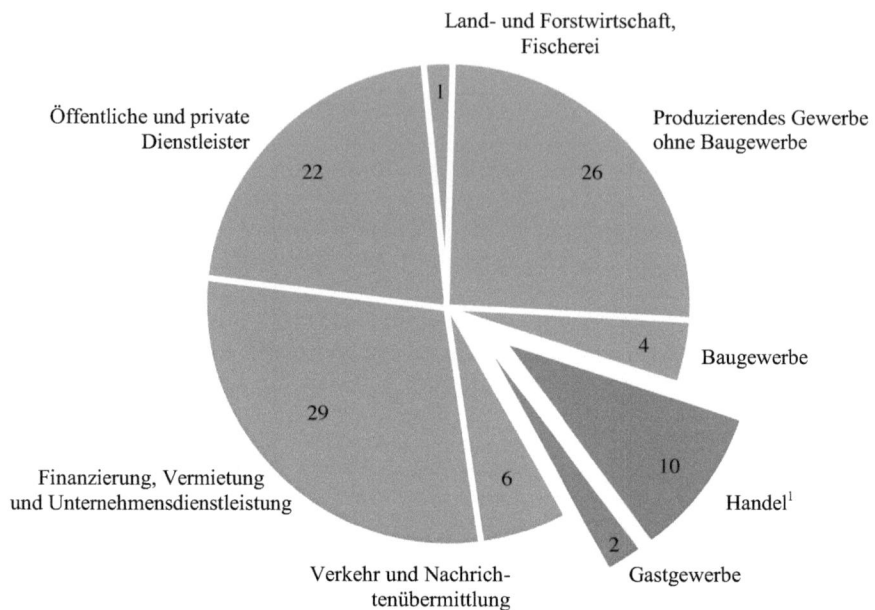

Abb. 9: Prozentualer Anteil der Wirtschaftsbereiche am Bruttoinlandsprodukt (BIP) 2008 (Quelle: Statistisches Bundesamt 2009)

In der so genannten Querschnittsbranche Tourismus wird jährlich allein in Deutschland ein Umsatz in Höhe von rund 150 Milliarden Euro erwirtschaftet und rund 2,8 Millionen Beschäftigte (inklusive Teil- und Saisonarbeitskräfte) verdienen dort ihren Lebensunterhalt, das entspricht etwa acht Prozent der Gesamtarbeitsplatzzahl in Deutschland (vgl. www.deutschertourismusverband.de/ content). Zum Abschluss dieses Kapitels sollen noch einmal die Ergebnisse und Trends im Reisemarkt zusammengefasst werden[54]:

- Insgesamt betrachtet hat die Tourismusbranche in den vergangenen Jahrzehnten ein stetes Wachstum zu verbuchen.
- Aber die internationale Wirtschafts- und Finanzkrise ist bereits und wird auch hier spürbar.

---

[54] Die Ergebnisse stammen aus folgenden Quellen: aus der am 04.02.2009 vorgestellten 25. Deutschen Tourismusanalyse der Stiftung für Zukunftsfragen (www.stiftungfuerzukunftsfragen.de), aus dem Newsletter „DZT konkret" der Deutschen Zentrale für Tourismus (unter www.deutschland-tourismus.de) und aus der Trendanalyse des Verlags Gruner & Jahr (unter www.gujmedia.de).

- Schon in den vergangenen Jahrzehnten haben Terrorismus, Seuchen, Naturkatastrophen u.ä. zu einer zeitlich befristeten Stagnation im Reisemarkt geführt.
- Europa und Deutschland waren als Reiseziel von Ausländern im Jahr 2008 weniger attraktiv als zum Beispiel Ziele im Mittleren Osten.
- Die Deutschen verbringen ihren Urlaub am liebsten im eigenen Land. Das Budget ist begrenzt, was zu einer Renaissance des Autos als Reisemittel und zu einem Rückgang der Flugbuchungen führt. Die Reisedauer wird verkürzt. Das bedeutet nicht automatisch eine Zerstückelung auf mehrere Reisen, denn im Jahr 2008 gönnten sich nur 15,7 Prozent der Urlauber eine Zweit- oder Drittreise. Aktiv- und Wellnessurlaub liegen weiter im Trend. Als Zielgruppe bleiben die „Best Ager" attraktiv, für die Natur, Städte, Kultur und Gesundheit im Zentrum des Interesses stehen.

8.7.3 Vom Reisefeuilleton zum digitalen Reiseportal

> „Wenn jemand eine Reise tut,
> So kann er was verzählen.
> D'rum nahm ich meinen Stock und Hut
> Und tät das Reisen wählen."
> (Matthias Claudius, 1740-1815)[55]

Schon in der Antike entstanden aus Reisen und Wanderungen Geschichten, die zunächst mündlich erzählt und später aufgeschrieben wurden. Homers Odyssee und die Berichte des Griechen Herodot (zwischen 900 und 400 v. Chr.) stehen für die Vorläufer der Reiseberichterstattung (vgl. Kleinsteuber/Thimm 2008: 35ff.). Die Menschen faszinierte und fasziniert das Neue, Überraschende, Fremde, die Helden und wagemutigen Taten, die so manche Geschichte zum Mythos werden ließ. Durch Reiseberichte besteht eine besondere Beziehung zwischen den aus der Ferne Zurückkehrenden und den Daheimgebliebenen:

> „Man kann über Reiseerlebnisse nur schreiben, indem man sich ständig an den Menschen daheim orientiert, die man für seine Reiseberichte interessieren will. Der Marktwert eines Reiseschreibers richtet sich folglich entscheidend nach seiner Fähigkeit, den unausgesprochenen Erwartungen des Gegenübers entgegenzukommen. ... Die Reisemedien (heute; BD) finden sich zwischen Sport- und Hobbyzeitschriften am Kiosk oder auf den Wochenendseiten der Zeitung. Der Autor derartiger Berichte wird immer um den Leser werben müssen, dem reichlich andere Möglichkeiten zur Verfügung stehen, seine freien Stunden erlebnisreich zu gestalten. Ihm muss es gelingen, seinen

---

[55] Zitat unter: www.musicanet.org.

Leser auf eine fiktive Reise mitzunehmen, ohne ihn zu bevormunden oder zu überfordern. Aber ähnliche Probleme ... hatte schon Herodot zu lösen." (ebd.: 32f.)

Im 15. und 16. Jahrhundert, also im Mittelalter und der frühen Neuzeit, wird eine Vielzahl von Pilger- und Reiseberichten verfasst. Swetlana Beloschnitschenko (2004) untersucht in ihrer Dissertation über die deutschsprachigen Pilger- und Reiseberichte des 15. und 16. Jahrhunderts die Themen und die Sprache dieser Dokumente „im mentalitätsgeschichtlichen Kontext".

> „Waren die Reisenden nach Palästina im 15. Jahrhundert noch hauptsächlich von religiösen Motiven geleitet, indem sie ausführliche Ablassverzeichnisse und Reliquienlisten ihren Berichten beifügten, so nahmen im 16. Jahrhundert nichtreligiöse Motive zu, z.B. geographische und ethnographische Beschreibungen. Dies wurde von solchen mentalitätsgeschichtlichen Faktoren beeinflusst, wie geographische Entdeckungen, neue wissenschaftliche Erkenntnisse, die Reformation, der Buchdruck und die zunehmende Rolle der deutschen Sprache gegenüber dem Latein." (ebd.: 7)

Dies führte dazu, dass die Berichte realitätsnäher, authentischer und biographischer wurden. Ein zeitlicher Sprung ins 19. Jahrhundert führt zum Begriff des ‚Reisefeuilletons' – damals nach den Recherchen von Brigitte von Schönfels (2005: 9) als literarische und literaturwissenschaftliche Bezeichnung durchaus gebräuchlich, aber bis heute nicht lexikographisch aufgearbeitet, im Gegensatz zu dem Begriff ‚Feuilleton'. Zentrale Fragestellung der Autorin ist, ob und inwieweit die politischen Bedingungen zwischen 1848 und 1870[56] Einfluss auf die Entwicklung des Reisefeuilletons hatten. In den zahlreichen Untersuchungen der Reiseliteratur[57] zeige sich, „dass sie in der Zeit von Pressezensur und Versammlungsverbot für den Leser nicht nur leichte Lektüre zur Zerstreuung darstellte. Sie diente häufig als eine Art Schlüsselliteratur, mit deren Hilfe Kritik an Politik und Gesellschaft verbreitet werden konnte" (ebd.: 11).

Als Referenz dienen drei preußische Zeitungen: die ‚Vossische Zeitung' (Berlin), die ‚National-Zeitung' (Berlin) und die ‚Kölnische Zeitung' (Köln). Alle drei Blätter wurden auch überregional gelesen und genossen ein hohes Ansehen

---

[56] In diese Zeit fallen die Märzrevolutionen in vielen deutschen Staaten und europäischen Ländern, die kurze Installation des Pressefreiheitsgesetzes in Preußen bis hin zur Zeit des Deutsch-Französischen Krieges und der Gründung des Deutschen Reiches 1871.

[57] Die Reiseliteratur umfasst die nicht-journalistischen Texte, die vor allem in Form von Büchern und Reiseführern publiziert worden sind bzw. werden. Das Reisefeuilleton wird hier als eine journalistische Gattung verstanden, die sich in Zeitungen als Teil des Feuilletons etabliert hat. Von Schönfels unterscheidet das ‚gesellschaftskritische' vom ‚berichtenden Reisefeuilleton'. Die Texte der ersten Kategorie basieren zwar auf einer tatsächlich gemachten Reise, enthalten aber auch und gerade (zum Teil versteckte, kritische) Aussagen über politische und sozial-kulturelle Bedingungen, die wiederum den Leser zur Reflexion und Selbstkritik anregen soll. Die zweite Form berichtet deskriptiv, will vor allem belehren und unterhalten (von Schönfels 2005: 129ff.).

(ebd.: 67ff.). Von Schönfels findet zahlreiche Belege dafür, dass das Reisefeuilleton in der damaligen Zeit als „Träger verschlüsselter Botschaften fungierte" (ebd.: 277). Gerade in der Zeit der ‚Reaktion' vergrößerte sich der Umfang der auf das Thema Reise bezogenen Artikel in den Feuilletons der Zeitungen.

Auch viele andere Arbeiten über das Thema Reisepublizistik (siehe auch Schmitz-Forte 1992 und 1995; Kleinsteuber/Thimm 2008) verdeutlichen, dass die Reiseberichterstattung schon immer pendelte zwischen der literarischen Form mit dem Motiv zu belehren und zu unterhalten und dem (journalistischen) Anspruch, Aufmerksamkeit zu gewinnen für die kritische Analyse, Diskussion und Reflexion der politischen, ökonomischen und sozialen Bedingungen einer Region.

Mit der Veränderung des Reisens selbst veränderte sich auch die Berichterstattung darüber. In der Zeit vor dem Ersten Weltkrieg löst sich die Reiseberichterstattung aus dem Feuilleton und es entstehen separate Reisebeilagen. Unter Titeln wie „Aus Bädern und Sommerfrischen" (Leipziger Zeitung) oder „Für Reisen und Wandern" (Vossische Zeitung) publizieren ab 1904 etwa 50 Zeitungen Reisebeilagen (siehe Dovifat/Wilke 1976: 123f.; Schmitz-Forte 1995: 30; Meier 2002: 176ff.; Kleinsteuber/Thimm 2008: 52). In der Zeit des Nationalsozialismus florierte zum einen das Geschäft mit den Reisebeilagen – 1939 sollen 395 Tageszeitungen eine solche enthalten haben –, zum anderen wurde der Reisejournalismus selbst wissenschaftlich untersucht, z.B. in der Dissertation von Otto Groth 1941 (vgl. Kleinsteuber/Thimm 2008: 53).

Nach dem Zweiten Weltkrieg starteten 1949 die Süddeutsche Zeitung und 1950 der Kölner Stadt-Anzeiger mit der Veröffentlichung der Reisebeilage (vgl. Schmitz-Forte 1995). Die „Reisewelle" in den 50er Jahren (Die Zeit vom 09.10.1952: Konsumkraft geht auf Ferienreise) rechtfertigte und intensivierte den Einsatz. Dennoch wird bis heute immer wieder die Frage untersucht, ob sich das Reiseressort als eigenständige Einheit etabliert hat. Peter Linden hat 1997 gemeinsam mit der Arbeitsgemeinschaft Berufliche Bildung der Deutschen Zeitungsverlage (ABZV) Redaktionen von Tages-, Wochen- und Sonntagszeitungen danach gefragt: Immerhin 61 Prozent der Redaktionen verfügte über ein eigenständiges Reiseressorts mit 0,5 bis 4,5 Stellen für Redakteure (siehe Kleinsteuber 1997: 173ff.). Diese schwache Besetzung mit fest angestellten Redakteuren, die im wesentlichen Organisations-, Koordinations- und Produktionsaufgaben wahrnehmen, ist bis heute ein wesentliches Merkmal der Reiseressorts. Die Textbeiträge werden zu einem hohen Prozentsatz von freien Journalisten bzw. Mitarbeitern geliefert (siehe z.B. Schmid 2005: 4).

Bemerkenswert ist, dass das Thema Online-Reisejournalismus weder in der wissenschaftlichen (was nicht verwundert), noch in der Praktikerliteratur (was sehr überrascht) eine Rolle spielt: Das Buch von Gottfried Aigner (1992) über das „Ressort Reise" ist nicht neu aufgelegt worden – neue reisejournalistische Formen können also nicht eingearbeitet worden sein; die aktuelle Ausgabe des Bandes „Reisejournalismus" von Hans Kleinsteuber und Tanja Thimm (2008) beinhaltet ebenfalls kein Kapitel zum Aspekt Online-Medien, sondern stellt die klassischen Formen in Printmedien vor; selbst das ausgesprochene Praktiker-Handbuch „für Quereinsteiger, Globetrotter und (angehende) Journalisten" von Francoise Hauser (2008) handelt die Online-Medien „kurz und knapp" ab: Auf gerade einmal vier großzügig gestalteten Seiten finden sich Sätze zu Aktualität, Informationstiefe, Multimedia und stilistischen Besonderheiten.

Damit wird von den Medien eine Entwicklung der letzten Jahre offenbar unterschätzt: Das Internet spielt für das Reisen und vor allem für die Reisebuchungen selbst eine stetig wachsende Rolle. Eine Statistik aus dem ITB World Travel Trends Report (www1.messe-berlin.de/website) zeigt, dass die Reisebüros als Informationsquellen und vor allem als die Ansprechpartner für Reisebuchungen zunehmend an Bedeutung und ihre Kundschaft ans Internet verlieren.

	Market-share Jan-Aug 2007	% change Jan-Aug 2007/06
Online booking	36 41	13
Online 'looking'	13 14	3
All internet users	50 55	10
Non-internet users	50 45	- 8

Tab. 20: European online travel trends, January through August 2007 (Quelle: IPK International's European Travel Monitor)

Der Bericht zeigt allerdings noch etwas: Für die Informationen über Reisen spielen die klassischen Medien Zeitung und Fernsehen eine bemerkenswert kleine Rolle.

Source	% share *(a)*
Internet	47
Travel agency	23
Friends/relatives	19
Travel guide	8
Travel brochure	7
Newspaper	2
Tourist office	1
TV	1
Others	3
No information	17

(a) Multiple responses possible

Tab. 21: Information sources used by European outbound travellers, January through August 2008 (Quelle: IPK International's European Travel Monitor)

Der Privatsender Vox hat auf diese Entwicklung reagiert und stellt seine beiden Reisemagazine VoxTours und Wolkenlos aus Kostengründen ein (www.media-daten.com). Vor 16 und zwölf Jahren (Wolkenlos) waren diese beiden Eigenproduktionen erfolgreich in den Markt eingeführt worden, aber in den vergangenen Jahren sanken die Zuschauerzahlen kontinuierlich. Klein und überschaubar ist der Markt der Publikationen im Segment Reisen und Touristik: Die Fachdatenbank media-info verzeichnet 15 Fachmagazine (davon 12 IVW-Auflagen geprüft).

Titel	Auflage
Busplaner	7067
Bus Tourist	12000
Events	23177
FVW International	32076
OMNIBUSREVUE	6994
Touristik aktuell	30838
Touristik Report	30150

Titel	Auflage
TRAVEL ONE	21052
TW Tagungsregionen	1600
Touristik Report	7067

Tab. 22: Reise-Fachmagazine

Unter der Domain www.reiselinks.de/tourismus-fachzeitschriften werden neben den oben genannten noch einige weitere Publikationen aufgeführt, in erster Linie Zeitschriften und Newsletter aus dem weiteren deutsch- (v.a. Schweiz) und englischsprachigen Raum – darunter beispielsweise „International Leisure World", ein englisch- und russischsprachiges Magazin „für Touristiker und wohlhabende Kunden" (www.leisure.ru). Die Datenbank der Publikumszeitschriften listet 16 Publikationen im Bereich der Reisezeitschriften für das Jahr 2008 (www.pz-online.de):

Titel	Verbreitung	Verkauf
Abenteuer und Reisen	100.630	98.850
ADAC reisemagazin	151.554	148.596
Berge	12.065	10.983
Business Traveller	72.681	69.290
daydreams – Das Magazin für Kurzreisen	86.526	0
extra /tour	838.292	803.597
Fliegen & Sparen	27.923	27.751
GEO Saison	132.287	129.581
GEO Special	89.968	88.558
MERIAN	97.142	90.859
Nordis – Das Nordeuropa Magazin	31.126	29.580
outdoor	40.341	38.426
REISE & PREISE	70.175	70.578
Sehnsucht Deutschland	181.794	1.594
Tours – Abenteuer Magazin	26.389	24.725
Urlaub Perfekt	124.733	121.351

Tab. 21: Reisezeitschriften im Jahr 2008

8.7.4 Der Reisejournalismus und die Nähe zur PR

Ähnlich wie der Auto- und Motorjournalismus leidet der Reisejournalismus unter seinem Image: „Er wird als PR-Journalismus beschrieben, welcher keinerlei Kritik am Tourismus übt, fremde Länder durchweg positiv als Paradies darstellt, dabei Probleme vor Ort ausblendet und Stereotype gegenüber fremden Völkern verfestigt." (Meißner 2007) Die „Traumbranche" (Lakatos 2006) und der „Traumberuf" Reisejournalist (Drensek 2002: 12) sind in den vergangenen Jahrzehnten in Verruf geraten und kommen aus dieser Wahrnehmungsfalle offensichtlich nicht heraus. Schuld daran ist nicht nur die Reiseindustrie, die mit ihrer Öffentlichkeitsarbeit den Druck auf die Redaktionen und die Journalisten stetig erhöht hat (siehe z.b. Fuchs 2006), sondern auch die Redaktionen und Journalisten selbst, die vor allem aus Kostengründen die kostenlosen Angebote der Reiseveranstalter gerne annehmen, sich damit aber ethisch in eine missliche Lage bringen. Der Pressekodex des Deutschen Presserates (unter www.presserat.info) regelt den Umgang mit Vergünstigungen in Ziffer 15 sehr klar:

„Die Annahme von Vorteilen jeder Art, die geeignet sein könnten, die Entscheidungsfreiheit von Verlag und Redaktion zu beeinträchtigen, ist mit dem Ansehen, der Unabhängigkeit und der Aufgabe der Presse unvereinbar. ...

Richtlinie 15.1 – Einladungen und Geschenke
Schon der Anschein, die Entscheidungsfreiheit von Verlag und Redaktion könne beeinträchtigt werden, ist zu vermeiden. Journalisten nehmen daher keine Einladungen oder Geschenke an, deren Wert das im gesellschaftlichen Verkehr übliche und im Rahmen der beruflichen Tätigkeit notwendige Maß übersteigt.
…
Recherche und Berichterstattung dürfen durch die Annahme von Geschenken, Einladungen oder Rabatten nicht beeinflusst, behindert oder gar verhindert werden. Verlage und Journalisten bestehen darauf, dass Informationen unabhängig von der Annahme eines Geschenks oder einer Einladung gegeben werden. Wenn Journalisten über Pressereisen berichten, zu denen sie eingeladen wurden, machen sie diese Finanzierung kenntlich."

Der Schweizer Presserat hat bereits im Jahr 1992 (www.presserat.ch) ausführlich zu den Problemen des Reisejournalismus Stellung genommen und beispielsweise formuliert, dass über Länder, in denen die Menschenrechte massiv verletzt werden, gar nicht oder sehr kritisch berichtet werden soll, dass Reisen von Redaktionsmitgliedern entweder selbst bezahlt oder entsprechende Angebote von Veranstaltern aufgrund von Fachkenntnis und nicht als Belohnung vergeben werden sollten.
Die Vereinigung deutscher Reisejournalisten hat in einer Charta einen Katalog von Verhaltensregeln festgelegt (www.vdrj.org), in der unter anderem fol-

gender Satz zu finden ist: „Zur Berichterstattung sind wir grundsätzlich nicht verpflichtet." Der VDRJ betrachtet Einladungen zu Pressereisen als „Recherchehilfe" und nicht als Verpflichtung, zu berichten – schon gar nicht ausschließlich über den einen, einladenden Reiseveranstalter.

Die Wirklichkeit sieht anders aus: Die Stellungnahmen von Presserat, Journalistenverbänden und -gewerkschaften sowie wissenschaftliche Studien zeigen, dass die Abhängigkeit des Reisejournalismus von der PR ein systematisch-strukturelles Problem ist und kein Einzelfall. Eine Lösung scheint nicht in Sicht. Im Gegenteil: Umso stärker der Kostendruck auf die Redaktionen und Verlage wirkt, desto stärker werden sie auf die Angebote zurückgreifen, für die sie möglichst wenig bezahlen müssen. Dazu zählen auch die Texte freier Autoren, die ihre Finanzierung selbst regeln müssen und bei denen nicht überprüft wird, ob sie sich von einem Veranstalter haben sponsern lassen.

Jürgen Drensek, Vorsitzender des VDJR, sagte schon vor Jahren eine eher düstere Zukunft für Reisejournalisten voraus (Drensek 2001): Sie würden nicht nur unter den Sparzwängen der Medienunternehmen zu leiden haben, sondern auch gegen die Konkurrenz der professionellen Agenturen und Themendienste ankämpfen müssen. Sein Fazit: „Traumberuf ‚Reisejournalist'"? Für viele freie Schreiber der Tagespresse ist er längst zum Albtraum geworden. Die jahrelang recyclebaren Allround-Reportagen werden schon lange nicht mehr nachgefragt. Wer im Reiseressort mittelfristig überleben will, muss mehr drauf haben als die Fähigkeit, den glutroten Sonnenuntergang vor Capri zu beschreiben. Über kurz oder lang werden wohl nur Edelfedern und Servicespezialisten (etwa im Reiserecht) anständige Honorarsummen erwirtschaften." (ebd. 25)

8.8 Sportjournalismus

Sport ist wie Reisen: Millionen von Menschen interessieren sich dafür und üben es aus. Vergleichbar mit dem „Ohrensessel-Reisenden" gibt es im Sport diejenigen, die zwar theoretisch viel wissen (besonders über Fußball), aber selbst nicht aktiv sind. Bei Millionen von Menschen beschränkt sich die sportliche Aktivität auf das Drücken der Fernbedienung. Zweifellos gibt es in der modernen Mediengesellschaft eine enge Beziehung zwischen Sport, Medien und dem Publikum (siehe Hagenah 2004).

Sport wird vielfach zu Mediensport, der von wirtschaftlichen Interessen (Kommerzialisierung, Ökonomisierung) stark beeinflusst wird (vgl. Weinreich 2008; Bertling 2009). Sport ist ein Fernsehereignis, vielfach reduziert auf Großveranstaltungen wie etwa die Sommer- und Winterolympiaden, die (Fussball-) Welt- und Europa-Meisterschaften (vgl. Gerhard 2006), die erste Bundesliga, Skispringen, Formel 1, Tennis und bis ins Jahr 2007 die Tour de France. Der Sport selbst ist in den vergangenen Jahrzehnten durch Werbung und Sponsoring weiter kommerzialisiert worden. Aber auch die Sportberichterstattung vor allem im elektronischen Medium Fernsehen ist aufgrund der zu zahlenden Gelder für Übertragungsrechte ökonomisiert worden (vgl. Brinkmann 2000). Die Sportberichterstattung beschränkt sich auf die Visualisierung von Top-Ereignissen in populären Sportarten, allen voran Fussball, Randsportarten werden kaum beachtet (vgl. Feicht/Stukenbrock/Ternieden 2006; Gleich 2000). Dies entspricht zum einen der Logik der Massenmedien, zum anderen dem offensichtlichen Zuschauerinteresse.

Sportjournalismus ist einerseits eines der klassischen journalistischen Allround-Berichterstattungsfelder (vgl. Meier 2002: 126f.), andererseits erfordert gerade auch die Berichterstattung über jeweils spezifische Sportarten eine hohe Sachkompetenz. Die ist jedoch offensichtlich an das männliche Geschlecht gebunden, denn vergleichsweise seltener erhalten Frauen die Chance, ihre Kompetenzen unter Beweis zu stellen, vor allem im Fernsehen und in den großen Sportsendungen (vgl. Schaffrath 2008; Spitz 2004; Heess 2003). Immer wieder zitiert wird der Versprecher der ersten ZDF-Sportstudio-Moderatorin Carmen Thomas: Sie kündigte am 21. Juli 1973 ein Spiel von „Schalke 05..." an (vgl. www.mdr.de/mdr-info). Unter der Adresse www.fussballersprueche.de ist nachzulesen, dass auch männliche Experten vor Ausrutschern und Peinlichkeiten nicht gefeit sind, was deren Kompetenz aber offensichtlich nicht ähnlich nachhaltig in Frage stellt.

Das Thema Sportberichterstattung, insbesondere unter der Perspektive seiner
Visualisierung, ist in der Literatur gut aufgearbeitet[58]. Deshalb wird im folgenden Kapitel sehr stark auf den Aspekt der Spezialisierung und Expertise fokussiert. Wie in allen anderen Abschnitten wird aber auch hier zunächst die Entwicklung des Sports skizziert.

8.8.1 Kurze Kulturgeschichte des Sports[59]

Sport ist Spiel. Und das Spielen ist so alt wie die Menschheit. Es war nicht etwas, was sich neben Gesellschaft entwickelte, sondern in ihrer Mitte. Sportspiele sind Bräuche, die häufig wiederum im Zusammenhang mit anderen Bräuchen
entstanden sind, wie beispielsweise bei kultischen Handlungen wie Totenfeiern
im antiken Griechenland (vgl. www.planet-schule.de/wissenspool) und bei Bau-
ernhochzeiten im deutschen Mittelalter (vgl. Bausinger 2006: 110ff.). Handfeste
Körperlichkeit, die Kraft stand im Zentrum der frühen Spiele (vgl. ebd.: 112).
Kraft brauchten vor allem die Männer in archaischen Gesellschaften, um als
Bauern oder Handwerker ihr Brot zu verdienen. Sportspiele hatten fast immer
zu tun mit Wettbewerb oder sogar Kampf. In der Türkei beispielsweise gab und
gibt es ein Spiel namens ‚Cirit', ein Zeremonien- und Sportspiel der asiatischen
Türken (siehe unter www.kultur.gov.tr). Im 5. Jahrhundert vor Christus begann
im alten Griechenland die Blütezeit der Olympischen Spiele. Aufgrund der
Ausdifferenzierung der Gesellschaft und im Zuge der Entstehung von Adel und
Sklaventum war es attraktiv und lohnend zum Berufsathleten zu werden und bei
den zahlreichen sportlichen Wettkämpfen zu gewinnen (vgl. www.planet-
schule.de/wissenspool). Trotz aller Widrigkeiten im Laufe der Geschichte sind
die Olympischen Spiele die wichtigsten sportlichen Wettkämpfe in der Moderne
geblieben. Das liegt nicht nur an der Möglichkeit der sportlichen Auseinandersetzung, sondern auch an den ‚Mythen', die sich bis heute erhalten haben, wenn

---

[58] Eine umfangreiche Bibliographie zur Sportgeschichte vom Altertum bis ins 20. Jahrhundert ist zu
finden beim Bibliotheksservicezentrum Baden-Württemberg unter titan.bsz-bw.de/bibscout). Uli
Gleich hat 2004 unter dem Titel „Sportkommunikation und ihre Bedeutung für die Nutzer" (Media
Perspektiven H. 10, S. 500-505) aktuelle Studien rezensiert und weitere einschlägige Quellen zu-
sammengestellt.
[59] Auf eine Auseinandersetzung mit dem Begriff ‚Sport' bzw. der Diskussion über Definitionen wird
in diesem Kapitel verzichtet, da eine „präzise wissenschaftliche Definition von Sport ... durch die
zahlreichen sprachlichen Bedeutungsgehalte des Sportbegriffs erschwert [wird]; Sport bezeichnet
demnach vielfältige Erscheinungsformen menschlicher Aktivität." (Voigt/Meck 1989: 679). Sybille
Frütel weist in ihrer Dissertation (2005: 92ff.) darauf hin, dass Sport einerseits Kulturgut und ein
weltweit zu beobachtendes gesellschaftliches Phänomen sei, gleichzeitig aber auch eine sehr starke
individuelle Komponente hat (Sport als persönliche Leistung). Im Sport gibt es Spielregeln und
bisweilen hochspezialisierte Techniken. Sport als Massensport ist organisiert.

auch in einer anderen Bedeutung und Konnotation: So waren schon bei den frühen Olympiaden Vorstellungen von Ehre, Fairness, Frieden und Völkerverständigung im Spiel (vgl. ebd.).

Sport als Teil der Alltagskultur erlebte auch immer wieder Phasen der Politisierung. Friedrich Ludwig Jahn, häufig betitelt als ‚Turnvater Jahn', gilt als eine der Leitfiguren. „Jahns Streben galt der Ertüchtigung junger Menschen durch Leibesübungen im Freien, verbunden mit nationaler und patriotischer Erziehung." (www.jahn-museum.de) 1778 geboren wuchs er in der Zeit der napoleonischen Herrschaft auf. Er arbeitete als Lehrer, gründete mit anderen einen geheimen Bund, um seine politischen Interessen durchzusetzen, und weihte 1811 in Berlin den ersten öffentlichen Turnplatz ein. Seine politischen Aktivitäten, in denen er nicht selten überspitzte nationalistische Gedanken äußerte, führten 1818/19 zu seiner Verhaftung und zur Schließung von Turnplätzen (vgl. ebd.). Im Jahr 1842 wurde das Turnverbot wieder aufgehoben. Jahn hatte aber in fünf Jahren Haft wesentliche gesellschaftliche Entwicklungen nicht nachvollzogen und er brachte sich mit seinen reaktionären Positionen ins Abseits. Letzte Aufmerksamkeit erregte er kurz vor seinem Tod 1852 mit der Beteiligung an der Gründung des Deutschen Turner-Bundes (vgl. ebd.).

Die Vorstellungen des Patrioten Jahn wurden im Nationalsozialismus pervertiert. Sport bedeutete die vollständige nationalistische Instrumentalisierung: Sport war „der Grundpfeiler nationalsozialistischer Erziehung", er diente der „Volksgesundheit", der „rassenpolitisch bedingten züchterischen Auslese" und der „Wehrhaftmachung" (www.sportunterricht.de). Diese „Sportbegeisterung ... im Zeichen politischer Ideologie" war allerdings laut Bausinger (2006: 19) keine deutsche Besonderheit, sondern „zumindest in der westlichen Welt – die Signatur der ganzen Epoche".

Hermann Bausinger (2006: 31ff.) unterscheidet bei der Entwicklung des Sports nach 1945 vier Phasen: (1) „Flucht in den Alltag: Sport nach dem Krieg; (2) Leistungsträger: Sport als Ereignis; (3) Verspielter Sport: Aktivität für alle; (4) Körpererfahrung und Selbstverwirklichung."

Die erste Phase beschreibt die Nachkriegszeit, in der Turnhallen zerstört und ein Paar Fußballschuhe Luxus waren. Vereine und Verbände waren kurzzeitig aufgelöst und dann als „Gemischt- oder Allsportvereine" (ebd.: 33) von den Alliierten wieder zugelassen. Das „Wunder von Bern" 1954, als die deutsche Fußballnationalmannschaft die Ungarn besiegte und den Weltmeistertitel holte, läutete die zweite Phase ein. Im Zusammenhang mit dem deutschen Wirtschaftswunder und den politischen Entwicklungen bedeutete dieses Ereignis die Rückkehr Deutschland aufs internationale Parkett. Gleichzeitig begann mit der Weltmeisterschaft in der Schweiz die massenmediale Inszenierung, noch nicht im Fernsehen, aber über das Radio. Legendär ist die Kommentierung Herbert

Zimmermanns (www.das-wunder-von-bern.de). Seitdem ist Sport aus den Medien nicht mehr wegzudenken. Aber auch umgekehrt gilt: Ohne Medien wäre möglicherweise manche Sportart nicht derart populär, wenngleich nicht jede Sportart gleichermaßen vorkommt.

Die 60er und 70er Jahre sind geprägt von der Massenbewegung Sport. Schul- und Vereinssport etablieren sich, daneben wird der Profisport, vor allem der Fußball, populär. Im Zusammenhang mit gesellschaftlichem Wandel, weg vom Materiellen hin zum Immateriellen der postindustriellen Gesellschaft, wird Sport wichtiger Teil von Körpererfahrung, bisweilen Körperkult, und Selbstverwirklichung. Heute ist Sport wichtiger Bestandteil von Therapien, um physische und psychische Leiden zu heilen. Grob unterschieden werden Leistungs- und Breitensport; auf der darunter liegenden Ebene werden folgende Sportarten differenziert (www.deutschland.de/ rubrik):

Ausdauersport	Laufen, Rudern, Tanzen, Schwimmen, etc.
Ballsport	Fußball, Tennis, Golf, American Football, etc.
Behindertensport	
Extremsport	Tiefseetauchen, Freeclimbing, Fallschirmspringen
Kampfsport	Boxen, asiatische Kampfsportarten, usw.
Leichtathletik	Laufen, Springen, Werfen
Motorsport	auf zwei oder vier Rädern
Pferdesport	Reiten, Galopprennen, Dressur, usw.
Radsport	Straßenradsport, Mountainbike- und Kunstradfahren
Rollsport	alles auf zwei oder vier Rollen (z.B. Inline-Skaten)
Turnen	Schwebebalken, Barren, Boden, Sprung
Wassersport	Freitauchen, Windsurfen, Segeln, etc.
Weitere Sportarten	Billard, Bowling, usw.
Windsport	Bob- und Schlittenfahren, Ski und Snowboard, Eisschnell- und Kunstlauf, etc.

Tab. 24: Sportarten

Spiele und Freizeitbeschäftigungen zählen nicht im engeren Sinne zu den klassischen und vor allem nicht zu den olympischen Sportarten, denn im Kern geht es um körperliche Anstrengung, Leistungsorientiertheit, Kampf und Wettbewerb (siehe auch Voigt/Meck 1989: 679f.). Die Liste der Sportarten, die im Online-Lexikon Wikipedia zu finden ist (de.wikipedia.org/Liste_der_Sportarten) subsumiert jedoch noch weit mehr Sportarten unter Dachbegriffe wie Kraftsport (etwa Armdrücken und Fingerhakeln), Denksport (wie Backgammon und Bridge), Präzisionssport (z.B. Boccia), Drachensport (z.B. Buggykiting), Geschicklichkeitssport (etwa Freestyle Frisbee), Natursport (wie Geocoaching) und weitere. Jede dieser Sportarten ist mittlerweile in mehr oder weniger hohem Maße organisiert und institutionalisiert. Es gibt für nahezu jede Sportart mindestens einen Verband (siehe www.deutschland.de/rubrik), der jeweils eine Internetplattform pflegt und Neuigkeiten über einen Newsletter kommuniziert.

8.8.2 Sport in Zahlen

In Deutschland bieten 90.467 Sportvereine für rund 23,7 Millionen Kinder, Jugendliche, Erwachsene und speziell Senioren Aktivitäten an (vgl. Sportentwicklungsbericht 2007/2008 unter www.dosb.de/de/sportentwicklung). Rund 30 Prozent der Vereine kümmern sich um Gesundheitsförderung, Prävention und Rehabilitation. Von größter Bedeutung ist das ehrenamtliche Engagement: 2,1 Millionen Mitglieder sichern die Existenz ihrer Sportvereine. Allerdings wird es zunehmend schwieriger, ehrenamtliche Mitarbeiter zu finden und zu binden, zumal der Arbeitsumfang in den vergangenen Jahren stetig und deutlich gestiegen ist (vgl. ebd.).

Gleichzeitig hat auch sich auch dieser Bereich professionalisiert: „Im Bereich bezahlte Führungskräfte ist die Anzahl an Vereinen, die solche beschäftigt haben, signifikant um das Eineinhalbfache gestiegen. Auch bilden die Sportvereine in Deutschland signifikant mehr aus als noch vor zwei Jahren."

Die Vereine und den Deutschen Olympischen Sportbund (als Dachorganisation der 16 Landessportverbände) beschäftigt ein weiteres Thema: die Entwicklung der Mitgliederzahlen im organisierten Vereinssport vor dem Hintergrund des gesellschaftlichen, insbesondere demografischen Wandels. Eine entsprechende Studie (siehe www.dosb.de/demographische-entwicklung) zeigt zwei wesentliche Ergebnisse: „1.) Absolut betrachtet kann die Gesamtzahl der Mitglieder im organisierten Vereinssport analog zur Situation der Gesamtbevölkerung (zumindest moderat) sinken. 2.) Parallel dazu wird sich die Altersstruktur des organisierten Sports gravierend verändern. Die gesellschaftliche Alterung hat damit auch im Sport einen erheblichen und zugleich nachhaltigen Einfluss auf die Entwicklung in der Zukunft."

Der DOSB versucht dieser Tendenz über die Erhöhung des Organisationsgrades entgegenzusteuern. Allerdings sind pauschale Mechanismen alleine nicht

Erfolg versprechend, da es weitere, nicht demografisch bedingte Verluste bei den Mitgliederzahlen gibt, zum Beispiel aufgrund mangelnder Zeit durch die Einführung von Ganztagesschulen, sinkender Organisationsgrad bei Jugendlichen, insbesondere bei Mädchen.

8.8.3 Die 1:0-Berichterstattung – Sport in den Medien

Der Sportjournalismus hat sich in den vergangenen Jahrzehnten in allen Medien etabliert (siehe etwa Boyle 2006; Schaffrath 1996) und hohe Einschaltquoten und Marktanteile sowie eine enge Zuschauer-, Hörer- und Leserbindung in nahezu allen Medien garantiert (vgl. Schaffrath 2003; Rühle 2003); die Sportberichterstattung ebenso wie die Sportjournalisten hatten sich nach Jahren die Akzeptanz der Kollegen in den Redaktionen er- und die Vorurteile bezüglich ihrer Seriosität erfolgreich bekämpft (vgl. Weischenberg 1994; Stube 2004: 11), so wird er in den vergangenen Jahren zunehmend kritisch unter die Lupe genommen (vgl. Voß 2006):

> „Doch während sich ein Großereignis an das nächste reiht, wird auch bei vereinzelten Medienmachern Unmut laut. Von einer Krise des Sportjournalismus ist die Rede. Besonders im Fernsehen, das die Spiele laut und bunt in die Wohnzimmer bringt, finden die Hintergründe des Millionengeschäfts zu wenig Beachtung, finden die Kritiker. Dabei vermissen sie nicht nur die großen Skandale, die Traditionsvereine und ihre Würdenträger ins Wanken bringen, sondern bemängeln, dass der Sport in den Medien zunehmend zur reinen Unterhaltung verkomme." (ebd.: 1; siehe auch Martens 2004)

Das ist allerdings eine Entwicklung, die im Zusammenhang mit dem Selbstverständnis von Sportjournalisten zu stehen scheint: Ein Großteil von ihnen sieht die professionelle Funktion darin, das Publikum zu unterhalten und zu dessen Entspannung beizutragen (siehe Weischenberg/Malik/Scholl (2006): 114f.) Wird der Einfluss der Public Relations-Instrumente zwar von den Sportjournalisten generell eher durchschnittlich bewertet, also weder als ausgesprochen stark noch als nicht-existent (vgl. Weischenberg/Malik/Scholl 2006: 122ff.), so ist doch auffällig, dass gerade Sportjournalisten (neben den Kollegen aus der Politik) die intensive Nähe zu den Akteuren im Sport suchen (vgl. ebd.: 131ff.) – und dies führt mitunter bis hin zum Skandal (z.B. Fußballkommentatoren und wirtschaftliche Verstrickungen mit einer Branche über Werbung) oder gar zur Straftat (z.B. Korruption wie im Falle des Ex-HR-Sportchefs Jürgen Emig).

Gespräche mit Sportlern und Trainern stehen an erster Stelle bei der Themensuche der Sportjournalisten (vgl. Schauerte 2006: 146). Platz 2 der Quellennennungen wird von den Nachrichtenagenturen belegt und auf dem dritten Rang folgen die Vertreter von Sportverbänden und -vereinen. Vor allem Fernsehjournalisten werten darüber hinaus noch intensiv die Berichterstattung in Sportzeit-schriften aus.

8.8.4 Der Sportjournalist: Experte unter Vielen

Wesentlich kritischer sehen die Sport-Akteure das – von manchen als ‚symbio-tisch' bezeichnete – Verhältnis zu den Sportjournalisten: Sie legen keinen Wert darauf mit Journalisten befreundet zu sein, im Gegenteil: Die Beziehung ist für sie „ein Geschäft auf Gegenseitigkeit", das Zur-Verfügung-Stehen für Inter-views und anderes reine Strategie (Schaffrath 2007a: 37; Schaffrath 2008b). Ein Drittel der (für eine Studie befragten) Athleten, Trainer und Manager hält die Mehrzahl aller Sportberichterstatter für nicht kompetent. Als Defizite werden genannt: fehlende Fachkenntnis, mangelndes Hintergrundwissen, geringe sport-artenbezogene Spezialisierung, defizitäre Ausbildung und intellektuelle Über-forderung bei komplexeren Themen wie beispielsweise Doping oder der Dar-stellung ökonomischer Zusammenhänge im Spitzensport (ebd.)[60].

Selbst aktiv Sport zu treiben ist für Sportler die beste Gewährleistung für Sachkompetenz: „Mehr als drei Viertel der Befragten sind der Ansicht, dass persönliche Sportaktivitäten für Journalisten ‚erforderlich' oder zumindest ‚hilf-reich' sind. Nur wer selbst aktiv Sport treibe oder getrieben habe, besitze die erforderliche ‚Sensibilität' für eine Sportart, erhalte sich den nötigen ‚Respekt' vor den Athleten und erkenne ‚wettkampftaktische Finessen'" (ebd.).

Genügt diese Erfahrung, um ein kompetenter Sportjournalist zu werden? Mi-chael Schaffrath (2007b) skizziert, dass auch die Sportberichterstattung wie alle anderen Bereiche des Journalismus einer rasanten Veränderung unterlagen und weiter unterliegen: Vor allem neue Anforderungen an die technischen, multime-dialen Kompetenzen sowie die Anforderungen an medienökonomisches Denken bestimmen den „Traumberuf Sportjournalist".

Dieser Berufsstand ist offensichtlich gekennzeichnet durch Unsicherheiten und Brüche: Studien wie die von Ehl und Fey (2004), Klein (2008) und Schaffrath (2008a) zeigen, dass die Sportjournalisten sich zwar branchenintern etabliert und ihre Stellung gefestigt haben, dass es aber vor allem in der Wahr-nehmung in der Bevölkerung eine Kluft gibt zwischen den Alpha-Sportjournalisten, deren Namen und Gesicht viele kennen, und den Kärrnern, die sich tagtäglich in den Print-, Hörfunk-, Fernseh- und neuerdings auch Onli-ne-Redaktionen aufarbeiten. Sportreporter sind hin und her gerissen zwischen

---

[60] Dass dies allerdings eine große Herausforderung ist, belegen die Recherchen das ARD-Sportredakteurs Hajo Seppelt zu den Doping-Skandalen im Sport, insbesondere im Zusammenhang der Tour de France (siehe Theveßen 2008).

ihrer eigenen Wichtigkeit und zugleich Unwichtigkeit angesichts der Ereignisse, über die sie berichten. Simon Barnes (2006: 9), Sportreporter der britischen „The Times" und Korrespondent der Fussball-Europameisterschaften in Portugal 2004, beschreibt das anschaulich:

> „Tonight, at the moment the final whistle is blown, I must press a series of keys on this laptop, the one on which I am writing now, and it will, please God, at once fire 700 words to London in an instant of time. These words will, I trust, land at the sports desk of *The Times*: I will then call and ask if the piece has arrived safe and sound, clean and ungarbled. They will then send it on to the Home News desk, for I am destined for the front page. The match is that important. Well, not important compared to the world peace, or a cure of cancer, or the ending of the ecological holocaust. But important because a lot of people care about the result. Perhaps sport matters because it doesn't matter: a thought I shall return to. It is this factitious importance that has got to me: reduced me this state of mild terror. I would much sooner be in Suffolk than in Lisbon."

Im Sportjournalismus lässt sich die Professionalisierung des Berufsstandes unter anderem an der Erweiterung der Ausbildungsmöglichkeiten sowie an der Arbeitsmarktsituation ablesen: Neben den generalisierten Journalistik- und medienwissenschaftlichen Studiengängen haben sich drei spezialisierte Angebote für Sportjournalistik an den Hochschulen Hamburg, Köln und München etabliert (siehe Schaffrath 2007b: 12ff.). Alle Medienunternehmen, insbesondere aber das Fernsehen (öffentlich-rechtlich wie privat) haben ihre Sport-Sendeplätze ausgebaut und benötigen dafür die entsprechende Fachkompetenz (siehe ebd.: 15f.).

Der Verband Deutscher Sportjournalisten (VDS) verzeichnete in den letzten Jahren einen steten Mitgliederzuwachs auf aktuell 3500 (April 2009; siehe www.sportjournalist.de). Er sieht sich als Ansprechpartner einerseits für seine Mitglieder und andere Sportjournalisten, andererseits für Sportverbände und Vereine. Das monatlich erscheinende Verbandsmagazin und der Newsletter sowie die Website mit Diskussionsforum sind die wesentlichen Kommunikationsinstrumente. Über die Homepage sind aktuelle Informationen für die Ausübung des Berufes sowie entsprechende Formulare (etwa zur Akkreditierung bei sportlichen Großereignissen) herunterladbar. Die Verbandsmitglieder wählen jährlich den „Sportler" und den „Fußballer des Jahres". Ihre Expertise steht in dieser Hinsicht nicht in Frage.

Dennoch scheint das Dilemma des Sportjournalisten unauflösbar: in einem Metier zu arbeiten, in dem es viele selbsternannte Experten gibt, die wiederum die professionelle Sachkompetenz hinterfragen und in Abrede stellen. Dieses Dilemma spiegelt sich gleichzeitig in einer vielfältigen Medienlandschaft wider: Während die Datenbank der Fachpresse (www.media-info.net) in der Fachgruppe „Dienstleistung" und der Untergruppe „Sport, Fitness, Freizeit + Anlagen" gerade einmal sechs Zeitschriften verzeichnet, die sich mit Leistungssport,

Handball und Golf beschäftigen, listen die Datenbanken des Verbandes der Publikumszeitschriften 119 (www.pz-online.de) und die der Informationsgemeinschaft zur Feststellung der Verbreitung von Werbeträgern (www.ivw.de) sogar 214 Titel in der Rubrik ‚Sportzeitschriften'. Die Palette der Titel ist so vielfältig wie die der Sportarten (siehe Kapitel 8.8.1): Der Radsportler findet ebenso wie der Alpinist, der Reiter und der Golfsspieler entsprechende Leseangebote. Absoluter Auflagenspitzenreiter ist dabei das Magazin *DAV Panorama*: Die Mitgliederzeitschrift des Deutschen Alpenvereins hat eine verbreitete Auflage von 520.433 Exemplaren. Ihr folgt sehr dicht Sport-Bild mit einer Auflage von 484.075. Die Donnerstagsausgabe des kicker-sportmagazins geht 203.877 Mal in den Vertrieb, die Montagsausgabe 229.649 Mal.

Am Beispiel der Sportart Hockey (siehe www.hockey.de) soll abschließend nochmals veranschaulicht werden, wie Sport, öffentliche Wahrnehmung und mediale Berichterstattung zusammenhängen: Bei der Olympiade in Athen spielten sich die deutschen Hockeydamen überraschenderweise bis zur Goldmedaille – vor sechs Millionen deutschen Fernsehzuschauern (vgl. Penders 2008) – „eine astronomische Zahl, wenn man bedenkt, dass es Länderspiele der Hockeydamen selten überhaupt ins Fernsehen schaffen und vor Ort in der Regel meistens nur ein paar hundert Fans zuschauen" (ebd.). Die Mitglieder des VDS kürten die Olympiasiegerinnen zur „Mannschaft des Jahres 2004". Die Spielerinnen wurden „von Sender zu Sender gezerrt, aber dann war der Rausch schnell vorbei" (ebd.). Auch Hockey verschwand wieder in der Versenkung, gleichwohl sie seit Jahrzehnten eine der erfolgreichsten Sportarten in Deutschland ist. Der Diplom-Sportwissenschaftler, Hockeymeister und FAZ-Sportredakteur Peter Penders (Kurzbiographie unter www.faz.net) analysiert dieses Phänomen:

> „Das Fernsehen hat diese ungute Entwicklung in den vergangenen Jahren noch verschärft, seitdem sich auch die öffentlich-rechtlichen Sender in erster Linie um die populären Sportarten kümmern oder groß als Promoter ins Profibox-Geschäft eingestiegen sind. So steht auf manchen Sendungen zwar „Sportschau" drauf, aber in Wahrheit ist nur Fussball drin. Vor allem die Randsportarten des Sommers sind in erster Linie nur während Olympischer Spiele herzlich willkommen, weil dann alles Quote garantiert." (ebd.)

Allerdings kann nicht nur das Fernsehen dafür verantwortlich sein, dass Hockey etwas für Spezialisten ist und in seiner Nische bleibt: Auch bei den Zeitschriften gibt es keinen Titel, der sich mit dieser Mannschaftssportart beschäftigt – ganz im Gegensatz zu den vielen Publikationen beispielsweise für Reiter und Golfspieler.

8.9 Technikjournalismus

Es ist der alphabetischen Reihenfolge geschuldet, dass das Kapitel über Technikjournalismus erst an dieser Stelle steht. Wird Technikjournalismus verstanden als „die journalistische Beschäftigung – also das Sammeln von Informationen, ihre Analyse und Kommentierung – mit technischen Themen (von A wie Auto bis Z wie Zahnrad)" (Schümchen 2008a: 12), so könnte er als Dachbegriff für alle Fachjournalismen verstanden werden, die sich mit technischen Zusammenhängen aller Art beschäftigen, also mit Bauen und Wohnen, Energie und Umwelt, Verkehr und Transport, Information, Kommunikation und Unterhaltung, Handel und Dienstleistungen, Gewerbe und industrielle Produktion (ebd.; vgl auch Schümchen 2005).

Als ein spezielles Gebiet des Technikjournalismus wurde bereits in Kapitel 8.1 der Auto- und Motorjournalismus herausgegriffen. In dem nun folgenden Kapitel soll generell über Technik[61] und über deren Verortung als Technikjournalismus diskutiert werden. Es beginnt in gewohnter Weise mit einem kurzen historischen Abriss, skizziert Beginn und Etablierung des Technikjournalismus und endet bei der Beschreibung des aktuellen Marktes.

8.9.1 Die Technisierung der Welt

Nicht erst in der Moderne hat die Technisierung der Lebenswelt des Menschen begonnen. Oder anders formuliert: Menschliche beziehungsweise gesellschaftliche und technische Entwicklungen sind von Beginn an untrennbar miteinander verwoben. Das Eine hätte es ohne das Andere nicht gegeben. Nicht zuletzt deshalb wird die Geschichte der Zivilisation häufig als Technikgeschichte beschrieben und umgekehrt. Insofern ist eine Polarisierung von Natur und Technik

---

[61] Es gibt keine einheitliche Vorstellung darüber, was unter Technik zu verstehen ist. Technik sind nicht nur Maschinen, technische Artefakte, sondern es müssen immer auch weitere Dimensionen berücksichtigt werden. Ropohl (1979: 43) hat einen interdisziplinären Technikbegriff formuliert: „Die Technik umfasst die gegenständlichen Artefakte, deren Entstehung und deren Verwendung, wobei die Verwendung technischer Geräte wiederum der Hervorbringung neuer Artefakte dienen kann. Das Beziehungsgeflecht zwischen Entstehungs-, Sach- und Verwendungszusammenhängen hat eine naturale, eine humane und eine soziale Dimension: Technik ereignet sich zwischen der Natur, dem Individuum und der Gesellschaft. So stellen Natur, Individuum und Gesellschaft gleichermaßen die Bedingungen, denen die Technik unterliegt, wie sie denn Folgen der Technik sind." Die Bezeichnungen Technik und Technologie müssen unterschieden werden. Ersterer meint „alle Verfahren, Einrichtungen und Maßnahmen, mit deren Hilfe naturwissenschaftliche Erkenntnisse praktisch nutzbar gemacht werden. Technologie ist demgegenüber die Verfahrenskunde, die Erforschung dieser Verfahren und die Beschreibung, wie Techniken im einzelnen funktionieren" (Technik-Lexikon 2009 unter www.techniklexikon.net/d/technologie).

ohne Sinn. Trotzdem geschieht das in der aktuellen gesellschaftspolitischen Diskussion (siehe Kapitel 8.9.2).

Bereits Jahrhunderte vor Christi Geburt, in der antiken Welt, gab es Instrumente und Verfahren, mit deren Hilfe der Mensch Macht über die Natur gewinnen konnte. Hunger, Naturkatastrophen und unheilbare Krankheiten waren mit Hilfe von Techniken überwind- und besiegbar (vgl. Küng 1976: 76ff.). Instrumente und Geräte, Werkzeuge und Waffen dienten auch der Arbeitserleichterung, vor allem im Haus- und Ackerbau (siehe auch www.wissen.de/generator). Nicht alle frühen Erfindungen haben eine nahtlose Entwicklungsgeschichte erlebt. So manche Innovation schlummerte Jahrhunderte, bis sie wiederentdeckt wurde, wie beispielsweise die hydraulische Orgel, die etwa um 300 vor Christi vom Griechen Ktesibios erfunden worden war (vgl. www.techsoftdesign.com). Eine Saug- und Druckpumpe mit Zylinder und Kolben komprimierte die Luft, was einen Ton erzeugte. Diese Konstruktion war eines der wesentlichen Teile der Dampfmaschine, die erst 19 Jahrhunderte später entwickelt worden ist (vgl. Neirynck 1994: 144).

Die historische Betrachtung technischen Fortschritts kann auf der Basis ganz unterschiedlicher Kriterien erfolgen und damit wiederum zu unterschiedlichen Epochen- und Periodeneinteilungen führen. Der Archäologe und Ethnologe Lewis Henry Morgan (Biographie siehe unter www.britannica.com) beispielsweise sieht eine Verzahnung zwischen der Entwicklung der Zivilisation und des technischen Fortschritts: Die Stufen sozialer Evolution (vom ersten Stadium der ‚Wilden' über die ‚Barbaren' bis hin zur Zivilisation) werden wesentlich bestimmt durch markante technologische Meilensteine – und umgekehrt: Feuer ist maßgeblich für die erste Ära, Metallverarbeitung für die zweite und die Alphabetisierung – sowie die Entwicklung entsprechender Kommunikationsmedien – für die dritte (vgl. Morgan 1910). Der Ethnologe Leslie White (1959) unterscheidet fünf Stufen menschlicher Entwicklung, und zwar in Anhängigkeit von der Nutzbarmachung von Energie:

Stufe 1: Muskelenergie,
Stufe 2: Verwendung der Energie von Haus(Nutz-)tieren,
Stufe 3: Nutzung pflanzlicher Energie,
Stufe 4: Nutzung natürlicher Ressourcen wie Öl, Gas und Kohle,
Stufe 5: Nutzung atomarer Energie.

White formulierte eine Formel, mit der er den Stand der kulturellen Entwicklung einer Gesellschaft aus dem Energieverbrauch pro Kopf und der Effizienz der eingesetzten Techniken zur Energiegewinnung berechnete. Umso höher der Energieverbrauch oder die Effizienz der Energiequellen, umso weiter fortgeschritten ist die kulturelle Evolution und umso stärker ist eine Gesellschaft im Vorteil gegenüber anderen (vgl. ebd.: 47).

Die Technikgeschichte unter humanen und sozialen Kriterien betrachtet zeigt, dass bis zur Industriellen Revolution im 19. Jahrhundert die technische Entwicklung in den Händen Einzelner, von Bastlern und Erfindern lag, die bisweilen unter Aufopferung sämtlicher materieller Ressourcen eine Idee verfolgten[62]. Ab 1850 traten gesellschaftliche und ökonomische Aspekte in den Vordergrund: Der Einsatz von Techniken diente der Rationalisierung, der Steigerung von Effizienz und Effektivität und damit von Umsatz und Gewinn, der Einsparung von menschlicher Arbeitskraft und damit von Löhnen. Immer aber war „das Entstehen wie das Vergehen von Technik [kein] naturaler Prozeß, sondern von menschlichen Entscheidungen abhängig, von gesellschaftlichen Machtverhältnissen und von kulturellen Bedingungen" (König 1997: 12). Technik funktioniert nicht ohne Gesellschaft und umgekehrt. Das Verhältnis jedoch wird aus drei unterschiedlichen wissenschaftlichen Positionen beschrieben (vgl. Hofkirchner 1999):

(1) Technikdeterminismus: Die Technik ist die bestimmende Größe. Die Entwicklung erfolgt in einer eigenen Dynamik. Die Folgen des Technikeinsatzes in der Gesellschaft resultieren aus der Technik selbst. Die Perspektive kann fortschrittsoptimistisch oder -pessimistisch vorkommen.

(2) Sozialkonstruktivismus: Technikentwicklung (oder Technikgenese) ist ein gesellschaftlicher Prozess. Techniken entstehen als Produkte sozialen Handelns, sind also ein soziales Konstrukt.

(3) Dialektik zwischen Technik und Gesellschaft: Technikdeterminismus und Sozialkonstruktivismus schließen einander aus. Positive wie negative Wechselwirkungen zwischen Technik und Gesellschaft impliziert die dialektische Dimension:

„Technik kann ... in diesem Sinn als Teilsystem der Gesellschaft verstanden werden. Technik hat demnach unwiderruflich neben den erwarteten Wirkungen auch nichtintendierte, nicht im einzelnen vorhersehbare und oft unerwünschte Folgen, weil die selbstorganisatorische Dynamik emergente Phänomene nach sich zieht, auch wenn die Gesellschaft noch so stark ihre Interessen und Motive an der Gestaltung der Technik als Instrument zur Erfüllung bestimmter gesellschaftlicher Funktionen der Technik aufherrscht und in sie einschreibt, denn die constraints, die die Gesellschaft vorgibt, reichen ebenfalls nicht aus, die Technik ganz zu kontrollieren. Weder bestimmt die Technik völlig, was die Zwecke sind, die im Ergebnis ihrer Anwendung bedient werden, noch

---

[62] So beispielsweise auch der Erfinder der Druckerpresse mit beweglichen Lettern, geboren als Sohn der Patrizierfamilie Gensfleisch, bekannter als Johannes Gutenberg, der 1468 etwa siebzigjährig in Armut starb. Er hatte sein ganzes Vermögen und weitere Kredite in kostspielige Experimente zum Guss von Druckbuchstaben investiert. Als seine Erfindung bzw. seine Druckerei Gewinne abwarfen, war er bereits ein armer Mann (vgl. Pleticha 1993: 304ff.).

bestimmt die Gesellschaft völlig, wie die Mittel auszusehen haben, über die sie verfügen möchte." (ebd.: 52)

Der Glaube an den Fortschritt durch Technik hat ebenso die Entwicklung beeinflusst wie die Angst vor den Risiken und Gefahren der Techniken. Die Menschen vertrauen häufiger der alltagsnahen Technik, wie vor allem der Informations- und Kommunikationstechnologie, misstrauen aber stärker komplexen Großtechnologien (z.b. der Atomenergie). So ging und geht Technikeuphorie immer einher mit Technikkritik. Allerdings, so meint beispielsweise der Soziologe Ulrich Beck, habe sich die Qualität der Gefahren in der „technischen Hochzivilisation" stark verändert: Die Gefahren seien weder räumlich, noch zeitlich, noch sozial eingrenzbar; die etablierten Regeln der Zuweisung von Verantwortung und Schuld würden versagen; Gefahren könnten zwar technisch minimalisiert, aber nie ausgeschlossen werden (vgl. Beck 1988: 9).

Auch der Mathematiker, Physiker und Philosoph Gernot Böhme[63] sieht in der Frage der Verantwortung ein wesentliches Problem moderner Techniken und des gesellschaftlichen Umgangs mit diesen: „Die äußeren, nämlich inzwischen technischen Lebensbedingungen üben einen solchen Zwang auf das Verhalten des Menschen aus, dass er sich Schritt für Schritt von ethischen Zwängen entlastet fühlen kann. Das führt – mitbedingt auch durch die luxurierende Ökonomie – in der Folgezeit zu einem Abbau der puritanischen Ethik und zu einer Substitution von moralischen durch technische Normen." (Böhme 2008: 16)

8.9.2 Technik und die öffentliche Wahrnehmung

In den westlichen Industrienationen gibt es keinen Bereich des menschlichen (Zusammen-)Lebens, der nicht technisiert ist. In den Schwellenländern und den Ländern der so genannten Dritten Welt existiert „das gerade im Bereich der Technik besonders frappierende Phänomen der Gleichzeitigkeit des Ungleichzeitigen, wie das Nebeneinander von Relikten steinzeitlicher Kulturen, spezialisierten Handwerks und modernster Fertigungsstätten der Elektroindustrie" (König 1997: 11). Das Experimentieren und die Nutzung von Technologien auch in den ärmeren Regionen dieser Welt können den industrialisierten Ländern (nicht mehr) gleichgültig sein. Ulrich Beck markiert den Super-GAU im russischen Kernkraftwerk Tschernobyl am 26. April 1986 als einen Meilenstein der Technikgeschichte, an dem klar geworden sei:

---

[63] Ein Lebenslauf zu Gernot Böhme ist zu finden unter de.wikipedia.org/wiki/Gernot_B.

„Alles Leid, alle Not, alle Gewalt, die Menschen Menschen zugefügt haben, kannte bisher die Kategorie der „anderen" - Juden, Schwarze, Frauen, Asylanten, Dissidenten, Kommunisten usw. Es gab Zäune, Lager, Stadtteile, Militärblöcke einerseits, andererseits die eigenen vier Wände – reale und symbolische Grenzen, hinter die die scheinbar Nichtbetroffenen sich zurückziehen konnten. Dies alles gibt es weiter und gibt es seit Tschernobyl nicht mehr. Es ist das *Ende der „anderen"*, das Ende all unserer hochgezüchteten Distanzierungsmöglichkeiten, das mit der atomaren Verseuchung erfahrbar geworden ist." (Beck 1986: 7)

Beck schlussfolgert daraus weiter (vgl. ebd. 1988: 21), dass die Risikokalkulation, die Sicherheit suggerieren soll, letztlich mathematische Spielerei sei, denn Grenzwerte müssten einerseits vorgegeben werden, könnten aber andererseits erst aus Erfahrungen mit diesen aus ihnen abgeleitet werden.

Mit Hilfe der wissenschaftlichen Technikfolgenabschätzung sollen Verfahren entwickelt werden, mit denen die Folgen technologischer Artefakte systematisch ermittelt und bewertet werden sollen. Konkrete Aufgaben der Technikfolgenabschätzung sind unter anderem die Unterstützung politischer Entscheidungen durch die Vermittlung wissenschaftlicher Erkenntnisse, die Früherkennung potenzieller Gefahren, die Gestaltung von Technik im sozialverträglichen Kontext und die Informierung der Gesellschaft über den Umgang mit Technik (vgl. Grunwald 2002: 54).

Die Technikfolgenabschätzung ist in hohem Maße institutionalisiert und wird beispielsweise durchgeführt vom Büro für Technikfolgenabschätzung beim Deutschen Bundestag (www.tab.fzk.de) oder dem Institut für Technikfolgenabschätzung und Systemanalyse (ITAS) in Karlsruhe (www.itas.fzk.de). Die 1991 in Baden-Württemberg gegründete und Ende 2003 aus finanziellen Gründen geschlossene Akademie für Technikfolgenabschätzung (www.eco-world.de) hatte 2001 beim Medienwissenschaftler Matthias Kohring einen Bericht über den Zusammenhang des Vertrauens in die Medien und in die Technik in Auftrag gegeben (siehe Kohring 2001). Zentral ist für Kohring der Begriff der Risikokommunikation, der häufig und fast ausschließlich im Zusammenhang mit den (negativen) Gefahren wissenschaftlich-technischer Entwicklungen verwendet wird (vgl. ebd.: 89). Das Vertrauen in technische Innovationen wurde seit den 60er und 70er Jahren durch ein zunehmendes Misstrauen aufgrund der vermuteten und erlebten Gefahren und Schäden abgelöst (siehe auch Dernbach 2005: 107ff.). Kampagnen, Aktionen und Projekte – wie beispielsweise das Konzept des ‚Public Understanding of Science' – konnten daran nichts Grundlegendes ändern (vgl. Kohring 2001: 91f.).

Als „Transmissionsriemen" zur Vermittlung technologischer Themen an eine wissenschaftliche, semi-wissenschaftliche oder Laien-Öffentlichkeit können der Wissenschafts- und/oder Technikjournalismus verstanden werden (vgl ebd.: 91f.). „Die Relevanz der journalistischen Berichterstattung liegt darin, dass die meisten Mitglieder der Gesellschaft nur über sie etwas über technologische

Ereignisse erfahren." (ebd.: 96) Allerdings funktioniere diese Vermittlung nicht im rationalen Sinne als konstituierend für Vertrauen in Technologien und damit zu deren Akzeptanz. Technologieberichterstattung ist nicht reduziert und reduzierbar auf die sachliche Vermittlung technischen Expertenwissens, sondern „journalistische Berichterstattung thematisiert ... immer das Interdependenzverhältnis von Technologie und Gesellschaft" (ebd.: 95). Das trifft zweifellos und eindeutig für den Technikjournalismus in populären Massenmedien zu. In den Expertenmedien (also beispielsweise den technischen und den technikwissenschaftlichen Fachzeitschriften) liegt der Fokus weniger auf diesem Aspekt und mehr auf der Vermittlung, Diskussion und Bewertung technischer Fakten und Phänomene.

8.9.3 Technik und Journalismus

Technik und Journalismus stehen miteinander in doppelter Beziehung: Technische Erfindungen spielen auch und gerade für den Journalismus eine große Rolle, angefangen bei Gutenbergs Druckerpresse über die analoge Datenübertragung bis hin zu digitalen Informations- und Kommunikationstechnologien (siehe Weischenberg 2002: 13ff.). Über diese und viele andere Techniken berichten Journalismus und Medien täglich. Sie beobachten technische Entwicklungen und bereiten die wesentlichen Informationen für die öffentliche Diskussion auf.

Techniken beeinflussen und verändern viele gesellschaftliche Bereiche – auch Medien und Journalismus. Es besteht kein Zweifel (dies kann und soll aber an dieser Stelle nicht diskutiert werden), dass der Einsatz digitaler Technik in der Produktion, der Distribution und der Rezeption medialer Angebote den Journalismus verändert – diskussionswürdig ist allerdings, wie und mit welchen Folgen dies geschieht. In diesem Zusammenhang oft verwendete Schlagworte sind Komprimierung von Daten, Beschleunigung der Kommunikation, direkte Interaktion, Konvergenz von technischen Geräten, aber auch von Inhalten.

Aufgrund der medientechnischen Entwicklung wird die Existenz des klassischen gedruckten Mediums Zeitung in Frage gestellt, es sind eine Reihe neuer tri- oder crossmediale Produktions- und Angebotsformen hinzugekommen (wie etwa Portale im Internet), die heutigen Arbeitsbedingungen von Journalisten haben sich erheblich verändert und werden sich auch in Zukunft (z.b. Anforderungen an multi- oder mehrmediale Kompetenzen)[64]

„Technikberichterstattung ist so alt wie das Zeitungswesen: Die erste Techniknachricht (eine Preisverleihung und Kurzbeschreibung des Fernrohrs von Galilei) findet sich am 13. September 1609 in der 35. Nummer von Aviso .... Die Technikberichterstattung im 17. Jahrhundert war ein Kuriositätenkabinett mit Kurzmeldungen über aufsehenerregende Erfindungen." (Weise 2008: 47f.) Im 18. Jahrhundert wurden vor allem in Nachrichtenzeitungen und Intelligenzblättern „gelehrte Artikel fachwissenschaftlicher Art" veröffentlicht (ebd.: 48). Zu Beginn des 19. Jahrhunderts beginnt die ernsthafte Auseinandersetzung mit dem Thema Technik: „Als etwa am 12. Juni 1816 der erste englische Raddampfer rheinaufwärts zog, schilderte die Kölnische Zeitung am 16. Juni ausführlich das Schiff und seine Dampfmaschine; ebenfalls zu Wort kamen Gegner der Technik – etwa durch das Dampfboot bedrohte Frachtschiffer." (ebd.) Die Berichterstattung konzentrierte sich häufig auf wirtschaftliche und soziale Aspekte, fand aber unsystematisch im Feuilleton, im Wissenschaftsteil oder in den Unterhaltungsbeilagen statt, vor allem wenn sie auf Service (z.B. Streckeneröffnungen und neue Fahrpläne der Eisenbahn) oder Unglücksfälle ausgerichtet war (vgl. ebd.).

Ganz anders entwickelten sich die Angebote für das Fachpublikum: Troitzsch (1999) markiert mit dem ‚Magazin für Bergbaukunde' die älteste periodische Veröffentlichung für das Berg- und Hüttenwesen im Jahr 1775 als den Ursprung der Fachpresse (ebd.: 259). Die weitere Entwicklung des Publikationswesens sieht er in engem Zusammenhang mit der Entstehung des Berufsstandes der Ingenieure[65]. Stummvoll (1935) datiert den Beginn der technischen Fachpresse auf das Jahr 1820 und die Gründung des ‚Polytechnischen Journals' (vgl. ebd.: 19; de.wikipedia.org/Polytechnisches_Journal), das bis 1931 erschien und sich unter anderem Themen aus Chemie und Maschinenbau widmete.

---

[64] Die Diskussion darüber findet häufig im Kontext der gesellschaftlichen Rolle des Journalismus statt. Kann er unter den aktuellen ökonomischen, technischen und sozial-kulturellen Bedingungen noch seine normativen Funktionen wie Informationsvermittlung, Beitrag zur Meinungsbildung sowie die Kritik- und Kontrollfunktion erfüllen? Wie verändern neue Formen wie Bürgerjournalismus, Podcasts, Weblogs u.ä. den Journalismus? Siehe dazu unter anderem: Dernbach/Rühl/Theis-Berglmair 1998; Campbell 2004; Diemand/Mangold/Weibel 2007; Neuberger u.a. 2009).
[65] Um 1820 wurden erste Polytechnische Hochschulen eingerichtet (vgl. Troitzsch 1999: 249f.) und im Mai 1856 wurde der Verein deutscher Ingenieure gegründet, der erstmals im Jahr 1857 seine Mitgliederzeitschrift veröffentlicht (vgl. www.vdi.de).

Ab etwa 1870 etablierte sich das Themenfeld Technik in großen deutschen Tageszeitungen (z.B. Frankfurter Zeitung und Deutsche Allgemeine Zeitung); am 8. April 1895 erschien im Berliner Tageblatt die erste Technikbeilage, mit ‚Technische Rundschau' betitelt (vgl. Stummvoll 1935: 35).

Abb. 10: Plakat aus dem Jahre 1899 (Quelle: de.wikipedia.org/wiki/Berliner_ Tageblatt)

Nach dem Ersten Weltkrieg 1919 baute der Ingenieur und Technikredakteur Siegfried Hartmann bei der Deutschen Allgemeinen Zeitung die erste selbstständige Technikredaktion auf (vgl. Weise 2008: 51). Die Intentionen der ersten Redaktionen waren vor allem die wertneutrale Information und Belehrung des Lesers, auch und gerade des Laien. Allerdings kollidierte dieses Ziel mit mindestens zwei zentralen Problemen: Die Nutzung der Produkte des technischen

Fortschritts war eine Frage des sozialen Status und des Geldes; nur Reiche konnten sich Autos, elektrische Geräte usw. leisten. Und die technischen Produkte wurden von Firmen hergestellt, was die Berichterstattung darüber immer auf den Grat zur ‚Reklame' für diese Firmen führte (vgl. ebd.: 53f.).

Astrid Deilmann (2004) wirft einen anderen Blick auf die Technikberichterstattung des frühen 20. Jahrhunderts: Die *Kölnische Illustrierte Zeitung*, die *Berliner Illustrirten Zeitung* und die *Arbeiter-Illustrierten-Zeitung* sind zum einen typische Vertreter der damals boomenden Mediengattung Illustrierte, die sich durch viele Fotografien auszeichneten; außerdem sieht Deilmann sie als typische Vermittler des Technik-Optimismus' der Weimarer Republik. Fotos von Flugrekorden, Atlantiküberquerungen und vor allem vom Zeppelin stehen für den Fortschrittsglauben, für den Wiederaufstieg Deutschlands nach dem Krieg und für das Innovationspotenzial deutscher Forschung und Technik. Sie waren eine Art „Dauerinszenierung des Fortschritts" (ebd.: 185). Die Fotografie selbst wiederum symbolisierte den Fortschritt der Technik. Die unterhaltenden Massenmedien boten eine permanente „Weltausstellung im Kleinen" (ebd.: 334) – in der *Arbeiter-Illustrierten-Zeitung* allerdings mit einem anderen Tenor: Hier standen stärker die sozialistische Weltsicht und damit der Arbeiter als bedeutende Figur des Maschinenzeitalters im Vordergrund (ebd.: 245ff.).

Das Nazi-Regime nutzte diese „Vorbereitungen" und instrumentalisierte die bis dahin etablierten Technikjournalisten als Kriegspropagandisten. „Die VDI-Nachrichten (früher Zeitschrift des Vereins deutscher Ingenieure) wurden 1933 in den Reichsbund technischer Arbeit (RTA) eingegliedert und standen fortan unter dem Namen RTA-Nachrichten im Dienste der NS-Wirtschaft. ... Der 1929 gegründete Verband Teli (Technisch-Literarische Gesellschaft) musste sich nach dem Ermächtigungsgesetz 1933 seiner jüdischen Mitglieder entledigen." (Weise 2008: 56)[66].

Die Massenmedien Tageszeitung und Zeitschrift bleiben nach dem Zweiten Weltkrieg zurückhaltend: Emil Dovifat stellt noch 1967 fest, dass nur wenige Blätter eine technische Redaktion eingerichtet hatten. Trotzdem wurde über Technik Bericht erstattet, vor allem über Erfindungen, aber entweder verteilt über das ganze Blatt oder ausgegliedert in Beilagen (ebd.: 97).

---

[66] Siehe dazu auch ausführlicher die Dokumentation der Teli „Von der Autonomie zur Mittäterschaft" unter www.teli.de/geschichte.

8.9.4 Der Markt des Technikjournalismus heute

Es können vier zentrale Thesen formuliert werden, die die wesentlichen Aussagen zum Technikjournalismus zusammenfassen:

- Technik ist populär in dem Sinne, dass sie den Alltag der Menschen in modernen Gesellschaften auf Schritt und Tritt, in jeder Minute bestimmt. Trotz dieser gesellschaftlichen Wertigkeit spielt sie in den populären Massenmedien eine geringe, untergeordnete Rolle (siehe Frühbrodt 2008; Gongolsky 2008; Korol 2008 und 2009). Technik wird hier vielfach als Querschnittsthema bearbeitet: Sie kommt vor als Nebenaspekt in Beiträgen in den Ressorts Wirtschaft, Sport sowie in Beilagen und Sonderseiten zu den Feldern Auto und Motor, Umwelt und Medizin usw.
- Technik im engeren Sinne wird im Wesentlichen in Special-Interest- oder Fachzeitschriften thematisiert und bearbeitet (siehe Dunker 2008; Keller 2008). Die Berichterstattung ist daher im Kern nur für interessierte und vorinformierte Laien sowie Experten geeignet.
- Aufgrund der Vielfältigkeit des Themenfeldes Technik (Bauen und Wohnen, Energie und Umwelt, Verkehr und Transport, Information, Kommunikation und Unterhaltung, Handel und Dienstleistungen, Gewerbe und industrielle Produktion; vgl. Schümchen 2008: 12) und der mit der Diversifizierung einhergehenden Spezialisierung ist eine Identifikation eines eigenständigen Technikjournalismus erschwert.
- Einzelne Segmente, allen voran die Informations-, Kommunikations- und Unterhaltungstechnologien, werden künftig (noch) populärer. Vor allem das Internet ist prädestiniert, in diesem Bereich Vorreiter zu sein (siehe Kötter 2008).

Die Berichterstattung über Technik wird sich stärker popularisieren, der Nutzerkreis breiter definiert und entsprechend bedient. Die Erklärungs-, Orientierungs-, Ratgeber- und Servicefunktionen werden gerade für diese komplexen Themenfelder an Bedeutung gewinnen. Die Umsetzung erfordert gut ausgebildete Technikjournalisten, die bisher jedoch auf dem Markt fehlen: „Technikberichterstattung wird auch heute noch von Quereinsteigern dominiert, die über eine fundierte natur- oder ingenieurwissenschaftliche, nicht aber über eine journalistische Ausbildung verfügen." (Schümchen 2006b: 8; vgl. auch Anczikowski 2008). Oder andersherum: Aktuell in den Medien tätige hauptberufliche Journalisten sind in der großen Mehrheit geistes- und sozialwissenschaftlich ausgebildet – nur zehn Prozent kommen aus einem naturwissenschaftlichen Studium (vgl. Weischenberg/Malik/Scholl 2006: 68; siehe auch Schümchen 2008b). Dies steht nicht in Relation zur Entwicklung des Marktes: Die Datenbank der Fachpresse weist allein unter der Fachgruppe „Industrie, Produktion, Technik" insgesamt 910 Titel aus (vgl. www.media-info.net). Zu den titelreichsten Fachuntergruppen gehören „Maschinenbau" (99 Titel), „Automatisierungstechnik" (67 Titel) und „Chemische Industrie" (62 Titel).

Fachuntergruppe	Titelanzahl	Fachuntergruppe	Titelanzahl
Antriebstechnik	44	Labortechnik	17
Automatisierungstechnik	67	Lagerhaltung und Logistik	6
Betriebsausstattung, -technik	22	Luft- und Raumfahrt	12
Biotechnik	10	Maschinenbau	99
Chemische Industrie	62	Material-/Werkstoffprüfung	26
Druckindustrie	22	Materialfluß, Fördertechnik, Logistik	30
Eisen-, Blech- und Metallwaren- (EBM)Industrie	33	Medien- und Telekommunika- tionstechnik	3
Elektronik	42	Oberflächentechnik	26
Elektrotechnik	48	Optoelektronik, Lasertechnik	22
Fahrzeugbau und -technik	51	Papierwirtschaft	6
Fertigungstechnik und -steuerung	48	Pharmaindustrie	15
Gießerei und Schmiedetechnik	13	Stahl, Metallurgie, NE-Metalle	16
Hydraulik und Pneumatik	22	Stahlbau und -verformung	20
Industrietechnik	23	Textilindustrie	11
Kälte- und Klimatechnik	12	Umwelttechnik Abfall/-luft/ -wasser, Boden, Recycling	31
Keramische Industrie	6	Verpackung	21
Kunststofftechnik	24	**Gesamt**	

Tab. 25: Fachgruppenauswahl der Fachgruppe Industrie, Produktion, Technik (Quelle: www.media-info.net)

Außerdem finden sich in den Fachgruppen „Medizin, Bau und Dienstleistung" weitere Titel, die in spezialisierter Weise Technik thematisieren. Im Segment der Publikums- beziehungsweise Special-Interest-Zeitschriften kommen die oben genannten Bezeichnungen nicht vor; statt dessen lauten hier die betreffenden Kategorien, denen technische Zeitschriften im engeren Sinne zugeordnet

sind: IT-/Telekommunikations-Zeitschriften (98 Titel), Luft- und Raumfahrtma-
gazine (9 Titel); im weiteren Sinne können noch die Kategorien Kino-, Video-
und Fotozeitschriften sowie Motorpresse dazu gezählt werden (siehe www.pz-
online.de).

Der Markt des Technikjournalismus wird sich in den kommenden Jahren wei-
terentwickeln, und zwar wird er sich aus den Nischen der Fachzeitschriften in
die populären Massenmedien bewegen. Experten wie Andreas Schümchen
(2008b: 308ff.) fordern daher eine noch stärkere, systematische Professionalisierung – das heißt: Qualifizierung der Technikjournalisten, Steigerung des Nutz-
wertes von Technikjournalismus durch die Orientierung an den Bedürfnissen
und Interessen des Publikums. Technikjournalismus dürfe auch unterhaltend
sein, dabei aber nicht seine Qualität aufs Spiel setzen. Und schließlich formuliert Schümchen eine sehr normative Funktion, die von Journalismus generell,
aber insbesondere von Technikjournalismus in Abgrenzung zur Public Relations
der Unternehmen und unter Berücksichtigung der gesellschaftlichen Perspektive
erfüllt werden sollte: „Technikjournalismus muss Technikkritik leisten." (ebd.
311)

8.10 Wirtschaftsjournalismus

Wirtschaft und Wirtschaftsberichterstattung stehen im Jahr 2009 im Zentrum der öffentlichen Aufmerksamkeit – aufgrund der stärksten Rezession seit Jahrzehnten allerdings primär die negativen Ursachen und Wirkungen[67]. Die wirtschaftliche Talfahrt wird im Wesentlichen bestimmt durch die Probleme in den weltweiten Finanzmärkten und der Automobilindustrie. Selbst wenn das Bundeswirtschaftsministerium aktuell wieder Licht am Ende des Tunnels zu sehen glaubt (www.bmwi.de), haben der Kollaps großer Banken und die Pleite vieler Großkonzerne zu einer Veränderung der Weltwirtschaftsmärkte geführt. In welchen Formen und Dimensionen, das wird sich noch zeigen. Deutliche Spuren haben die Entwicklungen jedoch im Verhältnis Wirtschaft – Politik – Gesellschaft hinterlassen: Im Jahr 2009 wurde intensiv über die Frage diskutiert, wie weit der Staat (in einer marktwirtschaftlichen bzw. kapitalistischen Ordnung) in das Wirtschaftssystem eingreifen soll. Und die Politik wird von den Menschen kritisch beäugt im Hinblick darauf, ob sie in der Lage ist, die wirtschaftlichen Probleme für die Gesellschaft insgesamt und den einzelnen Bürger zu lösen.

Der Wirtschaftsberichterstattung in den Medien wird in dieser Situation einerseits eine große Verantwortung zugewiesen: Sie soll die ökonomischen Zusammenhänge analysieren und erklären, sie soll warnen und Lösungen aufzeigen. Andererseits wird ihr genau darin Versagen vorgeworfen: Sie habe die Entwicklungen spät und gar nicht erkannt. Als eine der möglichen Ursachen wird in vielen öffentlichen Äußerungen die defizitäre wirtschaftliche Sachkompetenz der Wirtschaftsjournalisten genannt.

Im folgenden Kapitel sollen die Verknüpfungen zwischen Wirtschaft, Gesellschaft und Wirtschaftspublizistik aufgezeigt und reflektiert werden. Die Vorgehensweise gleicht der in den vorangegangenen Kapiteln; allerdings wird die gesellschaftswissenschaftliche Betrachtung des Systems Wirtschaft auf das Notwendige beschränkt und die Diskussion des Wirtschafts(fach)journalismus in den Vordergrund gerückt.

---

[67] Die kritische Reflexion des Wirtschaftsjournalismus in der Krise erlebte Ende 2008/Anfang 2009 einen Höhepunkt: Tagungen und entsprechende Publikationen belegen dies (siehe u.a. Meier/ Winterbauer 2008; Kölner Journalistenschule 2009; Journalistik Journal 2009). Geprägt war diese auch und nicht zuletzt durch die Medienkrise, die wiederum die Wirtschaftsberichterstattung zusätzlich unter Druck setzte. Die Reaktionen in den beiden großen Verlagshäusern Gruner & Jahr und Handelsblatt zeigen dies sehr deutlich (siehe u.a. Winterbauer 2009; Wiegand/Brenner 2009; Riesterer/Wittrock 2009; Daniel 2009).

In zahlreichen Publikationen zu Theorie und Praxis des Wirtschaftsjournalismus wird der langjährige Mitherausgeber der FAZ, Jürgen Eick mit dem Satz zitiert: „Alles ist Wirtschaft und Wirtschaft geht jeden an." (Eick 1974[68])[69]. Dieses Zitat markiert einerseits die Dominanz des Wirtschaftssystems in der Gesellschaft und andererseits seine Relevanz für jeden Einzelnen. Was jedoch beinahe selbsterklärend und selbstverständlich klingt, wird bei intensiverer Betrachtung kompliziert: Das Wirtschaftssystem und seine Vernetzungen bilden eine komplexe Struktur, die möglicherweise von keiner Instanz, keinem Individuum und auch nicht vom Wirtschaftsjournalismus ohne weiteres zu entwirren ist. Trotzdem wird im Folgenden der Versuch unternommen, die Komplexität des Systems zu reduzieren.

8.10.1 Alles ist Wirtschaft

Wirtschaftliches Handeln ist – wissenschaftlich betrachtet – zunächst einmal seinem Ursprung nach als soziales Handeln zu verstehen. Produktion, Verteilung und Verbrauch von Gütern und Dienstleistungen standen und stehen in archaischen wie in modernen Gesellschaften unter der Prämisse ihres Sinnes und Zweckes, den sie in einem bestimmten kulturellen, politischen und sozialen Kontext erfüllen. Max Weber definiert Wirtschaften als Vorgänge und Objekte, die durch menschliches Handeln Sinn erhalten (vgl. Weber 2005: 43). Frühe Nationalökonomen wie Adam Smith und Karl Marx vertraten eine bis zum 20. Jahrhundert „undifferenzierte Gesellschaftswissenschaft" (Heinemann 2002: 694); sie waren daran interessiert herauszufinden, was Gesellschaft als Gemeinschaft von Individuen zusammenhält und welche sozialen und ökonomischen Steuerungs- und Kontrollmechanismen in welcher Weise funktionieren.

Die Knappheit der Güter, die der prinzipiellen Unendlichkeit menschlicher Bedürfnisse gegenübersteht, bestimmt im Laufe der Entwicklung der Zivilgesellschaft das Prinzip der rationalen Ökonomie (Albach 1988). Identifizierbar sind unterschiedliche Wirtschaftssysteme und -ordnungen, die wiederum abhängen von unterschiedlichen politischen Systemen (beispielsweise freie Marktwirtschaft in der Demokratie, Planwirtschaft in sozialistischen Systemen), ökonomischen Akteuren (Konsument, Privathaushalte oder Industrie) und spezifischen Strukturen (einschließlich der technologischen Entwicklung mit Beginn der Massenproduktion sowie der Märkte).

---

[68] Erstauflage 1974; bis heute mehrfach neu aufgelegt.
[69] Jürgen Heinrich beruft sich ebenso auf Eick (vgl. Heinrich 1989) wie Spachmann (2005) und viele andere, die über Wirtschaftsjournalismus schreiben.

Die Wirtschaftswissenschaften betrachten dies klassischerweise unterschieden in Volks- und Betriebswirtschaft bzw. unter makro- und mikroökonomischer Perspektive (vgl. ebd.: 2799).

Folgen wir noch ein wenig dem sozialwissenschaftlichen Pfad, denn dieser ist später von Bedeutung für die Analyse der Wirtschaftspublizistik. Niklas Luhmann (1984, 1990 und 1999) versteht Wirtschaft als die Gesamtheit der Operationen, die über Geldzahlungen abgewickelt werden. Dabei spielt keine Rolle, wer an wen wie viel für was bezahlt – wichtig ist allein, dass etwas für Geld ver- und gekauft wird. Der Code zahlen/nicht-zahlen macht die Wirtschaft zu einem geschlossenen, zirkulären, selbstreferenziell konstituierten System; es setzt Zahlungsfähigkeit (also Gelderwerb) voraus und schafft Zahlungsfähigkeit. „Geld ist insofern ein vollständig wirtschaftseigenes Medium: es kann weder als Input aus der Umwelt eingeführt noch an die Umwelt abgegeben werden; es vermittelt ausschließlich die systemeigenen Operationen." (Luhmann 1990: 103). Der Regulierungsmechanismus besteht in den Preisen, die sich im Verständnis Luhmanns wiederum aus dem Wirtschaftsgeschehen selbst kalkulieren (ebd.: 106). Weder dieser Mechanismus noch das System selbst sind also – konsequent mit Luhmann gedacht – von außen beeinflussbar. Auch und erst recht nicht von Politik, die gleichwohl immer wieder Versuche unternimmt (mehr oder weniger erfolgreich), steuernd einzugreifen. Soweit zur soziologischen Theorie.

Die Beobachtung der aktuellen wirtschaftlichen Entwicklungen wirft jedoch die Frage auf, ob das Wirtschaftssystem tatsächlich (noch) so funktioniert – und falls nein, weshalb es so nicht (mehr) in dieser Weise funktioniert. Zwei Aspekte sind hierbei zentral: die Globalisierung der Wirtschaft und das scheinbar aus dem Ruder laufende Finanzsystem. Kümmerte sich der Nordseekrabbenfischer vor Jahrzehnten nicht darum, was die japanischen Kollegen aus dem Meer angelten, muss es ihn heute interessieren. Denn heutzutage sind alle Sektoren, Branchen und Märkte internationalisiert, entweder über die Waren und Dienstleistungen, das Personal und die Preise, die Verteilung und den Konsum oder über die Wirtschaftspolitik und die Finanzmärkte (vgl. Jäger 2004). Deshalb wirkte sich die in den USA produzierte Immobilien- und Finanzkrise sehr schnell weltweit aus.

Ulrich Beck (2007) sieht die vor allem global agierenden Unternehmen nicht nur in einer Schlüsselrolle bei der Gestaltung der Wirtschaft, sondern für die Gesellschaft insgesamt – allerdings mit eher negativen Auswirkungen: „Gerade weil Arbeit ausgedünnt werden kann und muß, um Gewinne zu steigern, verkehrt sich die gängige Politik unter der Hand in ihr Gegenteil. Wer nun das Wirtschaftswachstum anheizt, *erzeugt* am Ende Arbeitslosigkeit. Wer Steuern senkt, damit die Gewinnchancen steigen, *erzeugt* möglicherweise ebenfalls Arbeitslosigkeit. Die politischen und gesellschaftlichen Paradoxien einer transnationalen Wirtschaft, die mit ‚Abbau von Investitionshindernissen ...' gelockt und belohnt werden muß, damit sie immer mehr Arbeit *ab*schafft und auf diese Weise zugleich immer weiter die Produktion und Gewinne steigert, müssen noch wissenschaftlich aufgedeckt und politisch verkraftet werden." (ebd.: 15) Traditionelles nationalstaatliches Denken und Handeln und sozialstaatliche Strukturen haben in diesem Szenario keine Zukunft.

Die Inszenierung der europäischen Politik im Zusammenhang mit der Finanzkrise mag glauben machen, dass die Wirtschaft „in den Griff zu kriegen ist". Die Hintergrundanalysen der vergangenen Monate lassen dies als Utopie erscheinen. Aber das Geld ist schließlich nicht im Krater der Finanzmarktexplosion verschwunden, sondern es findet nur eine Um- oder Neuverteilung statt (vgl. Kohlenberg/Uchatius 2008). Also Business as usual?

Nahmen die Bundesbürger den Umfrageergebnissen des Allensbacher Instituts für Demoskopie aus dem Frühjahr 2009 zufolge die Entwicklung noch relativ gelassen (76 Prozent meinten, dass sich für sie persönlich aufgrund der Wirtschaftskrise wenig ändern wird; vgl. Die Zeit vom 14. Mai 2009, S. 27), so fühlen sich im Sommer bereits 68 Prozent der Deutschen von der Krise persönlich betroffen (vgl. de.statista.com/themen). Die Arbeitslosigkeit werde zunehmen, die Krise 2009 nicht beendet sein und die Konjunkturpakete seien nicht wirklich hilfreich; die Lage werde insgesamt, so vermuten 69 Prozent, eher noch schlechter werden (vgl. de.statista.com/wirtschaftsentwicklung). Immerhin vertrauen 51 Prozent ihrer Bank und glauben ihre Ersparnisse in Sicherheit (vgl. de.statista.com/umfrage).

Gleichzeitig zeigen andere Umfragen zu speziellen Themen wie der Abgeltungssteuer, dass die Menschen nur unzureichend informiert sind (vgl. www.spiegel.de/wirtschaft/abgeltungssteuer) und dass sie insgesamt nicht sehr stark interessiert sind an Wirtschaftsthemen (vgl. www.spiegel.de/wirtschaft/wirtschaftsthemen): 40 Prozent bestätigen sehr starkes oder starkes Interesse; vor allem Menschen ab 30 Jahren wollen mehr über Wirtschaft wissen als Jüngere. 56 Prozent geben zu, eher keine Ahnung vom Börsengeschehen zu haben, aber immerhin 71 Prozent bescheinigen sich selbst gute bis sehr gute Kenntnisse in Geldfragen (vgl. www.spiegel.de/ wirtschaft/geldfragen)[70]. War und bleibt die Berichterstattung über Wirtschaft ein Thema für Fachleute und Insider?

---

[70] Eine ähnliche Studie aus dem Jahr 2003 mit vergleichbaren Ergebnissen wird von Mast/Spachmann (2005: 99f.) anders interpretiert: Damals gaben 44 Prozent der im Auftrag des Bundesverbandes Deutscher Banken befragten Deutschen an, sehr starkes oder starkes Interesse an Wirtschaftsthemen zu haben. Die Autoren: „Die Deutschen haben großes Interesse an Wirtschaft. ... Ein grundsätzliches Interesse an der Wirtschaft ist bei den Bürgern demnach vorhanden."

8.10.2   Wirtschaft im Spiegel der Medien

Wirtschaftsberichterstattung ist älter als die Medien. Bereits im Mittelalter kursierten Kaufmannsbriefe mit Informationen zu Kredit- und Wechselgeschäften, Geldsorten und Marktchancen, die Passierbarkeit von Handelswegen, über Großhandel, Schifffahrt und Bankgewerbe. Die Welser und Fugger („Fuggerbriefe") beispielsweise begannen im 16. Jahrhundert Nachrichten über Preise, Ernten und auch politische Ereignisse in aller Welt zu sammeln und in so genannten *Ordinari* zu veröffentlichen (vgl. Hömberg 1991: 231; Spachmann 2005: 44ff.). Die Kolonial- und Handelsgroßmacht Holland wurde im 17. Jahrhundert zum Vorreiter einer in Zeitungen publizierten Wirtschaftsberichterstattung; es folgen Großbritannien und schließlich Frankreich und Deutschland (vgl. Kuhlmann 1957: 68f.).

Die Anfang des 17. Jahrhunderts aufkommenden und regelmäßig erscheinenden Avisen und Relationen (etwa in Straßburg und Wolfenbüttel) sowie die vor allem in den Messestätten Frankfurt und Leipzig erscheinenden Messrelationen präsentierten unsortiert Wirtschafts- und politische Nachrichten, Hofmitteilungen und Kuriositäten (vgl. Spachmann 2005: 49). Aber Wirtschaft blieb eher ein Thema am Rande (vgl. ebd.: 50), außer in Orten wie Hamburg, die geprägt waren durch den Binnen- und Außenhandel (vgl. Kuhlmann 1957: 69f.). Viele Kaufleute allerdings begrüßten die Publikation von Wirtschaftsnachrichten nicht und versuchten diese auch mit juristischen Mitteln zu verhindern, weil sie sich in ihren Privilegien bedroht sahen (vgl. ebd.: 70).

Wichtig für die weitere Entwicklung der Wirtschaftsberichterstattung sind die so genannten *Intelligenzblätter*, die in Preußen unter Friedrich Wilhelm II zu staatlichen Institutionen erhoben wurden. In diesen regional bezogenen Amtsblättern wurden – neben privaten Anzeigen und Mitteilungen – Konkursanzeigen und Notierungen der Geld- und Wechselkurse, Preis- und Steuerlisten u.ä. veröffentlicht (vgl. ebd.: 72f.). Diese Blätter spiegelten die Auffassung wider, dass Wirtschaften Angelegenheit des Obrigkeitsstaates ist. „Es versteht sich, dass das wirtschaftspolitische Räsonnement in diesen Blättern keinen Platz hatte. Dieser kam erst in den politischen Zeitungen auf und zwar in einer Zeit, als die Fesseln der Zensur sich zu lockern begannen." (ebd.: 73). Aus den Intelligenzblättern entwickelten sich Ende des 18. Jahrhunderts „Zeitungen, die sich vorwiegend an Kaufleute wenden" (Spachmann 2005: 53). Ausgehend von Städten wie Hamburg und Berlin und deren Presse gewann die Wirtschaftsberichterstattung an Eigenständigkeit; sie etablierte sich spätestens Mitte des 19. Jahrhunderts in eigenständigen Wirtschafts- und Handelszeitungen und vor allem (Fach-)Zeitschriften (wie die Berliner Börsen-Zeitung 1855; vgl. ebd.: 55) oder als eigene Sparten in Tageszeitungen, die beispielsweise den Ruhm von

Publikationen wie der Frankfurter Zeitung (vgl. Meier 2002: 122ff.) begründen. Nach Meier (ebd.) setzen der Ausbau sowie die personelle Ausstattung und Autonomie der Wirtschaftsressorts in den Zeitungen erst im letzten Drittel des 19. Jahrhunderts ein.

Vor dem Hintergrund der Entstehung der Massenpresse, der Industriellen Revolution und dem steigenden Bedarf an Wirtschaftsinformationen werden im 19. Jahrhundert die großen Nachrichtenagenturen gegründet, die sich wie beispielsweise Reuters bis heute auf die Wirtschaftsberichterstattung konzentrieren (vgl. Kuhlmann 1957: 38ff.). Nach dem Zweiten Weltkrieg etablierte sich die Wirtschaftsberichterstattung – und damit der Wirtschaftsjournalismus – in den gedruckten und elektronischen Medien (vgl. Spachmann 2005: 60ff.).

Wirtschaftsjournalismus kann heute auf der Ebene der Themen und der Strukturen beschrieben werden: Für Heinrich (1989: 284) bedeutet Wirtschaftsjournalismus „die Aussagenproduktion in aktuell berichtenden Massenmedien, deren Gegenstand das System Wirtschaft und Wirtschaftspolitik ist, in dem die Entscheidungen über die Allokation von Ressourcen, über Produktion, Distribution, Konsum und Vermögensbildung in geld- und realwirtschaftlicher Dimension getroffen werden und Wirkungen entfalten"[71]. Weitere Themenbereiche sind (zweitens) die Ökonomik anderer Teilsysteme wie Bildung, Gesundheit etc. sowie (drittens) die ökonomischen, also „auf den Maßstab des Geldes reduzierbare(n) Wirkungen von Ergebnissen und Maßnahmen", wie zum Beispiel die Kosteneffekte von Umweltschutzmaßnahmen (ebd.). Damit wird noch einmal deutlich, dass ökonomische Themen nicht eingrenzbar sind. Den einen Wirtschaftsjournalismus gibt es also nicht – wie all jene betonen, die versuchen, ihn zu definieren.

Auf der Ebene der Strukturen haben sich spätestens ab Mitte des 20. Jahrhunderts unterschiedliche Gattungen im Feld der Wirtschaftsberichterstattung ausdifferenziert. Mast und Spachmann (2005: 50f.) nennen drei „Spielarten des Wirtschaftsjournalismus":

- den Wirtschaftsfachjournalismus: Hier bleiben die Themen innerhalb des Wirtschaftssystems, maßgeblich ist die Binnensicht, wie sie beispielsweise in Branchenblättern stattfindet (z.B. „Horizont", „Der Betriebswirt"; weitere siehe ZIS 2009);
- Wirtschaftsjournalismus als Special-Interest-Journalismus: Ökonomische Ereignisse, Entscheidungen, Handlungen und Prozesse aus dem gesamten Feld der Wirtschaft werden fokussiert auf einen spezifischen Handlungskontext und entsprechende Akteursrollen. „In der Regel

---

[71] Der Umbruch dieses Absatzes im Original wurde im Zitat aus layout-technischen Gründen aufgehoben.

handelt es sich um ökonomische Alltagsrollen wie Verbraucher, Anleger und Arbeitnehmer. Ein Beispiel ist die Verbraucherberichterstattung, die konkreten Nutzwert für Leser anbieten will." (ebd.: 51) (u.a. Wirtschaftswoche, Capital etc.);

- Wirtschaftsberichterstattung in General-Interest-Medien: Hier stehen wirtschaftliche Ereignisse und Akteure in ihrer gesellschaftlichen Bedeutung im Vordergrund und die Übergänge zu politischen und sozialen Ereignissen sind fließend (Wirtschaftsteile der überregionalen und regionalen Tagespresse, Nachrichtenmagazine in gedruckten und elektronischen Medien).

Diese idealtypische Unterscheidung ist hilfreich, zumal damit gleichzeitig die Akteursrolle der Wirtschaftsjournalisten vor allem im Hinblick auf ihre Sach- und Fachkompetenz (Wirtschaftsfachjournalisten, Börsen-, Finanzjournalisten etc.) sowie die unterschiedlichen Vorstellungen von Publika (Fachpublikum, interessiertes Laienpublikum) angesprochen werden. Impliziert ist damit ebenso die jeweilige prioritäre Funktion der Wirtschaftsberichterstattung, also zu informieren, aufzuklären, Zusammenhänge zu verdeutlichen, zu analysieren und Lösungen aufzuzeigen – immer vor dem Hintergrund des jeweiligen Vorwissens und Kenntnisstandes der Zielgruppen.

Vor allem der Wirtschaftsjournalismus in populären Massenmedien steht seit Jahrzehnten in der Kritik. Der Generalvorwurf lautet: Der Wirtschaftsjournalismus ist zu sehr wirtschafts- und zu wenig rezipientenorientiert. Schon Glotz und Langenbucher haben 1969 fünf Argumente für die Defizite der Wirtschaftsberichterstattung in Zeitungen herausgearbeitet, die sich in den darauf folgenden Jahrzehnten in empirischen Studien regelmäßig bestätigt haben: zu wenig Platz, fast ausschließlich Orientierung an der Produktionswirtschaft und ihrer Akteure, Verbraucherfragen nehmen einen zu geringen Raum ein, die Informationsbedürfnisse der Leser bleiben unberücksichtigt, einfallslose Gestaltung und Verwendung von Fachsprache (ebd.: 66ff.).

Heinrich (1989) beschränkt diese Kritik auf regionale Tageszeitungen. Im Gegensatz zu den überregionalen Tageszeitungen, die „personal auf die Zielgruppe der Führungskräfte in Unternehmen, Verbänden und Verwaltung zugeschnitten (sind), denen sie funktional Informationen als allgemeine Entscheidungsgrundlage" liefern, sieht Heinrich die regionalen Blätter in der Verantwortung, für ein wesentlich heterogeneres Publikum zu berichten. Aber: „Die personale Zielvorstellung ist erkennbar nicht der durchschnittliche Leser, sondern der männliche Kapitalbesitzer. ... Die funktionale Zielorientierung entspricht häufig noch der des Generalanzeigers. Die konsequente Marktorientierung erfordert indes, den persönlichen Nutzen der Aussagenproduktion für den Leser in den Vordergrund zu stellen." (ebd.: 288; siehe auch Heinrich/Moss 2006).

Frank Lobigs (2009) beschreibt dies als „Dilemma des populären Wirtschaftsjournalismus": Er steht vor zwei Anforderungen, „die sich auf den ersten Blick klar widersprechen: Auf der einen Seite muss er zunächst tatsächlich populär sein. Und dass sich dies durch eine populistische Bedienung der alltagsrationalen Wahrnehmungsschemata [gemeint sind damit u.a. simple Täter-Opfer-Schemata; BD] am einfachsten bewerkstelligen lässt, liegt auf der Hand. ... Auf der anderen Seite hingegen steht die normativ begründete Anforderung, dass auch ein populärer Wirtschaftsjournalismus die professionellen journalistischen Kriterien der Richtigkeit und Vollständigkeit erfüllen sollte. ... Ein rein sachlicher Aufklärungsjournalismus wäre jedoch alles andere als populär: ...." (ebd.)

Seit den 90er Jahren hat sich der Wirtschaftsjournalismus verändert, nicht zuletzt gefördert und gefordert durch den Boom der New Economy und die Euphorie im Hinblick auf den Aktienmarkt. Das lässt sich quantitativ nachvollziehen anhand der steigenden Zahl an Publikationen sowie der damit einhergehenden hohen Nachfrage nach Wirtschaftsjournalisten (vgl. u.a. Karle 1999) und qualitativ anhand der neuen redaktionellen Konzepte in allen Medien (vgl. u.a. Pech 1998; Mast 1999). Gab es 1989 gerade einmal 14 Wirtschafts-Publikumszeitschriften, die in der Datenbank des Zeitschriftenverlegerverbandes geführt wurden, so stieg die Zahl bis 2001 relativ kontinuierlich auf 41 (1995 und 1996 mit einer Abwärtsbewegung) an und bis heute sind 87 Titel unter der Kategorie Wirtschaftspresse abrufbar. Die Auflagen sind ebenfalls stetig gewachsen, mit einer Delle ebenfalls 1995/1996 und einem starken Anstieg bis 2001. Nach dem Platzen der Börsenblase und der Krise 2000/2001 sanken die Auflagen zum Teil dramatisch, viele Publikationen versuchten sich neu zu positionieren und manche verschwanden ganz vom Markt (vgl. u.a. Firley 2001; Aust 2006).

Der Zusammenhang zwischen dem steigenden Interesse der Bevölkerung vor allem am Thema Geld/Finanzen, die zunehmende Öffnung und Attraktivität des Aktienmarktes auch für Laien und der Umbau der Wirtschaftsredaktionen bzw. neue journalistische Konzepte mit Blick auf neue und junge Leserschaften (vgl. Mast 2003) haben zu dieser insgesamt positiven Entwicklung des Wirtschaftsmedienmarktes geführt. Es gibt zwischen dem Ende der 90er Jahre bis 2001 einen sichtbaren Zusammenhang zwischen der Entwicklung des DAX und der Auflage von Anlegermagazinen wie beispielsweise Börse-Online (vgl. Schuster 2004; vgl. Haase 2001).

„Doch die Wirtschaftsberichterstattung expandierte nicht nur kräftig, sie verlagerte auch ihren Schwerpunkt: Aktien, Optionsscheine, Investmentfonds und der möglichst lukrative Handel mit ihnen gewannen in diesem neuen Wirtschaftsjournalismus vehement an Bedeutung. Finanz- und Anlageinstrumente wurden zum Thema Nummer eins. Nicht das allgemeine Wirtschaftsgeschehen oder Entwicklungen der Arbeitswelt, sondern Finanzprodukte dominierten zur Jahrtausendwende die Themen der Wirtschaftsmagazine. Und auch Jahre nach Beginn des Börseneinbruchs, so die Ergebnisse quantitativer Inhaltsanalysen, beschäftigt sich fast die Hälfte aller Beiträge mit Geldanlagemöglichkeiten. Andere Themen folgen weit abgeschlagen." (Schuster 2004: 16)

Dieser Trend widerspricht den Ergebnissen von Umfragen, die zeigen, dass das Interesse am Thema Börse insgesamt eher verhalten ist.

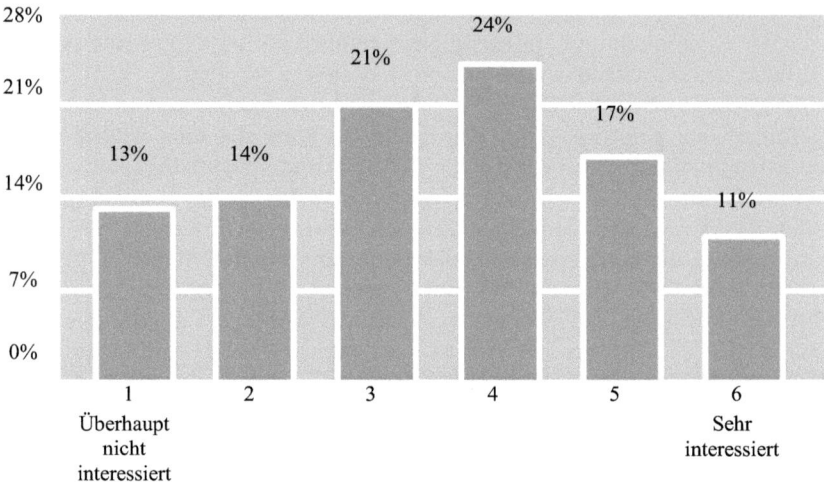

Abb. 11: Interesse für die Themen Wirtschaft, Preise und Löhne (vgl. de.statista.com/wirtschaft)

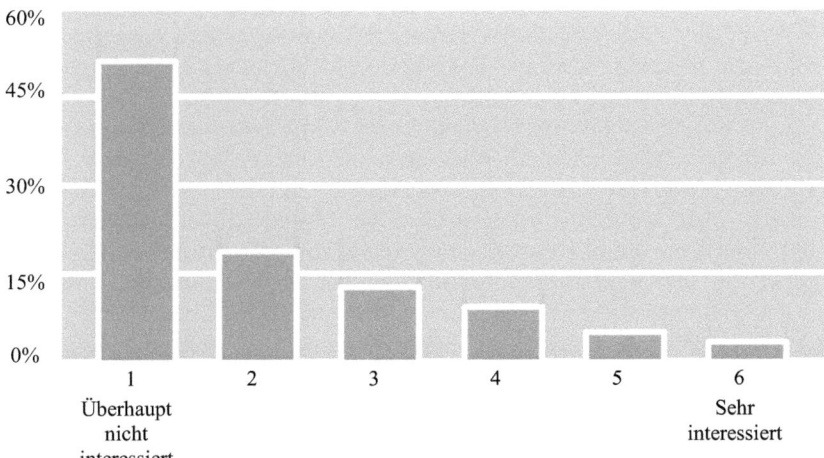

Abb. 12: Interesse für das Thema Börse und Aktien in Zeitschriften (vgl. de.statista.com/börse)

8.10.3 Die Herausforderungen im Wirtschaftsjournalismus

Trotz der verstärkten Leserorientierung halten sich zwei kritische Punkte hartnäckig in der Diskussion: die Nähe zur Wirtschaft und zur Wirtschafts-PR und die Infragestellung der Kompetenzen und Qualifikationen von Wirtschaftsjournalisten. Vor allem die praxisorientierte Literatur zeigt auf und warnt den Wirtschaftsjournalisten vor (zuviel) Nähe zur Wirtschaft und vor der Abhängigkeit von deren Öffentlichkeitsarbeit (vgl. Viehöfer 2003; Frühbrodt 2007; nr-Werkstatt 2007; Meier/Winterbauer 2008). Nur wenige Bücher wie das von Torsten Knödler (2005) analysieren das Verhältnis theoretisch und systematisch und erarbeiten Handlungsempfehlungen.

Als (Aus-)Wege aus dem Dilemma werden zwei zentrale Möglichkeiten genannt: intensive und investigative Recherche und eine gute (bessere) Ausbildung der Wirtschaftsjournalisten. Ersteres braucht Zeit, Personal und Geld – was in Zeiten der Medienwirtschaftskrise immer weniger zur Verfügung steht. Zum anderen hat sich die Seite der Wirtschafts-PR beispielsweise durch den Wechsel renommierter Wirtschaftsjournalisten weiter professionalisiert. Ehemalige Wirtschaftsjournalisten wie der Ex-Wirtschaftswoche Chefredakteur Stefan Baron – seit 2007 Kommunikationschef der Deutschen Bank (vgl. www.spiegel.de/wirtschaft/baron) – kennen die Routinen und Standards des

Wirtschaftsjournalismus aus erster Hand und nutzen diese Erfahrung auch in ihrem Job auf der anderer Seite des Tisches. Solche Ereignisse verstärken die Befürchtungen, dass die Wirtschaftsjournalisten nicht (mehr) unabhängig über Unternehmen und Industrie berichten können (vgl. Wolff 2002).

Obwohl sich Arbeitsmarkt und Berufsbild im Wirtschaftsjournalismus in den vergangenen zwei Jahrzehnten erheblich gewandelt haben (vgl. Demmer 1997; Langer 1998; Moss 2009) bleibt zu konstatieren, dass sich offensichtlich die Sach-, Fach- und Vermittlungskompetenz der Wirtschaftsjournalisten nicht verändert – im Sinne von verbessert – hat. Schöhl kam 1987 zu der Auffassung, dass gerade in der Regionalberichterstattung der Tageszeitungen Allround-Journalisten mit nur geringen Kenntnissen in wirtschaftlichen Fragen tätig seien. Selbst Wirtschaftsfachjournalisten bei Spezial-Publikationen hätten zwar in der Regel ein abgeschlossenes Hochschulstudium, doch nur die Hälfte mit einem Abschluss in Wirtschaftswissenschaften. Diese Defizite in der akademischen Ausbildung würden nicht kompensiert durch Praxiserfahrung: Nur 37 Prozent hätten vor der journalistischen Tätigkeit Berufserfahrung gesammelt, davon wiederum nur jeder Zweite in einem ökonomischen Metier (ebd.: 93ff.). Haller zeigt 20 Jahre später (Haller 2007a und b), dass die Wirtschafts- und Finanz-journalisten in Regionalzeitungen noch immer schlecht ausgebildet sind, obwohl die Leser angeben, sich ihre Wirtschaftsinformationen vor allem aus ihrem Re-gionalblatt zu holen. Die Wirtschaftsressortleiter wissen – so die Leipziger Studie – um diese Defizite, wenngleich sie sich diese nicht gerne eingestehen. Als einen wichtigen Weg daraus sehen sie unter anderem Verbesserungen in der Aus- und Weiterbildung, damit Fachkompetenz und Allgemeinverständlichkeit besser zusammenzuführen sind (vgl. Haller 2007b).

Diese Kompetenzdefizite, aber auch Tatsachen wie der Personalabbau in den Redaktionen aufgrund der Rezession, haben sich in der Krisensituation spätes-tens ab Ende 2008 bemerkbar gemacht. Fast naiv und fortschrittsgläubig hätten die Wirtschaftsjournalisten an das „ewige Wachstum der Märkte geglaubt" und seien vom Gegenteil überrascht worden (Köhler 2009); sie hätten ihr eigenes Handeln nicht kritisch hinterfragt, nur anderen die Schuld an der Krise gegeben (vgl. Schechter 2009); sie seien zu lange „als Herde unterwegs" gewesen und hätten „den falschen Sound geblökt" (Weischenberg in Fromm 2009). Wirt-schaftsmedien wie die Wirtschaftswoche versuchen zu beweisen, dass sie sehr wohl die Krise früh erkannt und darauf aufmerksam gemacht haben (siehe www.wiwo.de/finanzen) – nur hätte dies niemand lesen und hören wollen (siehe auch Ip 2009).

Kurzfristige Reaktionen und langfristigen Konsequenzen sind bereits erkenn-bar: Redaktionen haben in der Krise redaktionelle Task Forces gebildet – Teams aus Redakteuren vor allem der Wirtschafts-, Politik- und Nachrichtenressorts

sowie den Korrespondenten in den wichtigen Weltmetropolen und Finanzplät-
zen, die rund um die Uhr die Krise beobachtet und multiperspektivisch aufgearbeitet haben (vgl. Meier/Winterbauer 2008: 15). Der Spiegel beispielsweise hat
das Thema Wirtschaft nach der Ära Stefan Aust neu entdeckt, setzt es häufiger
auf den Titel und gewinnt Preise mit Geschichten, die von Teams aus den Ressorts Wirtschaft und Gesellschaft gemeinsam recherchiert und verfasst werden.
Diese ressortübergreifende Zusammenarbeit verbindet die „Kompetenzen der
brettharten Wirtschaftsschreiber mit denen der Gesellschaftsautoren, die auch
Fachfremden Komplexes eingängig erklären können" (Reppesgaard 2009:15).
      Meier und Winterbauer (2008: 25ff.) formulieren neben neun weiteren Thesen
unter anderem die Annahme, dass sich im Wirtschaftsjournalismus künftig Leit-
und Mainstream-Medien noch stärker ausdifferenzieren werden:

> „Einige wenige Leitmedien werden über fachlich gut ausgebildete und personell ausreichend be-
> stückte Redaktionen verfügen, um auch makroökonomische Zusammenhänge und Tendenzen a-
> däquat abbilden und prognostizieren zu können. Mainstream-Medien werden sich noch stärker als
> bisher bei geringer Personalstärke mit „Allround"-Redakteuren auf das Abbilden des Nachrich-
> ten-Flusses und Meinungs-Mainstreams zurückziehen. ... Mainstream-Medien erkennt man in
> der Regel an einem eher niedrigen Verkaufspreis, da sie sich in erster Linie über Anzeigen finan-
> zieren, an einer vergleichsweise kleinen Redaktion und an einem Themenmix, der sehr nutzwer-
> tig aufgemacht ist, oft allerdings ohne wirklichen Nutzen zu bieten."

8.11 Die fachjournalistisch unerschlossenen Themenfelder

Es ließen sich noch ein paar weitere Unterkapitel anschließen, in denen Felder vorgestellt werden könnten, die sich in der gesellschaftlichen Diskussion ebenso ausdifferenziert haben wie sie sich in der Publizistik in vielfältigen Angeboten wieder finden. So ist ein Themenbereich wie Landwirtschaft, Natur und Garten durch den Marktzutritt des Magazins „LandLust" 2006 weit geöffnet worden. Der Landwirtschaftsverlag in Münster, bis dahin spezialisiert auf Fachtitel, hat mit dem Magazin seine Expertenkompetenz mit dem Bedürfnis der Rezipienten nach unterhaltsamer und lebensnaher Information verknüpft. Mit den mehr als 460.000 verkauften Exemplaren der zweimonatlich erscheinenden Gartenzeitschrift (vgl. daten.ivw.eu) ist es dem Fachverlag gelungen, seine bisherigen Zielgruppen weiter an sich zu binden und neue Leser zu gewinnen – Menschen, die auf dem Land leben und sich dort wohl fühlen (vgl. Voß 2009). Der Zeitschriftenentwickler Markus Peichl führt diesen Erfolg darauf zurück, dass hier Fachleute und Journalisten eine Zeitschrift machen, die den Leser ernst nähmen, die mit ihm eine Leidenschaft teilten (vgl. www.taz.de). Der WAZ-Konzern will mit seinem Magazin „Landidee" auf den Zug aufspringen und versucht dem Fachverlag aus Münster Konkurrenz zu machen (vgl. www.wuv.de).

Diese Form der Thematisierung von Natur und Umwelt könnte als eine neue Variante des Ökojournalismus verstanden werden, der sich in den 80er Jahren etabliert hatte, in den 90er langsam verschwand und mit der Klimadiskussion zu Beginn des 21. Jahrhunderts in veränderter Form wieder aufkam. Der Chefredakteur des 2007 über die Testphase nicht hinaus veröffentlichten Magazins aus dem Burda-Verlag „für den neuen grünen Lifestyle", „IVY", Michalis Pantelouris, bezeichnet dies als ethischen Lifestyle-Journalismus (vgl. Gaede 2008). Mittlerweile sind weitere Versuche gestartet, die Themen Klima, Nachhaltigkeit und Lebensstil unter dem Kürzel LOHAS (Lifestyle for Health and Sustainability; siehe www.lohas.de) miteinander zu verknüpfen.

Insgesamt zeigt sich, dass sich die Märkte in den Bereichen Publikums- und Fachpresse jeweils stark segmentiert haben und gewachsen sind und sich gleichzeitig durch die Bearbeitung gleicher oder verwandter Themenbereiche aufeinander zu bewegen. Neben den ausgesprochenen Fachmedien für Experten hat sich beispielsweise in den Bereichen Sport und Wirtschaft ein breites publizistisches Angebot für den interessierten Laien etabliert. Die großen Fachmedien erweitern ebenso ihre Angebotspalette in Richtung Publikumsmedien wie umgekehrt diese in Richtung der Fachpublikationen (mehr siehe Kapitel 10).

In der folgenden Tabelle werden nochmals die zehn in Kapitel 8 beschriebenen und zusätzlich fünf weitere Themenbereiche sowie die jeweiligen fachpublizistischen und fachjournalistischen Angebote im Überblick dargestellt. Grundlage der Kategorisierung und Quantifizierung sind für die Fachpublizistik das Verzeichnis der Fachzeitschriften 2009 beziehungsweise deren Sachgruppen-Systematik und die entsprechende Titelzahl (ZIS 2009) sowie die Fachzeitschriftendatenbank unter www.media-info.net sowie für den Fachjournalismus die Daten aus der IVW-Statistik (siehe www.ivw.de) sowie der Datenbank des Zeitschriftenverlegerverbandes (siehe www.pz-online.de). Allerdings ist nicht leistbar, die Daten abzugleichen, da sie nach unterschiedlichen Systematiken erfasst sind und Mehrfachnennungen von Zeitschriften in unterschiedlichen Kategorien nicht ausgeschlossen werden können. Die Zahlen (vom August 2009; nur für gedruckte Medien) sind einzeln betrachtet unzuverlässig, ihre Auswertung in der Gesamtheit zeigt aber klare Tendenzen. Zu den meisten Themenbereichen werden zudem in Fußnoten weitere Rechercheergebnisse angegeben; zum Beispiel finden sich unter der Domain www.allesklar.de[72] Übersichten zu nahezu allen hier ausgewählten Segmenten, allerdings nicht getrennt nach gedruckten Publikationen oder Online-Angeboten.

---

[72] Die allesklar.com AG ist ein privates deutsches Internet-Medienunternehmen und bietet nach Eigendarstellung den größten deutschen Webkatalog; bekannt ist das Portal www.meinestadt.de.

Teilsystem/Themenfeld	Fachpublizistik *(Zahl der Titel; v.a. Fachzeitschriften, ohne Kunden- und Verbandszeitschriften)*	Fachjournalismus *(Zahl der Titel; v.a. Publikums- und Very-Special-Interest Zeitschriften)*
Mobilität Autos und Motoren, Transport und Verkehr, Fahrzeuge: Autos, Lastwagen, Transporter, Flugzeuge, Bahn, Schiffe; Fahrzeugbau: Fertigung, Antrieb, Automatisierung	Sachgruppe: Fertigungsindustrie, Untergruppe Fahrzeuge (21 Titel) Sachgruppe Dienstleistungen, Untergruppen: Transport, Logistik, Verkehr (36), Fahrschulen, Tankstellen und Waschstraßen (8), Fachhandel und Handel: Kraftfahrzeuge, Motorräder, Fahrräder (20) Fahrzeugbau und -technik (51) Beispiele: ATZ Automobiltechnische Zeitschrift, Automobil Industrie	Auto- und Motorpresse (107 Titel)[73] Beispiele: ADAC-Motorwelt, Auto-Bild
Essen/Essenskultur Nahrungsmittel, Ernährung, Kochen, Trinken, Essen	Sachgruppe: Konsumgüter, Untergruppen: Nahrungs- und Genussmittel (24) sowie Gastronomie, Hotellerie, Großverbraucher (9) Sachgruppe: Natur und Umwelt, Untergruppen: Obst, Gemüse, Gartenbau (23); Agrar-, Land- und Forstwirtschaft (30), Jagd und Fischerei (9) Sachgruppe: Freizeit und Hobby, Untergruppe: Essen und Trinken (3) Beispiele: Kraut & Rüben, Wild und Hund	Esszeitschriften: 28 Titel Essen & Trinken, Weinwelt[74]

---

[73] Einen Einblick in das Zeitschriftensegment bieten www.zeitschriften-online.at und www.preisvergleich.de. Daten zur Reichweite von 15 Autozeitschriften unter www.awa-online.de/auto.
[74] Für elf Esszeitschriften bietet die AWA-Reichweitenanalyse Daten unter www.awa-online.de/essen.

Teilsystem/Themenfeld	Fachpublizistik *(Zahl der Titel; v.a. Fachzeitschriften, ohne Kunden- und Verbandszeitschriften)*	Fachjournalismus *(Zahl der Titel; v.a. Publikums- und Very-Special-Interest Zeitschriften)*
Medien Print, Hörfunk, Fernsehen, Internet; Produktion, Distribution, Rezeption	Sachgruppe: Dienstleistungen, Untergruppe: Publizistik, Medien, Verlagswesen (35) Beispiele: epd-Medien, Horizont	Programmzeitschriften (39) Kino-, Video-, Audio-, Fotozeitschriften (57) Beispiele: TV Spielfilm, AUDIO
Medizin und Gesundheit Human- und Tiermedizin Gesundheit und Krankheit Gesundheitswesen und Gesundheitspolitik Medizinische Forschung	Sachgruppe: Medizin- und Gesundheitswesen, 37 Untergruppen von Gesundheitswesen allgemein bis Zahnheilkunde (701) Sachgruppen Veterinärmedizin (11) und Pharmazie (19) Beispiele: Der Allgemeinarzt, Ärztezeitung	Gesundheitsmagazine (21) Beispiele: stern Gesund leben, Apotheken-Umschau *(wird auch unter der Kategorie ‚Kundenzeitschrift' geführt)*
Mode Kleidung, Schmuck, Accessoires	Sachgruppe: Konsumgüter, Untergruppe Bekleidung, Mode/ Textilien, Bekleidung, Accessoires (15); Leder und Schuhe (6) Uhren, Schmuck (3) Beispiele: TextilWirtschaft, STEP	der Klassiker: Burda Moden, heute mit entsprechenden Ablegern und Internetangeboten *(z.B. unter www.burdaschnitte.de)*; als Themenbereich v.a. zu finden in Frauenzeitschriften (108) Beispiele: Brigitte, Vogue – und in Lifestylemagazinen (91), z.B. MAX, GQ[75]

---

[75] Unter www.metagrid.de finden sich 4500 Online-Lifestyle-Magazine.

Teilsystem/Themenfeld	Fachpublizistik *(Zahl der Titel; v.a. Fachzeitschriften, ohne Kunden- und Verbandszeitschriften)*	Fachjournalismus *(Zahl der Titel; v.a. Publikums- und Very-Special-Interest Zeitschriften)*
Musik Klassische Musik, Volksmusik, Unterhaltungsmusik, alle Stilrichtungen; Musikindustrie, Musiker, Konzerte	Sachgruppe: Kunst und Kultur, Untergruppe: Musik und Tanz (13); Theater und Oper (4) Beispiele: Gitarre & Bass, Musikpraxis	z. T. stark v.a. nach Musikrichtungen segmentierter Bereich, im Überblick z.B. Musikexpress, Rolling Stone v.a. zu finden in Jugend- (z.B. BRAVO), Lifestyle- und sonstigen Publikumszeitschriften (v.a. Musik- und Konzerttipps)[76]
Tourismus/ Reisen Fremde Länder und Kulturen, Reisemarkt	Sachgruppe: Freizeit und Hobby, Untergruppe Reisen, Camping, Wandern, Touristik, Autos (12) Fachgruppe: Dienstleistung, Fachuntergruppe: Reisebüro und Tourismus (15) Beispiele: Bergsteiger, Touristik aktuell	Reisezeitschriften (27)[77] Beispiele: GEO Saison, Merian
Sport alle Sportarten, Wettkämpfe, Sportausrüstung	Sachgruppe: Freizeit und Hobby, Untergruppe: Sportzeitschriften (22) Beispiele: kicker, unterwasser	Sportzeitschriften (115) Beispiele: Bravo-Sport, Sport-Bild, kicker
Technik Produktionstechnik, Automatisierungstechnik	Fachgruppe: Industrie, Produktion, Technik (910) Beispiele: Elektrotechnik, Automationspraxis	Kein eigenständiges Zeitschriftensegment; kommt vor in IT-/ Telekommunikation (98), Wissensmagazine (36), Luft- und Raumfahrt (8) oder auch Wohnen und Bauen Beispiele: CHIP, Computer-Bild, PM

---

[76] Eine Liste von Musikzeitschriften steht unter de.wikipedia.org/wiki/Liste_von_Musikzeitschriften.

[77] Überblick über den Markt der Reise- und Sportzeitschriften unter www.weltweit-urlaub.de. Reise und Tourismus wird häufig zusammen mit Sport unter Freizeit und Hobby zusammengefasst.

Teilsystem/Themenfeld	Fachpublizistik *(Zahl der Titel; v.a. Fachzeitschriften, ohne Kunden- und Verbandszeitschriften)*	Fachjournalismus *(Zahl der Titel; v.a. Publikums- und Very-Special-Interest Zeitschriften)*
Wirtschaft Ökonomische Prozesse: Produktion, Distribution, Konsum Medium: Geld Code: bezahlbar/ nichtbezahlbar	Fachgruppe Wirtschaft und Wissenschaft, Untergruppen: Finanzwirtschaft (53), IHK-Zeitschriften (77), Versicherungswirtschaft (15), Wirtschaft und Mittelstand (28), Wirtschaftswissenschaften (16) Beispiele: FINANZWELT Fachgruppe: Management und Marketing (220) Beispiele: MedienWirtschaft	Wirtschaftspresse (87) Beispiele: Capital, manager magazin[78]
Recht/Justiz Zivil-, Straf-, Verfassungs-, Europarecht, Umwelt- und Arbeitsrecht etc., Justiz und Verfahren, Rechtsgrundlagen und Rechtsprechung	Sachgruppe: Recht und Verwaltung; Untergruppen: Staats- und Rechtswissenschaften allgemein (101), Öffentliches Recht (53), Zivilrecht (28), Strafrecht (6), Justiz, Polizei, Zoll (8) Beispiele: Der Sachverständige, Europarecht	Kommt als eigenständiges Segment nicht vor, sondern nur im Zusammenhang mit politischen, wirtschaftlichen, sozialen Themen oder als Ratgeberjournalismus; in diesem Segment entwickeln sich Online-Portale *(z.B. www.rechtsratgeber oder das ARD-Portal www.ratgeberrecht.de)*
Architektur Außen- und Innenarchitektur, Stadtplanung, Bauplanung, Bauingenieurwesen, Bauhandwerk, Baustoffe, Architektur als Kunst/ Kultur	Sachgruppe: Bauen und Planen; Untergruppen: Architektur (28), Bauingenieurwesen (38), Innenarchitektur, Bauhandwerk (23), Baustoffe (15) Beispiele: DBZ Deutsche Bauzeitschrift, Facility Management	v.a. in Do-it-yourself-Zeitschriften als Ratgeber und Anleitung, z.B. Selbermachen Kommt vor in Wohn- und Gartenzeitschriften (159) sowie z.T. in Lifestylemagazinen (92) Beispiele: Das Haus, Schöner wohnen

---

[78] Eine Reichweitenanalyse für 14 Publikationen aus dem Bereich Wirtschaftspresse und Verbrauchermagazine www.awa-online.de/wirtschaft.

Teilsystem/Themenfeld	Fachpublizistik *(Zahl der Titel; v.a. Fachzeitschriften, ohne Kunden- und Verbandszeitschriften)*	Fachjournalismus *(Zahl der Titel; v.a. Publikums- und Very-Special-Interest Zeitschriften)*
Natur und Umwelt Ökologie, Umweltschutz, Natur und Landschaft, Agrarwirtschaft, Energiegewinnung, Umweltmanagement Garten und Gartenbau	Sachgruppe: Natur und Umwelt, Untergruppen: Allgemeine Ökologie (4), Umweltschutz (13), Natur und Landschaft (6), Wasserwirtschaft (7), Energie und Bergbau (16), Agrarwirtschaft, Land- und Forstwirtschaft allgemein (29), Obst, Gemüse, Gartenbau (22), Tierhaltung (18), Jagd und Fischerei (9) Beispiele: Kraut & Rüben, Imkerfreund, Bodenschutz	Naturzeitschriften (27) Beispiele: natur+kosmos, Mein schöner Garten[79]
Kunst und Kultur Bildende Künste, Literatur, Musik, Theater, Fotografie, Film	Sachgruppe: Kunst und Kultur, Untergruppen: Politik allgemein (17), Allgemeine Kunst- und Kulturzeitschriften (46), Kunstfotografie und Malerei (3), Gestaltung, Grafik, Design (2), Film, Video, Fernsehen, Funk (9), Musik und Tanz (13), Theater und Oper (4), Literatur (26), Theologie, Kirchengeschichte (36), Religion (33) Beispiele: Theologische Literaturzeitung, Akzente, buch aktuell	Hierunter werden häufig Stadt- und Veranstaltungsmagazine (499) sowie Zeitschriften aus den Bereichen Musik, Literatur, Film; einzelne Titel finden sich in den Rubriken Lifestyle, Wohnen, und vor allem in der Kategorie Beispiele: art – das Kunstmagazin, Cinema

---

[79] Eine Übersicht sowohl über Publikums- wie über Fachzeitschriften rund um das Thema Garten bietet die Website www.gartenlinksammlung.de. Unter pz-online sind die Garten- mit den Wohnzeitschriften zusammengefasst (insgesamt 159).

Teilsystem/Themenfeld	Fachpublizistik *(Zahl der Titel; v.a. Fachzeitschriften, ohne Kunden- und Verbandszeitschriften)*	Fachjournalismus *(Zahl der Titel; v.a. Publikums- und Very-Special-Interest Zeitschriften)*
Erziehung und Bildung Schulen, Hochschulen, Aus- und Weiterbildung, frühkindliche Erziehung, Pädagogik, Psychologie, Erziehungswissenschaften	Sachgruppe: Erziehung und Bildung, Untergruppen: Sozialwissenschaften, Pädagogik, Psychologie (84), Zeitschriften für spezielle Lehrfächer (39), Kindergarten- und Elternzeitschriften (9), Schulen und Hochschulen (14), Berufsausbildung, Fortbildung (36) Beispiele: Kindergarten heute, Bildung und Erziehung, Kölner Zeitschrift für Soziologie und Sozialpsychologie	Elternzeitschriften (49) Beispiele: Eltern, Focus Schule; häufig zu finden als Ratgeberjournalismus in Frauen- und Jugendzeitschriften „Psychologie heute" als Zwitter einer Fach- und Publikumszeitschrift (verkaufte Auflage 91.405)

Tab. 26: Fachpublizistische und fachjournalistische Angebote im vergleichenden Überblick

9   Die Zukunft des Fachjournalismus
Co-Autorin: Nadja Fischer

Ebenso rasant wie die Auflagen gedruckter Publikationen nach unten gehen, steigt die Nachfrage nach Online-Angeboten. Die bei der Informationsgemeinschaft zur Feststellung der Verbreitung von Werbeträgern (IVW) angemeldeten Online-Produkte sowie deren geprüfte Zugriffszahlen sind zwischen den Jahren 2002 und 2009 exponentiell gestiegen[74]. Die Nutzer haben neue elektronische Möglichkeiten, um Informationen, nach denen sie noch vor zehn Jahren lange in Büchern und Zeitschriften suchen mussten, innerhalb von Sekunden abzurufen. Während der Leser einer traditionellen Tageszeitung einen breiten Überblick über die aktuellen Geschehnisse erhält, bieten Internet-Dienste personalisierte Nachrichten an. Der Nutzer kann sich die Meldungen nach seinen Interessen liefern lassen. Eine Delphi-Studie aus dem Jahre 2004 (vgl. Glotz/Meyer-Lucht 2004) prognostiziert eine starke Neigung hin zu spezialisierten Themen.

Die Medienunternehmen stellen aufgrund dieser Entwicklungen ihre Portfolios um. Keines kommt mehr an den neuen digitalen Elementen vorbei. Experten sehen großes (ökonomisches) Potenzial in Web 2.0-Technologien (vgl. Steinack 2007). Allerdings müssten die Instrumente sinnvoll eingesetzt werden. Steinack (vgl. ebd.: 59) formuliert drei Empfehlungen für die Umsetzung von Fachinformationen im Web: 1. Die Qualität des Angebots definiert sich über die Inhalte. „Nur wenn der Fachleser den Online-Auftritt als attraktives Medium mit hochqualitativen Inhalten interpretiert, sind die Webangebote von Fachzeitschriften interessant." 2. „Design follows Function": das ästhetische Erscheinungsbild muss dem „Content- und Servicecharakter angemessen" sein. 3. Unprofitable Funktionen sollten aus dem Portfolio entfernt werden; Fachzeitschriften sollten sich vor allem auf „einzigartige branchenspezifische Funktionen" konzentrieren.

Die Medienunternehmen stehen somit vor zwei zentralen Fragen, wobei nur die zweite für Fachverlage hoch relevant ist: Liegt das Potenzial zur Erschließung neuer Publika und damit neuer Einnahmequellen in der Spezialisierung des Contents? Verdrängen Web 2.0-Angebote die gedruckten Publikationen?

---

[74] Im August 2002 waren 409 Angebote bei der IVW angemeldet; es wurden 3,3 Millionen Pageimpressions und 322.483 Visits gezählt. Dem gegenüber standen im Vergleichsmonat 2009 standen 958 Angebote mit 51,3 Millionen Pageimpressions und 3,7 Millionen Visits (vgl. www.ivwonline.de/ausweisung).

Für Verleger ist es wichtig auszuwerten, wofür genau das Internet genutzt wird und wie sie sich die Interessen zu Nutze machen können. Einige Hinweise kann die ARD/ZDF-Onlinestudie (vgl. van Eimeren/Frees 2009) liefern: 67% der Deutschen sind online (0,8 Millionen mehr als 2008); 62% davon nutzen multimediale Elemente über Videoportale und Mediatheken, 51% hören Musik oder Radiosendungen. Inzwischen hat das Internet die anderen als Primär- und Informationsmedium abgelöst. Neben der Kommunikationsfunktion von E-Mail, Instant Messengern und sozialen Netzwerken liegt der Hauptgrund der Onlinenutzung in der Anwendung von Suchmaschinen; 82% der Befragten machen zumindest einmal wöchentlich von einer Suchmaschine Gebrauch. Die Liste der regelmäßig abgerufenen Inhalte wird angeführt von aktuellen Nachrichten (59%), aktuellen Serviceinformationen und aktuellen Regionalnachrichten (je 47%), Informationen aus Wissenschaft, Forschung und Bildung (45%); Verbraucher- und Ratgeberinformationen werden von 37% häufig oder gelegentlich angeklickt. Zusammengefasst sagen die Ergebnisse: Information und nicht Unterhaltung ist die treibende Kraft der erwachsenen Internetnutzer in Deutschland. Nur etwa ein Fünftel nennt sozial-psychologische oder gar eskapistische Motive (wie entspannen, den Alltag vergessen).

9.1 Die technischen Möglichkeiten

Bildung und Wissensaustausch waren der Motor für die ersten Online-Fachzeitschriften in den 80er Jahren des 20. Jahrhunderts. Die internationale Forschergemeinde hatte großes Interesse daran sich weltweit, zeitnah und möglichst kostengünstig über neueste Ergebnisse austauschen zu können. In den 90er Jahren entstanden erste Internetdatenbanken, in denen wissenschaftliche Fachzeitschriften ihre Inhalte digitalisiert zur Verfügung stellten. Zugriff darauf erhielt und erhält jeder gegen Bezahlung. Viele große Wissenschafts-Portale wie ScienceDirect (www.sciencedirect.com) oder Scopus (www.scopus.com), aber auch General-Interest-Verlage haben Online-Datenbanken aufgebaut. Die Springer Science+Business Media etwa bietet eine Online-Bibliothek zu den Themen Technik, Wissenschaft und Medizin (www.springerlink.com).

Experten haben schon vor Jahren den Wandel prognostiziert: Der so genannte „digitale Doppelgänger", also die digitale Kopie des Printprodukts, sei nur eine Übergangsform und werde verschwinden (vgl. Keller 2001). Jede Fachzeitschrift hat heutzutage zumindest eine statische Internetseite, die über das gedruckte Heft informiert. Nur 17 Prozent der Internetseiten von Fachmagazinen bieten keine Artikel im html- oder pdf-Format an (vgl. Bloofusion 2007). Die technischen Möglichkeiten eines digitalen Mediums sind dadurch aber noch nicht annähernd ausgeschöpft. Im Gegensatz zum Printprodukt ist das Internet zeitnah, kommunikativ und ermöglicht das Bereitstellen von Audio- und Video-Angeboten.

Verlage müssen allerdings sicherstellen, dass ihre Leser sie im World Wide Web finden können. Suchmaschinen funktionieren, indem sie den oder die Suchbegriffe der Nutzer den relevanten Begriffen auf den verfügbaren Internetseiten zuordnen. Fachspezifische Begriffe sollten daher im Idealfall direkt zu den Internetseiten der jeweiligen Fachverlage oder -publikationen führen. Die Zuordnung der passenden Begriffe geschieht einerseits über Wörter in den Artikeln, aber auch über unsichtbare Tags (durch den Programmierer eingebaute Schlüsselwörter) und Seitentitel. Die Online-Marketing-Agentur Bloofusion untersuchte 200 Internetseiten deutscher Fachverlage auf ihre Suchmaschinen-Tauglichkeit, genannt SEO (Search Engine Optimization). Das Ergebnis: Zwar wurden Nachrichten und Artikel der jeweiligen Website häufig erfasst, eher unauffindbar jedoch waren Archive, Branchenverzeichnisse, Stellenmärkte und andere Angebote, die gerade Fachpublikationen auszeichnen. Das Ergebnis zeigt eindeutig, dass Fachverlage ihre Onlinepräsenz noch nicht suchmaschinengerecht optimiert haben (vgl. ebd.).

In Erweiterung der schlichten Artikel könnten Blogs, Mobile Media und digitale Zeitschriften eingerichtet werden. Digitale Zeitschriften sind, als Nachfolger der einzelnen Online-Artikel (im html- oder pdf-Format) die neue Variante einer digitalen Publikation. Das jeweilige Heft wird eins zu eins digital zugänglich gemacht. Die einfachste Variante ist ein Heft als pdf-Dokument zum Herunterladen (um es dann womöglich auszudrucken). Aber neueste Technologien und Software ermöglichen dem Leser auch, das aufgeschlagene Heft auf seinem Computerbildschirm Seite für Seite mit einem Mausklick umzublättern und zur besseren Ansicht zu vergrößern. Seit 2002 gibt es *Zinio* (www.zinio.com), einen der größten Anbieter digitaler Zeitschriften. *Zinio* vertreibt Abonnements sowie einzelne Ausgaben der unterschiedlichsten internationalen Zeitschriften. Der große Vorteil dieser digitalen Ausgaben ist, dass sie überall und sofort erhältlich sind, solange eine Internetverbindung besteht. Zeitschriften mit Lesern im Ausland sparen so nicht nur die Druck- und Versandkosten, sondern können ihren Lesern die aktuelle Ausgabe ohne Verzögerung am Erscheinungstag zugänglich machen. *E-Paper Star* (www.epaperstar.de), das rein deutsche Äquivalent zu *Zinio*, bietet eine breite Palette an Fachzeitschriften in digitaler Form an, von Gesundheit über Sport, Werbung und Wirtschaft bis hin zu Architektur und Umwelt.

Die *Xoai Medien Transfer*, eine Service-Agentur für Verlage (www.xoai.com), verbessert die digitale Zeitschrift noch in ihrer Technik und bietet mit dem *Imagepaper* das „elektronische Papier" der Zukunft an. Die Neuerungen sind laut Hersteller: Es wird keine zusätzliche Software benötigt; die Zeitschriftentexte können von Suchmaschinen erkannt werden, was bisher aufgrund des Formates nicht immer der Fall war. Außerdem gibt es zu jedem Artikel eine Kommentierungsfunktion. Da alle Verlage heutzutage ihre Publikationen digital zur Druckerei senden, ist eine Umwandlung dieser digitalen Seiten zu einer digitalen Zeitschrift relativ problemlos. Die Vorteile liegen auf der Hand: Digitale Zeitschriften sparen Papier, Druck- und Versandkosten. Da es aber nicht jeder komfortabel findet am Computerbildschirm zu lesen, sind digitale Zeitschriften bis dato wohl eher ein zusätzlicher Service als ein Ersatz für Printausgaben.

Eine weitere Kommunikations- und Interaktionsform im Web sind Weblogs (kurz Blogs); sie werden in der Regel von einer oder mehreren (wenigen) Personen unterhalten. Regelmäßige Einträge, ob als Nachricht oder Kommentar, informieren die Leser meist über bestimmte Themengebiete. Im banalsten Fall berichten sie vom täglichen Leben des Schreibenden als eine Art öffentliches Tagebuch. Kleinere Firmen verwenden Blogs, um ihre Kunden über neue Entwicklungen oder Angebote auf dem Laufenden zu halten, vor allem aber, um im Gedächtnis der Kunden zu bleiben. Denn Blogs sind in der Regel mit einer sogenannten RSS-Funktion versehen, durch die der Leser über neue Einträge benachrichtigt wird. Obwohl diese Zwei-Wege-Kommunikation auch ein Forum für unqualifizierte Kritik bietet, ist es vor allem ein Mittel, um nah am Leser zu sein und auf dessen Interessen eingehen zu können. Experten und Spezialisten in den unterschiedlichen Themenfeldern sind aufgrund ihrer Kompetenzen in der Lage, die fachjournalistische Arbeit kritisch zu beurteilen, konstruktiv zu ergänzen oder auch auf neue Trends oder spezielle Interessen aufmerksam zu machen (siehe Kuri 2009).

Weitere Tools sind Audio- und Video-Beiträge, die meist begleitend zu einem Artikel im Internet publiziert werden. Das Internetportal der Zeitschrift „Bild der Wissenschaft" (www.wissenschaft.de) veröffentlicht täglich Audiobeiträge von etwa zehn Minuten Länge mit Neuigkeiten aus der Welt der Wissenschaft als Podcast. Wesentlich interessanter für Redaktionen von Fachzeitschriften ist es jedoch Videomaterial zu erstellen; besonders für Produkttests oder Anleitungen ist das attraktiv. Die Pferdesportzeitschrift „Reiter Revue international" (www.reiterrevue.de) beispielsweise filmt Interviews mit Trainingstipps bekannter Reiter und Trainer, brennt sie auf DVD und verschickt sie an Abonnenten. Das Internetportal der Zeitschrift „PC Praxis" (unter www.pc-praxis.de) veröffentlicht Online-Filme mit Anleitungen zur Aufrüstung eines Computers.

Besonders aber nicht ausschließlich unter jungen Anwendern hat sich in den letzten paar Jahren ein neuer Trend im Internet herausgebildet: so genannte soziale Netzwerke. Auf Facebook, MySpace, StudiVZ und Co können sich Nutzer ein eigenes Profil anlegen, mit anderen Nutzern in Kontakt bleiben und Bilder, Videos, Links und Erfahrungen teilen. Ein solches Profil enthält in der Regel den vollen Namen, manchmal auch Synonyme, und alle weiteren persönlichen Informationen, die der Nutzer bereit ist von sich preiszugeben. Eine Studie der Nielsen Company (2009) hat gezeigt, dass, global gesehen, der Zuwachs des Interesses an sozialen Netzwerken in der Zeit von Dezember 2007 bis Dezember 2008 in Deutschland am höchsten war. Nach Ansicht der Analysten gibt der durchschnittliche Deutsche eher zögerlich seine persönlichen Daten preis, und daher hat es in Deutschland etwas länger gedauert als in anderen Ländern bis die Nutzung dieser Netzwerke auf einem vergleichbaren Stand war. Zurzeit sind 51% der deutschen Bevölkerung in mindestens einem Netzwerk angemeldet, ein Jahr zuvor waren es 41%. Weltweit sind es durchschnittlich 67% im Vergleich zu 61% im Jahr 2007. Eines der am schnellsten wachsenden Netzwerke ist Facebook (www.facebook.com). Auf dieser wie auch anderen Plattformen können sich nicht nur einzelne Personen ein Profil anlegen, sondern auch Organisationen, Firmen oder Restaurants. Angemeldete Nutzer bleiben so über Veranstaltungen oder Veröffentlichungen u.ä. auf dem Laufenden. So können Verlage vor allem mit jüngeren Kunden in Kontakt treten und bleiben. Sobald sie Neuigkeiten, Fotos, Videos oder Veranstaltungen dort veröffentlichen, werden alle Community-Mitglieder benachrichtigt. Je nach Zielpublikum und Themengebiet ist das Aufrechterhalten eines solchen (kostenlosen) Firmenprofils mehr oder weniger rentabel.

Ein weiteres Online-Angebot existiert in Form des Live-Videos beziehungsweise des mobilen Videos. Diese Technik ist vor allem interessant für Veranstaltungen wie Fachtagungen, die beispielsweise aus Kostengründen nicht im Fernsehen übertragen werden, aber für eine bestimmte Zielgruppe von hohem Wert ist. Hand in Hand mit dem Live-Video geht ein Angebot, dass bisher noch sehr wenig verbreitet ist und zumeist in den Vereinigten Staaten getestet wird: das so genannte „Live-Blogging". Die Software lässt sich mit einem Instant Messenger vergleichen; das Messenger-Fenster wird auf der Internetseite des Anbieters eingebettet. In diesem Fenster berichtet der Reporter beispielsweise live von einem Fachkongress, er kann Fotos einstellen oder Umfragen durchführen. Die Leser können mit dem Reporter interagieren, in dem sie im selben Fenster Fragen stellen. Der Reporter kann auswählen, welche dieser Fragen oder Kommentare für alle anderen Nutzer sichtbar gemacht und beantwortet werden. Ein interessanter Anbieter für Redaktionen ist „Cover It Live" (www.coveritlive.com) aus den USA, da er teilweise kostenlos die Installation dieses Dienstes

auf der Internetseite der jeweiligen Zeitschrift oder des jeweiligen Portals ermöglicht.

Den Schritt weg vom Computer und hin zum Funktelefon macht das so genannte Mobile Media (siehe Kretzschmar 2009). Es schließt das Internet nicht
aus, beschränkt sich aber auch nicht darauf. 14 Prozent der Deutschen nutzen
das mobile Internet auf dem Mobilfunktelefon oder PDA (vgl. Freimark 2009)
und ganze 81 Prozent den SMS-Service ihrer Mobilfunkanbieter (de.statista/
sms-nachrichten). Leser von Fachzeitschriften, wie zum Beispiel Börsenmaga-
zinen, können von Nachrichten oder Börsenkursen per SMS profitieren. Aber
auch der Internetzugang über das Handy wird immer beliebter. Während die
Preise für so genannte Smartphones und mobile Internetflatrates sinken, wächst
das Online-Angebot für die neuen Multimedia-Geräte im Rekordtempo (Kurp
2008). Anbieter wie das „manager magazin" programmieren ihre Nachrichten
Handy- bzw. PDA-freundlich, um das Lesen auf dem kleinen Bildschirm zu
erleichtern. Auch in der mobilen Internetnutzung zeigt sich, dass Suchmaschinen die meistverwendeten Dienste sind (www.medienforum.nrw.de/ mobile-
internetdienste).

9.2 Ein Blick in die noch fernere Zukunft

Aber nicht die gesamte digitale Zukunft liegt im Internet. Wie schon angedeutet
spielt sich die digitale Welt auch auf anderen Geräten ab. Der große Nachteil bei
Computer-basierten Diensten wie den digitalen Zeitschriften ist, dass langes
Lesen am Computer ermüdender ist als Lesen auf Papier. Der Grund dafür liegt
in der rückseitigen Beleuchtung von fast allen gängigen Computerbildschirmen
und Mobiltelefonen. Seit den siebziger Jahren arbeiten Forscher an einer Alternative, dem so genannten E-Paper. Erste Prototypen entwickelte Nicholas She-
ridan im amerikanischen Xerox Research Center in Kalifornien. Die Idee ist ein
Material zu finden, das sich lesen lässt wie gedrucktes Papier. Im 21. Jahrhundert ist die Technik so weit gereift, dass sie von Firmen wie Sony, Amazon und
iRex als E-Reader auf den Markt gebracht worden sind. Die Geräte sind bis zu
DIN A4 groß und teilweise weniger als einen Zentimeter dünn. Ihr Bildschirm
ist mit der Technik der Firma „E-Ink" ausgestattet. Durch elektrische Spannung
ordnen sich weiße und schwarze Teilchen unter der Oberfläche so an, dass die
Seite eines Buches, einer Zeitung oder Zeitschrift erscheint. Umgeblättert wird
auf Knopfdruck. E-Reader erlauben das Lesen der verschiedensten Formate
(doc, pdf, jpg sowie e-book-Formate), sie sind energiesparend, kontraststark wie
Papier und daher einfach zu lesen und sie bieten Speicherkapazität für Tausende
von Büchern. Das Gerät „Kindle" von Amazon, das gerade in der zweiten Gene-

ration auf den US-Markt gebracht wurde, geht noch einen Schritt weiter als die meisten Konkurrenten. Es ist mit einem Funknetz verbunden, wie ein Mobiltelefon. Dadurch kann der Leser ohne Internet und ohne Kosten von unterwegs Bücher und Zeitschriften herunter laden, vorausgesetzt der Nutzer ist in Reichweite des Netzwerks.

Das niederländische Marktforschungsinstitut TNO und die amerikanische New York Times haben Teststudien mit dem E-Reader durchgeführt, um deren Nutzen für Zeitungsleser zu beurteilen. Dafür wurden besonders Pendlern die Geräte mit ihrer Tageszeitung zur Verfügung gestellt. Zwei Drittel der Probanden gaben an, zur Nutzung des Readers wechseln zu wollen, allerdings in der Erwartung, dass dadurch das Abonnement preiswerter wird. TNO prognostiziert, dass der E-Reader innerhalb von zwei bis drei Jahren ein gängiges Gerät in niederländischen Haushalten sein wird. Im Jahr 2013 sollen 27 Prozent der Haushalte einen E-Reader besitzen (vgl. TNO 2008). Die amerikanische Medienfirma „Hearst" überlegt, einen eigenen E-Reader auf den Markt zu bringen, um Printtitel besser vermarkten zu können (vgl. Stöcker 2009). Den Kunden sollen Zeitungen als kostenlose E-Reader in Verbindung mit einem Abonnement zur Verfügung gestellt werden. Obwohl seit dreißig Jahren auf dem Markt, stehen E-Paper noch vor Herausforderungen, die über Erfolg oder Misserfolg entscheiden werden (siehe Koubek 2006). Der Seitenaufbau dauert beispielsweise wesentlich länger als bei einem herkömmlichen Computer. Farbe und Videos sind noch Zukunftsmusik. Letztlich aber wird der Preis entscheiden, der sich momentan zwischen 300 und 700 Euro bewegt. Experten sagen, dass die Geräte sich zum Massenprodukt entwickeln sobald der Preis unter $100 US Dollar (80 Euro) fallen wird (vgl. Genuth 2007). Angesichts der Geschwindigkeit, in der sich elektronische Geräte heutzutage entwickeln, sollten Verlage aber schon jetzt vorbereitet sein. Im ersten Quartal 2009 befragte der Verband der Deutschen Fachpresse 140 Betriebe zu ihrem Standpunkt gegenüber neuen Medien. Ein Großteil von ihnen gab an, sich intensiv mit der Frage des elektronischen Publizierens zu beschäftigen (vgl. Simon 2009).

9.3 Die ökonomische Umsetzbarkeit

Es ist offensichtlich, dass im Zeitalter der digitalen Technologie vieles ausprobiert wird. Deutsche Fachzeitschriften sind allerdings noch vorsichtig in der Umsetzung „neu-modischer" Angebote, was nicht prinzipiell an einer pessimistischen Zukunftssicht liegt, sondern eher an den beschränkten Ressourcen, wie Personal, Equipment und Zeit.

Der Großteil der oben aufgeführten neuen Formate bildet zurzeit kostenlose Zusätze zum Printprodukt. Nachrichten, Artikel, Ratgeber, Branchenverzeichnisse und Anzeigen sind meist frei zugänglich für jeden. Ihr Aufbau und ihre Aktualisierung jedoch kosten Zeit und Geld. Redakteure werden nicht mehr nur mit dem Schreibblock und der Fotokamera auf Termine geschickt, sondern auch mit der Filmkamera. Das Rohmaterial muss aber geschnitten und vertont werden. Journalisten schreiben nicht nur Beiträge über Veranstaltungen für das Printprodukt, sondern sollen auch sofort die Ereignisse in einem Blog veröffentlichen. Der erweiterte Arbeitsbereich bedarf mehr fester oder freier Mitarbeiter. Diese wiederum benötigen Schulungen, denn es kann nicht vorausgesetzt werden, dass jeder Internet, Ton- und Filmbearbeitung beherrscht. Zusätzlich werden fremde Dienste abonniert, um zum Beispiel einen Nachrichtenticker für spezialisierte Themengebiete anbieten zu können. All das geschieht in einer Zeit, in der Verlage unter großem ökonomischem Druck stehen. Gleichwohl sehen vor allem die Fachverlage ihre Chancen in der Nutzung aller Medienplattformen und in der Entwicklung neuer Geschäftsmodelle (siehe Deutsche Fachpresse 2009). Der Umsatz aus dem Segment der elektronischen Medien wächst seit Jahren stark und kontinuierlich. Dennoch ist er noch lange nicht ausgeschöpft (vgl. ebd.: 170 ff.).

Fach- wie Publikumsverlage erschließen sich zurzeit neue Ressourcen über die Diversifizierung ihrer Geschäftsfelder hin zu einem Komplett-Dienstleister: Die Zeit veranstaltet Podiumsdiskussionen zu ausgewählten Themen (wie etwa Energie) mit Prominenz aus Politik und Wirtschaft; die Teilnahme daran kostet bis zu 1000 Euro oder mehr. Fachverlage betrachten sich und fungieren immer häufiger als Informationsmanager, sei es über die klassischen medialen Vertriebskanäle, über Web-Communities oder als Veranstalter von Face-to-Face-Kommunikation.

Vielleicht ist die bisherige Zurückhaltung der Fachverlage in Sachen „neue Medien" deren Chance. Ihre Leserschaft ist noch nicht verwöhnt von kostenlosen Inhalten auf deren Internetseiten. Heftpreise von fünf Euro oder mehr sprechen für die Zahlungsbereitschaft der Kunden. Die britische Financial Times hat im Jahr 2008 ihren Umsatz durch Paid Content stärken können (vgl. McNally 2009). Die zuvor genannte Hearst Cooperation plant einen Weg zurück zum Paid Content (vgl. Stöcker 2009). Es existieren Erfahrungen mit verschiedenen Bezahl-Konzepten, von „pay-per-use" für einzelne Artikel bis hin zu einer Art Abonnement für Reportagen und Hintergrundanalysen. Eine andere Idee ist die „Kulturflatrate", mit der Internetanbieter dazu verpflichtet werden einen zusätzlichen Betrag zu veranschlagen, der wiederum an die Produzenten von Inhalten verteilt wird (vgl. Meyer 2009). Eine Umfrage zeigt allerdings, dass nur 17

Prozent der Deutschen bereit wären für Online- Nachrichten zu zahlen (vgl. Becker 2009).

Fachverlage verfügen über wertvolle Informationen, mit deren Verbreitung sie umsichtig umgehen müssen. Internetangebote mögen sich zwar heute noch nicht voll durch Werbung finanzieren lassen – dass es aber so bleibt ist nicht gesagt. Eine Studie der Fachhochschule Mainz prognostiziert dem Internet zum Jahr 2018 Werbeeinnahmen von der gleichen Größe wie Printpublikationen sie heute erreichen (vgl. Rohlke/Köhn 2008).

10 Die Popularisierung des Fachwissens im Journalismus

Wie im Kapitel 8 beschrieben, entwickelt Gesellschaft sich ständig fort, indem sich Bereiche funktional ausdifferenzieren und besondere Strukturen ausprägen. Diese Funktionssysteme leisten jeweils Unterschiedliches für die Gesellschaft. Wie sich dies verändert im Laufe der Jahrhunderte, ohne dass Systeme und Strukturen aber vollständig verschwinden, wurde für zehn Subsysteme skizziert. Alle Bereiche sind keine Erfindungen der Moderne, sondern existieren seit Beginn der Herausbildung sozialer Gemeinschaften.

Im Verständnis der Systemtheorie sind die gesellschaftlichen Subsysteme Handlungs- und Kommunikationssysteme; sie haben eigene Kommunikationsformen bzw. -medien ausgebildet. Sie handeln als in sich geschlossene Systeme, aber immer auch mit Bezug zu ihren Umwelten.

Eines der jüngsten gesellschaftlichen Subsysteme ist die Publizistik (mit den Subsystemen Journalismus, Medien, Public Relations, Werbung, Propaganda), die Gesellschaft und gesellschaftliche Subsysteme systematisch beobachtet, Themen daraus generiert, sie nach ganz bestimmten Standards und Routinen bearbeitet und der gesellschaftlichen Diskussion wieder zur Verfügung stellt. Dem publizistischen Subsystem Journalismus ist eine besondere Rolle zugewiesen: Journalismus soll Themen recherchieren und publizieren, die für die Gesamtgesellschaft relevant sind, und damit informieren, zur Meinungsbildung beitragen, kritisieren und kontrollieren. Im 17. Jahrhundert haben sich die modernen Massenmedien entwickelt, die diese Aufgabe erfüllen. Die unterschiedlichen Gattungen differenzieren sich je nach ihrer entsprechenden Leistungsfähigkeit aus: Zeitungen als Universalmedium, Zeitschriften stärker als Spezialmedien, später folgen Hörfunk und Fernsehen sowie das Internet als Universalmedien mit Spezialangeboten.

Die Fachpublizistik hat sich als eine Struktur in den jeweiligen gesellschaftlichen Subsystemen entwickelt: Zur Beobachtung, Verbreitung und Diskussion von Fachwissen dienen Fachbücher, Fachzeitschriften, wissenschaftliche Zeitschriften sowie alle Formen von Publikationen, die über Verbände und andere Interessensgemeinschaften an einen überschaubaren, dem System zugehörigen Nutzerkreis verbreitet werden. Sie sind thematisch spezialisiert und homogen, sprechen einen engen, klar als Experten definierten Nutzerkreis an und erscheinen nicht im öffentlichen Interesse oder unter Erfüllung einer öffentlichen Aufgabe.

Aufgrund der Tendenzen der vergangenen Jahre in der Wissens- und Informationsgesellschaft, in der Lebenslanges Lernen zu einem Schlüsselwort geworden ist, ist es gesellschaftlich, publizistisch und ökonomisch unabdingbar geworden, dass sich die Medien aber insbesondere der Journalismus neue thematische Felder erschlossen haben und nach wie vor erschließen, und somit in die Expertendomänen eindringen und diese Themen aus den fachlichen Expertenkreisen in eine breitere Öffentlichkeit holen. So diffundiert die Fachpublizistik immer stärker in den Fachjournalismus: Die thematische Spezialisierung bleibt, aber es ändern sich die Selektionsmechanismen zur Informationsauswahl und der Rezipientenkreis sowie dementsprechend die gesellschaftliche Funktion. Die Produkte sind auch in den Darstellungsformen und im Layout professionell, d.h. sie entsprechen den Standards der massenmedialen bzw. journalistischen Produktion.

Bei der Auswertung der thematischen Bereiche der Fachpublizistik fällt auf, dass nicht alle gleichermaßen vom Fachjournalismus aufgegriffen werden (zumindest nicht in einer bemerkenswerten Quantität): Dies gilt besonders für die Themenfelder Technik, Medizin und Gesundheit, Recht sowie Erziehung und Bildung. Wiederum andere Bereiche wie Architektur, Kunst und Kultur und Mode haben im Segment der Publikumszeitschriften noch keine Eigenständigkeit erreicht, sondern werden als Ratgeber-, Service-, Verbraucher- oder Nutzwertjournalismus umgesetzt. Die Felder Sport und Wirtschaft hingegen haben sich auch im Bereich der Publikumspresse etabliert (im Falle des Sports sogar quantitativ wesentlich umfangreicher); allerdings ist anzunehmen, dass sich hier bei weitem nicht die inhaltliche Tiefe der Fachmedien widerspiegelt.

Die Fachpublizistik bietet offensichtlich weiteres sachlich-inhaltliches Potenzial, das für den (Fach)Journalismus erschlossen werden könnte. Hierin liegen nicht zuletzt auch medienökonomische Chancen, die einerseits die Fachverlage mit einer Erweiterung ihres Angebotes sowie auch die General-Interest-Verlage zur Fokussierung auf spezielle Zielgruppen nutzen könnten.

Vor allem diese publizistische und ökonomische Entwicklung lässt sich anhand einer Grafik von Szyszka (2004: 182) weiter analysieren:

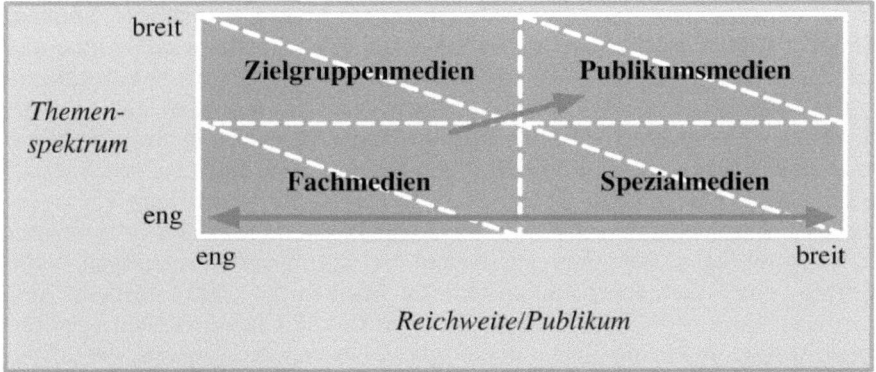

Abb. 13: Medientypen nach Reichweite und Themenspektrum (nach Szyszka 2004: 182)

Publikumsmedien wie die Nachrichtenmagazine Spiegel und Focus, die Illustrierten stern und Bunte sind am weitesten gefasst hinsichtlich der präsentierten Themen sowie der angesprochenen Zielgruppen. Typische Zielgruppenmedien sind Frauen- und Jugendzeitschriften; sie bieten thematisch ein breites Spektrum, aber fokussiert auf die Interessen einer gesellschaftlich definierten Gruppe nach Geschlecht oder Alter. Fachmedien sind sowohl hinsichtlich der Themen wie auch des Publikums am engsten konzipiert, während Spezialmedien versuchen, eine höhere Reichweite durch ein insgesamt breiteres Themenspektrum zu gewinnen.

Die publizistische Notwendigkeit der Diversifizierung des Medien- und insbesondere des Zeitschriftenmarktes liegt darin, dass kein Thema ausgegrenzt werden kann (normativ) und dass sich immer eine gesellschaftliche Gruppe findet – sei sie auch noch so klein –, die sich für ein Thema interessiert oder interessieren lässt (empirisch beobachtbar). Für Verlage ist diese publizistische Herausforderung eine ökonomische Chance und zugleich ein Risiko: Verlage wie Gruner & Jahr versuchen über Strategien wie die Entwicklung so genannter Line Extensions[75], ihr Angebot in Richtung Zielgruppen- und Spezialmedien zu erweitern. Sehr gut nachzeichnen lässt sich das am Beispiel der GEO-Familie

---

[75] Bei der Produktlinienerweiterung handelt es sich um eine Form der Markendehnung, bei der eine vorhandene Marke in der bisherigen Produktkategorie genutzt und an spezifische Bedürfnisse einzelner Kundensegmente angepasst wird. Ziel ist eine möglichst vollständige Marktabdeckung. Ein Beispiel dafür ist die Line Extension der Zigarettenmarke Marlboro in Marlboro Lights, Marlboro Medium und Marlboro 100. Wie auch bei der flankierenden Marke besteht die Gefahr der Kannibalisierung der Stamm-Marke (www.marke.at/content).

(siehe www.geo.de): Das seit 1976 erscheinende Magazin zu „Natur, Technik, Mensch, Kultur und Reisen" hat im Laufe der Jahre Kinder wie GEOlino und GEOmini oder Spezialausgaben wie GEO Saison und GEO-Epoche bekommen. Am Beispiel des Landwirtschaftsverlags in Münster (siehe Kapitel 8.11) wurde bereits gezeigt, wie Fachverlage, die sich auf Fachmedien in einem Segment spezialisiert haben, dieses Know-how nutzen und sich in Richtung von Spezial- oder sogar Publikumsmedien hin öffnen. Der Heise-Verlag in Hannover ist ein weiteres Exempel dafür wie sich Expertenmedien in Richtung interessierter Laien entwickeln: Der 1949 gegründete Verlag, zunächst Herausgeber von Adress- und Telefonbüchern, später von Werken zu Tarif-, Arbeits- und Baurecht, startete 1983 die Computerzeitschrift c't, die heute mit einer verbreiteten Auflage von knapp über 350.000 (daten.ivw.eu/index) als eine der erfolgreichsten Computerzeitschriften bekannt ist. Und mit dem Portal Telepolis (www.heise.de) sowie den weiteren Internetauftritten hat sich der Verlag als einer der Dienstleister im Feld der Informations- und Kommunikationstechnik etabliert (siehe Kuri 2009). Zusammengefasst ergeben sich folgende Feststellungen für die Untersuchung dessen, was hier als Fachjournalismus bezeichnet wird:

- Fachpublizistik ist älter als Fachjournalismus. Sie kommt vor in Form von Fachbüchern, Fachzeitschriften, elektronischen Fachmedien wie Datenbanken etc. und dient in erster Linie der Binnenkommunikation gesellschaftlicher Subsysteme. Allerdings öffnet sie sich unter dem Druck der Wissensgesellschaft, der Digitalisierung, der Ökonomisierung bzw. Kommerzialisierung. So richten sich die Fachverlage mit ihren Online-Portalen verstärkt an den Endverbraucher, der wiederum bei den Fachverlagen entsprechende Fachinformationen erwartet und nachfragt.

- Fachjournalismus hingegen beobachtet diese Subsysteme und deren interne Kommunikation, wertet diese aus, selektiert vor allem nach den Kriterien Relevanz und Aktualität Themen, die er in fachjournalistischen (v.a. Spezial- und Fachmedien) oder massenmedialen Produkten (z.B. Ressorts in Tageszeitungen, Wissens- und Ratgebermagazinen im Fernsehen, Internet-Portale) einem am Thema interessierten und damit homogenen Publikum anbietet.

- Fachjournalismus positioniert sich damit zwischen den Themen setzenden Instanzen und den Publika. Das erfordert mit Blick auf die Wahrnehmung und Akzeptanz als Vermittler komplexer und komplizierter Fachthemen von der Experten- in die Lebenswelt der Leser eine hohe Sach-, Fach- und Vermittlungskompetenz.

- Damit ist die große Nähe des Fachjournalismus zur Fachkommunikation – beispielsweise den wissenschaftlichen Meinungsführermedien wie Science und Nature oder der Fach-PR von Unternehmen und Organisationen – gegeben; aufgrund der unterschiedlichen publizistischen und gesellschaftlichen Funktionen und Aufgaben ist eine klare Unterscheidung und Trennung notwendig. Würde Fachjournalismus ungeprüft und unkritisch Informationen aus der Fach-PR vermitteln, stünde nach Ansicht aller Experten seine Glaubwürdigkeit auf dem Spiel[76].

- Journalismus wird immer fast automatisch gleichgesetzt mit dem Informationsjournalismus, wie er in Tageszeitungen sowie den Informationsprogrammen der klassischen Medien zu finden ist. Damit wird jedoch eine Betrachtung des Journalismus unter der Perspektive der Ausdifferenzierung und Veränderung eingeschränkt oder gar ausgeschlossen[77]. Empirisch beobachtbar ist, dass sich Journalismus zugleich entdifferenziert (z.B. redaktionelle Entdifferenzierung; vgl. Lünenborg 2009: 67f.; Fachredaktionen in Massenmedien werden aufgelöst) und ausdifferenziert, also spezialisiert (strukturell ebenso wie inhaltlich; siehe Beispiel der Line Extensions).

- Die Etablierung von Fachjournalismus ist keine Entwicklung neben dem Journalismus, sondern eine, die im journalistischen Subsystem stattfindet. Journalismus kann so, angesichts seiner Entdifferenzierung und damit Infragestellung seiner gesellschaftlichen Aufgabe, seine Funktion erfüllen: indem er Fachinformationen recherchiert, sie unter den Aspekten Relevanz und Aktualität aufbereitet und sie in Form von verständlichen und anschlussfähigen Beiträgen veröffentlicht. Die normativ verankerten Funktionen der Kritik und Kontrolle müssen dabei noch ausgeprägt werden, um damit endgültig die Unterscheidung von der Fachkommunikation offensichtlich zu machen.

Zu (er-)forschen bleibt deshalb noch: Wie verändert sich der Journalismus angesichts seiner Leistungen in der Wissens- und Life-long-Learning-Gesellschaft?

---

[76] Als ein Beispiel für eine entsprechende Aussage sei hier Kuri (2009: 175) zitiert: „Fachjournalisten haben oft einen schwierigen Stand, da ihnen allzu große Nähe zum Objekt ihrer Berichterstattung nachgesagt wird - scheinen sie doch weit stärker von Produkten und Firmen abzuhängen, über die sie berichten, als etwa politische Journalisten. Schließlich sind die Objekte der Berichterstattung auf der anderen Seite wieder die Subjekte eben der Werbung, von der Fachmagazine und damit die Fachjournalisten leben. Unziemliche Nähe entsteht da leicht und wird von vielen Lesern und Beobachtern fast automatisch angenommen. Auch wenn das in einigen Fällen leider eine richtige Annahme ist: Auf Dauer überleben kann ein Fachmagazin ebenso wie der selbstständige Fachjournalist nur, wenn er seine Unabhängigkeit gegenüber den Werbetreibenden behält, sowohl bei Hintergrundberichten und technischen Know-how-Artikeln als auch bei Produkttests."
[77] Zur Diskussion über die Entdifferenzierung und oder Hybridisierung des Journalismus siehe die Beiträge von Lünenborg (2009) und Görke (2009).

272 Die Popularisierung des Fachwissens im Journalismus

Welche spezifischen Formen bildet er heraus, um den Anforderungen an eine sachgerechte Informationsverarbeitung gerecht zu werden? Wie sehen konkret die Strukturen des Fachjournalismus aus? Hier fehlt es bis dato an Daten über die Strukturen der Fachverlage und Fachredaktionen. Wie kann das Berufsbild des Fachjournalisten definiert werden? Was unterscheidet Fach- von General-Interest- oder Allround-Journalisten?

Quellenverzeichnis

A

abi (2004): Arbeitsmarkt Journalisten – In Netzwerken nachwachsen. In: abi Heft 11. S. 23 unter: doku.iab.de/abi/2004/abi2804_23.pdf (08.09.2009).

Ackermann, Astrid (2005): Paris, London und die europäische Provinz. Frankfurt am Main.

Ackermann, Astrid (2006): Modemagazine als Chronik des Zeitgeistes. Zur Entstehung einer neuen Mediengattung. In: Journalistik Journal H. 1. S. 28-29.

ADAC (2009): AutomarxX 2009 – Markenimage unter: www1.adac.de/adac-im-einsatz/motorwelt/ m_archiv/Pressemeldungen/Automarxx_2009_Markenimage.asp?ComponentID=255391&Sourc ePageID=255437 (11.09.09).

Ahlke, Karola/Hinkel, Jutta (1999): Sprache und Stil. Ein Handbuch für Journalisten. Konstanz.

Aigner, Gottfried (1992): Ressort Reise. München.

Albach, Horst (1988): Wirtschaftswissenschaften. In: Gablers Wirtschaftslexikon. Wiesbaden. 12. Auflage. S. 2797-2801.

Allensbacher Archiv (2005): IfD-Umfrage Mai/Juni. Unter: www.ifd-allensbach.de/pdf/prd_0512.pdf.

Altmeppen, Klaus-Dieter/Hömberg, Walter (Hrsg.) (2002): Journalistenausbildung für eine veränderte Medienwelt. Diagnosen, Institutionen, Projekte. Wiesbaden.

Altmeppen, Klaus-Dieter/Quandt (2002): Wer informiert, wer unterhält uns? In: Medien- und Kommunikationswissenschaft 1/2002. S. 45-62.

Altmeppen, Klaus-Dieter (2006): Journalismus und Medien als Organisationen: Leistungen, Strukturen und Management. Wiesbaden.

Altrock, Vera (2008): Zieht euch warm an. In: Hamburger Abendblatt vom 06./07. Dezember 2008. S. 3.

Anczikowski, Katharina (2008): Berufsrolle und Selbstverständnis von Technikjournalisten. In: Schümchen, Andreas/Deutscher Fachjournalisten-Verband (Hrsg.): Technikjournalismus. Konstanz. S. 17-28.

Andersen, Hans Christian (1994): Des Kaisers neue Kleider. In: Andersens Märchen. Limassol (Zypern). S. 267-270.

Appel, Andrea (2000): Patentrezepte per TV. Die Gesundheits- und Krankheitsvorstellungen in einschlägigen Informations- und Ratgebersendungen. In: Jazbinsek, Dietmar (Hrsg.): Gesundheitskommunikation. Wiesbaden. S. 96-114.

Assmann, Aleida/Assmann, Jan (1994): Das Gestern im Heute. Medien und soziales Gedächtnis. In: Merten, Klaus/Schmidt, Siegfried J./Weischenberg, Siegfried (Hrsg.): Die Wirklichkeit der Medien. Opladen. S. 114-140.

Aust, Michael (2006): Nutzwert und Nische. In: Journalist H. 1. S. 32-33.

B

Baetz, Brigitte (2004): Riskanter Impfstoff. In: Journalist Heft 10. S. 10-13.

Barnes, Simon (2006): The Meaning of Sport. London.

Barthes, Roland (1985): Die Sprache der Mode. Frankfurt am Main.

Bauerkämper, Arnd/Bödeker, Hans Erich/Struck, Bernhard (2004): Die Welt erfahren. Reisen als kulturelle Begegnung von 1780 bis heute. Frankfurt am Main.

Bausinger, Hermann (2006): Sportkultur. Tübingen.

Beck, Ulrich (1986): Risikogesellschaft. Frankfurt am Main.

Beck, Ulrich (1988): Gegengifte. Frankfurt am Main.

Beck, Ulrich (2007): Was ist Globalisierung? Frankfurt am Main.

Becker, Alexander (2009): 17 Prozent würden für Online-News zahlen unter: meedia.de/nc/background/meedia-blogs/alexander-becker/alexander-becker-post/browse/3/article/17-prozent-wrde-fr-online-news-zahlen_100016904.html?tx_ttnews%5BbackPid%5D=1688&cHash=2dd988e03e (19.03.09).

Beisch, Natalie/Engel, Bernhard (2006): Wie viele Programme nutzen die Fernsehzuschauer? In: Media Perspektiven 7/2006. S. 374-379.

Beloschnitschenko, Swetlana (2004): Deutschsprachige Pilger- und Reiseberichte des 15. und 16. Jahrhunderts. Osnabrück.

Bentele, Günter (2006): Getrennte Welten. Journalismus und PR in Deutschland. Von Thomas Schnedler. In: nr-Werkstatt Nr. 4/2006 unter: www.netzwerkrecherche.de/docs/nr-studie_pr_und_journalismus_lang.pdf (14.09.09).

Berg, Matthias/Hepp, Andreas (2007): Musik im Zeitalter der Digitalisierung und kommunikativen Mobilität: Chancen, Risiken und Formen des Podcastings in der Musikindustrie. In: Medien und Kommunikationswissenschaft. Sonderband 1 „Musik und Medien". S. 28-44.

Bertling, Christoph (2009): Sportainment. Konzeption, Produktion und Verwertung von Sport als Unterhaltungsangebot in den Medien. Köln.

Beuthner, Michael/Weichert, Stephan (Hrsg.) (2005): Die Selbstbeobachtungsfalle. Wiesbaden.

Bierther, Patrick (2004): Expertenmakler-Systeme als Recherche-Werkzeuge. In: Deutscher Fachjournalisten-Verband (Hrsg.): Fachjournalismus. Konstanz. S. 49-55.

Bleicher, Joan Kristin/Lampert, Claudia (2003): Gesundheit und Krankheit als Themen der Medien- und Kommunikationswissenschaft – eine Einleitung. In: Medien- und Kommunikationswissenschaft H. 3-4. Themenheft „Gesundheit in den Medien". S. 347-352.

Bloofusion (2007): Suchmaschinen-Optimierung für Fachverlage: Herausforderungen und Lösungswege unter: www.bloofusion.de/news-artikel/standpunkt/fachverlage/fachverlage.pdf (09.09.09).

Blöbaum, Bernd (1994): Journalismus als soziales System: Geschichte, Ausdifferenzierung und Verselbständigung. Opladen.

Blöbaum, Bernd (2001): Autonom und abhängig. Zur Autopoiesis des Journalismus. In: Communicatio Socialis. 34. Jg. S. 66-76.

Blöbaum, Bernd (2004): Organisation, Programme und Rollen. Die Struktur des Journalismus in systemtheoretischer Perspektive In: Löffelhoz, Martin (Hrsg.): Theorien des Journalismus. 2. Auflage. Wiesbaden. S. 201-215.

Blöbaum, Bernd/Görke, Alexander (2003): Wissenschaftsjournalismus bei Regional- und Boulevardzeitungen. Ergebnisse einer Befragung und Inhaltsanalyse. Endbericht einer Studie für das Qualifizierungsprogramm Wissenschaftsjournalismus (unveröffentlichtes Manuskript) unter: www.bertelsmann-stiftung.de/cps/rde/xbcr/SID-1C285619-CA7515B2/bst/Endfassung_ Regional Studie_pag_04-09-13.pdf (14.09.09).

Blöbaum, Bernd/Görke, Alexander/Wied, Kristina (2004): Quellen der Wissenschaftsberichterstattung (unveröffentlichte Studie) unter: www.bertelsmann-stiftung.de/cps/rde/xbcr/SID-1C285619-CA7515B2/bst/Studie_Quellen_des_Wijo_2004.pdf (14.09.09).

Blum, Roger/Baumli, Manuela/Borer, Olivier (2007): Zur Darstellung des Autos in der Schweizer Öffentlichkeit unter: www.agvs.ch./fileadmin/agvs/dokumente/organisation/verband/publikationen/Bericht_AGVS.pdf (5.11.09).

Bonder, Andrea (2007): In die Töpfe geguckt. In: Insight Heft 9/2007. S. 19-21.

Bourdieu, Pierre (1982): Die feinen Unterschiede. Frankfurt.

Boyle, Raymond (2006): Sports Journalism. London.

Böhme, Gernot (2008): Invasive Technisierung. Kusterdingen.

Braun, Joachim/Kaiser, Walter (1992): Propyläen Technikgeschichte. Energiewirtschaft, Automatisierung, Information seit 1914. Band 5. Berlin.

Braun, Stefan (2008): Exkurs: „Making-of" eines technikjournalistischen Beitrags. In: Schümchen, Andreas/Deutscher Fachjournalisten-Verband (Hrsg.): Technikjournalismus. Konstanz. S. 95-112.

Brinkmann, Thomas (2000): Sport und Medien – Die Auflösung einer ursprünglichen Interessengemeinschaft. In: Media Perspektiven H. 11. S. 491-498.

Broichhausen, Klaus (1977): Die Struktur der Fachpresse – heute und morgen. In: Roegele, Otto B./Großmann, Hans (Hrsg.): Handbuch der Fachpresse. Teil 1. Die deutsche Fachpresse der Gegenwart und ihre gesellschaftspolitische Bedeutung. Frankfurt am Main. S. 23-33.

Bruns, Tissy (2007): Republik der Wichtigtuer. Freiburg/Basel/Wien.

Brunst, Claudia (2002): „Zapp Dir den Einblick" In: Insight. Mai 2002. S. 12-14.

Brückerhoff, Björn (2008): Der alltägliche Medienjournalismus unter: www.neuegegenwart.de/ ausgabe50/medienjournalismus.htm (22.09.2008).

Buchholz, Gerhard (1990): Skizzen zur Wissenschaftsgeschichte der Medizinischen Publizistik. In: Fischer, Heinz-Dietrich (Hrsg.): Medizinpublizistik. Prämissen – Praktiken – Probleme. Frankfurt am Main. S. 17-23.

Bundesagentur für Arbeit (2006): Arbeitsmarkt Kompakt. Bonn.

Burkart, Roland (1995): Kommunikationswissenschaft: Grundlagen und Problemfelder. Umrisse einer interdisziplinären Sozialwissenschaft. 2. Auflage. Wien.

Büh, Florian (2007): Ein Verlag gibt Gas. In: Autojournalist. S. 20-21.

C

Campbell, Vincent (2004): Information Age Journalism: Journalism in an International Context. London.

Compagno, Thomas (1994): Rubrik und Ressort. Zürich.

Coridaß, Caroline/Lantzsch, Katja (2007): DRM-Formate und Standardisierungsstrategien in der digitalen Musikdistribution. In: Medien und Kommunikationswissenschaft. Sonderband 1 „Musik und Medien". S. 14-27.

D

Daniel, Matthias (2009): „Es ist ein Tanz". Interview mit Steffen Klusmann. In: Journalist H. 2. S. 22-25.

Dehm, Ursula (2008): Zwischen Lust und Lernen – Wissens- und Wissenschaftssendungen: Ergebnisse, Möglichkeiten und Grenzen von Medienforschung. In: Hettwer, Holger/Lehmkuhl, Markus/Wormer, Holger/Zotta, Franco (Hrsg.): Wissenswelten. Wissenschaftsjournalismus in Theorie und Praxis. Gütersloh. S. 483-500.

Deilmann, Astrid (2004): Bild und Bildung. Fotografische Wissenschafts- und Technikberichterstattung in populären Illustrierten der Weimarer Republik (1919-1932). Osnabrück.

Demmer, Christine (1997): Wirtschaft ist sexy. In: Medium Magazin H. 6. S. 50-51.

Deneke, J.F. Volrad/Sperber, Richard E. (1973): Einhundert Jahre Deutsches Ärzteblatt – Ärztliche Mitteilungen. Lövenich.

Dernbach, Beatrice (1998): Braucht die Multimedia-Gesellschaft Berufskommunikatoren? Aufgaben und Anforderungen im Wandel. In: Dernbach, Beatrice/Rühl, Manfred/Theis-Berglmair, Anna-Maria (Hrsg.): Publizistik im vernetzten Zeitalter. Opladen/Wiesbaden. S. 53-67.

Dernbach, Beatrice (2000): Themen der Publizistik – Wie entsteht die Agenda öffentlicher Kommunikation? In: Publizistik 1/2000. S. 38-50.

Dernbach, Beatrice (2002): Fachjournalismus und Public Relations - Informationslieferanten in der multimedialen Unterhaltungswelt. In: Baum, Achim/Schmidt, Siegfried J. (Hrsg.): Fakten und Fiktionen. Konstanz. S. 181-192.

Dernbach, Beatrice (2004): Der spezialisierte Generalist: Qualifikationen und Profile von Fachjournalisten. In: Deutschen Fachjournalisten-Verband (Hrsg.) : Fachjournalismus. Konstanz. S. 31-38.

Dernbach, Beatrice (2005): Der Glaube an den Fortschritt. Vom Vertrauen in Wissenschaft. In: Dernbach, Beatrice/Meyer, Michael (Hrsg.): Vertrauen und Glaubwürdigkeit. Wiesbaden. S. 27-46.

Dernbach, Beatrice (2010): Fachjournalismus international. In: Quandt, Siegfried/Deutscher Fachjournalisten-Verband (Hrsg.): Fachjournalismus. Konstanz (in Vorbereitung).

Deutsche Fachpresse (2001): Leistungsanalyse Fachmedien unter: www.deutsche-fachpresse.de/ fileadmin/allgemein/downloads/leistungsanalyse_fachmedien2001.pdf (14.09.09).

Deutsche Fachpresse (2009): Wege zum Kunden. Jahrbuch der Deutschen Fachpresse. Frankfurt am Main.

Deutscher Fachjournalisten Verband (Hrsg.) (2004): Fachjournalismus. Expertenwissen professionell vermitteln. Konstanz.

Deutscher Fachjournalisten-Verband/Bentele, Günter (Hrsg.) (2006): PR für Fachmedien. Konstanz.

DGPuK (2001): Die Mediengesellschaft und ihre Wissenschaft. Herausforderungen für die Kommunikations- und Medienwissenschaft als akademische Disziplin. München.

Diemand, Vanessa/Mangold, Michael/Weibel, Peter (Hrsg.) (2007): Weblogs, Podcasting und Videojournalismus. Hannover.

Donges, Patrick (2008): Medialisierung politischer Organisationen. Wiesbaden.

Donsbach, Wolfgang/Reutsch, Mathias/Schielicke, Anna-Maria/Degen, Sandra (2009): Entzauberung eines Berufs. Konstanz.

Dovifat, Emil (1967): Zeitungslehre II: Redaktion. Die Sparten, Verlag und Vertrieb, Wirtschaft und Technik, Sicherung der öffentlichen Aufgabe. 5. Auflage. Berlin.

Dovifat, Emil (1976): Zeitungslehre II. Bearbeitet von Jürgen Wilke. 6. Auflage. Berlin.

Drensek, Jürgen (2001): Überleben am Büffet. In: Journalist H. 9, S. 22-26.

Drensek, Jürgen (2002): Traumberuf: Reisejournalist? In: Fachjournalist Nr. 5. S. 12-13.

Dunker, Michael (2008): Technikjournalismus in Special-Interest-Zeitschriften.
In: Schümchen, Andreas/Deutscher Fachjournalisten-Verband (Hrsg.): Technikjournalismus. Konstanz. S. 147-156.

E

Eckart, Wolfgang Uwe/Jütte, Robert (2007): Medizingeschichte. Eine Einführung. Köln.

Ehl, Lisa/Fey, Amelie (2004): Das Berufsprofil „Sportjournalist 2004". Eine repräsentative Befragung von Sportjournalisten in Deutschland (unveröffentlichte Diplomarbeit). Köln.

Eick, Jürgen (1974): So nutzt man den Wirtschaftsteil einer Tageszeitung. Frankfurt am Main.

Eimeren, Birgit van/Frees, Beate (2009): Der Internetnutzer 2009 - multimedial und total vernetzt? Ergebnisse der ARD/ZDF-Online-Studie 2009. In: Media Perspektiven H. 7. S. 334-348.

Engels, Kerstin (Hrsg.) (2002): Neue Medien – neue Qualifikationen? Themenheft Medien- und Kommunikationswissenschaft. H. 1.

European Commission (2005): Europeans, Science and Technology. Special Eurobarometer 224 unter: ec.europa.eu/public_opinion/archives/ebs/ebs_224_report_en.pdf (14.09.09).

F

Fasel, Christoph (2004): Nutzwertjournalismus. Konstanz.

Feicht, Nils/Stukenbrock, Christoph/Ternieden, Hendrick (2006): Ewig lockt der Fußball. In: Journalist H. 5. S. 16-18.

Fengler, Susanne (2002): Medienjournalismus in den USA. Konstanz.

Fengler, Susanne (2006): Ein Rundflug – und eine Spurensuche. In: Journalistik Journal unter: journalistik-journal.lookingintomedia.com

Festinger, Leon (1957): A Theory of Cognitive Dissonance. Evanston.

Fichtner, Ullrich (2006): Tellergericht. Die Deutschen und das Essen. München.

Firley, Ingo (2001): Vom E- zum Kw-Business. In: Journalist H. 10. S. 46-48.

Fischer, Christoph (2003): Zum Selbstverständnis von Medizinjournalisten. Ein Interview mit Christoph Fischer, Medizinjournalist der BILD-Zeitung. In: Medien- und Kommunikationswissenschaft 3-4. Themenheft Gesundheit in den Medien. S. 455-460.

Fischer, Heinz-Dietrich (1990): Aspekte interdisziplinärer Ausbildung von Medizinpublizisten. In: Fischer, Heinz-Dietrich. (Hrsg.): Medizinpublizistik. Frankfurt am Main u.a.. S. 73-86.

Fluck, Hans-Rüdiger (1996): Fachsprachen. 5. Auflage. Tübingen.

Franke, Martin (2000): Talkshow-Transplantationen. In: Jazbinsek, Dietmar (Hrsg.): Gesundheitskommunikation. Wiesbaden. S. 115-128.

Freimark, Alexander (2009), „Mobilfunkkunden simsen und telefonieren lieber" unter: www.computerwoche.de/knowledge_center/mobile_wireless/1888205/(25.02.09).

Friedrichsen, Mike (2008): Musik im Spannungsfeld von Wirtschaftsgut und kulturellem Angebot. In: Weinacht, Stefan/Scherer, Helmut (Hrsg.): Wissenschaftliche Perspektiven auf Musik und Medien. Wiesbaden. S. 19-38.

Fromm, Thomas (2009): „Sie blökten den falschen Sound". Interview mit Siegfried Weischenberg. Unter: http://www.sueddeutsche.de/wirtschaft/703/464304/text/(13.08.2009).

Frühbrodt, Lutz (2007): Wirtschaftjournalismus. Berlin.

Frühbrodt, Lutz (2008): 2.2 Technikjournalismus in Tageszeitungen. In: Schümchen, Andreas/Deutscher Fachjournakisten-Verband (Hrsg.): Technikjournalismus. Konstanz. S. 131-146.

Frütel, Sybille (2005): Toy Department for Men. Eine empirische Studie zum internationalen Sportjournalismus. Pulheim.

Fuchs, Christian (2006): Zahlt mal schön selbst. Reporter in der Zwickmühle: Wie manche Reiseveranstalter ihre PR durchsetzen unter: www.sueddeutsche.de/reise/223/412993/text/print.html (26.01.2009).

G

Gaede, Lars: Öko muss nicht weh tun unter: www.taz.de/1/leben/medien/artikel/1/oeko-muss-nicht-weh-tun/?src=HL&cHash=515a666e6d (24.10.09).

Galtung, Johan/Ruge, Mari Holmboe (1965): The Structure of Foreign News. In: Journal of Peace Research. H. 2. S. 64-91.

Garmissen, Anna von (2003): Entzaubert. In: Insight H. 5. S. 14-17.

Garmissen, Anna von (2007): Mediale Innenschau. In: Journalist H. 1. S. 30-33.

Gaßdorf, Dagmar (1996): Das Zeug zum Schreiben. Bonn.

Genuth, Iddo (2007): The Future of Electronic Paper unter: thefutureofthings.com/articles/1000/the-future-of-electronic-paper.html (15.02.09).

Gerhard, Heinz (2006): Die Fußball-WM als Fernsehevent. In: Media Perspektiven H. 9. S. 465-474.

Gleich, Uli (2000): Merkmale und Funktionen der Sportberichterstattung. In: Media Perspektiven H. 11. S. 511-515.

Gleich, Uli (2004): Sportkommunikation und ihre Bedeutung für die Nutzer. In: Media Perspektiven H. 10. S. 500-505.

Glik, Deborah C. (2001): Gesundheitsjournalismus – Grundlage der professionellen Massenkommunikation. In: Hurrelmann, Klaus/Leppin, Anja (Hrsg.): Moderne Gesundheitskommunikation. Bern. S. 169-182.

Glotz, Peter/Langenbucher, Wolfgang R. (1969): Der mißachtete Leser. Köln/Berlin.

Glotz, Peter/Meyer-Lucht, Robin (2004): Online gegen Print - Zeitung und Zeitschrift im Wandel. Konstanz.

Goede, Wolfgang C. (2003): Fachjournalismus von den Menschen, mit den Menschen und für die Menschen. In: Fachjournalist H. 6. S. 3-6.

Gongolsky, Mario (2008): 2.4 Technikjournalismus im Hörfunk. In: Schümchen, Andreas/Deutscher Fachjournalisten-Verband (Hrsg.): Technikjournalismus. Konstanz. S. 157-176.

Göpfert, Winfried (2004): Starke Wissenschafts-PR - armer Wissenschaftsjournalismus. In: Müller, Christian (Hrsg.) : SciencePop - Wissenschaftsjournalismus zwischen PR und Forschungskritik. Graz. S. 184-198.

Göpfert, Winfried (2001): Möglichkeiten und Grenzen der Gesundheitsaufklärung über Massenmedien. In: Hurrelmann, Klaus/Leppin, Anja (Hrsg.): Moderne Gesundheits-kommunikation. Bern. S. 131-141.

Göpfert, Winfried/Kunisch, Philipp (1999): Wissenschaft per Nachrichtenagentur. Berlin. unter: www.wissenschaftsjournalismus.de/kuni_fobe.pdf (14.09.09).

Gordon, Noah (1987): Der Medicus. München.

Görke, Alexander/Kohring, Matthias (1996): Unterschiede, die Unterschiede machen. In: Publizistik 1/1996. S. 15-31.

Görke, Alexander (2002): Journalismus und Öffentlichkeit als Funktionssystem. In: Scholl, Armin (Hrsg.): Systemtheorie und Konstruktivismus in der Kommunikationswissenschaft. Konstanz. S. 69-90.

Görke (2003): Das System der Massenmedien, öffentliche Meinung und Öffentlichkeit. In: Bluhm, Harald/Fischer, Karsten/Hellmann, Kai-Uwe (Hrsg.): Das System der Politik. Niklas Luhmanns politische Theorie. Wiesbaden. S. 121-135.

Görke, Alexander (2009): Untergang oder Neuschöpfung des Journalismus? Theorie-Perspektiven und Theorie-Probleme der Hybridisierungsdebatte. In: Dernbach, Beatrice/Quandt, Thorsten: Spezialisierung im Journalismus. Wiesbaden. S. 73-93.

Götz, Werner (2008): Besonderheiten der Recherche. In: Schümchen, Andreas/Deutscher Fachjournalisten-Verband (Hrsg.): Technikjournalismus. Konstanz. S. 83-94.

Groth, Otto (1960): Die unerkannte Kulturmacht. Grundlegung der Zeitungswissenschaft. Berlin.

Grunwald, Armin (2002): Technikfolgenabschätzung – eine Einführung. Berlin.

Gutmann-Heger, Anna Maria (2007): Wieviel Medizin steckt in Wellness? In: Medizinjournalist H. 2. S. 4-7.

H

Haacke, Wilmont (1968): Erscheinung und Begriff der politischen Zeitschrift. Tübingen.

Haacke, Wilmont (1990): Interdependenzen von Massenmedien und Medizin. In: Fischer, Heinz-Dietrich (Hrsg.): Medizinpublizistik. Frankfurt am Main u.a.. S. 35-48.

Haas, Hannes (1999): Empirischer Journalismus. Verfahren zur Erkundung gesellschaftlicher Wirklichkeit. Wien.

Haas, Hannes (2005): Mediengattungen. In: Weischenberg, Siegfried/Kleinsteuber, Hans J./Pörksen, Bernhard (Hrsg.): Handbuch Journalismus und Medien. Konstanz. S. 225-229.

Haase, Tina (2001): Wirtschaftsberichterstattung in Deutschland. Durchbruch der Wirtschafts-printmedien in den 90er Jahren (unveröffentlichte Diplomarbeit). Bremen.

Hachmeister, Lutz (2007): Nervöse Zone. Politik und Journalismus in der Berliner Republik. München.

Hagemann, Walter (1957) (Hrsg.): Die deutsche Zeitschrift der Gegenwart: eine Untersuchung des Instituts für Publizistik der Westfälischen Wilhelms-Unviversität. Münster.

Hagenah, Jörg (2004): Sportrezeption und Medienwirkung. München.

Hägermann, Dieter/Schneider, Helmuth (1997): Propyläen Technikgeschichte. Landbau und Handwerk. 750 v. Chr. – 1000 n. Chr. Berlin.

Hallenberger, Gerd/Nieland, Jörg-Uwe (2005): Neue Kritik der Medienkritik. Köln.

Haller, Michael (1992): Wissenschaft und Journalismus – Vom Gegensatz zur Partnerschaft. In: Gerwien, Robert (Hrsg.): Die Medien zwischen Wissenschaft und Öffentlichkeit. Stuttgart. S. 39-48.

Haller, Michael (1997): Die besondere Attraktion des Lokalen: seine Virtualität in den neuen Medien. In: Bentele, Günter/Haller, Michael (Hrsg.): Die aktuelle Entstehung von Öffentlichkeit. Konstanz. S. 431-444.

Haller, Michael (2004): Recherchieren. Konstanz.

Haller, Michael (2005a): PR-basierte Zeitungsberichte. In: Message. H. 3/2005, S. 16.

Haller, Michael (2005b): Kundendienst statt Journalismus? In: Message, H. 3/2005. S. 17.

Haller, Michael/Hiller, Alexander (2005): Basisnorm – Redaktionelle Unabhängigkeit. In: Message. H. 3/2005. S. 15.

Haller, Michael (2007a): Studie zum Finanz- und Wirtschaftsjournalismus in Deutschland. Leipzig.

Haller, Michael (2007b): Vergessen Sie die Insider! In: Finanzjournalismus. Supplement zu Message H. 4. S. 2-3.

Hamburger Abendblatt (2009): Fördertopf leer – jetzt droht Pleitewelle. Ausgabe vom 03.09.2009. S. 26.

Hauser, Francoise (2008): Reisejournalismus. Handbuch für Quereinsteiger, Globetrotter und (angehende) Journalisten. Frankfurt am Main.

Heess, Jutta (2003): Exotinnen und heilige Kühe. In: Journalist H. 1. S. 26-27.

Heinemann, Klaus (2002): Wirtschaftssoziologie. In: Endruweit, Günter/Trommsdorf, Gisela. (Hrsg.): Stuttgart. 2. Aufl.age. S. 694-699.

Heinrich, Jürgen (1989): Wirtschaftsjournalismus. In: Publizistik H. 3. S. 284-296.

Heinrich, Jürgen/Moss, Christoph (2006): Wirtschaftsjournalistik. Wiesbaden.

Hettwer, Holger/Lehmkuhl, Markus/Wormer, Holger/Zotta, Franco (Hrsg.) (2008): Wissenswelten. Wissenschaftsjournalismus in Theorie und Praxis. Gütersloh.

Hintz, Jörg (1977): Die Fachzeitschriften-Redaktion. In: Roegele, Otto B./Großmann, Hans (Hrsg.): Handbuch der Fachpresse. Teil 1. Die deutsche Fachpresse der Gegenwart und ihre gesellschafts-politische Bedeutung. Frankfurt am Main. S. 113-118.

Hochschule Bremen (2002/2003): Fachzeitschriften-Analyse. Unveröffentlichte Studie im Internationalen Studiengang Fachjournalistik.

Hoffmann, Thomas (2003): Blättern und wohlfühlen. In: Journalist H. 7. S. 41-43.

Hofkirchner, Wolfgang (1999): Die halbierte Informationsgesellschaft. In: Buchinger, Eva (Hrsg.): Informations-?-Gesellschaft. OEFZS-Berichte. Wien. S. 49-58 unter: igw.tuwien.ac.at/igw/menschen/hofkirchner/papers/InfoSociety/Halbierte_ Infoges/infoges.html (08.04.2009).

Hofsähs, Rudolf (1977): Die politische Bedeutung der Fachzeitschrift. In: Roegele, Otto B./Großmann, Hans (Hrsg.): Handbuch der Fachpresse. Teil 1. Die deutsche Fachpresse der Gegenwart und ihre gesellschaftspolitische Bedeutung. Frankfurt am Main. S. 119-133.

Holm, Carsten (1995): Ein bisschen viel Paris In: Spiegel Spezial H. 1. S. 111.

Holst, Christian (2008): Kinder, Essen ist fertig! unter: www.tvspielfilm.de/news/specials/u/unterhaltung?object_id=5717 (08.04.2009).

Holtz, Peter (2006): Was ist Musik? Subjektive Theorien Musik schaffender Künstler. Norderstedt: Books on demand.

Hömberg, Walter (1991): Zur Geschichte des Wirtschaftsjournalismus. In: Ruß-Mohl, Stephan/Stuckmann, Heinz D. (Hrsg.): Wirtschaftsjournalismus. München. S. 231-235.

Hömberg, Walter (1987): Das verspätete Ressort. Konstanz.

Hooffacker, Gabriele (2004): Online-Journalismus. München.

Hossain, Alice ((2005): Fachsprache und Gemeinsprache – Zwillinge oder Stiefgeschwister. Eine linguistisch und kommunikationstheoretische Fachsprachenanalyse (unveröffentlichte Hausarbeit). Bremen..

Huck, Simone (2006): Dezentrale PR-Arbeit: Mitarbeiter als Fachjournalisten – Eine organisatorische Innovation. In: Deutscher Fachjournalisten-Verband/Bentele, Günter (Hrsg.): PR für Fachmedien. Konstanz. S. 359-376.

Hurrelmann, Klaus/Leppin, Anja (2001): Moderne Gesundheitskommunikation – eine Einführung. In: Hurrelmann, Klaus/Leppin, Anja (Hrsg.): Moderne Gesundheitskommunikation. Bern. S. 9-21.

Hübsch, Angela (2007): Kopplung von Wissenschaftsjournalismus und Unterhaltung (unveröffentlichte Diplomarbeit). Bremen.

I

Imhof, Kurt (2006): Mediengesellschaft und Medialisierung. In: Medien- und Kommunikationswissenschaft 54, Jg. H. 2. S. 191-215.

Ip, Greg (2009): American financial journalists: What did we know and when did we know it? In: Kölner Journalistenschule (2009): Die Krise und ihre Folgen – Was können Journalisten daraus lernen? Dritter Tag des Wirtschaftsjournalismus unter: tag-des-wirtschaftsjournalismus.de/images/stories/rueckschau_2009/Tagungsbericht2009.pdf (13.08.2009).

J

Jackob, Nikolaus/Arens, Jenny/Zerback, Thomas (2008): Immobilienjournalismus in Europa. München.

Jäger, Uli (2004): Pocket global. Globalisierung in Stichworten. Bonn.

Jarren, Otfried/Meier, Werner A. (2002): Mediensysteme und Medienorganisationen als Rahmenbedingungen für den Journalismus. In: Jarren, Otfried/Weßler, Hartmut (Hrsg.): Journalismus – Medien – Öffentlichkeit. Wiesbaden. S. 99-135.

Jazbinsek, Dietmar (2000): Gesundheitskommunikation. Erkundungen eines Forschungsfeldes. In: Jazbinsek, Dietmar (Hrsg.): Gesundheitskommunikation. Wiesbaden. S. 11-31.

Journalistik Journal (2009): Journalismus und Wirtschaft. Nr. 1. S. 12-34.

Jürgs, Michael (2009): Seichtgebiete. Warum wir hemmungslos verblöden. 5. Auflage. München.

K

Kaiser, Ulrike (2001): Watte im Glashaus. In: Journalist H. 2. S. 10-14.

Kaiser, Alfons (2006): Auf Kuschelkurs mit den Anzeigenkunden. Modemagazine könnten durch freche Berichte glänzen. In: Journalistik Journal H. 1. S. 30-31.

Karle, Roland (1999): Munteres Abwerben. In: Journalist H. 11. S. 28-32.

Karle, Roland (2003a): Abstieg aus der Oberliga. In: Journalist H. 6. S. 28-31.

Karle, Roland (2003b): Druck und mehr. In: Journalist H. 9. S. 12-17.

Kaufmann, Jean-Claude (2006): Kochende Leidenschaft. Soziologie von Kochen und Essen. Konstanz.

KBA (2009/1): Fahrzeugzulassungen im August 2009. Pressemitteilung Nr. 20 unter: www.kba.de/cln_007/nn_330190/DE/Presse/PressemitteilungenStatistiken/Fahrzeugzulassungen/ n__08__09__pdf,templateId=raw,property=publicationFile.pdf/n_08_09_pdf.pdf (11.09.09).

KBA (2009/2): Der Fahrzeugbestand am 1. Januar 2009. Pressemitteilung Nr. 7 unter: www.kba.de/cln_016/nn_124384/DE/Presse/PressemitteilungenStatistiken/Fahrzeugbestand/fz__ bestand__01__01__09__PDF,templateId=raw,property=publicationFile.pdf/fz_bestand_01_01_0 9_PDF.pdf (11.09.09).

KBA 2009/3): Schwerpunkte der Pkw-Marken in Deutschland unter: www.kba.de/cln_007/ nn_191194/DE/Statistik/Fahrzeuge/Bestand/MarkenHersteller/2009__b__mark__schwerpunkt__ diagramm.html (11.09.09).

KBA (2009/4): Fahrzeugbestand am 1. Januar 2009 unter: www.kba.de/cln_007/ nn_125264/DE/Statistik/Fahrzeuge/Bestand/bestand__node.html?__ nnn=true (11.09.09).

Keel, Guido/Poëll, Robin/Wyss, Vinzenz (2006): Schweizer Fachjournalisten: Rollen, Einstellungen und Merkmale. Studie im Auftrag des Schweizer Fachjournalisten-Verbandes. Schlussbericht. Winterthur/Zürich unter: www.zhaw.ch/de/zhaw/hochschul-online-publikationen/angewandte-linguistik/iam-institut-fuer-angewandte-medienwissenschaft.html (13.08.2009).

Keller, Alice (2001): Elektronische Zeitschriften im Wandel: Eine Delphi Studie. Wiesbaden.

Keller, Christian (2005): Fachjournalismus: Schreiben für technische Zeitschriften. Zürich.

Keller, Christian (2008): 2.1 Technikjournalismus in Fachzeitschriften. In: Schümchen, Andreas/Deutscher Fachjournalisten-Verband (Hrsg.): Technikjournalismus. Konstanz. S. 115-129.

Kessler, Andreas (2006): Auto-Radio wird durch Talk-Anteile erst „schön". In: Journalistik Journal – Mode und Motoren. Dortmund. S. 21.

Kinzel, Rudolf (1990): Die Modemacher. Geschichte der Haute Couture. Wien/Darmstadt.

Klein, Thorsten (2008): Zum Selbstverständnis von Sportjournalisten. München.

Kleinsteuber, Hans J./Thimm, Tanja (2008): Reisejournalismus. 2. Auflage. Wiesbaden.

Kleinsteuber, Hans J. (1997): Reisejournalismus. 1. Auflage. Opladen.

Klemm, Helmut (2002): Horizont der Erkenntnis unter: www.zeit.de/2002/02/200202_n-halbwertszeit_xml (14.09.09).

Knödler, Torsten (2005): Public Relations und Wirtschaftsjournalismus. Wiesbaden.

Koball, Eva (2008): Die Veränderungen der deutschen Esskultur und ihr Einfluss auf Frauenzeitschriften. Dargestellt am Beispiel der „Brigitte"-Ausgaben aus den Jahren 1958 und 2008 (unveröffentlichte Bachelor-Arbeit). Bremen.

Kohlenberg, Kerstin/Uchatius, Wolfgang (2008): Wo ist das Geld geblieben? In: Die Zeit 27.11.2008. S. 17-21.

Kohring, Matthias (1997): Die Funktion des Wissenschaftsjournalismus. Ein systemtheoretischer Entwurf. Opladen.

Kohring, Matthias (2001): Vertrauen in Medien – Vertrauen in Technologie. Arbeitsbericht Nr. 196. Stuttgart.

Kohring, Matthias (2004): Vertrauen in Journalismus: Theorie und Empirie. Konstanz.

Kohring, Matthias (2005): Wissenschaftsjournalismus. Konstanz.

Kohring, Matthias (2006): Öffentlichkeit als Funktionssystem der modernen Gesellschaft. Zur Motivationskraft von Mehrsystemzugehörigkeit. In: Ziemann, Andreas (Hrsg.): Medien der Gesellschaft – Gesellschaft der Medien. Konstanz. S. 161-181.

Korol, Stefan (2008): Technikjournalismus im Fernsehen. In: Schümchen, Andreas/Deutscher Fachjournalisten-Verband (Hrsg.): Technikjournalismus. Konstanz. S. 177-192.

Korol, Stefan (2009): Spezialisierung im Journalismus: Technikjournalismus. In: Dernbach/Quandt, Thorsten (Hrsg.): Spezialisierung im Journalismus. Wiesbaden. S. 157-162.

Koubek, Jochen (2006): E-Paper is tomorrow unter: waste.informatik.hu-berlin.de/koubek/ forschung/koubekE-Paper.pdf (24.10.09).

Köhler, Ina (2006): Modejournalismus – kein Thema für deutsche Unis? Vielen Fachredakteuren fehlt die passende Ausbildung. In: Journalistik Journal H. 1. S. 22-23.

Köhler, Wolfgang (2009): Blindflug durch die Krise. In: Message H. 1. S. 10-16.

Kölner Journalistenschule (2009): Die Krise und ihre Folgen – Was können Journalisten daraus lernen? Dritter Tag des Wirtschaftsjournalismus unter: tag-des-wirtschaftsjournalismus.de/images/stories/rueckschau_2009/Tagungsbericht2009.pdf (13.08.09).

König, René (1985): Menschheit auf dem Laufsteg. München/Wien.

König, Wolfgang (1997): Einführung in die „Propyläen Technikgeschichte". In: König, Wolfgang (Hrsg.): Propyläen Technikgeschichte. Erster Band. Berlin. S. 10-16.

Kötter, Yasmin (2008): Technikjournalismus im Internet. In: Schümchen, Andreas/Deutscher Fachjournalisten-Verband (Hrsg.): Technikjournalismus. Konstanz. S. 193-209.

Krause, Detlef (1996): Luhmann-Lexikon. Stuttgart.

Krempien, Petra (2000): Geschichte des Reisens und des Tourismus. Limburgerhof.

Kretzschmar, Sonja (2009): Journalismus to go. In: Neuberger, Christoph/Nuernbergk, Christian/Rischke, Melanie (Hrsg.): Journalismus im Internet. Wiesbaden. S. 335-352.

Krüger, Udo Michael/Müller-Sachse, Karl H. (1998): Medienjournalismus. Wiesbaden.

Kuhl, Miriam (2005): Spannungsfeld Fachjournalismus. In: Fachjournalist H. 21. S. 20-23.

Kuhlmann, Marlies (1957): Der Weg der Wirtschaftsnachricht und ihre Stellung im Wirtschaftsteil der Tageszeitung. Köln.

Kuri, Jürgen (2009): Die Mühen der Ebene. Fachjournalismus am Beispiel des Computermagazins c't. In: Dernbach, Beatrice/Quandt, Thorsten (Hrsg.): Spezialisierung im Journalismus. Wiesbaden. S. 175-185.

Kurp, Matthias (2008): Mit dem Handy ins World Wide Web unter: www.medienforum.nrw.de/medientrends/konvergenz/mit-dem-handy-ins-world-wide-web.html (13.08.09).

Küng, Emil (1976): Steuerung und Bremsung des technischen Fortschritts. Tübingen.

Kwant, Thomas (2007): Make or buy? In: Autojournalist. S. 16-17.

L

Lakatos, Janet (2006): Traumbranche Reisejournalismus unter: www.e-fellows.net/show/detail.php/10050 (26.01.09).

Lange-Ernst, Maria-E. (2007): „Gute Journalisten sind nicht käuflich". In: Medizinjournalist H. 1. S. 6-8.

Langer, Inghard/Schulz von Thun, Friedemann/Tausch, Reinhard (2002): Sich verständlich ausdrücken. München.

Langer, Ulrike (1998): Karriere mit Spaßfaktor. In: Medium Magazin H. 4. S. 52-54.

Lasswell, Harold D. (1948): The Structure and Function of Communication in Society. In: Bryson, Leon (Ed.): The Communication of Ideas. New York. S. 37-51.

Lehmann, Ernst H. (1936): Einführung in die Zeitschriftenkunde. Leipzig.

Lehmkuhl, Markus/Hettwer, Holger/Wormer, Holger/Zotta, Franco:(2008): Was ist Wissenschaftsjournalismus? Eine Einleitung. In: Hettwer, Holger/Lehmkuhl, Markus/Wormer, Holger/Zotta, Franco: Wissenswelten: Wissenschaftsjournalismus in Theorie und Praxis. Gütersloh. S. 13-23.

Lerch, Patrick (2009): Es war einmal der Zeitgeist. In: Einsteins Nr. 20. S. 6-7.

Limmer, Tanja/Armbruster, Steffen (2009): Zwirn der Zukunft. In: Einsteins Nr. 20. S. 14-20.

Linden, Peter (2000): Wie Texte wirken. Berlin.

Lobigs, Frank (2009): Das Dilemma des populären Wirtschaftsjournalismus. In: Journalistik Journal H. 1. S. 22-23.

Loosen, Wiebke (2007): Entgrenzung des Journalismus: empirische Evidenzen ohne theoretische Basis? In: Publizistik H. 1. S. 63-79.

Loschek, Ingrid (1988): Mode im 20. Jahrhundert. München.

Loschek, Ingrid (2005): Reclams Mode- und Kostümlexikon. 5. Auflage. Stuttgart.

Löffelholz, Martin (1997): Dimensionen struktureller Kopplung von Öffentlichkeitsarbeit und Journalismus. In: Bentele, Günter/Haller, Michael (Hrsg.): Aktuelle Entstehung von Öffentlichkeit. Konstanz. S. 187-208.

Löffelholz, Martin (Hrsg.) (2004): Theorien des Journalismus: ein diskursives Handbuch. 2. überarbeitete und erweiterte Auflage. Wiesbaden.

Luhmann, Niklas (1984): Die Wirtschaft der Gesellschaft als autopoietisches System. In: Zeitschrift für Soziologie Bd. 13. S. 308-327.

Luhmann, Niklas (1990): Ökologische Kommunikation. Opladen. 3. Auflage.

Luhmann, Niklas (1994): Soziale Systeme. 5. Auflage. Frankfurt am Main.

Luhmann, Niklas (1995): Soziologische Aufklärung 6. Die Soziologie und der Mensch. Opladen.

Luhmann, Niklas (1999): Die Wirtschaft der Gesellschaft. 3. Auflage. Frankfurt am Main.

Lungmus, Monika (2008): Seiten von der Stange. In: Journalist. H. 4. S. 50-54.

Lücke, Stephanie (2006): Ernährung in Massenmedien – neue Strategien für die Ernährungsaufklärung. In: aid-Infodienst (Hrsg.): Ernährungskommunikation. Neue Wege – neue Chancen? Bonn. S. 42-58.

Lücke, Stephanie/Rössler, Patrick/Willhöft, Corinna (2003): Appetitlich verpackt, aber schwer zu verdauen? Darstellung und Wirkung von Ernährung in Massenmedien: ein Forschungsüberblick. In: Medien- und Kommunikationswissenschaft 3-4, Themenheft Gesundheit in den Medien. S. 407-430.

Lünenborg, Margret/Klaus, Elisabeth (2000): Der Wandel des Medienangebots. In: Medien- und Kommunikationswissenschaft H. 2. S. 188-211.

Lünenborg, Margret/Klaus, Elisabeth (2002): Fakten, die unterhalten. In: Baum, Achim/Schmidt, Siegfried J. (Hrsg.): Fakten und Fiktionen. Über den Umgang mit Medienwirklichkeiten. Konstanz. S. 152-164.

Lünenborg, Margreth (2009): Spezialisierung und Entdifferenzierung im Journalismus. In: Dernbach, Beatrice/Quandt, Thorsten (Hrsg.): Spezialisierung im Journalismus. Wiesbaden. S. 59-71.

M

Maletzke, Gerhard (1963): Psychologie der Massenkommunikation. Hamburg.

Malik, Maja (2008): Unter Generalverdacht. Medienjournalismus in der Forschung. Unter: www.neuegegenwart.de/ausgabe50/generalverdacht.htm (22.09.08).

Malik, Maja (2004): Journalismusjournalismus. Wiesbaden.

Martens, René (2004): Schwache Leistung. In: Journalist H. 10. S. 32-34.

Massenkommunikation V (1996): Eine Langzeitstudie zur Mediennutzung und Medienbewertung 1964-1995. Herausgegeben von Berg, Klaus/Kiefer, Marie-Luise. Baden-Baden.

Massenkommunikation VI (2002): Eine Langzeitstudie zur Mediennutzung und Medienbewertung 1964-2000. Herausgegeben von Berg, Klaus/Ridder, Christa-Maria. Baden-Baden.

Massenkommunikation VII (2006): Eine Langzeitstudie zur Mediennutzung und Medienbewertung 1964-2005. Herausgegeben von Reitze, Helmut/Ridder, Christa-Maria. Baden-Baden.

Mast, Claudia (1999): Wirtschaft hautnah. In: Journalist H. 11. S. 34-36.

Mast, Claudia (2003): Wirtschaftsjournalismus. 2. Auflage. Wiesbaden.

Mast, Claudia/Spachmann, Klaus (2005): Reformen in Deutschland. Wiesbaden.

Maturana, Humberto/Varela, Francisco (1987): Der Baum der Erkenntnis. 2. Auflage. Bern/München/Wien.

Matzel, Jana (2003): Die Fachzeitschrift – Charakterstudie eines wissenschaftlich vernachlässigten Mediums (unveröffentlichte Diplomarbeit). Bremen.

Maurer, Marcus/Reinemann, Carsten (2006): Medieninhalte. Wiesbaden.

McNally, Paul (2009): FT Group sees profits rise from subscriptions and digital unter: www.pressgazette.co.uk/story.asp?sectioncode=1&storycode=43215&c=1 (02.03.09).

Medium Magazin (2006): Das Zukunftsheft. Nr. 12.

Meidenbauer, Alfred (1990): Eine Markttheorie für Fachzeitschriften. Systemtheoretische Studie zur sozialökonomischen Perspektive öffentlicher Kommunikation. Bamberg.

Meier, Christian/Winterbauer, Stefan (2008): Die Finanzkrise und die Medien: Nagelprobe für den Wirtschafts- und Finanzjournalismus. 13. Mainzer Mediendisput 2008 unter: www.mediendisput.de/ downloads/Dossier%202008.pdf (13.08.09).

Meier, Klaus (2002): Wenn Teams das Niemandsland bevölkern. Eine Analyse innovativer Redaktionsstrukturen. In: Hohlfeld, Ralf/Meier, Klaus/Neuberger, Christoph (Hrsg.): Innovationen im Journalismus. Münster. S. 91-111.

Meier, Klaus (2003): Ressort, Sparte, Team. Wahrnehmungsstrukturen und Redaktionsorganisationen im Zeitungsjournalismus. Konstanz.

Meier, Klaus (2007): Journalistik. Konstanz.

Merten, Klaus/Schmidt, Siegfried J./Weischenberg, Siegfried (1994): Die Wirklichkeit der Medien. Opladen.

Merten, Klaus (1994): Evolution der Kommunikation. In: Merten, Klaus/Schmidt, Siegfried J./Weischenberg, Siegfried: Die Wirklichkeit der Medien. Opladen. S. 141-162.

Meißner, Nico (2007): Qualität im deutschen Reisejournalismus. Berlin. unter: www.grin.com/e-book/84452/qualitaet-im-deutschen-reisejournalismus (13.08.09).

Meyer, Frank (2009): Die Norm des Teilens unter: www.dradio.de/dkultur/sendungen/thema/952609/ (21.04.09).

Meyen, Michael/Springer, Nina (2008): Freie Journalisten in Deutschland. Konstanz.

Michels, Ulrich (2008): dtv-Atlas Musik. Band 2. Musikgeschichte vom Barock bis zur Gegenwart. 15. Auflage. München.

Mokosch, Andrea (2008): www.delikater.de. Ein kulinarisches Online-Magazin für Bremen. Saarbrücken.

Mokosch, Andrea (2005): Charakteristika der deutschen Wein-Zeitschriften am Beispiel von *Wein Gourmet*, *Alles über Wein* und *Weinwelt* (unveröffentlichte Hausarbeit). Bremen.

Morgan, Lewis Henry (1910): Ancient society: or, Researches in the line of human progress from savagery through barbarism to civilization. University of Michigan. Digitale Ausgabe 2008.

Moss, Christoph (1998): Die Organisation der Zeitungsredaktion: wie sich journalistische Arbeit effizient koordinieren läßt. Opladen.

Moss, Christoph (2009): Den „einen" Wirtschaftsjournalismus gibt es nicht. In: Dernbach, Beatrice/Quandt, Thorsten (Hrsg.): Spezialisierung im Journalismus. Wiesbaden. S. 147-155.

Müller-Heidelberg, Birte (2005): Brauchen Tageszeitungen Fachjournalisten? In: Fachjournalist H. 2005. S. 17-21.

N

Neirynck, Jacques (1994): Der göttliche Ingenieur. Die Evolution der Technik. Renningen.

Nielsen (2009): Global Faces and Networked Places. A Nielsen report on Social Networking's New Global Footprint. New York unter: en us.nielsen.com/forms/report_forms/Global_Faces_and_Networked_Places_A_Nielsen_Report_om_Social_Networkings_new_Global_Footprint (20.04.09).

Neuberger, Christoph/Nuernberg, Christian/Rischke, Melanie (Hrsg.) (2009): Journalismus im Internet. Wiesbaden.

Neuhauser, Linda/Kreps, Gary L. (2003): The Advent of E-Health. How interactive Media are transforming Health Communication. In: Medien- und Kommunikationswissenschaft H. 3-4. Themenheft Gesundheit in den Medien. S. 541-556.

Neverla, Irene/Brichta, Mascha/Kamp, Hanns-Christian/Lüdecke, Dieter K. (2007): Wer krank ist, geht ins Netz. Eine empirische Untersuchung über medizinische Medienangebote sowie Medien- und Internetnutzung im Krankenverlauf. München.

Noelle-Neumann, Elisabeth/Schulz, Winfried/Wilke, Jürgen (2003): Einleitung. In: Fischer Lexikon Publizistik Massenkommunikation. Hrsg. von Noelle-Neumann, Elisabeth/Schulz, Winfried/ Wilke, Jürgen. 2. Auflage. Frankfurt am Main. S. 9-14.

Nowak, Eva (2009): Spezialisierung in der Journalistenausbildung. Eine Analyse der Kompetenzbereiche in spezialisierten und nicht-spezialisierten Studiengängen. In: Dernbach/ Quandt, Thorsten (Hrsg.): Spezialisierung im Journalismus. Wiesbaden. S. 227-238.

Nölleke, Daniel (2009): Die Konstruktion von Expertentum im Journalismus. In: Dernbach, Beatrice/Quandt, Thorsten (Hrsg.): Spezialisierung im Journalismus. Wiesbaden. S. 97-100.

nr-Werkstatt (2007): Kritischer Wirtschaftsjournalismus. Hamburg.

O

Omir, Katinka (2006): Zwischen Boulevard und Verbraucherjournalismus. Zum Stellenwert von Mode im deutschen Fernsehen. In: Journalistik Journal H. 1. S. 32-33.

Overbeck, Peter (Hrsg.) (2005): Musikjournalismus. Konstanz.

P

Pahl, Carola (1997): Die Bedeutung von Wissenschaftsjournalen für die Themenauswahl in den Wissenschaftsressorts deutscher Zeitungen am Beispiel medizinischer Themen. Kurzfassung der Magisterarbeit unter: www.wissenschaftsjournalismus.de/pahl_fobe.pdf (14.09.09).

Pech, Christoph (1998): Wirtschaftsjournalismus – Puzzeln am Konzept. In: Journalist H. 3. S. 12-15.

Penders, Peter (2008): Randsportarten: Am Tropf der Olympischen Spiele – Essay. In: Aus Politik und Zeitgeschichte 29-30 unter: www.bpb.de/publikationen/PUCTSM.html (30.03.09).

Pennekamp, Peter H./Diedrich, Oliver/Schmitt, Ottmar/Kraft, Clayton N. (2006): Prävalenz und Stellenwert der Internetnutzung orthopädischer Patienten. In: Zeitschrift für Orthopädie. H. 5 unter: www.thieme-connect.com/ejournals/abstract/zfo/doi/10.1055/s-2006-942237 (29.12.08).

Peters, Hans-Peter (2008): Das Verhältnis von Gesellschaft und Massenmedien und die politische Relevanz öffentlicher Kommunikation über Wissenschaft am Beispiel Biomedizin. Jülich unter: www.fz-juelich.de/portal/lw_resource/datapool/transfer/Peters_et_al_2008_(INWEDIS_ Projektbericht).pdf (11.09.09).

Petersen, Anne (2003): Eine Frage des Stils unter: www.welt.de/print-wams/article87230/ Eine_Frage_des_Stils.html (02.01.08).

Perrin, Daniel (2001): Wie Journalisten schreiben. Konstanz.

Perrin, Daniel (2004): Wie Erfahrene schreiben. In: Deutscher Fachjournalisten-Verband (Hrsg.): Fachjournalismus. Konstanz. S. 87-102.

Pfister, Gertrud (1989): Mode. In: Endruweit, Günter/Trommsdorff, Gisela (Hrsg.): Wörterbuch der Soziologie. Stuttgart. S. 451-452.

Pleticha, Heinrich (Hrsg.) (1993): Deutsche Geschichte. Band 5: Das ausgehende Mittelalter 1378- 1517. Gütersloh.

Pointner, Nicola (2006): Eine Medienbranche unter der Medienlupe. In: Fachjournalist H. 3. S. 6-10.

Pörksen, Bernhard (2006): Die Beobachtung des Beobachters. Konstanz.

Prahl, Hans-Werner/Setzwein, Monika (1999): Soziologie der Ernährung. Opladen.

Pürer, Heinz/Raabe, Johannes (2007): Presse in Deutschland. 3. Auflage. Konstanz.

Q

Quiring, Oliver/von Walter, Benedikt/Atterer, Richard (2007): Sharing Files, Sharing Money. Ein experimenteller Test des Nutzerverhaltens in Musiktauschbörsen unter verschiedenen ökonomischen Anreitbedingungen. In: Medien und Kommunikationswissenschaft. Sonderband 1. Musik und Medien. S. 45-61.

Quandt, Thorsten/Schweiger, Wolfgang (2008) (Hrsg.): Journalismus online – Partizipation oder Profession? Wiesbaden.

R

Raabe, Johannes (2006): Zeitschrift. In: Bentele, Günter/Brosius, Hans-Bernd/Jarren, Otfried (Hrsg.): Lexikon der Kommunikations- und Medienwissenschaft. Wiesbaden. S. 320-321.

Rehbein, Ulla (2008): Anziehend – Die Geschichte der Mode unter: www.planet-schule.de/wissenspool/bg0007/alltagsgeschichten/wissen/anziehend_die_geschichte_der_mode/a ntike.html. (02.01.09).

Renger, Rudi (2000): Populärer Journalismus: Nachrichten zwischen Fakten und Fiktion. Innsbruck.

Reppesgaard, Lars (2009): Edelfedern und Spürhunde. In: Wirtschaftsjournalist H. 3. S. 12-15.

Reus, Gunter (2008): Musikjournalismus – Ergebnisse aus der wissenschaftlichen Forschung. In: Weinacht, Stefan/Scherer, Helmut (Hrsg.): Wissenschaftliche Perspektiven auf Musik und Medien. Wiesbaden. S. 85-102.

Richter, Arnd (2005): Musikkritik in Zeitung und Rundfunk. In: Overbeck, Peter (Hrsg.): Musikjournalismus. Konstanz. S. 23-37.

Riesterer, Florian/Wittrock, Olaf (2009): Medienkrise. In: Journalist H. 1. S. 12-17.

Ritzer, George (2006): Die McDonaldisierung der Gesellschaft. Konstanz. 4. Auflage.

Roeder, Astrid von (2006): „Am Ende zählt nur das eigene Interesse." In: Journalistik Journal H. 1. S. 24.

Rohlke, Lothar/Köhn, Johanna (2008): Medienutzung in der Webgesellschaft 2018: Wie das Internet das Kommunikationsverhalten von Unternehmen, Konsumenten und Medien in Deutschland verändern wird. München.

Rolzhäuser, Christine (2006): Mode im 20. Jahrhundert unter: www.planet-wissen.de/pw/ArtikelCAD24D2CC34A007CE030DB95FBC309C7.html (02.01.09).

Ronneberger, Franz (1971): Sozialisation durch Massenkommunikation. Stuttgart.

Ropohl, Günter (1979): Eine Systemtheorie der Technik. Zur Grundlegung der Allgemeinen Technologie. München.

Röseler, Julia (2008): Doktor Web. In: Tomorrow H. 5. S. 42-46.

Rössler, Patrick/Lücke, Stephanie/Willhöft, Corinna (2003): Appetitlich verpackt, aber schwer zu verdauen? In: Medien- und Kommunikationswissenschaft. H. 3-4. Themenheft Gesundheit in den Medien. S. 407-430.

Rössler, Patrick/Lücke, Stephanie/Linzmaier, Vera/Steinhilper, Leila/Willhöft, Corinna (2006): Ernährung im Fernsehen. München.

Rossmann, Constanze (2003): Zu Risiken und Nebenwirkungen fragen Sie die Patienten. Eine Studie zur Darstellung von Ärzten in Krankenhausserien und ihrem Einfluss auf das Arztbild von Patienten. In: Medien- und Kommunikationswissenschaft. H. 3-4. Themenheft Gesundheit in den Medien. S. 497-522.

Roß, Dieter (2005): Medienkritik. In: Weischenberg, Siegfried/Kleinsteuber, Hans J./Pörksen, Bernhard (Hrsg.): Handbuch Journalismus und Medien. Konstanz. S. 242-244.

Roß, Dieter (2006): Entwicklung und Wandel des Medienjournalismus. In: Journalistik Journal. Dortmund unter journalistik-journal.lookingintomedia.com.

Rühl, Manfred (1980): Journalismus und Gesellschaft: Bestandsaufnahme und Theorieentwurf. Mainz.

Rühl, Manfred (1999): Publizieren. Wiesbaden.

Rühle, Angela (2003): Sportprofile deutscher Fernsehsender 2002. In: Media Perspektiven H. 5. S. 216-230.

Ruß-Mohl, Stephan (2007): Ferngesteuerte Journalisten. In: Der Wissenschaftsjournalist. S. 4-7.

S

Salzmann, Karl H. (1954): Die deutsche Zeitschrift 1953/54. In: Institut für Publizistik an der Freien Universität Berlin (Hrsg.): Die Deutsche Presse 1954. Zeitungen und Zeitschriften. Berlin.

Schaffrath, Michael (1996): Sport on Air. Berlin

Schaffrath, Michael (2003): Mehr als 1:0! In: Medien und Kommunikationswissenschaft H. 1. S. 82-104.

Schaffrath, Michael (2007a): Komplexe und Komplexes. In: Journalist H. 1. S. 36-38.

Schaffrath, Michael (2007b): Wege in den Sportjournalismus – Ausbildungsvarianten, Tätigkeitsfelder und Berufsaussichten. In: Schaffrath, Michael (Hrsg.): Traumberuf Sportjournalismus. Berlin. S. 5-21.

Schaffrath, Michael (2008a): Frauen stehen längst ihren Mann. In: Fachjournalist H. 1. S. 11-15

Schaffrath, Michael (2008b): Sportjournalismus im Spiegel des Spitzensports unter: sportnetzwerk.eu/?p=105 (06.04.09).

Schauerte, Thorsten (2006): Medien im Berufsalltag von Sportjournalisten. Köln.

Schäuble, Ingegerd (1977): Nutzungsanalyse von Fachzeitschriften. In: Roegele, Otto B./Großmann, Hans (Hrsg.): Handbuch der Fachpresse. Teil 1. Die deutsche Fachpresse der Gegenwart und ihre gesellschaftspolitische Bedeutung. Frankfurt am Main. S. 81-93.

Schechter, Danny (2009): Der Journalismus hat in Teilen versagt. In: Message H. 1. S. 18-23.

Schenk, Michael (2002): Medienwirkungsforschung. Tübingen.

Scherer, Helmut (2006): Publikum. In: Bentele, Günter/Brosius, Hans-Bernd/Jarren, Otfried (Hrsg.): Lexikon der Kommunikations- und Medienwissenschaft. Wiesbaden. S. 232-233.

Schmid, Matthias (2005): Die Reiseberichterstattung in Zeitungen. E-Book unter www.grin.com/e-book/79457/die-reiseberichterstattung-in-zeitungen# (20.04.09).

Schmitz-Forte, Achim (1992): Reisejournalismus. Hamburg.

Schmitz-Forte, Achim (1995): Die journalistische Reisebeschreibung nach 1945 am Beispiel des Kölner Stadtanzeigers und der Süddeutschen Zeitung. Frankfurt am Main.

Schneider, Wolf (1982): Deutsch für Profis. 2. Auflage. Hamburg.

Scholl, Armin/Weischenberg, Siegfried (1998): Journalismus in der Gesellschaft: Theorie, Methodologie und Empirie. Opladen.

Scholl, Armin (2002) (Hrsg.): Systemtheorie und Konstruktivismus in der Kommunikationswissenschaft. Konstanz.

Scholl, Armin/Renger, Rudi/Blöbaum, Bernd (2007) (Hrsg.): Journalismus und Unterhaltung: Theoretische Ansätze und empirische Befunde. Wiesbaden.

Schöhl, Wolfgang W. (1987): Wirtschaftsjournalismus. Nürnberg.

Schönfels, Brigitte von (2005): Das Erlebte ist immer das Selbsterlebte. Bremen.

Schönhagen, Philomen (2008): Ko-Evolution von Public Relations und Journalismus: Ein erster Beitrag zu ihrer systematischen Aufarbeitung. In: Publizistik H. 1. S. 9-24.

Schramm, Holger (2008): Rezeption und Wirkung von Musik in den Medien. In: Weinacht, Stefan/Scherer, Helmut (Hrsg.): Wissenschaftliche Perspektiven auf Musik und Medien. Wiesbaden. S. 135-154.

Schulz, Reinhard (2005): Neue Musik und Journalismus. In: Overbeck, Peter (Hrsg.): Musikjournalismus. Konstanz. S. 47-52.

Schulz, Winfried (1979): Die Konstruktion von Realität in den Nachrichtenmedien. Freiburg.

Schulz, Winfried (1990): Die Konstruktion von Realität in den Nachrichtenmedien: Analyse der aktuellen Berichterstattung. 2. Auflage. Freiburg.

Schümchen, Andreas (2005): Technikjournalismus. In: Fachjournalist Nr. 17. S. 4-7.

Schümchen, Andreas (2006a): Journalistische Qualifizierung ist nötig. In: Fachjournalist H.1, S. 3-4.

Schümchen, Andreas (2006b): Keine Angst vor Technik-Themen. In: Fachjournalist H. 2. S. 8-10.

Schümchen, Andreas (2008a): 1.1 Einführung. In: Schümchen, Andreas/Deutscher Fachjournalisten-Verband (Hrsg.): Technikjournalismus. Konstanz. S. 11-16.

Schümchen, Andreas (2008b): Perspektiven des Technikjournalismus. In: Schümchen, Andreas/Deutscher Fachjournalisten-Verband (Hrsg.): Technikjournalismus. Konstanz. S. 307-311.

Schuster, Thomas (2004): Märkte und Medien. Wirtschaftsnachrichten und Börsenentwicklungen. Konstanz.

Schwerdtmann, Peter (2007): Klimakatastrophe im Motorjournalismus. In: Autojournalist. S. 6-8.

Seegers, Lu (2001): Hör zu! Eduard Rhein und die Rundfunkprogrammzeitschriften (1931 - 1965) Potsdam: Verl. Für Berlin-Brandenburg.

Sentker, Andreas/Drösser, Christoph (2006): Zwischen Wochenzeitung und Magazin: Zu wenig Zeit für die *Zeit*? In: Wormer, Holger (Hrsg.): Die Wissensmacher. Wiesbaden. S. 63-79.

Shell Deutschland Holding (Hrsg.) (2006): Jugend 2006. Frankfurt am Main.

Shell-Jugendstudie (2006): Jugend 2006. Eine pragmatische Generation unter Druck. Hamburg.

Siepmann, Ralf (2006): Medienbarometer- Die Wirtschaftsaussichten der Medienbranche. In: Insight. Nr. 12. S. 12-15.

Simmel, Georg (1905): Philosophie der Mode. Berlin.

Simmel, Georg (1995): Philosophie der Mode. In: Simmel, Georg: Philosophie der Mode. Religion. Kant und Goethe. Schopenhauer und Nietzsche. Gesamtausgabe Bd. 10. Frankfurt a. M. S. 7-37.

Simon, Anke (2009): Verlage bewerten elektronisches Publizieren: Digitale Medien weiter im Trend unter: www.deutsche-fachpresse.de/singlenews1/?tx_ttnews[tt_news]=79&tx_ttnews[backPid]=145&cHash=bb48ffe519 (23.03.09).

Simon, Jeanette (2006): Journalismus an der Kette. In: Fachjournalist H. 6, S. 16-19.

Sombart, Werner (1902): Wirtschaft und Mode. Wiesbaden.

Sommer, Kirsten (2004): Schöne neue Welt der Recherche. In: Fachjournalist H. 4, S. 4-8.

Spachmann, Klaus (2005): Wirtschaftsjournalismus in der Presse. Konstanz.

Spillner, Bernd (Hrsg.) (1996): Stil in Fachsprachen. Frankfurt.

Spillner, Bernd (1996): Interlinguale Stilkontraste in Fachsprachen. In: ders. (Hrsg.): Stil in Fachsprachen. Frankfurt. S. 105-136.

Spitz, Ulrike (2004): Lockruf der Glamour-Welt: Nackte Haut als Türöffner. In: Journalistik Journal H. 2. S. 10.

Stamm, Ursula (1995): Recherchemethoden von Wissenschaftsjournalisten und –journalistinnen. Berlin. Unter: www.wissenschaftsjournalismus.de/stam_fobe.pdf (14.09.09).

Statistisches Bundesamt (2009): Prozentualer Anteil der Wirtschaftsbereiche am Brutto-inlandsprodukt (BIP) 2008 unter: www.destatis.de/jetspeed/portal/cms/Sites/destatis/Internet/DE/Grafiken/Binnenhandel/Diagramme/Wirtschaftsnereiche,templateID=renderPrintpsml (20.04.09).

Steinack, Sebastian (2007): Potenziale von Web 2.0-Technologien in der B2B-Kommunikation des deutschen Fachinformationsmarktes. Wiesbaden. Diplomarbeit zu beziehen über www.grin.com/e-book.

Stube, Marlene (2004): Floskeln, Wortballons und Sensationsmache. In: Journalistik Journal H. 2, S. 11.

Stöcker, Christian (2009): Hearst-Gruppe will Geld für Online-Angebote verlangen unter: www.spiegel.de/netzwelt/web/0,1518,610624,00.html (01.03.09).

Streit, Alexander von (2005): Vernetzte Beobachter. In: Medienheft vom 4. April 2005. S.1-5.

Stummvoll, Josef (1935): Tagespresse und Technik (Dissertation). Leipzig.

Stützle, Peter (1983): Bildschirmtext und Fachpresse – Alternative? Ergänzung? Konkurrenz? Köln.

Szyszka, Peter (2004): Fachjournalisten als Absatzhelfer des Marketings? In: Deutscher Fachjournalisten-Verband (Hrsg.): Fachjournalismus. Konstanz. S. 181-195.

T

Theveßen, Elmar (2008): Von Lügnern, Tricksern und Überzeugungstätern: Investigative Berichterstattung zwischen Terror- und Dopingsberichterstattung unter: sportnetzwerk.eu/?p=103 (06.04.09).

Tiberius, Victor A./Teichmann, René (2004): Fachjournalismus: Definition und Abgrenzung zum Allround-Journalismus. In: Deutscher Fachjournalisten-Verband (Hrsg.): Fachjournalismus. Konstanz. S. 15-30.

TNO (2008): E-Readers becoming established in the Netherlands unter: www.tno.nl/ content.cfm?context=overtno&content=nieuwsbericht&laag1=37&laag2=2&item_id=2008-04-28%2016:26:51.0&Taal=2 (28.04.08).

Trechow, Peter (2006): Mehr Perspektiven für Freiberufliche. In: Hochschulanzeiger Heft 87 unter: www.faz.net/s/RubC369C1C69080485483CF270374650FDE/Doc~EA0D168B4824944DF823B 1428EA7D03B3~ATpl~Ecommon~Scontenthtml (24.20.09).

Troitzsch, Ulrich (1999): Naturwissenschaft und Technik in Journalen. In: Fischer, Ernst/Haefs, Wilhelm/Mix, York-Gothart: Von Almanach bis Zeitung. Ein Handbuch der Medien in Deutschland 1700-1800. München. S. 248-265.

U

Ubbens, Wilbert (1969): Zeitschriftenstatistik. Zur globalstatistischen Beschreibung des deutschen Zeitschriftenmarktes. Berlin.

Ulze, Harald (1979): Frauenzeitschrift und Frauenrolle. Eine inhaltsanalytische Untersuchung der Frauenzeitschriften Brigitte, Freundin, Für Sie und Petra. 2. Aufl. Berlin.

Uni (2004): Arbeitsmarkt Journalisten – Die Zunft muss kämpfen. In: Uni Heft 1 unter: doku.iab.d/uni/2004/uni0104_60.pdf (08.09.09).

V

Viehöfer, Ulrich (2003): Ressort Wirtschaft. Konstanz.

Vogel, Andreas (2006): Stagnation auf hohem Niveau. In: Media Perspektiven H. 7. S. 380-398.

Voigt, Dieter/Meck, Sabine (1989): Sportsoziologie. In: Wörterbuch der Soziologie. Hrsg. von Endruweit, Günter/Trommsdorf, Gisela. Stuttgart. S. 679-684.

Voss, Sabine (2009): „Fachmedien 2008 mit moderatem Wachstum – elektronische Medien stärken Portfolio", Deutsche Fachpresse unter: www.deutsche-fachpresse.de/singlenews1/ ?tx_ttnews[tt_news]=81&tx_ttnews[backPid]=145&cHash=b315e92466 (04.05.09).

Voß, Jochen (2006): Sportjournalismus unter der Lupe. In: Dossier Fußball-WM 2006. S. 1-5. Unter: http://www.bpb.de/themen/KJXOCF.html (30.03.2009).

Voß, Jochen (2009): „Landlust"-Chef Karl-Heinz Bonny über den Erfolg unter: www.dwdl.de/ story/21850/zeitschriftenhit_landlustchef_bonny_ber_den_erfolg/ (21.08.09).

W

Wahrig Deutsches Wörterbuch (2001). Gütersloh/München.
WDR (2007/2008): Die Geschichte der Medizin in 12 Folgen unter: podcast.wdr.de/radio/leonardo-medizin.xml (11.10.08).
Weber, Max (2005): Wirtschaft und Gesellschaft. Frankfurt am Main.
Weichert, Alexander (2004): Grenzen des Medienjournalismus. In: Medienheft vom 19. August 2004. S. 1-8.
Weichert, Stephan (2006): Warum Selbstkritik bei vielen Medien kaum möglich ist. In: Journalistik Journal unter: journalistik-journal.lookingintomedia.com/(20.04.09).
Weinacht, Stefan/Scherer, Helmut (2008): „Musik und Medien" auf dem Weg aus dem Niemandsland der Disziplinen. In: Weinacht, Stefan/Scherer, Helmut (2008) (Hrsg.): Wissenschaftliche Perspektiven auf Musik und Medien. Wiesbaden. S. 7-16.
Weingart, Peter (2001): Die Stunde der Wahrheit. Weilerswist.
Weinreich, Jens (2008): Unter Druck: Die Rolle des Journalismus im Milliardengeschäft mit dem Sport. unter: sportnetzwerk.eu/?p=92 (06.04.09).
Weischenberg, Siegfried (1976): Die Außenseiter der Redaktion – Struktur, Funktion und Bedingungen des Sportjournalismus. Bochum.
Weischenberg, Siegfried (1992): Journalistik. Band 1. Opladen.
Weischenberg, Siegfried (1994): Annäherung an die Außenseiter. In: Publizistik H. 4, S. 428-452
Weischenberg, Siegfried (2002): Journalistik, Band 2: Medientechnik, Medienfunktionen, Medienakteure. Wiesbaden.
Weischenberg, Siegfried/Altmeppen, Klaus-Dieter/Löffelholz, Martin (1994): Die Zukunft des Journalismus: technologische, ökonomische und redaktionelle Trends. Opladen.
Weischenberg, Siegfried/Malik, Maja/Scholl, Armin (2006): Die Souffleure der Mediengesellschaft: Report über die Journalisten in Deutschland. Konstanz.
Weise, Manfred (2004a): Der Fachartikel aus der Perspektive eines Redakteurs. In: Deutscher Fachjournalisten-Verband (Hrsg.): Fachjournalismus. Konstanz. S. 113-118.
Weise, Manfred (2004b): Neue fachjournalistische Genres. In: Fachjournalist H. 15. S. 3-5.
Weise, Manfred (2008): Technikjournalismus – alles schon mal da gewesen? In: Schümchen, Andreas/Deutscher Fachjournalisten-Verband (Hrsg.): Technikjournalismus. Konstanz. S. 47-66.
White, Leslie A. (1959): The Evolution of Culture: The Development of Civilization to the Fall of Rome. New York.
Wiegand, Markus/Brenner, Jochen (2009): „Wer jetzt nichts macht, zuckt bald gar nicht mehr". In: Wirtschaftsjournalist H. 1. S. 12-17.
Wilke, Jürgen (2003): Pressegeschichte. In: Noelle-Neumann, Elisabeth/Schulz, Winfried/Wilke, Jürgen (Hrsg.) (2003): Fischer-Lexikon Publizistik, Massenkommunikation. 2. Auflage. Frankfurt am Main. S. 460-492.
Winterbauer, Stefan (2009): Der große Cut. In: Wirtschaftsjournalist H. 2. S. 42-44.
Wolff, Volker (2006): ABC des Zeitungs- und Zeitschriftenjournalismus. Konstanz.
Wolff, Volker (2002): Wer ist das Futtertier? In: Message H. 1. S. 78-81.
Wolling, Jens/Füting, Angelika (2007): Musik im Radio zwischen Mainstream und Profil. In: Medien und Kommunikationswissenschaft, Sonderheft 1. Musik und Medien. S. 62-77.

Z

ZAV (2003): Zentralstelle für Arbeitsvermittlung der Bundesagentur für Arbeit. Bonn.
Zenithmedia (2006): Entscheideranalyse Fachzeitschriften unter: www.e-commerce-magazin.de/pdf/mediadaten/analyse_fachzeitschriften.pdf (14.09.09).

Zika, Anna (2006): Ist alles eitel? Zur Kulturgeschichte deutschsprachiger Modejournale zwischen Aufklärung und Zerstreuung 1750 – 1950. Weimar.

Zinkant, Kathrin (2008): Wenn Knochen spanisch sprechen. Aus: ZEIT Online. www.zeit.de/online/2008/13/atapuerca-hominine (10.09.2008).

ZIS Zeitschriften-Informations-Service (2009): Fachzeitschriften 2009. Verzeichnis mit Bezugspreisen. Frankfurt am Main.

Onlinequellen

www.1.mdr.de unter: www.1.mdr.de/hier-ab-vier/experten/3598574.html (16.09.08).

www.1-2-3.tv unter: www.1-2-3.tv/uploads/files/070319_1-2-3tv_PM_Sandras_Modewelt.pdf (31.12.08).

www.1.messe-berlin.de/itb-berlin unter: www1.messe-berlin.de/vip8_1/website/Internet/Internet/www.itb-berlin/pdf/Publikationen/ITB_Berlin_World_Travel_Trends_Report_20092009.pdf (05.02.09).

www.1.messe-berlin.de/website unter: www1.messe-berlin.de/vip8_1/website/Internet/Internet/www.itb-berlin/pdf/Publikationen/ITB_Berlin_World_Travel_Trends_Report_20092009.pdf (16.03.09).

www.3.ndr.de/sendungen/zapp/archiv unter: www3.ndr.de/sendungen/zapp/archiv/printmedien/zapp1718.html (13.12.08).

www3.ndr.de/sendungen/zapp/printmedien unter: www3.ndr.de/sendungen/zapp/archiv/printmedien/zapp3032.html (13.12.08).

A

www.abendblatt.de unter www.abendblatt.de/daten/2008/01/31/842541.html?s=1 (29.12.08).

www.agma-mmc.de/files unter: www.agma-mmc.de/files/LpE-Plausibilit%C3%A4t%20Teil%202.pdf (21.02.08).

www.agvs.ch unter: www.agvs.ch/fileadmin/agvs/dokumente/medien/20060612_DV_d_StudieBlum.doc (16.08.09).

www.amdnet.de unter: www.amdnet.de/14.html (14.09.09).

www.automobilrevue.ch unter: www.automobilrevue.ch/artikel_20201.html (16.09.08).

www.awa-online.de/auto unter: www.awa-online.de/mediennutzung_2008/auto.html (20.04.09).

www.awa-online.de/essen unter: www.awa-online.de/mediennutzung_2008/essen.html. (20.04.09).

www.awa-online.de/wirtschaft unter: www.awa-online.de/mediennutzung_2008/wirtschaft.html (20.09.09).

B

www.bildungsspiegel.de/aktuelles unter: www.bildungsspiegel.de/aktuelles/destatis-aktuelle-fakten-zum-internationalen-frauentag (13.02.08).

www.bildungsspiegel.de/bildungsbarometer unter: www.bildungsspiegel.de/bildungsbarometer/note-4-fuer-die-bildungssituation-in-deutschland.html?Itemid=301 (14.09.09).

www.bmwi.de unter: www.bmwi.de/BMWi/Navigation/Wirtschaft/branchenfokus,did=195924.html?view=renderPrint (12.09.08).

www.britannica.com unter: www.britannica.com/EBchecked/topic/392246/Lewis-Henry-Morgan (22.04.09).

www.br-online.de unter: www.br-online.de/on3radio/index.xml (23.01.09).

bundesrecht.juris.de unter: bundesrecht.juris.de/burlg/index.html (24.02.09).
www.byte.fm/index unter: www.byte.fm/index.php?cont=bytefm_info (31.12.08).

D

daten.ivw.eu unter: daten.ivw.eu/index.php?menuid=116&u=&p=&t=Fachzeitschriften (14.09.09).
daten.ivw.eu/konsumgüter unter:
daten.ivw.eu/index.php?menuid=116&u=&p=&b=alle&sv=302&sb=302&t=Fachzeitschriften&ts
ub=KONSUMG%DCTER (12.09.08).
daten.ivw.eu/Publikumszeitschriften unter:
daten.ivw.eu/index.php?menuid=1141&u=&p=&b=alle&sv=210&sb=210&t=Publikumszeitschri
ften+mit+nationaler+Verbreitung&tsub=GESUNDHEITSMAGAZINE (29.12.2008).
daten.ivw.eu/Titel unter:
daten.ivw.eu/index.php?menuid=13&u=&p=&b=alle&m=1025&t=Titel+des+Verlags+%22Wort
+%26+Bild+Verlag+Konradsh%F6he+GmbH+%26+Co.+KG%22 (29.12.08).
de.book-fair.com unter: de.book-fair.com/fbf/journalists/press_releases/fbf/detail.aspx?c20f0587-
85d5-44d3-a9a4-eb75d0c6143b=61c9a5d0-4fa0-4148-abcd-7d5be11a29ee (26.08.09).
de.statista.com/sms-nachrichten unter:
de.statista.com/statistik/daten/studie/3624/umfrage/entwicklung-der-anzahl-gesendeter-sms--
mms-nachrichten-seit-1999 (24.04.09).
de.statista.com/themen unter: de.statista.com/themen/103/wirtschaftskrise (12.08.09).
de.statista.com/wirtschaftsentwicklung unter:
de.statista.com/statistik/daten/studie/1515/umfrage/wirtschaftsentwicklung-in-deutschland
(12.08.09).
de.statista.com/umfrage unter: de.statista.com/statistik/daten/studie/653/umfrage/vertrauen-zur-
eigenen-bank (12.08.09).
de.statista.com/wirtschaft unter:
de.statista.com/statistik/diagramm/studie/30490/umfrage/interesse-an-berichten-zur-
wirtschaft/(12.08.09).
de.statista.com/börse unter: de.statista.com/statistik/diagramm/studie/30491/umfrage/interesse-an-
berichten-zur-boerse/(12.08.09).
de.wikipedia.org/Barockmusik unter: de.wikipedia.org/wiki/Barockmusik (02.01.09).
de.wikipedia.org/Berliner_Tageblatt unter: de.wikipedia.org/wiki/Berliner_Tageblatt (29.03.09).
de.wikipedia.org/Erntedankfest unter: de.wikipedia.org/wiki/Erntedankfest (10.09.08).
de.wikipedia.org/Liste_der_Sportarten unter: de.wikipedia.org/wiki/Liste_der_Sportarten
(03.04.09).
de.wikipedia.org/Liste_von_Musikzeitschriften unter: de.wikipedia.org/wiki/Liste_
von_Musikzeitschriften (02.01.09).
de.wikipedia.org/Liste_der_Automobilmarken unter:
de.wikipedia.org/wiki/Liste_der_Automobilmarken (16.09.08).
de.wikipedia.org/Musik_der_Antike unter: de.wikipedia.org/wiki/Musik_der_Antike (02.01.09).
de.wikipedia.org/Musik_der_griechischen_Antike unter: de.wikipedia.org/wiki/Musik_der_
griechischen_Antike (02.01.09).
de.wikipedia.org/Musik_des_16._Jahrhunderts unter: de.wikipedia.org/wiki/Musik_des_16._
Jahrhunderts (02.01.09).
de.wikipedia.org/Musik_der_Romantik unter: de.wikipedia.org/wiki/Musik_der_Romantik
(02.01.09).
de.wikipedia.org/Musikjournalismus unter: de.wikipedia.org/wiki/Musikjournalismus (02.01.09).
de.wikipedia.org/Neue _Musik unter: de.wikipedia.org/wiki/Neue_Musik (02.01.09).

de.wikipedia.org/Populäre_Musik unter: de.wikipedia.org/wiki/Popul%C3%A4re_Musik (02.01.09).

de.wikipedia.org/Polytechnisches_Journal unter: de.wikipedia.org/wiki/Polytechnisches_Journal (24.04.09).

de.wikipedia.org/Tourismus unter: de.wikipedia.org/wiki/Tourismus (24.02.09).

de.wikipedia.org/Volksmusik unter: de.wikipedia.org/wiki/Volksmusik (02.01.09).

de.wikipedia.org/Wiener_Klassik unter: de.wikipedia.org/wiki/Wiener_Klassik (02.01.2009).

www.das-wunder-von-bern.de unter: www.das-wunder-von-bern.de/kult_radioreportage.htm (03.04.09).

www.destatis.de unter: www.destatis.de/jetspeed/portal/cms/Sites/destatis/Internet/... (13.02.08).

www.destatis.de/wirtschaftsbereiche unter:
www.destatis.de/jetspeed/portal/cms/Sites/destatis/Internet/DE/Grafiken/Binnenhandel/Diagram me/Wirtschaftsbereiche,templateId=renderPrint.psml (24.02.09).

www.destatis.de/portal unter:
www.destatis.de/jetspeed/portal/cms/Sites/destatis/Internet/DE/Presse/pm/zdw/2008/PD08__024 __p002.psml (05.02.09).

www.deutsche-fachpresse.de/elektronisches-publizieren unter: www.deutsche-fachpresse.de/no_cache/singlenews1/back/145/news/elektronisches-publizieren-stimmung-unter-deutschen-verlagen-weiterhin-positiv/(28.08.09).

www.deutsche-fachpresse.de unter: www.deutsche-fachpresse.de/studien0/(22.08.08).

www.deutschertourismusverband.de/content unter:
www.deutschertourismusverband.de/content/files/zdf%202007.pdf (24.02.09).

www.deutschertourismusverband.de/index unter:
www.deutschertourismusverband.de/index.php?pageId=243 (24.02.09).

www.deutschland.de/rubrik unter:
www.deutschland.de/rubrik.php?lang=1&category1=4&category2=68 (03.04.09).

www.deutschland-tourismus.de unter: www.deutschland-tourismus.de/pdf/jb_2007_deu.pdf (24.02.09).

www.dfjv.de/berufsbild unter: www.dfjv.de/infopool/beruf/berufsbild.html (22.08.08).

www.djv.de/berufsbild unter: www.djv.de/fileadmin/DJV/Journalismus_praktisch/Broschueren_ und_ Flyer/Berufsbild_2009.pdf (14.10.09).

www.dlv.de unter: www.dlv.de/index.php?redid=216515 (28.08.08).

www.dosb.de/sportentwicklung unter:
www.dosb.de/de/sportentwicklung/sportentwicklung/sportentwicklungsberichte/(03.04.09).

www.dosb.de/demographische-entwicklung unter:
www.dosb.de/de/sportentwicklung/demographische-entwicklung (30.03.09).

www.dwdl.de unter: www.dwdl.de/features/printview/index.php?id=12105 (16.09.08).

E

www.eco-world.de unter: www.eco-world.de/scripts/basics/econews/basics.prg?a_no=7822 (25.04.09)

www.empirepicknick.ch unter: www.empirepicknick.ch/modejournal.htm (29.12.08).

www.evs2008.de unter: www.evs2008.de/Statistik-Portal/EVS/. (10.09.08).

F

www.faz.net unter:
www.faz.net/s/RubD87FF48828064DAA974C2FF3CC5F6867/Doc~E70656217CF7246D2B5F0 BE5A44982674~ATpl~Ecommon~Scontent.html (30.03.09).

www.finanzen.net unter: www.finanzen.net/nachricht/aktien/Experte-Krise-der-
Automobilindustrie-ist-hausgemacht-414639 (11.09.09).

G

www.gartenlinksammlung.de unter: www.gartenlinksammlung.de/medien.htm. (20.09.09).
www.geocities.de unter www.geocities.com/MotorCity/4947/(16.09.08).
www.gfk.com/kueche_und_kochen unter:
    www.gfk.com/imperia/md/content/ps_de/chart_der_woche/2007/kw33_07_kueche_und_kochen_
    2007.pdf (10.09.09).
www.gfk.com/consumerindex unter:
    www.gfk.com/imperia/md/content/ps_de/consumerindex/ci_07-2008.pdf (10.09.08).
www.gfk.com/studien_und_publikationen unter:
    www.gfk.com/imperia/md/content/presse/studien_und_publikationen/consumerindex/ci_05-
    2007.pdf (10.09.08).
www.gfk.com/chart_der_woche unter:
    www.gfk.com/imperia/md/content/ps_de/chart_der_woche/2007/kw40_07_frankfurter_buchmess
    e.pdf (12.08.09).
www.gujmedia.de unter: www.gujmedia.de/services/marktdaten (24.02.09).

H

www.heute.de unter: www.heute.de/ZDFheute/inhalt/16/0,3672,7102096,00.html (10.09.08).

I

www.immediate.de unter: www.immediate.de/LAE2007/Titelportraits/Site/default.html (24.08.08).
www.infoquelle.de unter: www.infoquelle.de/tv_Fernsehen/Gesundheit.php (29.12.08).
www.ivw.eu unter: www.ivw.eu/index.php?menuid=37&reporeid=10#fachzeitschriften (14.09.09).
www.ivwonline.de/ausweisung unter: www.ivwonline.de/ausweisung2/search/ausweisung.php
    (10.09.09).

K

www.kollegium-der-medizinjournalisten.de unter: www.kollegium-der-
    medizinjournalisten.de/1988.52.0.02.html (11.10.08).
www.kultur.gov.tr unter:
    www.kultur.gov.tr/DE/BelgeGoster.aspx?48BD9BC89B9B89DA1A9547B61DAFFE2AA34BC
    DCA2BB6CEC7 (30.03.09).
www.kunstfinder.de/musik unter: www.kunstfinder.de/musik/musik-internetmagazine.htm#anker
    (23.01.09).

L

www.lac.de unter: www.lac.de/download/LAC2008_Berichtsband.pdf (24.08.08).
www.la-elfa.de unter: www.la-elfa.de/de/index.htm (24.08.08).
www.laut.de unter: www.laut.de/vorlaut/news/2008/10/10/20062/index.htm (31.12.08).
www.leben.ch unter: www.leben.ch/mode-kleider-schuhe/modelabels-designer.htm (30.12.2008).

M

www.mdr.de/mdr-info unter: www.mdr.de/mdr-info/2469140.html (30.03.09).

www.media-daten.com unter: www.media-daten.com/index.php;do=view/site=m/lng=de/alloc=100/id=2142 (30.03.09).

www.media-spectrum.de unter: www.media-spectrum.de/img/zusatzinfos/200805_zusatzinfos.pdf (14.09.09).

www.medienforum.nrw.de/mobile-internetdienste unter:
www.medienforum.nrw.de/index.php?eID=tx_cms_showpic&file=uploads%2Fpics%2FTabelle1
1.jpg&width=800m&height=600m&bodyTag=%3Cbody%20style%3D%22margin%3A0%3B%
20background%3A%23fff%3B%22%3E&wrap=%3Ca%20href%3D%22javascript%3Aclose()%
3B%22%3E%20|%20%3C%2Fa%3E&md5=ba0bc9abe584c099e87cb7fd405777f4 (20.04.09).

www.medienpiraten.tv/texte unter: www.medienpiraten.tv/texte/?p=52 (11.10.08).

www.medizininfo.de unter: www.medizinfo.de/endokrinologie/hypo/akromegalie.htm#ursachen (29.12.08)

www.metagrid.de unter: www.metagrid.de/Magazine/Lifestyle_&_Kultur/Lifestyle/ (20.04.09).

www.monstersandcritics unter : www.monstersandcritics.de/artikel/200850/article_
116017.php/Neue-Kampagne-des-internationalen-Modelabels-DOPAMIN (30.12.08).

www.musicanet.org unter: www.musicanet.org/robokopp/Lieder/wennjema.html (24.02.09).

www.musikindustrie.de/branchendaten unter: www.musikindustrie.de/branchendaten.html (23.01.09).

www.musikindustrie.de/jahreswirtschaftsbericht_2007 unter:
www.musikindustrie.de/uploads/media/ms_branchendaten_jahreswirtschaftsbericht_2007_02.pdf (23.01.09).

www.musikindustrie.de/index unter:
www.musikindustrie.de/index.php?eID=tx_cms_showpic&file=uploads%2Fpics%2Finternational
es07_01.jpg&width=800m&height=600m&bodyTag=%3Cbody%20style%3D%22margin%3A0
%3B%20background%3A%23fff%3B%22%3E&wrap=%3Ca%20href%3D%22javascript%3Acl
ose()%3B%22%3E%20|%20%3C%2Fa%3E&md5=6643280754e0dfa32e7cdd000eb63f82 (23.01.09).

www.musikrat.de unter: www.musikrat.de/index.php?id=5122 (02.01.09).

N

www.netzwerkrecherche.de/nr-medienkodex unter: www.netzwerkrecherche.de/docs/nr-medienkodex.pdf (17.10.09).

www.netzeitung.de unter: www.netzeitung.de/servlets/page?section=784&item=1101177 (24.07.08)

www.newsroom.de unter www.newsroom.de/jobs/detail/35784/(22.08.08).

P

www.pharmazeutische-zeitung.de unter: www.pharmazeutische-zeitung.de/fileadmin/pza/2003-30/magazin.html (10.09.08).

www.planet-schule.de/wissenspool unter: www.planet-schule.de/wissenspool/bg0070/olympische_spiele/hintergrund/geheiligter_wettkampf_die_spiele_der_antike.html (30.03.09).

www.poel-tec.com/russfilter unter: www.poel-tec.com/lexikon/russfilter.php. (16.09.08).

www.presserat.de/Pressekodex unter: http://www.presserat.de/Pressekodex.pressekodex.0.html (29.12.08).

www.presserat.info unter: www.presserat.info/uploads/media/Pressekodex_01.pdf (30.03.09).

www.presserat.ch unter: www.presserat.ch/9207.htm (30.03.09).

www.preisvergleich.de unter: www.preisvergleich.de/preis/Autozeitschriften/3728/pgproducts/5 (20.04.09).

R

www.reiselinks.de/tourismus-fachzeitschriften unter: www.reiselinks.de/tourismus-fachzeitschriften.html (16.03.09).

www.research.bayer.de unter: www.research.bayer.de/de/homepage.aspx (14.09.09).

www.rtl2.de unter: www.rtl2.de/11895.html (16.09.08).

www.ruhr-uni-bochum.de unter: www.ruhr-uni-bochum.de/iga/isb/isb-hauptframe/lehrveranstaltungen/wise0506_komm/Litliste-Tourismus.pdf (05..02.09).

S

www.searo.who.int unter: www.searo.who.int/LinkFiles/About_SEARO_const.pdf (11.10.08).

www.spiegel.de/auto unter: www.spiegel.de/auto/aktuell/0,1518,druck-75825,00.html (12.09.08).

www.spiegel.de/wirtschaft/baron unter: www.spiegel.de/wirtschaft/0,1518,475272,00.html; (13.08.09).

www.spiegel.de/wirtschaft/abgeltungssteuer unter: www.spiegel.de/wirtschaft/0,1518,560625,00.html (12.08.09).

www.spiegel.de/wirtschaft/wirtschaftsthemen unter: www.spiegel.de/wirtschaft/0,1518,559527,00.html (12.08.09).

www.spiegel.de/wirtschaft/geldfragen unter: www.spiegel.de/wirtschaft/0,1518,559527-2,00.html (12.08.09).

www.statistik-portal.de unter: www.statistik-portal.de/Statistik-Portal/de_jb01_jahrtab4.asp (10.09.08).

www.stiftungfuerzukunftsfragen.de unter: www.stiftungfuerzukunftsfragen.de/de/forschung/aktuelle-untersuchungen/forschung-aktuell-212-30-jg-04022009.html#c993 (24.02.09).

www.sportjournalist.de unter: www.sportjournalist.de/?page=ueberuns (06.04.09).

www.sportunterricht.de unter: www.sportunterricht.de/lksport/sponatsoz.html (03.04.09).

www.swr.de/swr4 unter: www.swr.de/swr4/bw/giessbert/-/id=258208/vv=print/pv=print/nid=258208/did=2431146/r76tkj/index.html (10.09.08).

T

www.taz.de unter: www.taz.de/1/leben/medien/artikel/1/die-cash-cow-vom-lande/ (21.08.09).

www.techniklexikon.net unter: www.techniklexikon.net/d/technologie/technologie.htm (08.04.09).

www.techsoftdesign.com unter: www.techsoftdesign.com/kt/ger/wasbedeutet.htm (08.04.09).

www.thieme.de unter: www.thieme.de/viamedici/medizin/beruf/journalismus.html (11.10.08).

www.touristikpresse.net/news unter: www.touristikpresse.net/news/22690/ITB-World-Travel-Trends-Report-Schwere-Zeiten-fur-eine-erfolgsverwohnte-Branche.html (16.03.09).

U

www.uni-protokolle.de unter: www.uni-protokolle.de/nachrichten/text/87354/(12.09.08).

www.unhchr.ch unter: www.unhchr.ch/udhr/lang/eng.pdf (24.02.09).

www.unric.org unter:
www.unric.org/index.php?option=com_content&task=view&id=239&Itemid=199 (24.02.09).
www.unwto.org/facts unter:
unwto.org/facts/eng/pdf/highlights/UNWTO_Highlights08_en_LR.pdf (24.02.09).
www.unwto.org/barometer unter:
unwto.org/facts/eng/pdf/barometer/UNWTO_Barom09_1_en_excerpt.pdf (24.02.09).

V

www.vda.de unter: www.vda.de/de/meldungen/news/20090702.html (11.09.09).
www.vdi.de unter: www.vdi.de/fileadmin/media/content/miv/geschichte_des_vdi.pdf (22.04.09).
www.vdrj.org unter: www.vdrj.org/index.php?op=pages&pageid=24 (30.03.09).
www.vdz.de unter: www.vdz.de/branchen-definitionen.html (20.02.08).
www.vincentz.net unter: www.vincentz.net/lapflege2003/index.cfm (24.08.08).
www.virtuopolis.de unter:
www.virtuopolis.de/ssp/servlet/muenchenmusik?handler=go&op=konzertnews (05.01.09).

W

wissen.spiegel.de/wissen/dokument unter:
wissen.spiegel.de/wissen/dokument/65/20/dokument.html?titel=Ern%C3%A4hrungsbericht+ohne
+Ampel&id=57570256&top=SPIEGEL&suchbegriff=&quellen=&vl=0 (11.09.08).
www.wellness-bund.de unter: www.wellness-bund.de/archives/2005/09/motor_im_touris.php
(28.12.08).
www.welt.de/kultur unter: www.welt.de/kultur/article2301064/Dieter-Gorny-warnt-vor-Europas-
Untergang.html (02.01.08).
www.weltweit-urlaub.de unter: www.weltweit-urlaub.de/foto-infothek/zeitschriften/ (20.04.09).
www.wissen.de/generator unter:
www.wissen.de/wde/generator/wissen/services/print,page=1144472,node=3223938.html
(08.04.09).
www.wiwo.de/finanzen unter: www.wiwo.de/finanzen/dipity/chronik-der-finanzkrise.html
(13.08.09).
www.wortundbildverlag.de unter: www.wortundbildverlag.de/Apotheken-Umschau---allgemein-
VHP-A070522NEKAR050318.html (29.12.08).
www.wortundbildverlag/Nachrichten unter: www.wortundbildverlag.de/Aktuelle-Nachrichten---
allgemein-VHP-A070808ADMIT050701.html (29.12.2008).
www.wuv.de unter: www.wuv.de/nachrichten/medien/waz_macht_landlust_konkurrenz; (21.08.09)

Z

www.zeitschriften-online.at unter: www.zeitschriften-
online.at/zeitschriften/auto_zeitschriften.html?page=3 (15.05.09).

Tabellen-/Abbildungsverzeichnis

Anhang

Darstellungsform	Fachartikel
Aufgabe/Absicht	Bearbeitung eines Fachthemas aus neutraler und problemorientierter Perspektive; Distanz zu Herstellern; sachliche Darstellung
Merkmale	Ausführliche Beschreibung; weder Bewertung noch Kommentierung
Autor	Experte und/oder Fachjournalist
Publikationsort	Fachzeitung/Fachzeitschrift oder Rubrik einer Nicht-Fachzeitung/-zeitschrift; journalistische Veröffentlichung
Zielgruppe	Interessierte Laien; Fachpublikum; Verbraucher und Entscheider
Beispiele	Änderung im Steuerrecht; Entwicklung neuer Kraftstoff-Einspritz-Technik
Darstellungsform	**Testbericht Anwender-/Erfahrungsbericht; Case Study**
Aufgabe/Absicht	Konkretes Beispiel, ein Produkt wird mithilfe von Messverfahren getestet; einzeln oder im Vergleich; Produkte, Dienstleistung; Rat geben, Service und Beratung
Merkmale	Enthält i. d. R. eine Einführung in die Ausgangslage, Vorüberlegungen und Beschreibung des Objekts/des Falles Bewertungskriterien, Probleme, Gesamturteil; Eindrücke und Empfehlung
Autor	Experte und/oder (Fach-)Journalist und/oder Anwender
Publikationsort	Fachzeitung/Fachzeitschrift oder Rubrik einer Nicht-Fachzeitung/-zeitschrift; journalistische Veröffentlichung
Zielgruppe	Interessierte Laien; Fachpublikum; Verbraucher und Entscheider
Beispiele	Test eines neuen Computerspiels; Testfahrt mit einem neuen Auto; Beratungsqualität von Kreditinstituten

Darstellungsform	Produktvorstellung
Aufgabe/Absicht	Darstellung der Daten, Fakten und Funktionen v.a. von neuen Produkten; Informationen über Produktentwicklung, Herstellung, den Markt und Konkurrenzprodukte
Merkmale	Sachlicher Bericht ohne Bewertung, Kommentierung, Erfahrungen; stark Bezug nehmend auf die Herstellerangaben
Autor	Fachjournalist
Publikationsort	Fachzeitungen/-zeitschriften und Artikel in Nicht-Fachpublikationen mit Servicecharakter
Zielgruppe	Konsumenten/ Verbraucher
Beispiele	Entwicklung eines neuen Fahrrad-anhängers für Kinder; Patententwicklung für neue, umweltverträgliche Lacke
Darstellungsform	**Firmen-/Industrie-/Unternehmensporträt**
Aufgabe/Absicht	Stellt ein Unternehmen aus der jeweiligen Branche vor; nennt Produkte Dienstleistungen, Größe und Zahlen; Rezipient lernt den Markt und die Akteure kennen
Merkmale	Bericht oder Feature, Mix aus sachlicher Darstellung zur Unternehmens-geschichte, Informationen sowie Eindrücke aus Gesprächen mit Beschäftigten und externen Akteuren
Autor	(Fach-)Journalist
Publikationsort	Fachzeitungen/ Fachzeitschriften und Artikel in General-Interest-Publikationen mit Wirtschaftsberichterstattung
Zielgruppe	Interessierte Laien, Fachpublikum, Konsumenten, andere gesellschaftliche Akteure aus Politik, Wirtschaft, Kultur
Beispiele	Porträt über ein Unternehmen, das Spielzeug aus natürlichen Rohstoffen herstellt

Tab. 25: Darstellungsformen der Fachpublizistik